HISTOIRE

DE LA

LITTÉRATURE ANGLAISE

TOME DEUXIÈME

IMPRIMERIE GÉNÉRALE DE CH. LAHURE
Rue de Fleurus, 9, à Paris

HISTOIRE

DE LA

LITTÉRATURE ANGLAISE

PAR H. TAINE

TOME DEUXIÈME

DEUXIÈME ÉDITION REVUE ET CORRIGÉE

PARIS
LIBRAIRIE DE L. HACHETTE ET Cie
BOULEVARD SAINT-GERMAIN, N° 77

1866

Tous droits réservés

HISTOIRE
DE LA
LITTÉRATURE ANGLAISE.

LIVRE II.

LA RENAISSANCE.

(SUITE.)

CHAPITRE II.
Le théâtre.

I. Le public. — La scène.
II. Les mœurs du seizième siècle. — Expansion violente et complète de la nature.
III. Les mœurs anglaises. — Expansion du naturel énergique et triste.
IV. Les poëtes. — Harmonie générale entre le caractère d'un poëte et le caractère de son siècle. — Nash, Decker, Kyd, Peel, Lodge, Greene. — Leur condition et leur vie. — Marlowe. — Sa vie. — Ses œuvres. — *Tamerlan.* — *Le Juif de Malte.* — *Edward II.* — *Faust.* — Sa conception de l'homme.
V. Formation de ce théâtre. — Procédés et caractère de cet art. — Sympathie imitative qui peint par des spécimens expressifs. — Opposition de l'art classique et de l'art germanique. — Construction psychologique et domaine propre de ces deux arts.

VI. Les personnages virils. — Les passions furieuses. — Les événements tragiques. — Les caractères excessifs. — *Le duc de Milan* de Massinger. — *L'Annabella* de Ford. — *La duchesse de Malfi* et *la Vittoria* de Webster. — Les personnages féminins. — Conception germanique de l'amour et du mariage. — Euphrasia, Bianca, Arethusa, Ordella, Aspasia, Amoret dans Beaumont et Fléchier. — Penthea dans Ford. — Concordance du type moral et du type physique.

Il faut regarder de plus près ce monde, et, sous les idées qui se développent, chercher les hommes qui vivent; c'est le théâtre qui, par excellence, est le fruit original de la Renaissance anglaise, et c'est le théâtre qui, par excellence, rendra visibles les hommes de la Renaissance anglaise. Quarante poëtes, parmi eux dix hommes supérieurs, et le plus grand de tous les artistes qui avec des mots ont représenté des âmes; plusieurs centaines de pièces et près de cinquante chefs-d'œuvre; le drame promené à travers toutes les provinces de l'histoire, de l'imagination et de la fantaisie, élargi jusqu'à embrasser la comédie, la tragédie, la pastorale et le rêve; jusqu'à représenter tous les degrés de la condition humaine et tous les caprices de l'invention humaine; jusqu'à exprimer toutes les minuties sensibles de la vérité présente et toutes les grandeurs philosophiques de la réflexion générale; la scène dégagée de tout précepte, affranchie de toute imitation, livrée et appropriée jusque dans ses moindres parties au goût régnant et à l'intelligence publique : il y avait là une œuvre énorme et multiple, capable par sa flexibilité, sa grandeur et sa forme, de recevoir et de garder l'empreinte exacte du siècle et de la nation[1].

I.

Essayons donc de remettre devant nos yeux ce public, cet auditoire et cette scène ; tout se tient ici ; comme en toute œuvre vivante et naturelle, et s'il y eut jamais une œuvre naturelle et vivante, c'est celle-ci. Il y avait déjà sept théâtres au temps de Shakspeare, tant le goût des représentations était vif et universel. Grandes et grossières machines, incommodes dans leur structure, barbares dans leur ameublement ; mais la chaleureuse imagination supplée aisément à tous les manques, et les corps endurcis supportent sans peine tous les désagréments. Sur un terrain fangeux, au bord de la Tamise, s'élève le principal, *le Globe*, sorte de grosse tour à six pans, entourée d'un fossé boueux, surmontée d'un drapeau rouge. Le peuple peut y entrer comme les riches ; il y a des places de six pence, de deux pence, même d'un penny ; mais on n'en a que pour son argent ; s'il pleut, et il pleut souvent à Londres, les gens du parterre, bouchers, merciers, boulangers, matelots, apprentis, recevront debout la pluie ruisselante. Je suppose qu'ils ne s'en inquiètent guère : il n'y a pas si longtemps

---

1. The very age and body of the time, his form and pressure. (Shakspeare.)

qu'on a commencé à paver les rues de Londres, et quand on a pratiqué comme eux les cloaques et les fanges, on n'a pas peur de s'enrhumer. En attendant la pièce, ils s'amusent à leur façon, boivent de la bière, cassent des noix, mangent des fruits, hurlent et parfois se servent de leurs poings; on les a vus tomber sur les acteurs et mettre le théâtre sens dessus dessous. D'autres fois, mécontents, ils sont allés à la taverne bâtonner le poëte, ou le berner dans une couverture; ce sont de rudes gaillards, et il n'y a point de mois où le cri de *clubs* (en avant les gourdins!) ne les appelle hors de leur boutique pour exercer leurs bras charnus. Comme la bière fait son effet, il y a une grande cuve adossée au parterre, réceptacle singulier qui sert à chacun. L'odeur monte, et on crie : « Brûlez du genièvre! » On en brûle avec un réchaud sur la scène, et la lourde fumée emplit l'air. Certainement, les gens qui sont là ne sont guère dégoûtés ou du moins n'ont pas l'odorat sensible. Au temps de Rabelais, la propreté était médiocre. Comptez qu'ils sortent à peine du moyen âge, et que le moyen âge a vécu sur un fumier.

Au-dessus d'eux, sur la scène, sont les spectateurs capables de payer un shilling d'entrée, les élégants, les gentilshommes. Ceux-là sont à l'abri de la pluie, et s'ils payent un shilling de plus, ils peuvent avoir un escabeau. A cela se réduisent les prérogatives du rang et les inventions du bien-être; même il arrive souvent que les escabeaux manquent; alors ils s'étendent par terre; ce n'est pas en ce temps-là qu'on fait des façons. Ils jouent aux cartes, fument, injurient le parterre qui le leur rend bien, et par surcroît leur jette des pommes. Pour eux, ils gesticulent, ils jurent en italien, en français, en anglais[1]; ils plaisantent tout haut avec des mots recherchés, composites, colorés; bref, ils ont les manières énergiques, originales et gaies des artistes, la même verve, le même sans-gêne, et, pour achever la ressemblance, la même envie de se singulariser, les mêmes besoins d'imagination, les mêmes inventions saugrenues et pittoresques, la barbe taillée en éventail, en pointe, en bêche, en T, les habits voyants et riches, empruntés aux cinq ou six nations voisines, brodés, dorés, bariolés, incessamment exagérés et remplacés par d'autres; il y a un carnaval dans leur tête comme sur leur dos.

Avec de pareils spectateurs, on peut produire l'illusion sans se donner beaucoup de peine : point d'apprêts, de perspective; peu ou point de décors mobiles : leur imagination en fait tous les frais. Un écriteau en grosses lettres indique au public qu'on est à Londres ou à Constantinople; et cela suffit au public pour se transporter à l'endroit voulu. Nul souci de la vraisemblance : « Vous avez l'Afrique d'un côté, dit sir Philip Sidney, et l'Asie de l'autre, avec une si grande quantité d'États secondaires, que l'acteur, quand il entre, est toujours obligé de vous dire d'abord où il est; autrement on n'entendrait rien à son histoire. Puis voici trois dames qui se promènent pour

---

1. Ben Jonson, *Every man in his humour*; — *Cynthia's Revels*.

cueillir des fleurs, et là-dessus nous devons croire que la scène est un jardin. Un peu après, nous entendons parler au même endroit d'un naufrage, et notre devoir est d'accepter ce même endroit pour un rocher.... Arrivent deux armées représentées par quatre épées et un bouclier, et quel est le cœur si dur qui refuserait de prendre cela pour une bataille rangée? Quant au temps, ils sont encore plus libéraux. D'ordinaire, un jeune prince et une jeune princesse tombent amoureux l'un de l'autre; après beaucoup de traverses, elle devient grosse, accouche d'un beau garçon; le garçon est perdu, devient homme, et prêt à engendrer un autre garçon.... Tout cela en deux heures. » Sans doute, ces énormités s'atténuent un peu sous Shakspeare; avec quelques tapisseries, quelques grossières imitations d'animaux, de tours, de forêts, on aide un peu l'imagination du public. Mais en somme, chez Shakspeare comme chez les autres, c'est l'imagination du public qui est le machiniste; il faut qu'elle se prête à tout, remplace tout, accepte pour une reine un jeune garçon qui vient de se faire la barbe, supporte en un acte dix changements de lieu, saute tout d'un coup vingt ans[1] ou cinq cents milles, prenne six figurants pour quarante mille hommes, et se laisse figurer par un roulement de tambour toutes les batailles de César, de Henri V, de Coriolan et de Richard III. Elle fait tout cela, tant elle est surabondante et jeune! Rappelez-vous votre

---

1. *Winter's tale; Cymbeline; Julius Cæsar.*

adolescence; pour mon compte, les plus grandes émotions que j'ai eues au théâtre m'ont été données par une troupe ambulante de quatre demoiselles qui jouaient le vaudeville et le drame, sur une estrade au fond d'un café; il est vrai que j'avais onze ans. Pareillement, dans ce théâtre en ce moment, les âmes sont neuves, prêtes à tout sentir comme le poëte à tout oser.

II

Ce ne sont là que les dehors; tâchons d'entrer plus avant, de voir les passions, la tournure d'esprit, l'intérieur des hommes; c'est cet état intérieur qui suscite et modèle le drame, comme le reste; les inclinations invisibles sont partout la cause des œuvres visibles, et le dedans fait le dehors. Quels sont-ils ces bourgeois, ces courtisans, ce public dont le goût façonne le théâtre? qu'y a-t-il de particulier dans la structure et l'état de leur esprit? Il faut bien que cet état soit particulier, puisque tout d'un coup et pendant soixante ans le drame pousse ici avec une merveilleuse abondance, et qu'au bout de ce temps il s'arrête sans que jamais aucun effort puisse le ranimer. Il faut bien que cette structure soit particulière, puisque entre tous les théâtres de l'antiquité et des temps modernes celui-ci se détache avec une forme distincte, et présente un style, une action, des personnages, une idée de la vie qu'on ne rencontre en aucun siècle et en aucun pays. Ce trait particulier est la libre et complète expansion de la *nature*.

Ce qu'on appelle nature dans l'homme, c'est l'homme tel qu'il est avant que la culture et la civilisation l'aient déformé et réformé. Presque toujours, lorsqu'une génération nouvelle arrive à la virilité et à la conscience, elle rencontre un code de préceptes qui s'impose à elle de tout le poids et de toute l'autorité du passé. Cent sortes de chaînes, cent mille sortes de liens, la religion, la morale et le savoir-vivre, toutes les législations qui règlent les sentiments, les mœurs et les manières, viennent entraver et dompter l'animal instinctif et passionné qui palpite et se cabre en chacun de nous. Rien de semblable ici ; c'est une renaissance, et le frein du passé manque au présent. Le catholicisme, réduit aux pratiques extérieures et aux tracasseries cléricales, vient de finir ; le protestantisme, arrêté dans les tâtonnements ou égaré dans les sectes, n'a pas encore pris l'empire ; la religion disciplinaire est défaite, et la religion morale n'est pas encore faite ; l'homme a cessé d'écouter les prescriptions du clergé, et n'a pas encore épelé la loi de la conscience. L'église est un rendez-vous, comme en Italie ; les jeunes gentilshommes vont à Saint-Paul se promener, rire, causer, étaler leurs manteaux neufs ; même la chose est passée en usage ; ils payent pour le bruit qu'ils font avec leurs éperons, et cette taxe est un profit des chanoines[1] ; les filous, les filles

---

1. « Parmi les laïques, il y avait peu de dévotion ; le jour du Sei-

sont là, en troupes; elles concluent leurs marchés pendant le service. Songez enfin que les scrupules de conscience et la sévérité des puritains sont alors choses odieuses, qu'on les tourne en ridicule sur le théâtre, et mesurez la différence qui sépare cette Angleterre sensuelle, débridée, et l'Angleterre correcte, disciplinée et roidie, telle que nous la voyons aujourd'hui. Ecclésiastique ou séculière, nulle part on ne découvre de règle. Dans la défaillance de la foi, la raison n'a pas pris l'empire, et l'opinion est aussi dépourvue d'autorité que la tradition. L'âge imbécile qui vient de finir demeure enfoui sous le dédain avec ses radotages de versificateurs et ses manuels de cuistres, et parmi les libres opinions qui arrivent de l'antiquité, de l'Italie, de la France et de l'Espagne, chacun peut choisir à sa guise, sans subir une contrainte ou reconnaître un ascendant. Point de modèle imposé comme aujourd'hui ; au lieu d'affecter l'imitation, ils affectent l'originalité[1]. Chacun veut être

---

gneur était grandement profané et peu observé; les prières communes n'étaient pas fréquentées ; plusieurs vivaient sans rendre aucun culte à Dieu. Beaucoup étaient purement païens et athées; la cour de la reine elle-même était un asile d'épicuriens et d'athées et de gens sans loi. » (Strype, année 1572.) « Dans ma jeunesse.... le dimanche.... le peuple ne voulait pas interrompre ses jeux et ses danses, et bien des fois celui qui lisait la Bible était forcé de s'arrêter jusqu'à ce que le joueur de flageolet et les acteurs eussent fini. Parfois les danseurs entraient dans l'église avec tous leurs accoutrements, leurs écharpes, leurs déguisements, et des clochettes qui sonnaient à leurs jambes, et, aussitôt que la prière commune était dite, retournaient ensuite à leur divertissement. » (*Baxter's Narrative*.)

1. Ben Jonson, *Every man in his humour*.

soi-même, avoir ses jurons, ses façons, son costume propre, ses particularités de conduite et d'humeur, et ne ressembler à personne. Ils ne disent pas : « Cela se fait, » mais : « Je fais cela. » Au lieu de se comprimer, ils s'étalent. Nul code de société; sauf un jargon exagéré de courtoisie chevaleresque, ils restent maîtres de parler et d'agir selon l'impulsion du moment; vous les trouverez affranchis des bienséances comme du reste. Dans cette rupture et dans cette absence de toutes les entraves, ils ressemblent à de beaux et forts chevaux lâchés en plein pâturage. Leurs instincts natifs n'ont été ni apprivoisés, ni muselés, ni amoindris.

Au contraire, ils ont été maintenus intacts par l'éducation corporelle et militaire; et comme c'est de la barbarie, non de la civilisation, qu'ils sortent, ils n'ont point été entamés par l'adoucissement inné et par la modération héréditaire qui aujourd'hui se transmettent avec le sang et civilisent l'homme avant sa naissance. C'est pourquoi l'homme qui, depuis trois siècles, devient un animal domestique, est, à ce moment encore, un animal presque sauvage, et la force de ses muscles, comme la dureté de ses nerfs, augmente l'audace et l'énergie de ses passions. Regardez chez les hommes incultes, chez les gens du peuple, comme tout d'un coup le sang s'échauffe et monte au visage; les poings se ferment, les lèvres se serrent, et ces vigoureux corps se précipitent tout d'un bloc vers l'action. Les courtisans de ce siècle ressemblent à nos hommes du peuple.

Ils ont le même goût pour les exercices des membres, la même indifférence aux intempéries de l'air, la même grossièreté de langage, la même sensualité avouée. Ce sont des corps de charretiers avec des sentiments de gentilshommes, des habits d'acteurs et des goûts d'artistes. « A quatorze ans[1], un fils de lord va aux champs pour chasser le daim et prendre de la hardiesse; car chasser le daim, l'égorger et le voir saigner donne de la hardiesse au cœur. A seize ans, guerroyer, faire des entreprises, jouter, chevaucher, assaillir des châteaux, et tous les jours essayer son armure en appertises d'armes avec quelqu'un de ses serviteurs. » Homme fait, il s'emploie au tir de l'arc, à la lutte, au saut, à la voltige. La cour de Henri VIII, pour sa bruyante gaieté, ressemble à une fête de village. Le roi[2] « s'exerce tous les jours à tirer, chanter, danser, lutter, jeter la barre, jouer du flageolet, de la flûte, de l'épinette, arranger des chansons, faire des ballades. » Il saute les fossés à la perche et manque une fois d'y périr. Il aime si fort la lutte, que, publiquement au camp du Drap d'or, il empoigne François Ier à bras-le-corps, pour le jeter à terre. C'est de cette façon qu'un cuirassier ou un maçon accueille aujourd'hui et essaye un nouveau camarade. En effet, pour divertissements ils ont, comme les cuirassiers et les maçons, la grosse gaudriole et la

---

1. *Chronique d'Hardinge.*
2. Holinshed, 806, Lodge; Fenton; Harrington, *Nugæ antiquæ*. M. Philarète Chasles, *Études sur Shakspeare.* Voy. Shakspeare et tous les auteurs dramatiques.

bouffonnerie brutale. Dans chaque grande maison, il y a un fou « dont le métier est de lancer des plaisanteries mordantes, de faire des gestes baroques, des grimaces, de chanter des chansons graveleuses, » comme dans nos cabarets. Ils trouvent l'injure et l'ordure plaisantes, ils sont mal embouchés, ils mâchent les mots de Rabelais tout crus, et s'amusent de conversations qui nous révolteraient. Nul respect humain; l'empire des convenances et l'habitude du savoir-vivre ne commenceront que sous Louis XIV et par l'imitation de la France; en ce moment, tous disent le mot propre, et c'est le plus souvent le gros mot. Vous verrez sur la scène, dans le *Périclès* de Shakspeare, toutes les puanteurs d'un bouge de prostitution[1]. Les grands seigneurs, les dames parées ont le langage des halles. Quand Henri V fait la cour à Catherine de France, c'est avec le grossier entrain d'un matelot qui aurait pris goût pour une vivandière; et comme les gabiers qui aujourd'hui se tatouent un cœur sur le bras pour prouver leur passion à leur payse, vous trouvez des gens qui « avalent du soufre et boivent de l'urine[2] » pour gagner leur maîtresse par un témoignage d'amour. L'humanité manque aussi bien que la décence[3].

1. Rôle de Calypso dans *Massinger*; de Putana dans *Ford*; de Protalyce dans *Beaumont and Fletcher*.
2. Middleton, *Dutch Courtezan* cité par Phil. Chasles, *Études sur Shakspeare*, 99.
3. Commission donnée par Henri VIII au comte d'Hertford, 1544. You are there to put all to fire and sword, to burn Edinburg town, and to raze and deface it, when you have sacked it and gotten what you can out of it. Do what you can out of hand and without long tarrying, to beat down and overthrow the castle, sack Holy-

Le sang, la souffrance ne les émeut pas. La cour assiste à des combats d'ours et de taureaux, où les chiens se font éventrer, où l'animal enchaîné est parfois fouetté à mort, et c'est, dit un officier du palais[1], « une charmante récréation. » Rien d'étonnant qu'ils se servent de leurs bras, comme les paysans et les commères. Élisabeth donnait des coups de poing à ses filles d'honneur, « de telle façon qu'on entendait souvent ces belles filles crier et se lamenter d'une piteuse manière. » Un jour, elle cracha sur l'habit à franges de sir Mathew; une autre fois comme Essex, qu'elle tançait, lui tournait le dos, elle le souffleta. C'était alors l'usage des grandes dames de battre leurs enfants et leurs serviteurs. La pauvre Jane Grey était parfois « si misérablement bousculée, frappée, pincée, et maltraitée encore en d'autres façons qu'elle n'ose rapporter, » qu'elle se souhaitait morte. Leur première idée est d'en venir aux injures, aux coups, de se satisfaire. Comme au temps féodal, ils

---

rood-House, and as many towns and villages about Edinburg as you conveniently can; sack Leith, and burn and subvert it, and all the rest, putting man, woman and child to fire and sword, without exception when any resistance shall be made against you; and this done, pass over to the Fife land, and extend like extremities and destructions in all towns and villages whereunto you may reach conveniently, not forgetting among all the rest to spoil and turn upside down the cardinal's town of St Andrew, as the upper stone may be the nether, and not one stick stand by another, sparing no creature alive within the same, specially such as either in friendship or blood be allied to the cardinal. This journey shall succeed most to His Majesty's honour. (T. II, 440, *Pictorial history of England* by Craig and Mac-Farlane.)

1. Lancham, *A goodly relief.*

en appellent d'abord aux armes, et gardent l'habitude de se faire justice par eux-mêmes et sur-le-champ. « Jeudi dernier[1], écrit Gilbert Talbot, comme milord Rytche allait à cheval dans la rue, un certain Wyndhans lui tira un coup de pistolet.... Et le même jour, comme sir John Conway se promenait, M. Ludovyk Grevell arriva soudainement sur lui, et le frappa de son épée sur la tête.... Je suis forcé d'importuner Vos Seigneuries de ces bagatelles, n'ayant rien appris de plus important. » Nul, même la reine, n'est en sûreté parmi des âmes violentes[2]. Aussi, quand un homme en frappe un autre dans l'enceinte du palais, on lui coupe le poing, et on bouche les artères avec un fer rouge. Il n'y a que ces images atroces, et le douloureux fantôme de la chair saignante et souffrante qui puisse dompter la véhémence et contenir les soubresauts de leurs instincts. Jugez maintenant des matériaux qu'ils fournissent au théâtre et des personnages qu'ils demandent au théâtre ; pour être d'accord avec le public, la scène n'aura pas trop des plus franches concupiscences et des plus puissantes passions ; il faudra qu'elle montre l'homme lancé jusqu'au bout de son désir, effréné, presque fou ; tantôt frissonnant et fixe devant la blanche chair palpitante que ses yeux dévorent, tantôt hagard et grinçant devant l'ennemi qu'il veut déchirer, tantôt soulevé hors

---

1. 13 février 1587. *Voy.*, pour tous ces détails, Nathan Drake, *Shakspeare and his times*; Phil. Chasles, *Études sur le seizième siècle*.

2. Essex, souffleté par la reine, mit la main sur la garde de son épée.

de lui-même et bouleversé à l'aspect des honneurs et
des biens qu'il convoite, toujours en tumulte et enveloppé dans une tempête d'idées tourbillonnantes, parfois secoué de gaietés impétueuses, le plus souvent
voisin de la fureur et de la folie, plus fort, plus ardent, plus abandonné, plus audacieusement lâché à
travers le réseau de la raison et de la loi qu'il ne fut
jamais. Nous entendons à travers les drames comme
à travers l'histoire du temps ce grondement farouche :
le seizième siècle ressemble à une caverne de lions.

Parmi ces passions si fortes, nulle ne manque. La
nature apparaît ici dans toute sa fougue, mais aussi
dans toute sa plénitude. Si rien n'a été amorti, rien
n'a été mutilé. C'est l'homme entier qui se déploie,
cœur, esprit, corps et sens, avec les plus nobles et
les plus fines de ses aspirations, comme avec les plus
bestiaux et les plus sauvages de ses appétits, sans
que la domination de quelque circonstance maîtresse
le jette tout d'un côté, pour l'exalter ou le rabaisser.
Il n'est point roidi comme il le sera sous le puritanisme. Il n'est point découronné comme il le sera sous
la Restauration. Après le vide et l'ennui du quinzième
siècle, il s'est réveillé, par une seconde naissance,
comme jadis en Grèce il s'est éveillé par une première
naissance, et cette fois, comme l'autre, les sollicitations du dehors sont venues toutes ensemble pour
faire sortir ses facultés de leur inertie et de leur torpeur. Une sorte de température bienfaisante s'est répandue sur elles pour les couver et les faire éclore.
La paix, la prospérité, le bien-être ont commencé;

les industries nouvelles et l'activité croissante ont tout d'un coup décuplé les objets de commodité et de luxe; l'Amérique et l'Inde découvertes ont fait briller à tous les yeux des trésors et des prodiges entassés dans le lointain des mers inconnues; l'antiquité retrouvée, les sciences ébauchées, la Réforme entreprise, les livres multipliés par l'imprimerie, les idées multipliées par les livres, ont doublé les moyens de jouir, d'imaginer et de penser. On veut jouir, imaginer, penser, car le désir croît avec l'attrait, et ici tous les attraits se rencontrent. Il y en a pour les sens, dans ces appartements que l'on commence à chauffer, dans ces lits qu'on garnit d'oreillers, dans ces carrosses dont pour la première fois on fait usage. Il y en a pour l'imagination, dans ces palais nouveaux, arrangés à l'italienne; dans ces tapisseries nuancées, apportées de Flandre; dans ces riches costumes, brodés d'or, qui, incessamment changés, rassemblent les fantaisies et les magnificences de toute l'Europe. Il y en a pour l'esprit, dans ces nobles et beaux écrits qui, répandus, traduits, interprétés, apportent la philosophie, l'éloquence et la poésie de l'antiquité restaurée et des Renaissances environnantes. Sous cet appel, toutes les aptitudes et tous les instincts se dressent à la fois : les bas et les sublimes, l'amour idéal et l'amour sensuel, l'avidité grossière et la générosité pure. Rappelez-vous ce que vous avez senti vous-même au moment où d'enfant vous êtes devenu homme, quels souhaits de bonheur, quelle grandeur d'espérances, quelle intempérance de cœur vous poussaient vers toutes les joies;

avec quel élan vos mains, d'elles-mêmes, se portaient
à la fois vers chaque branche de l'arbre, et refusaient
d'en laisser échapper un seul fruit. A seize ans, comme
Chérubin, on désire une servante en adorant une madone; on est capable de toutes les convoitises et aussi
de toutes les abnégations; on trouve la vertu plus
belle, et les soupers meilleurs; la volupté a plus de
saveur, et l'héroïsme a plus de prix; il n'est pas d'attrait qui ne soit poignant; la suavité et la nouveauté
des choses sont trop fortes; et, dans l'essaim des passions qui bourdonne au dedans de nous et nous pique
comme des dards d'abeille, nous ne savons que nous
précipiter tour à tour en tous les sens. Tels étaient
les hommes de ce temps, Raleigh, Essex, Élisabeth,
Henri VIII lui-même, excessifs et inégaux, prompts
aux dévouements et aux crimes, violents dans le bien
et dans le mal, héroïques avec d'étranges faiblesses,
humbles avec de soudains redressements, jamais vils
de parti pris comme les viveurs de la Restauration,
jamais rigides par principes comme les puritains de la
Révolution, capables de pleurer comme des enfants[1],
et de mourir comme des hommes, souvent bas courtisans, plus d'une fois véritables chevaliers, et qui,
parmi tant de contrariétés de conduite, ne manifestent
avec constance que le trop-plein de leur nature. Ainsi
disposés, ils peuvent tout comprendre, les férocités
sanguinaires et les générosités exquises, la brutalité
de la débauche infâme et les plus divines innocences

1. Le grand chancelier Burleigh pleurait souvent, tant il était rudoyé par Élisabeth.

de l'amour, accepter tous les personnages, des prostituées et des vierges, des princes et des saltimbanques, passer subitement de la bouffonnerie triviale aux sublimités lyriques, écouter tour à tour les calembours des clowns et les odes des amoureux. Même il faudra que le drame, pour imiter et contenter la fécondité de leur nature, prenne tous les langages, le vers pompeux, surchargé, florissant d'images, et, tout à côté, la prose populacière ; bien plus, il faudra qu'il violente son style naturel et son cadre naturel ; qu'il mette des chants, des éclats de poésie dans les conversations des courtisans et dans les harangues des hommes d'État ; qu'il amène sur la scène des féeries d'opéra[1], « des gnomes, des nymphes de la terre et de la mer, avec leurs bosquets et leurs prairies ; qu'il force les dieux à descendre sur le théâtre, et l'enfer lui-même à livrer ses féeries. » Nul théâtre n'est si complexe ; c'est que jamais l'homme ne fut plus complet.

III

Dans cet épanouissement si universel et si libre, les passions ont pourtant leur tour propre qui est anglais, parce qu'elles sont anglaises. Après tout, à tout âge, sous toute civilisation, un peuple est toujours lui-même ; quel que soit son habit, sayon de poil de chèvre, pourpoint doré, ou frac noir, les cinq

---

1. Middleton.

ou six grands instincts qu'il avait dans ses forêts le suivent dans ses palais et dans ses bureaux. Aujourd'hui encore, les passions militantes, l'humeur sombre subsistent sous la régularité et le bien-être des mœurs modernes [1]. L'énergie et l'âpreté native font irruption à travers la perfection de la culture et les habitudes du *comfort*. Les jeunes gens riches, au sortir d'Oxford, vont chasser l'ours au Canada, l'éléphant au cap de Bonne-Espérance, vivent sous la tente, boxent, sautent les haies à cheval, manœuvrent leurs *clippers* sur les côtes périlleuses, jouissent de la solitude et du danger. L'ancien Saxon, le vieux *rover* des mers scandinaves, n'a pas péri. Jusque dans les écoles, les enfants se rudoient, se résistent, se battent comme des hommes, et leur naturel est si indompté qu'il faut les verges et les meurtrissures pour les réduire sous la discipline de la loi. Jugez de ce qu'ils étaient au seizième siècle : la race anglaise [2] passe alors pour « la race la plus belliqueuse » de l'Europe, « la plus redoutable dans les batailles, la plus impatiente de tout ce qui ressemble à la servitude. » « Les bêtes sauvages anglaises : » c'est ainsi que Cellini les appelle ; et « les énormes pièces de bœuf » dont ils s'emplissent, entretiennent la force et la férocité de

---

1. Voyez, pour comprendre ce caractère, les rôles de James Harlowe dans *Richardson*, du vieil Osborne dans *Thackeray*, de sir Giles Overreach dans *Massinger*, de Manly dans *Wycherley*.
2. *Hentzner's Travels*. — Benvenuto Cellini ; voyez *passim* les costumes avec notices, imprimés à Venise et en Allemagne : *Bellicosissimi*. — Froude, t. I, p. 19, 52.

leurs instincts. Pour achever de les endurcir, les institutions travaillent dans le même sens que la nature. La nation est armée, chaque homme est élevé en soldat, tenu d'avoir des armes selon sa condition, de s'exercer le dimanche et les jours de fête; depuis le yeoman jusqu'au lord, la vieille constitution militaire les tient enrégimentés et prêts à l'action. Dans un État qui ressemble à une armée, il faut que les châtiments, comme dans une armée, soient terribles, et, pour les aggraver, la hideuse guerre des deux Roses qui, à chaque incertitude de la succession, peut reparaître, est encore présente dans tous les souvenirs. De pareils instincts, une semblable constitution, une telle histoire dressent devant eux l'idée de la vie avec une sévérité tragique; la mort est à côté, et aussi les blessures, les billots, les supplices; le beau manteau de pourpre que les Renaissances du Midi étalent joyeusement au soleil pour s'en parer comme d'une robe de fête, est ici taché de sang et bordé de noir. Partout[1] une discipline rigide, et la hache prête pour toute apparence de trahison; les plus grands, des évêques, un chancelier, des princes, des parents du roi, des reines, un protecteur, agenouillés sur la paille, viendront éclabousser la Tour de leur sang; un à un, on les voit défiler, tendre le col : le duc de Buckingham, la reine Anne de Boleyn, la reine Catherine Howard, le comte de Surrey, l'amiral Seymour, le duc de Somerset, lady Jane Grey et son mari, le

---

1. Voyez Froude, *History of England*, tomes I, II, III.

duc de Northumberland, la reine Marie Stuart, le comte d'Essex, tous sur le trône ou sur les marches du trône, au faîte des honneurs, de la beauté, de la jeunesse et du génie; de cette procession éclatante, on ne voit revenir que des troncs inertes, maniés à plaisir par la main du bourreau. Compterai-je les bûchers, les pendaisons, les hommes vivants détachés de la potence, éventrés, coupés en quartiers[1], les membres jetés au feu, les têtes exposées sur les murailles? Il y a telle page d'Holinshed qui semble un nécrologe : « Le vingt-cinquième jour de mai, dans
« l'église de Saint-Paul de Londres, furent examinés
« dix-neuf hommes et six femmes nés en Hollande, »
qui étaient hérétiques; « quatorze d'entre eux furent
« condamnés : un homme et une femme brûlés à
« Smithfield; les douze autres furent envoyés dans
« d'autres villes pour être brûlés. — Le dix-neuvième
« juin, trois moines de Charterhouse furent pendus,
« détachés et coupés en quartiers à Tyburn, leurs têtes
« et leurs morceaux exposés dans Londres, pour avoir
« nié que le roi fût le chef suprême de l'Église. — Et
« aussi le vingt-unième du même mois, et pour la
« même cause, le docteur John Fisher, évêque de Ro-
« chester, fut décapité pour avoir nié la suprématie,
« et sa tête exposée sur le pont de Londres. Le pape
« l'avait nommé cardinal et lui avait envoyé son cha-
« peau jusqu'à Calais, mais la tête était tombée avant

---

1. « Quand son cœur fut arraché, il poussa un gros gémissement. » *Exécution de Parry*, Strype, III, 251. Consulter Lingard, IV, 259 ; Holinshed, II, 938.

« que le chapeau fût dessus, de sorte qu'ils ne se ren-
« contrèrent pas. — Le premier de juillet, sir Thomas
« More fut décapité pour le même crime, c'est-à-dire
« pour avoir nié que le roi fût chef suprême de
« l'Église. » Aucun de ces meurtres ne semble extraordinaire; les chroniqueurs en parlent sans s'indi-
gner; les condamnés vont au billot paisiblement,
comme si la chose était toute naturelle. Anne de Boleyn dit sérieusement avant de livrer sa tête : « Je
prie Dieu de conserver le roi, et de lui envoyer un
long règne, car jamais il n'y eut prince meilleur
et plus compatissant[1]. » La société est comme en
état de siége; si tendue que chacun enferme dans
l'idée de l'ordre, l'idée de l'échafaud. On l'aperçoit,
la terrible machine, dressée sur toutes les routes
de la vie humaine; les petites y conduisent comme
les grandes. Une sorte de loi martiale, implantée
par la conquête dans les matières civiles, est entrée de là dans les matières ecclésiastiques[2], et le régime économique lui-même a fini par s'y trouver
asservi. Ainsi que dans un camp[3], les dépenses, l'ha-
billement, la nourriture de chaque classe sont fixés
et restreints; nul homme ne peut vaguer hors de son
district, être oisif, vivre à sa volonté. Tout inconnu
est saisi, interrogé; s'il ne peut rendre bon compte
de lui-même, les *stocks*[4] de la paroisse sont là pour

---

1. Holinshed, 940. — 2. Sous Henri IV et Henri V.
3. Froude, I, 15.
4. Machine de bois qui servait pour les punitions; c'est une sorte de cangue.

meurtrir ses jambes; comme dans un régiment, il passe pour un espion et pour un ennemi. Quiconque, dit la loi[1], aura vagabondé pendant trois jours, sera marqué d'un fer rouge sur la poitrine, et livré comme esclave à celui qui le dénoncera. « Celui-ci prendra l'esclave, lui donnera du pain, de l'eau, de la petite boisson, des aliments de rebut, et le forcera à travailler, en le battant, en l'enchaînant, ou autrement, quel que soit l'ouvrage ou le travail, si abject qu'il soit. » Il peut le vendre, le léguer, le louer, trafiquer de lui, « comme de tout autre bien, meuble ou marchandise, » lui mettre un cercle de fer au cou et à la jambe; s'il fuit et s'absente plus de quatorze jours, il est marqué au front d'un fer rouge, et esclave pour toute sa vie; s'il fuit une seconde fois, il est tué. Parfois, dit More, on voit une vingtaine de voleurs pendus au même gibet. En un an[2], quarante personnes furent mises à mort dans le seul comté de Somerset, et, dans chaque comté, on trouvait trois ou quatre cents voleurs et vagabonds qui parfois s'assemblaient et pillaient en troupes armées de soixante hommes. Qu'on regarde de près à toute cette histoire, aux bûchers de Marie, aux piloris d'Élisabeth, et on verra que la température morale de ce pays, comme sa température physique, est âpre entre toutes. La joie n'y est point savourée comme en Italie; ce qu'on appelle *Merry England*, c'est l'Angleterre livrée à la verve animale, au

---

1. En 1547. *Pictorial history*, t. II, 467.
2. *Pictorial history*, tome II, 907, année 1596.

rude entrain que communiquent la nourriture abondante, la prospérité continue, le courage et la confiance en soi; la volupté manque en ce climat et dans cette race. Au milieu des belles croyances populaires apparaissent les lugubres rêves et le cauchemar atroce de la sorcellerie. L'évêque Jewell[1] déclare devant la reine que, « dans ces dernières années, les sorcières et sorciers se sont merveilleusement multipliés. » Tels ministres affirment « qu'ils ont eu à la fois dans leur paroisse dix-sept ou dix-huit sorcières, entendant par là celles qui pourraient opérer des miracles surnaturels. » Elles jettent des sorts qui « pâlissent les joues, dessèchent la chair, barrent le langage, bouchent les sens, consument l'homme jusqu'à la mort. » Instruites par le diable, elles font, « avec les entrailles et les membres des enfants, des onguents pour chevaucher dans l'air. » Quand un enfant n'est pas baptisé ou préservé par le signe de la croix, « elles vont le prendre la nuit dans son berceau ou aux côtés de sa mère..., le tuent..., puis, l'ayant enseveli, le dérobent du tombeau pour le faire bouillir en un chaudron jusqu'à ce que la chair soit devenue potable. C'est une règle infaillible que, chaque quinzaine, ou tout au moins chaque mois, chaque sorcière doit au moins

---

1. *Démonologie* du roi Jacques, statuts du Parlement de 1597 à 1613: « Un nommé Scot, dit le roi Jacques, *n'a pas eu honte* de nier dans un imprimé public qu'il y eût une chose telle que la sorcellerie, soutenant ainsi la vieille erreur des Saducéens, lesquels niaient qu'il y eût des esprits. » Voyez le livre de Reginald Scot. 1584 (*Nathan Drake*).

tuer un enfant pour sa part. » Il y avait là de quoi faire claquer les dents d'épouvante. Joignez-y la saleté et le grotesque, les misérables polissonneries, les détails de marmite, toutes les vilenies qui ont pu hanter l'imagination triviale d'une vieille dégoûtante et hystérique, voilà les spectacles que Middleton et Shakspeare étalent, et qui sont conformes aux sentiments du siècle et à l'humeur nationale. A travers les éclats de la verve et les splendeurs de la poésie perce la tristesse foncière. Les légendes douloureuses ont pullulé; tout cimetière a son revenant; partout où un homme a été tué revient un esprit. Beaucoup de gens n'osent sortir de leur village après le soleil couché. Le soir, à la veillée, on parle du carrosse qui apparaît mené par des chevaux sans tête avec un postillon et des cochers sans tête, ou des esprits malheureux qui, obligés d'habiter la plaine sous le souffle aigu de la bise, implorent l'abri d'une haie ou d'un vallon. Ils rêvent horriblement de la mort : « Mourir, aller nous
« ne savons pas où ! — Être couché, cloué dans la
« fosse froide et pourrir ! Cette chaude vie frémissante
« qui devient une motte de terre gluante et pétrie ! —
« Et l'heureuse âme, qui tout à l'heure sera plongée
« dans des flots de feu, — ou résidera dans des régions
« frissonnantes barrées d'une triple enceinte de glace,
« — ou sera emprisonnée dans les vents aveugles, et
« roulée avec une violence incessante tout autour de
« ce monde suspendu, — ou, pis que le pire de tout
« cela, — au delà de ce que les pensées sans loi ni
« limite imaginent, hurlantes, — c'est trop horri-

ble[1]. » Les plus grands parlent avec une résignation morne de la grande obscurité infinie qui enveloppe notre pauvre petite vie vacillante, de cette vie qui n'est qu'une « fièvre anxieuse, » de cette triste condition humaine qui n'est que passion, déraison et douleur, de cet être humain qui lui-même n'est peut-être qu'un vain fantôme, un rêve douloureux de malade. A leurs yeux, nous roulons sur une pente fatale où le hasard nous entre-choque, et le destin intérieur qui nous pousse ne nous brise qu'après nous avoir aveuglés. Au delà de tout « est la tombe muette, où « l'on n'entend plus rien, ni le pas joyeux de son ami, « ni la voix de son amant, ni le conseil affectueux de « son père, où il n'y a plus rien, où tout est oubli, « poussière, obscurité éternelle. » Encore s'il n'y avait rien ! « Mourir, dormir ! oui, et rêver peut-être. » Rêver lugubrement, tomber dans un cauchemar pareil à celui de la vie, pareil à celui où nous

---

1. Shakspeare, *Measure for Measure, Tempest, Hamlet, Macbeth.* — Beaumont and Fletcher, *Thierry and Theodoret*, acte IV.

> To die, and go we know not where;
> To lie in cold obstruction and to rot;
> This sensible warm motion to become
> A kneaded clod; and the delighted spirit
> To bathe in fiery floods, or to reside
> In thrilling regions of thick-ribbed ice;
> To be imprison'd in the viewless winds,
> And blown with restless violence round about
> The pendent world, or to be worse them worst
> Of those, that lawless and incertain thoughts
> Imagine howling! — 'Tis too horrible!
> (Shakspeare, *Measure for Measure*, III, 2.)

> We are such stuff
> As dreams are made of, and our little life
> Is rounded with a sleep.

nous débattons aujourd'hui, où nous crions, haletants, d'un gosier rauque ! Voilà leur idée de l'homme et de la vie, idée nationale qui remplit le théâtre de calamités et de désespoirs, qui étale les supplices et les massacres, qui prodigue la folie et le crime, qui met partout la mort comme issue; une brume menaçante et sombre couvre leur esprit comme leur ciel, et la joie comme le soleil ne perce chez eux que violemment et par intervalles. Ils sont autres que les races latines, et, dans la Renaissance commune, ils renaissent autrement que les races latines. Le libre et plein développement de la pure nature qui, en Grèce et en Italie, aboutit à la peinture de la beauté et de la force heureuse, aboutit ici à la peinture de l'énergie farouche, de l'agonie et de la mort.

IV

Ainsi naquit ce théâtre; théâtre unique dans l'histoire comme le moment admirable et passager d'où il est sorti, œuvre et portrait de ce jeune monde, aussi naturel, aussi effréné et aussi tragique que lui. Quand un drame original et national s'élève, les poëtes qui l'établissent portent en eux-mêmes les sentiments qu'il représente. Ils manifestent mieux que les autres hommes l'esprit public, parce que l'esprit public est plus fort chez eux que chez les autres hommes. Les passions environnantes éclatent dans leur cœur avec un cri plus âpre ou plus juste, et c'est pour cela que leur voix devient la voix de tous. L'Espagne chevaleresque et catholique rencontre ses interprètes dans des enthousiastes et des don Quichotte, dans Calderon soldat, puis prêtre; dans Lope, volontaire à quinze ans, amoureux exalté, duelliste errant, soldat de l'Armada, à la fin prêtre et familier du Saint-Office, si fervent, qu'il jeûne jusqu'à s'épuiser, s'évanouit d'émotion en disant la messe, et ensanglante de ses flagellations les murs de sa chambre. La sereine et noble Grèce a pour chef de ses poëtes tragiques un des plus accomplis et des plus heureux de ses enfants[1], Sophocle, le premier dans les choses du chant et de la palestre, qui, à quinze ans, chantait nu le pæan devant le trophée de Salamine, et qui, depuis, ambassadeur, général, toujours aimé des Dieux et passionné pour sa ville, offrit en spectacle dans sa vie comme dans ses œuvres l'harmonie incomparable qui a fait la beauté du monde antique, et que le monde moderne n'atteindra plus. La France éloquente et mondaine, dans le siècle qui a porté le plus loin l'art des bienséances et du discours, trouve pour écrire ses tragédies oratoires, et peindre ses passions de salon, le plus habile artisan de paroles, Racine, un courtisan, un homme du monde, le plus capable, par la délicatesse de son tact et par les ménagements de son style, de faire parler des hommes du monde et des courtisans. Pareillement ici les poëtes conviennent à l'œuvre.

---

1. Διεπονήθη δὲ ἐν παισὶ καὶ περὶ παλαίστραν καὶ μουσικήν, ἐξ ὧν ἀμφοτέρων ἐστεφανώθη. Φιλαθηναιότατος καὶ θεοφιλής. (*Scoliaste.*)

Presque tous sont des bohèmes, nés dans le peuple[1], instruits pourtant, et le plus souvent élèves d'Oxford ou de Cambridge, mais pauvres, en sorte que leur éducation fait contraste avec leur état; Ben Jonson est beau-fils d'un maçon, maçon lui-même; Marlowe est fils d'un cordonnier; Shakspeare, d'un marchand de laine; Massinger, d'un domestique de grande maison. Ils vivent comme ils peuvent, font des dettes, écrivent pour gagner leur pain, montent sur le théâtre. Peel, Lodge, Marlowe, Jonson, Shakspeare, Heywood sont acteurs; la plupart des détails qu'on a sur leur compte sont tirés du journal d'Henslowe, un ancien prêteur sur gages, plus tard bailleur de fonds et impresario, qui les fait travailler, leur accorde des avances, reçoit en nantissement leurs manuscrits ou leur garde-robe. Pour une pièce de théâtre, il donne sept ou huit livres sterling; après l'an 1600, les prix montent, et vont jusqu'à vingt ou vingt-cinq livres. On voit bien que, même après cette hausse, le métier d'auteur donne à peine du pain ; pour gagner quelque argent, il faut, comme Shakspeare, se faire entrepreneur, tâcher d'avoir une part dans la propriété du théâtre ; mais le cas est rare, et la vie qu'ils mènent, vie de comédiens et d'artistes, imprévoyante, excessive, égarée à travers les débauches et les violences, parmi les femmes de mauvaise vie, au contact des jeunes galants, parmi les provocations de la misère, de l'imagination et de la licence, les mène ordinaire-

---

1. Excepté Beaumont et Fletcher.

ment à l'épuisement, à l'indigence et à la mort. On jouit d'eux, et on les néglige ou on les méprise ; tel, pour une allusion politique, est mis en prison, et manque de perdre les oreilles ; les grands, les gens d'administration les rudoient comme des valets. Heywood, qui joue presque tous les jours, s'impose, en outre, pendant plusieurs années, l'obligation d'écrire un feuillet chaque jour, compose à la diable dans les tavernes, peine et sue en vrai manœuvre littéraire[1], et meurt laissant deux cent vingt pièces, dont la plupart se perdront. Kyd, un des premiers, meurt dans la misère. Shirley, l'un des derniers, à la fin de sa carrière, est contraint de redevenir instituteur. Massinger meurt inconnu, et on ne trouve sur lui dans le registre de la paroisse que cette triste mention : « Philippe Massinger, un étranger. » Peu de mois après la mort de Middleton, sa veuve est forcée de demander un secours à la Cité, parce qu'il n'a rien laissé. « L'imagination opprime[2] en eux la raison, c'est la maladie commune des poëtes. » Ils veulent jouir, et se laissent aller ; leur tempérament, leur cœur les maîtrise ; dans leur vie comme dans leurs pièces, les impulsions sont irrésistibles ; le désir arrive tout d'un coup, comme un flot qui noie les raisonnements, la résistance, et qui souvent même ne laisse ni aux raisonnements, ni à la résistance le temps de se montrer[3]. Beaucoup sont des

---

1. *A literary hack*, comme on dit aujourd'hui.
2. Drummond, à propos de Ben Jonson.
3. Voyez, entre autres, *a Woman killed with kindness* de Heywood. Mistress Frankford, si honnête de cœur, accepte Wendoll à la pre-

viveurs, des viveurs tristes, sortes de Musset et de
Murger, qui s'abandonnent et s'étourdissent, capables
des rêves les plus poétiques et les plus purs, des attendrissements les plus délicats et les plus touchants, et
qui, néanmoins, ne savent que miner leur santé et
gâter leur gloire. Tels sont Nash, Decker et Greene ;
Nash, satirique fantaisiste, qui « abusa de son talent,
et conspira en prodigue contre les bonnes heures [1] ; »
Decker, qui passa trois ans dans la prison du Banc du
Roi ; Greene surtout, charmant esprit, riche, gracieux,
qui se perdit à plaisir, confessant ses vices [2] publiquement, avec des larmes, et un instant après s'y
replongeant. Ce sont des hommes-filles, vraies courtisanes de mœurs, de corps et de cœur. Au sortir de
Cambridge, « avec de bons drilles aussi libertins que
lui, » Greene avait parcouru l'Espagne, l'Italie, où il
« avait vu et pratiqué, dit-il, toutes sortes d'infamies
abominables à déclarer. » Vous voyez que le pauvre
homme est franc, et ne s'épargne guère ; il est naturel,
emporté en toutes choses, dans le repentir comme dans
le reste, inégal par excellence, fait pour se démentir,
non pour se corriger. Au retour il devint, à Londres,
un pilier de tavernes, hanteur de mauvais lieux.

mière proposition. Sir Francis Acton, à l'aspect de celle qu'il veut
déshonorer et qu'il hait, tombe « en extase, » et ne souhaite plus
que de l'épouser.—Voyez l'entraînement subit de Juliette, de Roméo,
de Macbeth, de Miranda, etc.; les recommandations de Prospero à
Fernando, quand il le laisse seul un instant avec Miranda.

1. Paroles de Nash.
2. Voyez pareillement *la Vie de Bohême* et *les Nuits d'hiver*, de
Murger ; *la Confession d'un enfant du siècle*, par de Musset.

« J'étais noyé dans l'orgueil, dit-il; courir les filles était mon exercice journalier, et la gloutonnerie avec l'ivrognerie, mon seul plaisir;... je prenais du plaisir à jurer et à blasphémer le nom de Dieu.... Ces vanités et autres pamphlets futiles, où j'écrivaillais sur l'amour et sur mes vaines imaginations, étaient mon gagne-pain, et, à cause de tous mes vains discours, j'étais aimé de toutes sortes de gens frivoles, qui étaient mes compagnons assidus, venaient incessamment à mon logis, et là passaient le temps à trinquer, à sabler le vin, à se gorger avec moi toute la journée.... » « Si je puis avoir mon contentement tant que je vis, disait-il encore, cela me suffit, je me tirerai d'affaire après la mort comme je pourrai.... L'enfer, qu'est-ce que vous me parlez de l'enfer? Je sais que, si j'y vais, j'aurai la compagnie de gens meilleurs que moi, et j'y rencontrerai aussi quelques bons drôles à tête chaude, et pourvu que je n'y sois pas cloué seul, je ne m'en soucie pas.... Si je ne craignais pas plus les juges du Banc du Roi que je ne crains Dieu, j'irais, avant de me coucher, fourrer ma main dans le sac d'un bourgeois ou d'un autre. » Un peu après, il a des remords, il se marie, peint en vers délicieux la régularité et le calme de la vie honnête, puis revient à Londres, mange son bien et la dot de sa femme avec une drôlesse de bas étage, parmi les ruffians, les entremetteurs, les filous, les filles, buvant, blasphémant, s'excédant de veilles et d'orgies, écrivant pour avoir du pain, quelquefois rencontrant parmi les criailleries et les puanteurs d'un bouge des pensées d'adoration et d'amour dignes de Rolla, le plus souvent dégoûté de lui-même, pris d'un accès de larmes entre deux buvettes, et composant de petits traités pour s'accuser, regretter sa femme, convertir ses camarades, ou prémunir les jeunes gens contre les ruses des prostituées et des escrocs. A ce régime on s'use vite; il ne lui fallut que six ans pour s'épuiser. Une indigestion de vin du Rhin et de harengs salés l'acheva. Sans son hôtesse qui le recueillit, « il serait mort dans la rue. » Il dura encore un peu, puis s'éteignit; quelquefois il lui demandait en pleurant un sou de vin de Malvoisie; il était plein de poux, n'avait qu'une chemise, et quand la sienne était au blanchissage, il était obligé d'emprunter celle du mari. Ses habits et son épée furent vendus trois shillings, et les pauvres gens payèrent les frais d'enterrement : quatre shillings pour le linceul, et six shillings quatre pence pour le convoi. C'est dans ces bas-fonds, sur ces fumiers, parmi ces dévergondages et ces violences, que poussa le génie dramatique, entre autres celui du premier, d'un des plus puissants, du vrai fondateur, Christopher Marlowe.

Celui-ci était un esprit déréglé, débordé, outrageusement véhément et audacieux, mais grandiose et sombre, avec la « véritable fureur poétique; » païen de plus, et révolté de mœurs et de doctrines. Dans cet universel retour aux sens, et dans cet élan des forces naturelles qui fait la Renaissance, les instincts corporels et les idées qui les consacrent se débrident impétueusement. Marlowe, comme Greene, comme

Kett[1], est un incrédule, nie Dieu et le Christ, blasphème la Trinité[2], prétend que Moïse était un imposteur, que le Christ était plus digne de mort que Barrabas, que « si lui, Marlowe, entreprenait d'écrire une nouvelle religion, il la ferait meilleure, » et « dans chaque compagnie où il va, prêche son athéisme. » Voilà les colères, les témérités et les excès que la liberté de penser met dans ces esprits neufs, qui, pour la première fois après tant de siècles, osent marcher sans entraves. De la boutique de son père, encombrée d'enfants, du milieu des tire-pieds et des alênes, il s'est trouvé étudiant à Cambridge, probablement par le patronage d'un grand, et de retour à Londres, dans l'indigence, dans la licence des coulisses, des taudis et des tavernes, sa tête a fermenté, et ses passions se sont échauffées. Il devient acteur ; mais s'étant cassé la jambe « dans une scène de débauche, il reste boiteux, et ne peut plus paraître sur les planches. Il annonce tout haut son incrédulité, et un procès s'entame, qui, si le temps n'eût manqué, l'eût peut-être conduit au bûcher. Il fait l'amour avec une espèce de souillon[3], et, voulant poignarder son rival, il a le poignet retourné, en sorte que sa propre lame lui entre dans l'œil et dans la cervelle, et qu'il meurt, toujours maudissant et blasphémant. Il n'avait que trente ans ; jugez de la poésie qui peut sortir d'une vie aussi emportée et aussi remplie : d'abord la déclamation exagérée, les entassements de meurtres,

---

1. Brûlé en 1589.
2. *Marlowe's Works*, édition Dyce, appendice ii. — 3. Drab.

les atrocités, la pompeuse et furieuse fanfare de la tragédie éclaboussée dans le sang, et des passions exaltées jusqu'à la démence. Tous les commencements du théâtre anglais, *Ferrex et Porrex, Cambyses, Hieronymo*, même le *Périclès* de Shakspeare, atteignent à ce même comble d'extravagance, d'emphase et d'horreur[1]. C'est la première explosion de la jeunesse; rappelez-vous les brigands de Schiller, et comment notre démocratie moderne a reconnu pour la première fois son image dans les métaphores et les cris de Charles Moor. Pareillement ici les personnages se démènent et hurlent, frappent la terre du pied, grincent les dents, montrent le poing au ciel. Les trompettes sonnent, les tambours battent, les armures défilent, les armées s'entre-choquent, les gens se poignardent entre eux ou se poignardent eux-mêmes; les discours ronflent avec des menaces titanesques et des figures lyriques[2]; les rois expirent, tendant leurs voix de basse; « la mort hagarde, de ses serres ra-

---

1. Voyez surtout le *Titus Andronicus* attribué à Shakspeare; il y a des parricides, des mères à qui on fait manger leurs enfants, une jeune fille violée qui paraît sur la scène avec la langue et les deux mains coupées.

2.   For in a field whose superficies
   Is cover'd with a liquid purple veil,
   And sprinkled with the brains of slaughter'd men,
   My royal chair of state shall be advanc'd,
   And he that means to place himself therein,
   Must armed wade up to the chin in blood....
   And I would strive to swim through pools of blood,
   Or make a bridge of murder'd carcasses,
   Whose arches should be fram'd with bones of Turks,
   Ere I would lose the title of a king.
            (*Tamburlain*, part. II, acte I, sc. III.)

paces, étreint leur cœur sanglant, et comme une harpie se gorge de leur vie. » Le héros, le grand Tamerlan, assis sur un char que traînent des rois enchaînés, fait brûler les villes, noyer les femmes et les enfants, passer les hommes au fil de l'épée, et à la fin, atteint d'un mal invisible, s'emporte en tirades gigantesques contre les dieux qui le frappent et qu'il voudrait détrôner. Voilà déjà la peinture de l'orgueil insensé, de la fougue aveugle et meurtrière, qui, promenée à travers les dévastations, arrive à s'armer contre le ciel lui-même. La surabondance de la sève sauvage et intempérante amène ce puissant vers tonnant, cette prodigalité de carnages, cet étalage de splendeurs et de couleurs surchargées, ce déchaînement de passions démoniaques, cette audace de l'impiété grandiose. Si dans les drames qui suivent, la *Saint-Barthélemy*, le *Juif de Malte*, l'enflure diminue, la violence reste : Barabbas, le Juif, ensauvagé par la haine, est désormais sorti de l'humanité ; il a été traité par les chrétiens comme une bête, et il les hait à la façon d'une bête. Il a purgé son cœur « de la compassion et de l'amour[1] ; il rit quand les chrétiens

---

1. First, be thou void of these affections,
Compassion, love, vain hope, and heartless fear;
Be mov'd at nothing, see thou pity none,
But to thyself smile when the Christian moan.
  .... I walk abroad o'nights,
And kill sick people groaning under walls,
Sometimes, I go out and poison wells....
Being young, I studied physic and began
To practise first upon the Italian,
There I enrich'd the priests with burials,
And always kept the sexton's arms in use,

pleurent. Il va se promener la nuit pour empoisonner les puits, ou achever les malades qui gémissent sous les murailles. Il a étudié la médecine, et s'en sert pour occuper les fossoyeurs, « pour fournir à leurs bras des tombes à creuser, et des glas de morts à mettre en branle. » Il s'est donné la joie « de remplir en un an les prisons de banqueroutiers, de combler d'orphelins les hôpitaux, et, à chaque lune, de rendre fou quelqu'un, ou de pousser un homme au suicide. » Toutes ces cruautés, il les étale, il s'en applaudit, comme un démon qui se réjouit d'être un bon bourreau, et d'enfoncer les patients dans la dernière extrémité de l'angoisse. Sa fille a deux prétendants chrétiens, et, au moyen de lettres supposées, il les fait tuer l'un par l'autre. De désespoir, elle se fait religieuse, et, pour se venger, il empoisonne sa fille et tout le couvent. Deux moines veulent le dénoncer, puis le convertir; il étrangle le premier, et plaisante avec son esclave Ithamore, un coupe-gorge de profession, qui aime le métier, et se frotte les mains de plaisir[1]. — « Fais un

---

With digging-graves and ringing dead men's knells....
I fill'd the gaols with bankrupts in a year,
And with young orphans planted hospitals,
And every moon made some or other mad,
And now and then one hang himself for grief,
Pinning upon his breast a long great scroll,
How I with interest tormented him.
                ITHAMORE.
O, how I long to see him shake his heels!...
                .... Pull amain.
'Tis neatly done, sir; here's no print at all.

1. So let him lean upon his staff. Excellent! He stands as if he were begging of bacon.

O mistress, I have the bravest, gravest, secret, subtle, bottle-nosed knave to my master that ever gentleman had.

joli nœud, serre fort; bien étranglé. — Voilà qui est proprement fait, il n'y a pas de trace; dressons-le contre le mur, et appuyons-le sur son bâton. Parfait, il a l'air de quêter un morceau de lard. — O le brave, l'habile maître que j'ai là! » — Survient le second moine, qu'ils accusent de l'assassinat[1] : « Comment, un moine qui en tue un autre! Le ciel me bénisse. Allons! Ithamore, il faut le mener devant les juges. Là, j'ai presque envie de pleurer du malheur qui vous arrive. Ce n'est pas nous qui vous arrêtons, c'est la loi; nous ne faisons que vous conduire. » Joignez à cela deux autres empoisonnements, une machine infernale pour faire sauter toute la garnison turque, un complot pour jeter dans un puits le commandant turc. Il y tombe lui-même, et dans la chaudière rougie[2] meurt hurlant, endurci, sans remords, n'ayant qu'un regret, celui de n'avoir pas fait assez de mal. Ce sont là les férocités du moyen âge; on les rencontrerait encore aujourd'hui dans les compagnons d'Ali-

---

1. BARABBAS.
Heaven bless us! what, a friar a murderer!
When shall you see a Jew commit the like?
ITHAMORE.
Why, a Turk could ha' done no more.
BARABBAS.
To morrow is the sessions, you shall to it.
Come, Ithamore, let's help to take him hence.
FRIAR.
Villains, I am a sacred person; touch me not.
BARABBAS.
The law shall touch you; we'll but led you, we.
'Las, I could weep at your calamity!
(*The Jew of Malt.*)

2. A cette époque encore, en Angleterre, les empoisonneurs étaient jetés dans une chaudière bouillante.

Pacha, dans les pirates de l'Archipel; nous en avons gardé l'image dans ces peintures du quinzième siècle qui représentent un roi avec sa cour tranquillement assis autour d'un homme vivant qu'on écorche; au centre, l'écorcheur à genoux qui travaille avec conscience, fort attentif à ne point gâter la peau[1].

Tout cela est roide, dira-t-on; ces gens tuent trop facilement et trop vite. C'est justement pour cela que la peinture est vraie. Car le propre des hommes de ce temps, comme des personnages de Marlowe, est la brusque détente de l'action; ce sont des enfants, des *enfants robustes;* comme un cheval au lieu d'un discours vous lâche une ruade, au lieu d'une explication ils vous donnent un coup de couteau. Nous ne savons plus aujourd'hui ce que c'est que la nature; nous gardons encore à son endroit les préjugés bienveillants du dix-huitième siècle; nous ne la voyons qu'humanisée par deux siècles de culture, et nous prenons son calme acquis pour une modération innée. Le fond de l'homme naturel, ce sont des *impulsions* irrésistibles, colères, appétits, convoitises, toutes aveugles. Il voit une femme[2], il la trouve belle; tout d'un coup sa gorge se serre, il a chaud dans le dos, il lui court sus; quelqu'un veut l'en empêcher, il tue l'homme, s'assouvit, puis n'y pense plus, sauf lorsque parfois quelque vague image d'une mare de sang clapotante vient traverser sa cervelle et le rendre morne.

1. Musée de Gand.
2. Voyez la séduction d'Ithamore, par Bellamira, peinture fruste et d'une vérité admirable.

Les subites et extrêmes décisions se confondent en lui avec le désir; à peine imaginée, la chose est faite; le grand intervalle qui se rencontre chez nous entre l'idée de l'action et l'action elle-même manque tout à fait[1]. Barabbas conçoit les meurtres, et sur-le-champ les meurtres sont accomplis; nulle délibération, nul tiraillement; c'est pour cela qu'il peut en commettre une vingtaine; sa fille le quitte, le voilà dénaturé, il l'empoisonne; son confident le trahit, il se déguise et l'empoisonne. La rage les prend au ventre, comme un accès, et alors il faut qu'ils tuent. Cellini raconte qu'offensé, il essaya de se contenir, mais qu'il suffoquait, et que, pour ne pas mourir de ce tourment, il sauta avec son poignard sur l'homme. Pareillement ici, dans *Edward II*, le roi, les nobles en appellent tout de suite aux épées; tout y est excessif et imprévu; entre deux réponses, le cœur s'est trouvé bouleversé, transporté jusqu'aux extrémités de la haine ou de la tendresse. Edward, revoyant son favori Gaveston, verse devant lui son trésor, jette à ses pieds les dignités, lui donne son sceau, se donne lui-même; et, sur une menace de l'évêque de Coventry, crie tout d'un coup[2] : « Jetez bas sa mitre d'or, dé-

---

1. Rien de plus faux que le *Guillaume Tell* de Schiller, ses hésitations et ses raisonnements; voyez par contraste le *Gœtz*, de Gœthe. — En 1377, Wyclef plaidait dans l'église de Saint-Paul devant l'évêque de Londres, et cela fit une dispute. Le duc de Lancastre, protecteur de Wyclef, « menaça de traîner l'évêque hors de l'église par les cheveux; » et le lendemain la foule furieuse pilla le palais du duc. — *Pictorial history*, I, 780.

2. KING EDWARD.
Throw off his golden mitre, rend his stole,

chirez son étole, baptisez-le à nouveau dans le ruisseau. » Puis, quand la reine le supplie : « Pas de cajoleries, catin française, va-t'en d'ici; Gaveston, ne lui parle pas, qu'elle sèche et crève. » Fureurs contre fureurs, les haines s'entre-choquent comme des cavaliers dans une bataille : le duc de Lancastre tire son épée devant le roi pour tuer Gaveston; Mortimer blesse Gaveston. Les puissantes voix tendues grondent : jamais ils ne souffriront qu'un chien accapare leur prince, les dépossède de leur rang [1]. « Pour voir sa charogne naufragée sur la côte, il n'y a pas un de nous qui ne crevât son cheval. » « Nous le traînerons par les oreilles jusqu'au billot. » Ils l'ont saisi, ils vont le pendre à une branche; ils refusent de le laisser parler une seule minute au roi. En vain on les supplie; quand à la fin ils ont consenti, ils se repentent; c'est une curée qu'il leur faut tout de suite, et Warwick le reprenant de force lui tranche la tête dans un fossé. Voilà les hommes du moyen âge. Ils ont l'âpreté, l'acharnement, l'orgueil de grands dogues

And in the channel christen him anew....
Fawn not on me, French strumpet;
Get thee gone.
Speak not unto her, let her droop and pine.

1.   LANCASTER.
            He comes not back,
Unless the sea cast up his shipwreck'd body.
                    MORTIMER.
And to behold so sweet a sight as that,
There's none here but would run his horse to death....
                    LANCASTER.
We'll hale him by the ears unto the block.
                    KENT.
            Let these their heads
Preach upon poles, for trespass of their tongues.

bien nourris et de forte race. C'est cette roideur et cette impétuosité des passions primitives qui ont fait la guerre des Deux Roses et pendant trente ans poussé les nobles sur les épées et vers les billots.

Au bout de toutes ces frénésies et de tous ces assouvissements, qu'y a-t-il? Le sentiment de la nécessité écrasante et de la ruine inévitable par laquelle tout croule et finit. Mortimer, mené au billot, dit avec un sourire[1] : « Il y a un point dans la roue de la « Fortune où les hommes n'atteignent — que pour « rouler en bas la tête la première. Ce point, je l'ai « touché. — Et maintenant qu'il n'y a plus d'échelon « pour monter plus haut, — pourquoi est-ce que je « m'affligerais de ma chute? — Adieu, noble reine. « Ne pleure pas Mortimer, — qui méprise le monde, « et, comme un voyageur, — s'en va pour découvrir « des contrées inconnues. » Pesez bien ces grandes paroles, c'est le cri du cœur, et la confession intime de Marlowe, comme aussi celle de Byron et des vieux rois de la mer. Le paganisme du Nord s'exprime tout entier dans cet héroïque et douloureux soupir; c'est ainsi qu'ils conçoivent le monde tant qu'ils restent hors du christianisme, ou sitôt qu'ils en sortent. Aussi bien, quand on ne voit dans la vie, comme eux,

---

[1]. Base Fortune, now I see that in thy wheel
There is a point to which when men aspire,
They tumble headlong down. That point I touch'd,
And seing that there was no place to mount higher,
Why should I grieve to my declining fall?
Farewell, faire queen; weep not for Mortimer,
That scorns the world, and as a traveller,
Goes to discover countries yet unknown.
(*Edward the second.*)

qu'une bataille de passions effrénées, et dans la mort qu'un sommeil morne, peut-être rempli de songes funèbres, il n'y a d'autre bien suprême qu'un jour de jouissance et de victoire. On se gorge, fermant les yeux sur l'issue, sauf à être englouti le lendemain. C'est là la pensée maîtresse du *Faust*, le plus grand drame de Marlowe : contenter son cœur, n'importe à quel prix et avec quelles suites[1]. « Un bon magicien est un Dieu tout-puissant! » Cette seule imagination suffit à l'enivrer[2]. Il aura des esprits qu'il enverra chercher de l'or dans l'Inde, et « fouiller l'Océan pour entasser devant lui les perles orientales, » qui lui apprendront les secrets des rois, qui, à son ordre, enfermeront l'Allemagne d'un mur d'airain, ou feront couler les flots du Rhin autour de Wittenberg, qui marcheront devant lui « sous la forme de lions, pour lui servir de garde, ou comme des géants de Laponie, ou comme des femmes et des vierges, dont le front sublimé ombragera plus de beauté que la gorge blanche de la reine de l'Amour. » Quels rêves écla-

---

1. A sound magician is a mighty God....
How I am glutted with conceit of this!...
I'll have them fly to India for gold,
Ransack the ocean for orient pearl....
I'll have them read me strange philosophy,
And tell the secrets of foreign kings;
I'll have them wall all Germany with brass,
And make swift Rhine circle fair Wertenberg....
Like lions shall they guard us when we please,
Like Almain rutters with their horsemen's staves,
Or Lapland giants, trotting by our sides;
Sometimes like women, or unwedded maids,
Shadowing more beauty in their airy brows
Than have the white breasts of the queen of Love.

2. How I am glutted with conceit of this!

tants, quels désirs, quelles curiosités gigantesques ou voluptueuses, dignes d'un César romain, ou d'un poëte d'Orient, ne viennent pas tourbillonner dans cette cervelle fourmillante! Pour les apaiser, pour obtenir vingt-quatre ans de puissance, il donne son âme, sans peur, sans avoir besoin d'être tenté, du premier coup, de lui-même, tant l'aiguillon intérieur est âpre[1]! « Si j'avais autant d'âmes qu'il y a d'étoiles, je les « donnerais toutes pour avoir à moi ce Méphistophé- « lès. Je puis bien donner mon âme, puisqu'elle est à « moi; et puisque je suis damné et que je ne puis « être sauvé, à quoi bon penser à Dieu ou au ciel? » Et sur cela il se donne carrière, il veut tout savoir, tout avoir : un livre où il puisse contempler toutes les herbes et tous les arbres qui croissent sur la terre; un autre où soient marquées toutes les constellations et les planètes; un autre qui lui apporte de l'or quand il voudra, et aussi les plus belles des femmes; un autre, qui évoque des hommes armés pour exécuter ses ordres, et qui déchaîne à sa volonté les tonnerres et les tempêtes. Il est comme un enfant, il étend les mains vers toutes les choses brillantes, puis se désole en pensant à l'enfer, puis se laisse distraire par des parades[2]. « Oh! ceci me ras-

---

[1].   Had I as many souls as there be stars,
    I 'd give them all for Mephistophilis.
    By him I 'll be great emperor of the world,
    And make a bridge thorough the moving air....
    Why should'st thou not? Is not thy soul thy own?

[2].   O this feeds my soul!
               LUCIFER.
    Know, Faustus, in hell is all manner of delight.

sasie l'âme ! » — « N'est-ce pas, Faust? sache bien qu'il y a toutes sortes de plaisirs dans l'enfer ! — Oh ! si je pouvais voir l'enfer et revenir, comme je serais heureux ! » On le promène invisible par tout l'univers, puis à Rome, parmi les cérémonies de la cour du pape. Comme un écolier un jour de congé, il a les yeux insatiables, il oublie tout devant un *pageant*, il s'amuse à faire des farces, à donner un soufflet au pape, à battre les moines, à exécuter des tours de magie devant les princes, à la fin à boire, à festiner, à remplir son ventre, à étourdir sa tête. Dans son emportement, il se fait athée, il dit qu'il n'y a pas d'enfer, que ce sont là « des contes de vieille femme. » Puis tout d'un coup, la funèbre idée choque aux portes de sa cervelle[1] : « Je renoncerai à cette magie, je me

---

[1].
FAUSTUS.
O, might I see hell, and return again !
How happy were I then !...
I will renounce this magic and repent.
My heart's so harden'd, I cannot repent;
Scarce can I name salvation, faith, or heaven,
But fearful echoes thunder unto my ears,
"Faustus, thou art damn'd ! " Then swords, and knives,
Poison, guns, halters, and envenom'd steel
Are laid before me to dispatch myself.
And long ere this I should have slain myself,
Had not sweet pleasure conquer'd deep despair.
Have I not made blind Homer sing to me
Of Alexander's love and Œnon's death ?
And hath not he that built the walls of Thebes,
With ravishing sound of his melodious harp,
Made music with my Mephistophilis ?
Why should I die then, or basely despair ?
I am resolv'd; Faustus shall ne'er repent. —
Come, Mephistophilis, let us dispute again,
And argue of divine astrology.
Tell me, are there many heavens above the moon ?
Are all celestial bodies but one globe,

« repentirai. — Mon cœur est trop endurci, je ne puis
« pas me repentir. — A peine puis-je nommer le sa-
« lut, la foi ou le ciel, — que des échos terribles
« tonnent à mon oreille : — « Faust, tu es damné ! »
« — Puis des épées, du poison, des fusils, des cordes,
« des aciers envenimés — se présentent à moi pour
« que j'en finisse avec moi-même. — Il y a longtemps
« que je me serais tué — si le plaisir délicieux n'avait
« pas vaincu le profond désespoir. — N'ai-je pas
« évoqué l'aveugle Homère pour me chanter — les
« amours de Pâris et la mort d'Œnone? Et le chantre
« qui a bâti les murs de Thèbes, — avec les sons
« ravissants de sa harpe mélodieuse, — n'a-t-il pas
« accompagné la voix de mon Méphistophélès? —
« Pourquoi mourir alors, ou me désespérer lâche-
« ment? — Je suis résolu, Faust ne se repentira
« jamais.... — Viens, Méphistophélès, disputons en-
« core — et raisonnons sur l'astrologie divine. —
« Dis-moi, y a-t-il beaucoup de cieux au-dessus de la
« lune? — Tous les corps célestes ne sont-ils qu'un
« globe, — comme cela est pour la substance de cette
« terre centrale? — Non, plutôt une chose qui ras-

> As is the substance of this centric earth?...
> One thing.... let me crave of thee
> To glut the longing of my heart's desire....
> Was this the face that launch'd a thousand ships
> And burn'd the topless towers of Ilium?
> Sweet Helen, make me immortal with a kiss!
> Her lips suck forth my soul — see where it flies.
> Come, Helen, come give me my soul again;
> Here will I dwell, for heaven is in these lips,
> And all is dross that is not Helena.
> O thou art fairer than the evening air,
> Clad in the beauty of a thousand stars!

« sasie la faim de mon cœur. — Je veux avoir pour
« maîtresse cette céleste Hélène que j'ai vue ces der-
« niers jours, — afin que de ses suaves caresses elle
« éloigne, sans en rien laisser, — ces pensées qui
« me détournent de mon vœu. » — Divine Hélène,
« fais-moi immortel avec un baiser. — Ses lèvres
« sucent mon âme, mon âme s'en va. — Viens, Hélène,
« viens, rends-moi mon âme, — j'habiterai là, le ciel
« est sur tes lèvres. — Tout est boue qui n'est pas
« Hélène. » — « O mon Dieu, je voudrais pleurer,
« mais le démon retient mes larmes[1]. Que mon sang
« sorte à la place de mes larmes; oui, ma vie et mon
« âme! Oh! il arrête ma langue! Je voudrais lever
« les mains, mais, voyez, ils les retiennent, Lucifer
« et Méphistophélès les retiennent.... — Plus qu'une

---

[1] Ah, my God, I would weep! But the devil draws in my tears. Gush forth, blood, instead of tears! Yea, life and soul! O, he stays my tongue! I would lift up my hands. But see, they hold them, they hold them; Lucifer and Mephistophilis.

> Oh, Faustus,
> Now hast thou but one bare hour to live;
> And then thou must be damn'd perpetually.
> Stand still, you ever-moving spheres of heaven,
> That time may cease and midnight never come.
> The stars move still, time runs, the clock will strike,
> The devil will come, and Faustus must be damn'd.
> Oh, I will leap to heaven : who pulls me down?
> See where Christ's blood streams in the firmament :
> One drop of blood will save me : Oh, my Christ,
> Rend not my heart for naming of my Christ.
> Yet will I call on him :
> Oh, half the hour is past : 't will all be past anon.
> Let Faustus live in hell a thousand years,
> A hundred thousand, and at the last be saved :
> It strikes, it strikes;
> Oh soul, be chang'd into small water drops,
> And fall into the ocean : ne'er be found.

« heure, une pauvre heure à vivre.... L'horloge va
« sonner, le démon va venir, Faust sera damné. —
« Oh! je veux sauter jusqu'à mon Dieu! Qui est-ce
« qui me tire en arrière? — Regardez, regardez là-
« haut, où le sang du Christ coule à flots sur le fir-
« mament! — Une goutte sauverait mon âme, une
« demi-goutte. Ah! mon Christ! — Ah! ne déchire
« pas mon cœur pour avoir nommé mon Christ! —
« Si, si! Je l'appellerai. — Oh! il y a une demi-heure
« de passée; toute l'heure sera bientôt passée....
« O Dieu! que Faust vive en enfer mille années, cent
« mille années, mais qu'à la fin il soit sauvé!... Oh!
« l'heure sonne, l'heure sonne.... Ah! que mon âme
« n'est-elle changée en petites gouttes d'eau pour
« tomber dans l'Océan, et qu'on ne la retrouve ja-
« mais! » Voilà l'homme vivant, agissant, naturel,
personnel, non pas le symbole philosophique qu'a
fait Gœthe, mais l'homme primitif et vrai, l'homme
emporté, enflammé, esclave de sa fougue et jouet de
ses rêves, tout entier à l'instant présent, pétri de convoitises, de contradictions et de folies, qui, avec des
éclats et des tressaillements, avec des cris de volupté
et d'angoisse, roule, le sachant, le voulant, sur la
pente et les pointes de son précipice. Tout le théâtre
anglais est là, ainsi qu'une plante dans son germe,
et Marlowe est à Shakspeare ce que Pérugin est à
Raphaël.

V

Insensiblement l'art se forme, et vers la fin du siècle il est complet. Shakspeare, Beaumont, Fletcher, Jonson, Webster, Massinger, Ford, Middleton, Heywood, apparaissent ensemble, ou coup sur coup, génération nouvelle et favorisée, qui fleurit largement sur le terrain fertilisé par les efforts de la génération précédente. Désormais les scènes se développent et s'agencent; les personnages cessent de se mouvoir tout d'une pièce, le drame ne ressemble plus à une statue. Le poëte, qui ne savait tout à l'heure que frapper ou tuer, introduit maintenant un progrès dans la situation et une conduite dans l'intrigue. Il commence à préparer les sentiments, à annoncer les événements, à combiner des effets, et l'on voit paraître le théâtre le plus complet et le plus vivant, et aussi le plus étrange qui fut jamais.

Il faut le voir se faire, et regarder le drame au moment où il se forme, c'est-à-dire dans l'esprit de ses auteurs. Que se passe-t-il dans cet esprit? Quelles sortes d'idées y naissent, et de quelle façon est-ce qu'elles y naissent? En premier lieu, ils *voient* l'événement, quel qu'il soit et tel qu'il est; j'entends par là qu'ils l'ont présent intérieurement avec les personnages et les détails, beaux et laids, même plats et grotesques. Si c'est un jugement, le juge est là, pour eux, à cette place, avec sa trogne et ses verrues; le plaignant à cette autre, avec ses besicles et son sac de procédures; l'accusé en face, courbé et contrit, chacun avec ses amis, cordonniers ou seigneurs; puis la foule grouillante par derrière, tous avec leurs museaux risibles, leurs yeux ahuris ou allumés[1]. C'est un vrai jugement qu'ils imaginent, un jugement pareil à celui qu'ils ont vu devant le *justice*, où ils ont crié ou glapi comme témoins ou parties, avec les termes de chicane, les *pro*, les *contra*, les rôles de griffonnages, les voix aigres des avocats, les piétinements, le tassement, l'odeur des corps et le reste. Les infinies myriades de circonstances qui accompagnent et nuancent chaque événement accourent avec cet événement dans leur tête, et non pas simplement les extérieures, c'est-à-dire les traits sensibles et pittoresques, les particularités de coloris et de costumes, mais aussi et surtout les intérieures, je veux dire les mouvements de colère et de joie, le tumulte secret de l'âme, le flux et reflux des idées et des passions qui griment les physionomies, qui enflent les veines, qui font grincer les dents, serrer les poings, qui lancent ou retiennent l'homme. Ils voient tout le détail, tout l'ondoiement de l'homme, celui du dehors et celui du dedans, l'un par l'autre, et l'un dans l'autre, tous les deux ensemble sans défaillir ou s'arrêter. Et qu'est-ce que cette vue, si ce n'est la sympathie, la sympathie

---

1. Voir le jugement de Vittoria Accoramboni, celui de Virginia dans Webster, *Coriolan* et *Jules César* dans Shakspeare.

imitative, qui nous met à la place des gens, qui transporte leurs agitations en nous-mêmes, qui fait de notre être un petit monde, capable de reproduire le grand en raccourci? Comme les personnages qu'ils imaginent, les poëtes et les spectateurs font des gestes, tendent leurs voix, et sont acteurs. Ce n'est point le discours ou le récit qui peut manifester leur état intérieur, c'est la mise en scène; ainsi que les inventeurs du langage, ils jouent et miment leurs idées; l'imitation théâtrale, la représentation figurée est leur vrai langage; toute autre expression, le chant lyrique d'Eschyle, le symbole réfléchi de Gœthe, le développement oratoire de Racine, leur serait impraticable. Involontairement, de primesaut, sans calcul, ils découpent la vie en scènes, et la portent par morceaux sur les planches; cela va si loin que souvent leur personnage[1] de théâtre se fait acteur, et joue une pièce dans la pièce : la faculté scénique est la forme naturelle de leur esprit. Sous l'effort de cet instinct, toutes les parties accessoires du drame arrivent à la rampe, et s'étalent sous les yeux. Une bataille s'est livrée; au lieu de la raconter, ils l'amènent devant le public, clairons et tambours, foules qui se bousculent, combattants qui s'éventrent. Un naufrage est arrivé; vite le vaisseau devant le spectateur, avec les jurons des matelots, les commandements techniques du pilote. De toutes les parties de la vie hu-

1. Rôle de Falstaff, dans Shakspeare; rôle de la reine, dans *London*, de Greene et Decker; rôle de Rosalinde, dans Shakspeare.

maine[1], tapagès de taverne et conseils de ministres, bavardages de cuisine et processions de cour, tendresses de famille et marchandages de prostitution, nulle n'est trop petite, ou trop haute; elles sont dans la vie, qu'elles soient sur la scène, chacune tout entière, toute grossière, atroce et saugrenue, telle qu'elle est, il n'importe. Ni en Grèce, ni en Italie, ni en Espagne, ni en France, on n'a vu d'art qui ait tenté si audacieusement d'exprimer l'âme et le plus intime fond de l'âme, le réel et tout le réel.

Comment ont-ils réussi, et quel est cet art nouveau qui foule toutes les règles ordinaires? C'est un art cependant, puisqu'il est naturel, un grand art, puisqu'il embrasse plus de choses et plus profondément que ne font les autres, tout semblable à celui de Rembrandt et de Rubens; mais comme celui de Rembrandt et de Rubens, c'est un art germanique et dont toutes les démarches sont contraires à celles de l'art classique. Ce que les Grecs et les Latins, inventeurs de celui-ci, ont cherché en toutes choses, c'est l'agrément et l'ordre. Monuments, statues et peintures, théâtre, éloquence et poésie, de Sophocle à Racine, ils ont coulé toute leur œuvre dans le même moule, et produit la beauté par le même moyen. Dans l'enchevêtrement et la complexité infinie des choses, ils saisissent un petit nombre d'idées *simples* qu'ils assemblent en un petit nombre de façons *simples,* en sorte que

---

1. Voyez dans Webster, *Duchess of Malfi,* une scène d'accouchement admirable.

l'énorme végétation embrouillée de la vie s'offre désormais à l'esprit tout élaguée et réduite, et peut être embrassée aisément d'un seul regard. Un carré de murs avec des files de colonnes toutes semblables; un groupe symétrique de corps nus ou drapés dans un linge; un jeune homme debout qui lève un bras; un guerrier blessé qui ne veut pas revenir au camp et qu'on supplie : voilà, dans leur plus beau temps, leur architecture, leur peinture, leur sculpture et leur théâtre. Pour poésie, quelques sentiments peu compliqués, toujours naturels, point raffinés, intelligibles à tous; pour éloquence, un raisonnement continu, un vocabulaire limité, les plus hautes idées ramenées à leur origine sensible, tellement que des enfants peuvent comprendre cette éloquence et sentir cette poésie, et qu'à ce titre elles sont classiques. Entre les mains des Français, derniers héritiers de l'art simple, ces grands legs de l'antiquité ne s'altèrent pas. Si le génie poétique est moindre, la structure d'esprit n'a pas changé. Racine met sur le théâtre une action unique, dont il proportionne les parties, et dont il ordonne le cours; nul incident, rien d'imprévu, point d'appendices ni de disparates; nulle intrigue secondaire. Les rôles subordonnés sont effacés; en tout quatre ou cinq personnages principaux, on n'en amène que le moins possible; les autres, réduits à l'état de confidents, prennent le ton de leurs maîtres et ne font que leur donner la réplique. Toutes les scènes se tiennent et coulent insensiblement l'une dans l'autre; et chaque scène, comme la pièce entière, a son ordre et son progrès. La tragédie se détache symétrique et nette au milieu de la vie humaine, comme un temple complet et solitaire qui dessine son contour régulier sur le bleu lumineux du ciel. Rien de semblable ici. Tout ce que nous appelons proportion et commodité fait défaut; ils ne s'en embarrassent pas, ils n'en ont pas besoin. Nulle liaison, on saute brusquement vingt ans ou cinq cents lieues. Il y a vingt scènes en un acte; on tombe sans préparation de l'une à l'autre, de la tragédie à la bouffonnerie; et le plus souvent, il semble que l'action ne marche pas; les personnages s'attardent à causer, à rêver, à étaler leur caractère. Nous étions agités, inquiets de l'issue, et voilà qu'on nous amène des domestiques qui se querellent, ou des amoureux qui font un sonnet. Même le dialogue et le discours, qui, par excellence, semblent devoir être des courants réguliers et continus d'idées entraînantes, demeurent en place tout stagnants, ou s'éparpillent en déviations et en vagabondages. Au premier regard, on croit qu'on n'avance point, on ne sent point à chaque phrase qu'on a fait un pas. Point de ces plaidoyers solides, point de ces discussions probantes, qui, de moment en moment, ajoutent une raison aux raisons précédentes, une objection aux objections précédentes : on dirait qu'ils ne savent qu'injurier, se répéter et piétiner en place. Et le désordre est aussi grand dans l'ensemble que dans les parties. C'est un règne entier, une guerre complète, ou tout un roman qu'ils entassent dans un drame; ils découpent en scènes une chronique anglaise ou une nouvelle italienne : à cela se réduit leur art; peu importent les événements : quels qu'ils soient, ils les acceptent. Ils n'ont point d'idée de l'action progressive et unique. Deux ou trois actions soudées bout à bout, ou enchevêtrées l'une dans l'autre, deux ou trois dénoûments inachevés, mal emmanchés, recommencés; pour tout expédient, la mort prodiguée à tort à travers et à l'improviste, voilà leur logique. C'est que notre logique, la logique latine, leur manque. Leur esprit ne chemine point par les routes aplanies et rectilignes de la rhétorique et de l'éloquence. Il arrive au même but, mais par d'autres voies. Il est à la fois plus compréhensif et moins ordonné que le nôtre. Il demande une conception plus complète, et ne demande pas une conception aussi suivie. Il ne procède point comme nous par une file de pas uniformes, mais par sauts brusques et par longs arrêts. Il ne se contente point d'une idée simple extraite d'un fait complexe, il exige qu'on lui présente le fait complexe tout entier, avec ses particularités innombrables, avec ses ramifications interminables. Il veut voir dans l'homme non quelque passion générale, l'ambition, la colère ou l'amour; non quelque qualité pure, la bonté, l'avarice, la sottise, mais le *caractère*, c'est-à-dire l'empreinte extraordinairement compliquée, que l'hérédité, le tempérament, l'éducation, le métier, l'âge, la société, la conversation, les habitudes ont enfoncée en chaque homme, empreinte incommunicable et personnelle qui, une fois enfoncée dans un homme, ne se retrouve nulle part ailleurs. Il veut voir dans le héros, non-seulement le héros, mais l'individu avec sa façon de marcher, de boire, de jurer, de se moucher, avec le timbre de sa voix, avec sa maigreur ou sa graisse[1], et plonge ainsi, à chaque regard, jusque dans le dessous des choses comme par une profonde percée de mineur. Cela fait, peu lui importe que la seconde percée soit à deux pas ou à cent pas de la première ; il suffit qu'elle aille à la rencontre du même fonds et serve aussi à manifester la couche intérieure et invisible. La logique ici est en dessous, non en dessus. C'est l'unité d'un caractère qui lie deux actions du personnage, comme c'est l'unité d'une impression qui lie deux scènes du drame. A proprement parler, le spectateur est comme un homme qu'on promènerait le long d'un mur percé de loin en loin de petites fenêtres ; à chaque fenêtre, il embrasse pour un instant, par une échappée, un paysage nouveau avec ses millions de détails ; la promenade achevée, s'il est de race et d'éducation latines, il sent tourbillonner dans sa tête un pêle-mêle d'images, et demande une carte de géographie pour se reconnaître ; s'il est de race et d'éducation germaniques, il aperçoit d'ensemble, par une concentration naturelle, la large contrée dont il n'a vu que des fragments. Une telle conception, par la multitude des détails qu'elle rassemble, et par la profondeur des lointains qu'elle embrasse, est une demi-vision qui ébranle toute l'âme. Avec quelle énergie, avec quel dédain des ménage-

---

1. Voyez *Hamlet*, *Coriolan*, *Hotspur*.

Our son is fat and scant of breath.

ments, avec quelle violence de vérité elle ose frapper et marteler la médaille humaine, avec quelle liberté elle peut reproduire l'âpreté entière des caractères frustes et les extrêmes saillies de la nature vierge, c'est ce que ses œuvres vont montrer.

VI

Considérons les différents personnages que cet art si appliqué à la peinture des mœurs réelles, et si propre à la peinture de l'âme vivante, va chercher parmi les mœurs réelles et les âmes vivantes de son temps et de son pays. Il y en a deux sortes, ainsi qu'il convient à la nature du drame : les uns qui produisent la terreur, les autres qui excitent la pitié; les uns gracieux et féminins, les autres virils et violents; toutes les différences du sexe, tous les extrêmes de la vie, toutes les ressources de la scène sont contenus dans ce contraste, et si jamais le contraste a été complet, c'est ici.

Que le lecteur lise lui-même quelques-unes de ces pièces, autrement il n'aura pas l'idée des fureurs dans lesquelles le drame s'est précipité; la force et la fougue s'y lancent à chaque instant jusqu'à l'atrocité, et plus loin encore s'il y a quelque chose au delà. Assassinats, empoisonnements, supplices, vociférations de la démence et de la rage, aucun emportement et aucune souffrance ne sont trop extrêmes pour leur élan ou leur effort. La colère ici est une folie, l'ambition une frénésie, l'amour un délire. Hippolyto, qui a perdu sa maîtresse[1], l'aperçoit rayonnante dans le ciel comme une vision bienheureuse. « Elle est là-haut, sur ces tours d'étoiles, debout, les yeux fixés sur moi pour savoir si je lui reste fidèle. » Arétus, pour se venger de Valentinien, l'empoisonne après s'être empoisonné lui-même, et, râlant, se fait porter devant le lit de son ennemi pour lui donner un avant-goût de l'agonie. La reine Brunehaut a chez elle un pourvoyeur d'amants qu'elle emploie sur la scène, et fait tuer les deux fils l'un par l'autre. La mort est partout ; à la fin de chaque drame, tous les grands personnages trébuchent ensemble dans le sang ; tueries et boucheries, la scène devient un champ de bataille ou un cimetière[2]. Conterai-je quelques-unes de ces tragédies ? Francesco, pour venger sa sœur séduite[3], veut séduire à son tour la duchesse Marcella, femme de Sforza, le séducteur ; il la veut, il l'aura, il le lui dit avec des cris d'amour et de rage : « Avec ces bras, je traverserai une mer de sang, je me ferai un pont avec des ossements d'hommes, mais mes bras iront jusqu'à vous, jusqu'à vous, ma bien-aimée, la plus aimée et la meilleure des femmes. » Car c'est le duc qu'il veut atteindre à travers elle, vivante ou morte, sinon par le déshonneur, du moins par le meurtre ; le second vaut le premier, et vaut mieux puisqu'il fera

---

1. Middleton, *the Honest Whore*.
2. Beaumont and Fletcher, *Valentinian*; *Thierry and Theodoret*. Voir dans Massinger, *the Picture* : c'est *la Barberine* de Musset. La crudité, l'énergie extraordinaire et repoussante montreront la différence des deux siècles.
3. Massinger, *Duke of Milan*.

plus de mal. Il la calomnie, et le duc, qui l'adore, la tue, puis, désabusé, devient forcené, ne veut pas croire qu'elle soit morte, fait exposer le corps revêtu d'habits royaux sur un lit de parade, s'agenouille devant elle, hurle et pleure. Il connaît maintenant le nom du traître, et à cette idée il tombe dans des défaillances ou des transports[1] : « Je le suivrai dans l'enfer, jusqu'à ce que je l'y trouve, — et j'habiterai là, furie acharnée pour le torturer. — Pour cette détestable main, pour ce bras qui ont guidé — l'acier maudit, — je les déchiquèterai pièce à pièce — avec des fers rougis, et je les mangerai comme un vautour que je suis, fait pour goûter pareille charogne. » Tout d'un coup, il halète et tombe ; Francesco y a pourvu, et le poison fait son office. Le duc meurt, et on emmène le meurtrier à la torture. — Il y a pis ; pour trouver des sentiments assez violents, ils vont jusqu'à ceux qui dénaturent l'homme. Massinger met sur la scène un père justicier qui poignarde sa fille ; Webster et Ford, un fils qui assassine sa mère ; Ford, les amours incestueux d'un frère et de sa sœur[2]. C'est l'amour

---

1. For with this arm I'll swim through seas of blood,
Or make a bridge arch'd with the bones of men,
But I will grasp my aims in you, my dearest,
Dearest and best of women!
(Massinger, *Duke of Milan,* acte II, sc. I.)

I'll follow him to hell, but I will find him,
And there live a fourth fury to torment him.
Then, for this cursed hand and arm that guided
The wicked steel, I'll have them joint by joint,
With burning irons sear'd off, which I will eat,
I being a vulture fit to taste such carrion.
(*Ibid.,* acte V, sc. II.)

2. Massinger, *The Fatal Dowry;* Webster and Ford, *A late meur-*

irrésistible qui tombe sur eux, l'amour antique de Pasiphaé ou de Myrrha, sorte de folie qui ressemble à un enchantement, et sous lequel toute volonté plie. « Perdu, je suis perdu, dit Giovani, ma destinée m'a condamné à mort[1]. — Plus je lutte, et plus j'aime ; et plus j'aime, — moins j'espère ; je vois ma ruine sûre. — J'ai vainement fatigué le ciel de prières, — épuisé la source de mes larmes continuelles, — desséché mes veines de jeûnes assidus. Ce que l'invention ou l'art — peuvent conseiller, je l'ai fait, et après tout cela, ô malheur, — je trouve que tout cela n'est qu'un rêve, un conte de vieillard, — pour contenir la jeunesse. Je reste toujours le même. — Il faut que je parle ou que je meure. » Quels transports ensuite ! Quelles âpres et poignantes délices, et aussi combien courtes, combien douloureuses et traversées d'angoisses, surtout pour elle ! On la marie à un autre, lisez vous-même l'admirable et horrible scène qui représente la nuit de noces. Elle est grosse, et Soranzo, le mari, la traîne à terre, avec des exécrations, voulant savoir le

ther of the soun upon the mother; Ford, *'Tis a pity she is a whore.* Voir encore *The Broken Heart,* de Ford, et les sublimes scènes d'agonie et de folie.

1. Lost! I am lost! My fates have doom'd my death!
The more I strive, I love. The more I love,
The less I hope. I see my ruin certain....
I have even wearied heaven with pray'rs, dried up
The spring of my continual tears, even starv'd
My veins with continual fasts : what wit or art
Could counsel, I have practised; but alas!
I find all these but dreams, and old men's tales,
To fright unsteady youth. I am still the same,
Or I must speak or burst.
(*'T is a pity she is a whore,* acte I.)

nom de son amant¹. « Catin des catins ! parfaite, notable prostituée ! N'y avait-il point d'autre homme à Parme pour être l'endosseur du micmac qui grouille dans cet ignoble ventre, dans ce sac de bâtards? Faut-il que votre prurit, votre chaleur de luxure se soient gorgés jusqu'au trop-plein, et aviez-vous besoin de me trier entre cent pour être le manteau de vos tours secrets, de vos tours d'alcôve? Je le traînerai dans la poussière ce corps pourri de luxure. Qui est-ce? Dis-

---

1.   Come, strumpet, famous whore!
                        Harlot, rare, notable harlot,
That with thy brazen face maintain'st thy sin,
Was there no man in Parma to be bawd
To your loose cunning whoredom else but I?
Must your hot itch and pleurisy of lust,
The heyday of your luxury, be fed
Up to a surfeit, and could none but I
Be pick'd out to be cloak to your close tricks,
Your belly-sports? — Now, I must be the dad
To all that gallimaufry that is stuff'd
In thy corrupted bastard-bearing womb?
Why, must I?
                ANNABELLA.
Beastly man! why? 'Tis thy fate.
I sued not for thee....
                SORANZO.
Tell me by whom.
                ANNABELLA.
Soft. 'Twas not in my bargain.
Yet somewhat, sir, to stay your longing stomach
I am content t'acquaint you with : the Man,
The more than man, that got this sprightly boy
(For 'tis a boy, and therefore glory, sir,
Your heir shall be a son).
                SORANZO.
Damnable monster!
                ANNABELLA.
Nay, an you will not hear, I'll speak no more.
                SORANZO.
Yes speak, and speak thy last.
                ANNABELLA.
A match, a match!...
.... You! why, you are not worthy once to name

moi le nom, ou je hacherai ta chair en lambeaux. Qui est-ce ? » Elle rit, l'excès de l'opprobre et de la peur l'a relevée; elle l'insulte en face; elle chante; que cela est bien femme! Elle se laisse frapper et traîner. « Faites, faites. » En cet état, les nerfs s'exaltent, et ne sentent plus rien; elle refuse de dire le nom, et par surcroît, elle loue son amant, elle l'adore en présence de l'autre. Cet acte d'adoration au plus fort du danger est comme une rose qu'elle cueille et dont elle s'enivre. « Vous n'êtes pas digne de le prononcer, ce nom; pour avoir l'honneur de l'entendre d'une autre bouche, il faudrait vous mettre à deux genoux. » — « Qui est-ce ? » — Elle rit nerveusement et tout haut :

His name without true worship, or indeed
Unless you kneel'd, to hear another name him.
SORANZO.
What was he call'd?
ANNABELLA.
We are not come to that.
Let it suffice, that you shall have the glory
To father what so brave a father begot....
SORANZO.
Dost thou laugh?
Come, whore, tell me your lover, or by truth
I'll hew thy flesh to shreds. Who is he?
ANNABELLA.
(Sings) Che morte piu dolce che morire per amore.
SORANZO.
Thus will I pull thy hair and thus I'll drag
Thy lust be-leper'd body through the dust....
(*Hales her up and down.*)
ANNABELLA.
Be a gallant hangman.
I dare thee to the worst; strike and strike home.
I leave revenge behind, and thou shall feel it.
(To Vasquez.) Pish, do not beg for me, I prize my life
As nothing; if the man will needs be mad,
Why, let him take it.
(*Ibid.*, acte IV, sc. III.)

« Pas si vite, nous n'en sommes pas encore là. Qu'il vous suffise de savoir que vous aurez la gloire de fournir un père à ce qu'un si brave père a engendré. C'est un garçon, félicitez-vous, monsieur, vous aurez un garçon pour hériter de votre nom. — Misérable damnée! — Ah! si vous ne voulez pas écouter, je ne dirai plus rien. — Si, parle, et ce sont tes dernières paroles. — Accepté, accepté! » Quel mot, quel cri soudain, rompant ce torrent d'ironie, vrai cri d'exaltée, qui est affamée de mourir et demande qu'on se dépêche! — A la fin, tout s'est découvert, et les deux amants savent qu'ils vont mourir. Pour la dernière fois, ils se voient dans la chambre d'Annabella, écoutant au-dessous d'eux le bruit de la fête qui leur servira de funérailles. Giovanni, qui a pris sa résolution en furieux, regarde Annabella toute parée, éblouissante. Il la regarde silencieusement, et se souvient. Il pleure[1]. « Ce sont des larmes funéraires, Annabella, des larmes pour votre tombe; de pareilles larmes sillonnaient mes joues, quand pour la première fois je vous aimais et ne savais comment vous prier d'amour.... Donnez-moi votre main. Comme la vie coule suavement dans ces veines azurées! Comme ces mains promettent

---

1. These are the funeral tears
Shed on your grave; these furrowed my cheeks
When first I lov'd and knew not how to woo....
Give me your hand; how sweetly life doth run
In these well-colour'd veins! How constantly
These palms do promise health!...
Kiss me again, forgive me.... Farewell....
Soranzo, see this heart, which was thy wife's.
Thus I exchange it royally for thine.
(*Ibid.*, acte V, sc. v.)

bien la santé!... Embrasse-moi encore, pardonne-moi. Adieu. » Sur ce mot il la poignarde, et, arrachant le cœur, l'apporte au bout de sa lame dans la salle du banquet, devant Soranzo, avec des ricanements et des insultes. « Tiens, voilà le cœur de ta femme; c'est un échange royal, je prends le tien en échange. » Il le tue, et se jetant sur des épées, se fait tuer lui-même. Il semble que la tragédie ne puisse aller au delà.

Elle a été au delà; car si ce sont ici des mélodrames, ce sont des mélodrames sincères, fabriqués, non pas comme les nôtres, par des littérateurs de café pour des bourgeois paisibles, mais écrits par des hommes passionnés et experts en fait d'actions tragiques, pour une race violente, surnourrie et triste. De Shakspeare à Milton, à Swift, à Hogarth, nulle ne s'est plus soûlée de crudités et d'horreurs, et ses poëtes lui en donnent à foison. Ford encore moins que Webster, celui-ci un homme sombre, et dont la pensée semble habiter incessamment les sépulcres et les charniers. « Les places à la cour, dit-il, sont comme des lits dans un hôpital, où la tête de l'un est aux pieds de l'autre, et ainsi de suite, toujours en descendant[1]. » Voilà de ses images. Pour faire des désespérés, des scélérats parfaits, des misanthropes acharnés[2], pour noircir et blasphémer la vie humaine, surtout pour peindre la dépravation

---

1. Édition Dyce, *Duchess of Malfi*, 60.
For places in court are but like beds in the hospital, where this man's head lies at that man's foot, and so lower and lower.
(*Duchess of Malfi*, acte II, sc. 1.)

2. Personnages de Bosola, de Flaminio.

effrontée et la férocité raffinée des mœurs italiennes, personne ne l'égale[1]. La duchesse de Malfi a épousé secrètement son intendant Antonio, et son frère apprend qu'elle a des enfants; presque fou[2] de fureur et d'orgueil blessé, il se tait, attendant pour savoir le nom du père; puis, tout d'un coup, il arrive : il veut la tuer, mais en lui faisant savourer la mort. Qu'elle souffre bien, et surtout ne meure pas trop vite! Qu'elle souffre du cœur, ces douleurs-là sont pires que celles de la chair. Il envoie des assassins contre Antonio, et cependant il vient à elle dans l'obscurité avec des paroles affectueuses, semble se réconcilier avec elle et subitement lui montre des figures de cire couvertes de blessures, qu'elle prend pour son mari et ses enfants égorgés. Elle s'abat sous le coup, et reste morne, sans crier, comme « un misérable brisé sur la route. » Aux encouragements, aux consolations, elle ne répond que par un étrange sourire de statue. « Allons, courage, je sauverai votre vie[3]. — En vérité, je n'ai pas le loisir

---

[1]. Voyez Stendhal, *Chroniques italiennes : les Cenci, la Duchesse de Palliano*, et toutes les *Vies* du temps; celle des Borgia, de Bianca Capello, de Vittoria Accoramboni, etc.

[2].
              I would have their bodies
Burnt in a coal pit, with the ventage stopp'd,
That their curs'd smoke might not ascend to heaven;
Or dip the sheets they lie in pitch or sulphur,
Wrap them in't, and then light them as a match;
Or else to boil their bastard to a cullis
And give't his lecherous father to renew
The sin of his back.

[3].
                    DUCHESS.
Good comfortable fellow,
Persuade a wretch that's broke upon the wheel

de songer à une si petite chose. — Sur ma parole, j'ai pitié de vous. — Alors, tu es fou de dépenser ta pitié ainsi ; moi je ne peux pas avoir pitié de moi-même.... Mon cœur est plein de poignards. » Paroles lentes, prononcées à mi-voix, comme en un rêve ou comme si elle parlait d'un autre. Son frère lui envoie une bande de fous qui gambadent, et hurlent, et divaguent lugubrement autour d'elle, horrible vue capable de renverser la raison, et qui est comme un avant-goût de l'enfer. Elle ne dit rien, elle regarde ; son cœur est mort, ses yeux sont fixes[1] : « A quoi pensez-vous? —

> To have all his bones new set : entreat him live
> To be executed again. Who must despatch me?
> BOSOLA.
> Come, be of comfort, I will save your life.
> DUCHESS.
> Indeed, I have not leisure to tend
> So small a business.
> BOSOLA.
> Now, by my life, I pity you.
> DUCHESS.
> Thou art a fool then
> To wast thy pity upon a thing so wretched
> As cannot pity itself. I am full of daggers....
> (*Ibid.*, acte V, sc. 1.)

1.
> CARIOLA.
> What think you of, madam?
> DUCHESS.
> Of nothing :
> When I muse thus, I sleep.
> CARIOLA.
> Like a madman, with your eyes open?
> DUCHESS.
> Dost thou think we shall know one another
> In the other world?
> CARIOLA.
> Yes, out of question.
> DUCHESS.
> O, that it were possible we might
> But hold some two days' conference with the dead !
> From them I should learn somewhat, I am sure,
> I never shall know here I'll tell thee a miracle :

A rien. Quand je rêve ainsi, je dors. — Comme une folle, les yeux ouverts. — Crois-tu que nous nous connaîtrons l'un l'autre, dans l'autre monde? — Oui, sans aucun doute. — Oh! si l'on pouvait avoir un entretien de deux jours seulement avec les morts! J'apprendrais quelque chose que je ne saurai jamais

> I am not mad yet....
> The heaven o'er my head seems made of molten brass.
> The earth of flaming sulphur, yet I am not mad.
> I am acquainted with sad misery
> As the tann'd galley-slave is with his oar....
>   DUCHESS.
> Farewell, Cariola.
> I pray thee, look thou giv'st my little boy
> Some syrup for his cold, and let the girl
> Say her prayers ere she sleep.... Now what you please.
> What death?
>   BOSOLA.
> Strangling; here are your executioners.
>   DUCHESS.
> I forgive them.
> The apoplexy, catarrh, or cough o'the lungs
> Would do as much as they do....
>   .... My body
> Bestow upon my women, will you?
> Go, tell my brothers, when I am laid out,
> They may then feed in quiet....
>   CARIOLA.
> I will not die; I must not; I am contracted
> To a young gentleman.
>   FIRST EXECUTIONER.
> Here's your wedding-ring.
>   CARIOLA.
> If you kill me now,
> I am damn'd. I have not been at confession
> These two years.
>   BOSOLA.
> When?
>   CARIOLA.
> I am quick with child.
>   FIRST EXECUTIONER.
> She bites and scratches.
>   BOSOLA.
> Delays, throttle her.
>   (*Ibid.*, acte IV, sc. II.)

ici, j'en suis sûre. Je vais te dire un miracle. Je ne suis pas encore folle.... Le ciel sur ma tête semble d'airain fondu, et la terre de soufre enflammé, et pourtant je ne suis pas folle. J'ai pris l'habitude du désespoir, comme un galérien tanné celle de son aviron. » En cet état, les membres, comme ceux d'un supplicié, tressaillent encore, mais la sensibilité est usée ; le misérable corps ne remue plus que machinalement ; il a trop souffert. — Enfin, le fossoyeur vient avec des bourreaux, un cercueil, et on chante devant elle son service funèbre. « Adieu, Cariola, songe à donner à mon petit garçon un peu de sirop pour son rhume, et fais dire à la petite fille ses prières avant qu'elle s'endorme.... A présent, à votre volonté. Quelle mort ? — L'étranglement ; voici vos exécuteurs. — Je leur pardonne : une toux, l'apoplexie, le catarrhe en feraient autant.... Vous donnerez mon corps à mes femmes, n'est-ce pas ?... Serrez, serrez ferme ;... vous direz à mes frères, quand je serai ensevelie, qu'ils peuvent dîner tranquilles. » Après la maîtresse, la suivante : celle-ci crie et se débat : « Je ne veux pas mourir, je ne puis pas mourir, je suis engagée à un jeune gentilhomme. » — « La corde vous servira d'anneau de mariage. — Si vous me tuez maintenant, je suis damnée, il y a deux ans que je n'ai été à confesse. — Vite donc. — Je suis grosse. » — Elle égratigne et mord, on l'étrangle et les deux enfants avec elle. Antonio est assassiné ; le cardinal et sa maîtresse, le duc et son confident sont empoisonnés ou égorgés ; et les paroles solennelles des mourants viennent au milieu de ce carnage dénoncer, comme des trompettes de deuil, une malédiction universelle sur la vie. « O ce sombre monde[1]! — Dans quelle ombre, dans quel profond puits d'obscurité vit cette pauvre humanité craintive! — Nous courons après la grandeur, comme les enfants après les bulles soufflées dans l'air. — Le plaisir, qu'est-ce? Rien que les heures de répit dans une fièvre, un repos qui nous prépare à supporter la douleur. — Quand nous tombons par l'ambition, par le meurtre, par la volupté, — toujours comme les diamants, nous sommes tranchés par notre propre poussière[2]. » Vous ne trouveriez rien de plus triste et de plus grand de l'Edda à lord Byron.

On devine bien quels puissants caractères il faut pour soutenir ces terribles drames. Tous ces personnages sont prêts aux actions extrêmes; leurs résolutions partent comme des coups d'épée; on suit, on voit, à chaque tournant des scènes, leurs yeux ardents, leurs lèvres blêmies, le tressaillement de leurs muscles, la tension de tout leur être. Le trop-plein de la volonté crispe leurs mains violentes, et leur passion

---

[1]. O this gloomy world!
In what a shadow, or deep pit of darkness
Doth womanish and fearful mankind live!...
We are only like dead walls or vaulted graves
That, ruined, yield no echo.
(*Duchess of Malfi*, V, v.)
Glories, like glow-worms, afar off shine bright,
But look'ed to near, have neither heat nor light.
(*Vittoria*, page 36.)

[2]. This busy trade of life appears most vain,
Since rest breeds rest, where all seek pain by pain.
(*The White Devil*, dernière scène.)

accumulée éclate en foudres qui déchirent et ravagent tout autour d'eux et dans leur propre cœur. On les connaît les héros de cette population tragique, les Iago, les Richard III, les lady Macbeth, les Othello, les Coriolan, les Hotspur, tous comblés de génie, de courage et de désirs, le plus souvent insensés ou criminels, toujours précipités par eux-mêmes dans leur tombe. Il y en a autant autour de Shakspeare que chez Shakspeare ; laissez-moi en montrer un seul, cette fois encore, chez ce Webster. Personne, après Shakspeare, n'a vu plus avant dans les profondeurs de la nature diabolique et déchaînée. *The White Devil*, c'est le nom qu'il donne à son héroïne. Sa Victoria Corambona prend pour amant le duc de Brachiano, et dès la première entrevue songe à l'issue[1]. « Pour passer le temps, je dirai à Votre Grâce un rêve que j'ai fait la nuit dernière. Un rêve bien vain, bien ridicule. « Certainement, il est bien conté et encore mieux choisi, de sens profond, et de sens fort clair. » Charmant démon, dit tout bas son frère, l'entremetteur, elle lui apprend sous couleur de rêve à expédier son mari et la duchesse. ». En effet, le mari est étranglé, la duchesse empoisonnée, et Victoria, accusée des deux crimes, est amenée devant le tribunal. Pied à pied, comme un soldat acculé contre une muraille, elle se

---

[1]
     VITTORIA.
 To pass away the time, I 'll tell your grace
 A dream I had last night....
     FLAMINIO.
Excellent devil! she has taught him in a dream
To make away his duchess and her husband!

défend, réfutant et bravant les avocats et les juges, incapable de pâlir ou de se troubler, l'esprit lucide, et la parole prête, au milieu des injures et des preuves, sous la menace de l'échafaud. L'avocat parle d'abord latin[1] : « Non, qu'il parle en langue ordinaire; autrement, je ne répondrai pas. — Mais vous comprenez le latin. — Je le comprends, mais je veux que toute cette assemblée entende. » Poitrine ouverte, en pleine lumière, elle veut un duel public, et provoque l'avocat : « Me voici au blanc, tirez sur moi, je vous dirai si vous touchez près. » Elle le raille sur son jargon, l'insulte, avec une ironie mordante. « Sûrement, messeigneurs, cet avocat a avalé quelque ordonnance ou quelque formule d'apothicaire, et maintenant les gros mots indigestes lui reviennent au bec, comme les pierres que nous donnons aux faucons en manière de médicaments. Certainement, après son latin, ceci est du bas-breton. » — Puis, au plus fort des malédic-

---

[1].
VITTORIA.
Pray, my lord, let him speak his usual tongue;
I 'll make no answer else.
FRANCESCO DE MEDICIS.
Why, you understand Latin.
VITTORIA.
I do, sir; but amongst that auditory
Which comes to hear my cause, the half or more
May be ignorant in it....
I am at the mark, sir; I 'll give aim to you
And tell you how near you shoot....
Surely, my lords, this lawyer here hath swallow'd
Some pothecaries' bills or proclamations;
And now the hard and indigestible words
Come up, like stones we use give hawks for physic.
Why, this is Welsh to Latin.
             To the point.

tions des juges[1] : « Au fait, et pas de phrases; pas de grâce non plus. Prouvez-moi coupable, séparez ma tête de mon corps; nous nous quitterons bons amis, mais je dédaigne de devoir ma vie à votre pitié, monsieur, ou à celle de tout autre.... Quant à vos grands mots, libre à vous, monseigneur, d'effrayer les petits enfants avec des diables peints. Je n'ai plus l'âge de ces terreurs vaines. Pour vos noms de catin et d'homicide, ils viennent de vous; comme lorsqu'un homme crache contre le vent, son ordure lui revient à la face. » Argument contre argument, elle a une parade contre tous les coups, une parade et une riposte[2]. « Vous m'avez déjà mise à l'aumône, et vous voulez encore me perdre. J'ai des maisons, des bijoux et un pauvre reste de ducats; sans doute cela vous donnera le moyen d'être charitables.... » Puis, d'une voix stridente : « En vérité, monseigneur, vous feriez bien d'aller tirer vos pistolets contre les mouches : le jeu serait plus noble. » On la condamne à être enfermée dans

[1]. Find me guilty, sever head from body,
We'll part good friends : I scorn to hold my life,
At yours or any man's entreaty, sir....
These are but feigned shadows of my evils :
Terrify babes, my lord, with painted devils;
I am past such needless palsy. For your names
Of whore and murderess, they proceed from you,
As if a man should spit against the wind,
The filth returns in's face.
(*The White Devil*, p. 22, Ed. Dyce.)

[2]. ....Take you your course; it seems you have beggar'd me first,
And now would fain undo me. I have houses,
Jewels, and a poor remnant of crusadoes.
Would those would make you charitable!...
In faith, my lord, you might go to pistol flies;
The sport would be more noble.

CHAPITRE II. LE THÉÂTRE.

une maison de repenties. « ¹ Une maison de repenties? qu'est-ce que cela? — Une maison de catins repentantes. — Est-ce que les nobles de Rome l'ont bâtie pour leurs femmes, qu'on m'envoie loger là? » Le sarcasme part droit comme un coup d'épée, puis sur celui-ci un autre, puis des cris et des exécrations. Elle ne pliera pas, elle ne pleurera pas. Elle sort debout, âpre et toujours plus hautaine : « Une maison de repenties? Non, ce ne sera pas une maison de repenties. Ma conscience me la fera plus honnête que le palais du pape, et plus paisible que ton âme, quoique tu sois un cardinal. » — Contre son amant furieux qui l'accuse d'infidélité, elle est aussi forte que contre ses juges; elle lui tient tête, elle lui jette à la face la mort de sa duchesse, elle le force à demander pardon, à l'épouser; elle jouera la comédie jusqu'au bout sous le pistolet, avec une effronterie et un courage de cour-

---

1.
VITTORIA.
A house of convertites! What's that?
MONTICELSO.
A house
Of penitent whores.
VITTORIA.
Do the noblemen in Rome
Erect it for their wives, that I am sent
To lodge there?...
I will not weep.
No, I do scorn to call one poor tear
To fawn on your injustice. Bear me hence
Unto this house of.... What's your mitigating title?
MONTICELSO.
Of convertites.
VITTORIA.
It shall not be a house of convertites;
My mind shall make it honester to me
Than the Pope's palace, and more peaceable
Than thy soul, though thou art a cardinal.
(*Ibidem.*)

tisane et d'impératrice[1]; prise au piége à la fin, elle restera sous le poignard aussi brave et encore plus insultante. « Je ne crains rien, je recevrai la mort comme un prince reçoit les grands ambassadeurs. Je ferai la moitié du chemin pour aller au-devant de ton arme.... Un coup viril que tu viens de faire là. Ton premier sera d'égorger quelque enfant à la mamelle. Alors tu seras célèbre[2]. » Quand une femme se dépouille de son sexe, ses actions vont au delà de celles de l'homme, et il n'y a plus rien qu'elle ne sache souffrir ou oser.

VII

En face de cette bande tragique aux traits grimaçants, aux fronts d'airain, aux attitudes militantes, est un chœur de figures suaves et timides, tendres par excellence, les plus gracieuses et les plus dignes d'amour qu'il ait été donné à l'homme d'imaginer; vous les retrouverez, chez Shakspeare, dans Miranda, Juliette, Desdémone, Virginia, Ophélia, Cordélia, Imogène; mais elles abondent aussi chez les autres, et

---

1. Comparez à Mme Marneffe, de Balzac.
2.   Yes, I shall welcome death
    As princes do some great ambassadors;
    I'll meet thy weapon half way....
        'Twas a manly blow,
    The next thou giv'st, murder some sucking infant;
    And then thou wilt be famous....
        My soul, like a ship in a black storm,
    Is driven, I know not whither.
                (*Dernière scène.*)

c'est le propre de cette race de les avoir fournies, comme c'est le propre de ce théâtre de les avoir représentées. Par une rencontre singulière, les femmes sont plus femmes et les hommes plus hommes ici qu'ailleurs. Les deux natures vont chacune à son extrême ; chez les uns vers l'audace, l'esprit d'entreprise et de résistance, le caractère guerrier, impérieux et rude ; chez les autres vers la douceur, l'abnégation, la patience, l'affection inépuisable[1] ; chose inconnue dans les pays lointains, surtout en France, la femme ici se donne sans se reprendre, et met sa gloire et son devoir à obéir, à pardonner, à adorer, sans souhaiter ni prétendre autre chose que se fondre et s'absorber chaque jour davantage en celui qu'elle a volontairement et pour toujours choisi[2]. C'est cet instinct, un antique instinct germanique, que ces grands peintres de l'instinct mettent tous ici en lumière : Penthéa, Dorothea, chez Ford et Greene ; Isabelle et la duchesse de Malfi, chez Webster ; Bianca, Ordella ; Aréthusa, Juliane, Euphrasie, Amoret, d'autres encore, chez Beaumont et Fletcher ; il y en a vingt qui, parmi les

---

1. De là le bonheur et la solidité de leur mariage. En France, il n'est qu'une association de *deux camarades*, presque semblables et presque égaux, ce qui produit les tiraillements et la tracasserie continue.

2. Voir la peinture de ce caractère dans toute la littérature anglaise et allemande. Le plus grand des observateurs, Stendhal, tout imprégné des mœurs et des idées italiennes et françaises, est stupéfait à cette vue. Il ne comprend rien à cette espèce de dévouement, « à cette servitude, que les maris anglais, sous le nom de devoir, ont eu l'esprit d'imposer à leurs femmes. » Ce sont « des mœurs de sérail. » Voyez aussi *Corinne*.

plus dures épreuves et les plus fortes tentations, manifestent cette admirable puissance d'abandon et de dévouement[1]. L'âme, dans cette race, est à la fois primitive et sérieuse. La candeur chez les femmes y subsiste plus longtemps qu'ailleurs. Elles perdent moins vite le respect, elles pèsent moins vite les valeurs et les caractères; elles sont moins promptes à deviner le mal et à mesurer leurs maris. Aujourd'hui encore, telle grande dame habituée aux réceptions est capable de rougir en présence d'un inconnu et de se trouver mal à l'aise comme une petite fille; les yeux bleus se baissent et la pudeur enfantine arrive d'abord aux joues vermeilles. Elles n'ont pas la netteté, la hardiesse d'idées, l'assurance de conduite, la précocité qui, chez nous en six mois font d'une jeune fille une femme d'intrigue et une reine de salon[2]. La vie enfermée et l'obéissance leur sont plus faciles. Plus pliantes et plus sédentaires, elles sont en même temps plus concentrées, plus intérieures, plus disposées à suivre des yeux le noble rêve qu'on nomme le devoir, et qui ne s'éveille guère en l'homme que dans le silence des sens. Elles ne sont point tentées par la suavité voluptueuse qui, dans les pays du Midi, s'exhale du climat, du ciel et du spectacle de toutes choses, qui fond les résistances, qui fait considérer la privation comme une duperie et la vertu comme une théorie. Elles

---

1. A perfect woman already : meek and patient.
                                    Heywood.

2. Voir par contraste toutes les femmes de Molière, si françaises, même Agnès et la petite Louison.

peuvent se contenter des sensations ternes, se passer d'excitations, supporter l'ennui, et, dans cette monotonie de la vie réglée, se replier sur elles-mêmes, obéir à une pure idée, employer toutes les forces de leur cœur au maintien de leur noblesse morale. Ainsi appuyées sur l'innocence et la conscience, on les voit porter dans l'amour un sentiment profond et honnête, mettre bas la coquetterie, la vanité et les manéges, ne pas mentir, ne pas minauder. Lorsqu'elles aiment, ce n'est pas un fruit défendu qu'elles goûtent, c'est leur vie tout entière qu'elles engagent. Ainsi conçu, l'amour devient une chose presque sainte : le spectateur n'a plus envie de faire le malin et de plaisanter ; elles songent non à leur bonheur, mais au bonheur de celui qu'elles aiment ; c'est le dévouement qu'elles cherchent, et non le plaisir. « On m'appela en hâte, dit Euphrasie à Philaster en lui contant son histoire[1],

---

1. Beaumont and Fletcher, *Philaster*, acte V, sc. v.

EUPHRASIA.
My father oft would speak
Your worth and virtue; and as I did grow
More and more apprehensive, I did thirst
To see the man so praised; but yet all this
Was but a maiden longing, to be lost
As soon as found; till sitting in my window,
Printing my thoughts in lawn, I saw a God,
I thought (but it was you), enter our gates.
My blood flew out, ant back again as fast,
As I had puff'd it forth and suck'd it in
Like breath. Then was I call'd away in haste
To entertain you. Never was a man
Heaved from a sheep-cote to a sceptre, raised
So high in thought as I : You left a kiss
Upon these lips then, which I mean to keep
From you for ever; I did hear you talk,
Far above singing! After you were gone,

pour vous entretenir; jamais homme, — soulevé tout d'un coup d'une hutte de berger jusqu'au trône, — ne se trouva si grand dans ses pensées que moi. Vous laissâtes alors un baiser — sur ces lèvres, qui maintenant ne toucheront plus jamais les vôtres. — Je vous entendis parler, — votre voix était bien au-dessus d'un chant. Après que vous fûtes parti, — je rentrai dans mon cœur et je cherchai — ce qui le troublait ainsi; hélas! je trouvai que c'était l'amour! — Non pas l'amour des sens. Si seulement j'avais pu vivre en votre présence, — j'aurais eu tout mon désir. » Elle s'est déguisée en page, elle l'a suivi, elle a été sa servante[1]; et quel plus grand bonheur pour une femme que de servir à genoux celui qu'elle aime? Elle s'est laissé rudoyer par lui, menacer de mort, blesser. « Bénie soit la main qui m'a blessée! » Quoi qu'il fasse, il ne peut sortir de ce cœur, de ces lèvres pâles, que des paroles de tendresse et d'adoration. Bien plus, elle prend sur elle un crime dont il est accusé, elle

> I grew acquainted with my heart, and search'd
> What stirr'd it so : Alas I found it love :
> Yet far from lust. For could I have but lived
> In presence of you, I had had my end....
> .... Blest be that hand!
> It meant me well. Again for pity's sake!
> .... Never, sir, will I
> Marry; it is a thing within my vow :
> But if I may have leave to serve the princess,
> To see the virtues of her lord and her,
> I shall have hope to live :
>   ARETHUSA.
> Come, live with me;
> Live free as I do; she that loves my lord,
> Curst be the wife that hates her!

---

1. Rôle de Kaled dans *Lara*, de lord Byron.

contredit ses aveux, elle veut mourir à sa place. Bien plus encore, elle le sert auprès de la princesse Aréthusa qu'il aime; elle justifie sa rivale, elle accomplit leur mariage, et pour toute grâce, demande à les servir tous deux[1].

Quelle idée de l'amour ont-ils donc en ce pays? D'où vient que tout égoïsme, toute vanité, toute rancune, tout sentiment petit, personnel ou bas, disparaît à son approche? Comment se fait-il que l'âme se donne ainsi tout entière, sans hésitation, sans réserve, et ne songe plus qu'à se prosterner et s'anéantir comme en présence d'un Dieu[2]? Bianca, croyant Césario ruiné, vient s'offrir à lui comme épouse, et, apprenant qu'il n'en est rien, renonce à lui à l'instant sans une plainte. « Ne m'aimez plus; je prierai pour vous afin que vous ayez une femme vertueuse et belle, et quand je serai morte, pensez à moi quelquefois, avec un peu de pitié pour ma témérité.... J'accepte votre baiser, c'est un cadeau de noces sur une tombe de vierge[3]. » La du-

---

[1]. Chose étrange! la princesse n'est point jalouse : « Viens, vis avec moi, vis aussi librement que moi-même. Celle qui aime mon seigneur, maudite soit l'épouse qui voudrait la haïr! »

[2].   I saw a god.
                                (*Philaster*, acte V, sc. v.)

[3].   BIANCA.
   So dearly I respected both your fame
   And quality, that I would first have perish'd
   In my sick thought, than e'er have given consent
   To have undone your fortunes, by inviting
   A marriage with so mean a one as I am.
   I should have died sure, and no creature known
   The sickness that had kill'd me....
                Now since I know
   There is no difference 'twixt your birth and mine,

chesse de Brachiano est trahie, insultée par son mari infidèle; pour le soustraire à la vengeance de sa famille, elle prend sur elle la faute de la rupture, joue exprès la mégère, et, le laissant libre avec sa courtisane, va mourir en embrassant son portrait. — Aréthusa se laisse blesser par Philaster, arrête les gens qui veulent retenir le bras du meurtrier, déclare qu'il n'a rien fait, que ce n'est pas lui, prie pour lui, l'aime en dépit de tout, jusqu'au bout, comme si toutes ses

> Not much 'twixt our estates (if any be,
> The advantage is on my side), I come willingly
> To tender you the first-fruits of my heart,
> And am content so accept you for my husband
> Now when you are at lowest.
>   CESARIO.
>   Why, Bianca,
> Report has cozen'd thee. I am not fallen
> From my expected honours or possessions,
> Though from the hope of birth-right.
>   BIANCA.
>   ' Are you not?
> Then I am lost again! I have a suit too;
> You 'll grant it, if you be a good man.
> Pray, do not talk of aught I have said to you....
>   .... Pity me,
> But never love me more....
>   I will pray for you,
> That you may have a virtuous wife, a fair one;
> And when I am dead....
>   CESARIO.
>   Fy, fy!
>   BIANCA.
>   Think on me sometimes,
> With mercy for this trespass!
>   CESARIO.
>   Let us kiss
> At parting as at coming.
>   BIANCA.
>   This I have
> As a free dower to a virgin's grave.
> All goodness dwell with you!
>   (*The fair maid of the Inn*, acte IV, sc. 1.)
>   Beaumont and Fletcher.

actions étaient sacrées, comme s'il avait droit de vie et de mort sur elle. — Ordella s'offre afin que le roi son mari puisse avoir des enfants[1]; elle s'offre au sacrifice, simplement, sans grands mots, tout entière[2]; quoi que ce soit; « pourvu que ce soit honnête, elle est prête à tout hasarder et à tout souffrir. » — Lors-

---

1. Beaumont and Fletcher, *Thierry and Theodoret*, *The Maid's tragedy*, *Philaster*. Voyez aussi le rôle de Lucina dans *Valentinian*.

2.
ORDELLA.
Let it be what it may be then, what it dare,
I have a mind will hasard it.
THIERRY.
But, hark you;
What may that woman merit, makes this blessing?
ORDELLA.
Only her duty sir.
THIERRY.
'Tis terrible!
ORDELLA.
'Tis so much the more noble.
THIERRY.
'Tis full of fearful shadows!
ORDELLA.
So is sleep, sir,
Or anything that's merely ours and mortal.
We were begotten Gods else. But those fears,
Feeling but once the fires of nobler thoughts,
Fly, like the shapes of the clouds we form, to nothing.
THIERRY.
Suppose it death!
ORDELLA.
I do.
THIERRY.
And endless parting
With all we can call ours, with all our sweetness
With youth, strength, pleasure, people, time, nay reason!
For in the silent grave, no conversation,
No joyful tread of friends, no voice of lovers,
No careful father's counsel, nothing's heard,
Nor nothing is, but all oblivion,
Dust and an endless darkness : and dare you, woman,
Desire this place?
ORDELLA.
'T is of all sleeps the sweetest :
Children begin it to us, strong men seek it

qu'on la loue de son héroïsme, elle répond qu'elle fait
« simplement son devoir. — Mais ce sacrifice est ter-
« rible! — Il n'en est que plus noble. — Il est plein
« d'ombres effrayantes! — Le sommeil aussi, sei-
« gneur, et toute chose qui est humaine et mortelle.
« Nous serions nés dieux, autrement. Mais toutes ces
« peurs, sitôt qu'elles sentent la flamme des pensées
« nobles, s'envolent et s'évanouissent comme des
« nuages. — Supposez que ce soit la mort. — Je l'ai
« supposé. — La mort, et la perte éternelle de tout ce
« que nous aimons, la jeunesse, la force, le plaisir, la
« compagnie, l'avenir, la raison elle-même. Car, dans
« le tombeau silencieux, les entretiens, la joyeuse
« démarche des amis, la voix des amants, les conseils
« affectueux d'un père, rien, on n'entend plus rien, il

And kings from height of all their painted glories,
Fall, like spent exhalations, to this centre....
THIERRY.
Then you can suffer?
ORDELLA.
As willingly as say it.
THIERRY.
Martell, a wonder!
Here's a woman than dares die. — Yet tell me,
Are you a wife?
ORDELLA.
I am, sir.
THIERRY.
And have children?
She sighs, and weeps.
ORDELLA.
Oh none, sir.
THIERRY.
Dare you venture,
For a poor barren praise you never shall hear,
To part with these sweet hopes?
ORDELLA.
With all but heaven.
(*Thierry and Theodoret*, acte IV.)

« n'y a plus rien; tout est oubli, poussière, obscurité
« éternelle; et osez-vous bien, femme, souhaiter une
« pareille demeure? — C'est de tous les sommeils le
« plus doux. Les rois y reviennent, du haut de leurs
« grandeurs fardées, comme des brouillards qui tom-
« bent. Insensés ceux qui la craignent ou essayent de
« la retarder, jusqu'à ce que la vieillesse ait soufflé
« leur lampe. — Ainsi vous pouvez vous offrir? —
« Aussi volontiers que je le dis. — Martell, un mi-
« racle, une femme qui ose mourir! Pourtant, dites-
« moi, êtes-vous mariée? — Je le suis, seigneur. —
« Et vous avez des enfants?... Elle soupire et pleure. —
« Oh non! seigneur. — Avez-vous bien le courage,
« pour une pauvre stérile louange que vous n'enten-
« drez jamais, de renoncer à ces chères espérances?
« — A tout, excepté au ciel. » Cela n'est-il pas énorme?
Comprenez-vous qu'un être humain se détache ainsi
de lui-même, qu'il s'oublie et se perde dans un autre?
Elles s'y perdent comme dans un abîme. Quand elles
aiment en vain et sans espérance, ni leur raison, ni
leur vie n'y résistent; elles languissent, deviennent
folles, et meurent comme Ophélia. Aspasia délaissée,
« marche sombre, les yeux humides et attachés sur
« la terre [1]. — Elle ne se plaît qu'aux bois solitaires,

1.   This lady
Walks discontented, with her watery eyes
Bent on the earth. The unfrequented woods
Are her delights; and when she sees a bank
Stuck full of flowers, she with a sigh will tell
Her servants what a pretty place it were
To bury lovers in; and make her maids
Pluck 'em, and strew her over like a corpse.
She carries with her an infectious grief,

« et, quand elle voit une rive, — toute pleine de fleurs,
« avec un soupir, elle dit à ses femmes, — quelle jolie
« place ce serait pour y ensevelir des amants ; elle
« leur dit — de cueillir les fleurs et de l'en joncher
« comme une morte. — Partout avec elle, elle porte
« sa peine, qui, comme une contagion, — gagne tous
« les assistants. Elle chante — les plus tristes choses
« que jamais une oreille ait entendues, — puis sou-
« pire et chante encore. Et quand les autres jeunes
« dames, — dans la gaieté folâtre de leur jeune sang,
« — content tour à tour des contes joyeux qui rem-
« plissent la chambre de rires, — elle, avec un regard
« désolé, apporte l'Histoire de la mort silencieuse —
« de quelque jeune fille abandonnée, avec des paroles
« si douloureuses — qu'avant la fin elle les renvoie
« toutes une à une les larmes aux yeux. » Comme un spectre autour d'une tombe, elle erre incessamment autour des restes de son amour détruit, languit, pâlit, s'affaisse, et finit par s'achever elle-même. — Plus tristes encore sont celles qui, par devoir et soumission, se sont laissé conduire à un autre mariage. Elles ne se résignent pas, elles ne se relèvent pas, comme la Pauline de *Polyeucte*. Elles sont brisées. Penthéa est

> That strikes all her beholders; she will sing
> The mournful'st things that ever ear hath heard,
> And sigh, and sing again; and when the rest
> Of our young ladies, in their wanton blood,
> Tell mirthful tales in course, that fill the room
> With laughter, she will, with so sad a look,
> Bring forth a story of the silent death
> Of some forsaken virgin, which her grief
> Will put in such a phrase, that, ere she end,
> She'll send them weeping, one by one, away.
> (*The Maid's tragedy*, acte I.)

aussi honnête, mais non aussi forte que Pauline; c'est l'épouse anglaise, mais ce n'est point l'épouse romaine, stoïque et calme[1]. Elle est désespérée, doucement, silencieusement, et se laisse mourir. Au fond du cœur, elle se juge mariée avec celui à qui elle a engagé son âme; c'est le mariage du cœur qui, à ses yeux, est le seul véritable; l'autre n'est qu'un adultère déguisé. En épousant Bassanès, elle a péché contre Orgilus; l'infidélité morale est pire que l'infidélité légale, et, désormais, elle est déchue à ses propres yeux[2] : « Tuez-moi, mon frère, je vous en prie; dites,

---

[1]. Avant d'abandonner mon âme à mes douleurs,
Il me faut essayer la force de mes pleurs;
En qualité de fille ou de femme, j'espère
Qu'ils vaincront un époux ou fléchiront un père :
Que si sur l'un ou l'autre ils manquent de pouvoir,
Je ne prendrai conseil que de mon désespoir.
Apprends-moi cependant ce qu'ils ont fait au temple.

Impossible de rencontrer une femme plus raisonnable et plus raisonneuse. De même Éliante, Henriette, dans Molière.

[2].
PENTHEA.
Pray, kill me....
Kill me, pray, nay, will you?
ITHOCLES.
How does thy lord esteem thee?
PENTHEA.
Such an one
As only you have made me; a faith-breaker,
A spotted whore. Forgive me, I am one,
In act, not in desires, the Gods must witness... :
For she that's wife to Orgilus, and lives
In known adultery with Bassanes
Is, at the best, a whore. Will kill me now?
The hand-maid to the wages
Of country toil, drinks the untroubled streams
With leaping kids and with the bleating lambs,
And so allays her thirst secure; whilst I
Quench my hot sighs with fleetings of my tears.
(Ford, the Broken heart.)

« le voulez-vous?... Vous avez fait de moi une parjure,
« une prostituée salie. Pardonnez-moi, j'en suis une
« de fait, non de désir, les dieux m'en sont témoins.
« Oui, j'en suis une; car celle qui est la femme d'Or-
« gilus, et vit en adultère public avec Bassanès, est à
« tout le moins une prostituée. A présent, voulez-vous
« me tuer?... Une servante à gages à la campagne
« étanche sa soif, avec ses chevreaux et ses agneaux,
« dans une source fraîche, et moi je n'ai que mes
« larmes pour apaiser la chaleur de ma poitrine.... »
Avec une grandeur tragique, du haut de son deuil in-
curable, elle jette les yeux sur la vie[1] : « Nous nous
« travaillons en vain pour allonger notre pauvre
« voyage, ou nous implorons un répit afin de respirer;
« notre patrie est dans le tombeau.... Ah! chère prin-
« cesse, le sablier de ma vie n'a plus guère que quelques
« minutes à couler; le sable est épuisé; je sens les

---

1.   My glass of life, sweet princess, has few minutes
      Remaining to run down; the sands are spent.
      For by an inward messenger I feel
      The summons of departure short and certain.
                               Glories
      Of human greatness are but pleasing dreams
      And shadows soon decaying; on the stage
      Of my mortality, my youth has acted
      Some scenes of vanity, drawn out at length
      By varied pleasures, sweetened in the mixture,
      But tragical in issue.
                  That remedy
      Must be a winding sheet, a fold of lead,
      And some untrod-on corner in the earth.
                                     (Ibid.)

        In vain we labour in this course of life
      To piece our journey out at length, or crave
      Respite of breath; our home is in the grave.
                                     (Ibid.)

« avertissements d'un messager intérieur et sûr qui
« m'appelle pour partir vite.... Un remède? Mon re-
« mède sera un suaire, une enveloppe de plomb, et
« un coin de terre où personne n'ira marcher. » Point
de révolte, ni d'aigreur; elle aide affectueusement son
frère qui a causé son malheur; elle tâche de lui faire
obtenir la femme qu'il aime; la bonté, la douceur fé-
minine surnagent en elle au plus fort du désespoir.
L'amour ici n'est point despotique, emporté, comme
dans les climats du Midi. Il n'est que profond et triste;
la source de la vie est tarie, voilà tout; elle ne vit
plus, parce qu'elle ne peut plus vivre; tout s'en va
par degrés, la santé, la raison, puis l'âme; au dernier
moment, elle délire, et on la voit venir échevelée, les
yeux tout grands ouverts, avec des paroles entrecou-
pées. Il y a dix jours qu'elle ne dort plus et ne veut
plus manger, et toujours la même fatale pensée lui
serre la poitrine, parmi de vagues rêves de tendresse
et de bonheur maternel frustré, qui reviennent en son
esprit comme des fantômes [1]. « Nulle fausseté n'égale

---

1. Sure if we were all sirens, we should sing pitifully,
And 'twere a comely music, when in parts
One sung another's knell; the turtle sighs
When he hath lost his mate; and yet some say
He must be dead first. 'Tis a fine deceit
To pass away in a dream! Indeed, I've slept
With mine eyes open, a great while. No falsehood
Equals a broken faith. There's not a hair
Sticks on my head, but, like a leaden plummet,
It sinks me to the grave; I must creep thither,
This journey is not long.
.... Since I was first a wife, I might have been
Mother to many pretty prattling babes;
They would have smiled when I smiled; and, for certain,
I would have cried, when they cried; — Truly, brother,

« une promesse rompue. Il n'y a pas de cheveu planté
« sur ma tête qui, comme un morceau de plomb, ne
« m'enfonce dans ma tombe. J'aurais pu être la mère
« de jolis petits enfants qui auraient babillé sur mes
« genoux. Quand j'aurais souri, ils auraient souri, et
« certainement quand ils auraient pleuré, j'aurais
« pleuré. Bien vrai, mon père aurait dû me choisir
« un mari, et alors mes petits enfants n'auraient pas
« été bâtards; mais il est trop tard pour me marier
« maintenant; je suis trop vieille pour avoir des en-
« fants; ce n'est pas ma faute.... Donne-moi ta main;
« crois-moi, je ne te ferai pas de mal; ne te plains pas
« si je la serre trop fort, je la baiserai. Oh! c'est une
« belle main douce!... Bon Dieu, nous aurions été
« heureux! trop heureux, le bonheur rend hautain, à
« ce qu'on dit.... Il n'y a pas de paix pour une épouse
« arrachée à son vrai mari, arrachée de force par un
« mariage infâme. Dans toute mémoire désormais, le
« nom de Penthéa, de la pauvre Penthéa, est sali....
« Pardonnez-moi, oh! je défaille. » Elle meurt, de-

> My father would have pick'd me out a husband,
> And then my little ones had been no bastards;
> But 'tis too late for me to marry now,
> I am past child bearing; 'tis not my fault....
>   Spare your hand.
> Believe me, I'll not hurt it....
> Complain not though I wring it hard;. I'll kiss it;
> Oh 'tis a fine soft palm! — Hark, in thine ear;
> Like whom I look, prithee? — Nay, no whispering.
> Goodness! we had been too happy; too much happiness
> Will make folk proud, they say....
> There is no peace left for a ravish'd wife
> Widow'd by lawless marriage. To all memory
> Penthea's, poor Penthea's name is strumpeted....
> Forgive me, oh, I faint.
>
>   (*Ibidem.*)

mandant quelque douce voix qui lui chante un air plaintif, un air d'adieu, un doux chant funèbre. Je ne sais rien au théâtre de plus pur et de plus touchant.

Lorsqu'on rencontre une structure d'âme si neuve et capable d'aussi grands effets, il faut regarder le corps. Les actions extrêmes de l'homme proviennent, non de sa volonté, mais de sa nature [1] ; pour comprendre les grandes tensions de toute sa machine, c'est sa machine entière qu'il faut regarder, j'entends son tempérament, la façon dont son sang coule, dont ses nerfs vibrent, et dont ses muscles se bandent ; le moral traduit le physique, et les qualités humaines ont leur racine dans l'espèce animale. Considérez donc l'espèce ici, c'est-à-dire la race ; car les sœurs de l'Ophélia et de la Virginia de Shakspeare, de la Claire et de la Marguerite de Gœthe, de la Belvidera d'Otway, de la Paméla de Richardson, font une race à part, molles et blondes, avec des yeux bleus, d'une blancheur de lis, rougissantes, d'une délicatesse craintive, d'une douceur sérieuse, faites pour se subordonner, se plier et s'attacher. Leurs poëtes le sentent bien, quand ils les amènent sur la scène ; ils mettent autour d'elles la poésie qui leur convient, le bruissement des ruisseaux, les chevelures pendantes des saules, les frêles et moites fleurs de leur pays, toutes semblables à elles [2], « la primevère, pâle comme leur visage, la

1. Schopenhauer, *Métaphysique de l'amour et de la mort.* Swift aussi disait que « la mort et l'amour sont les deux choses où l'homme soit foncièrement déraisonnable. » En effet, c'est l'espèce et l'instinct qui s'y manifestent, non la volonté et l'individu.
2. Mort d'Ophélia, funérailles d'Imogène.

jacinthe des prés, azurée comme leurs veines, la fleur de l'églantier, aussi suave que leur haleine [1]. » Ils les font douces « comme le zéphyr qui de son souffle penche la tête des violettes, » abattues sous le moindre reproche, déjà courbées à demi par une mélancolie tendre et rêveuse. Philaster dit en parlant d'Euphrasie qu'il prend pour un page, et qui s'est déguisée ainsi pour obtenir d'être à son service [2] : « Je l'ai rencontré

[1].
There is a willow grows ascaunt the brook,
That shows his hoar leaves in the glassy stream;
Therewith fantastic garlands did she make
Of crow-flowers, nettles, daisies, and long purples,
That liberal shepherds give a grosser name,
But our cold maids do dead-men's fingers call them.
There on the pendent boughs her coronet weeds
Clambering to hang, an envious sliver broke;
When down her weedy trophies and herself
Fell in the weeping brook.
(*Hamlet*, acte V, sc. I.)

With fairest flowers,...
I'll sweeten thy sad grave; thou shalt not lack
The flower, that's like thy face, pale primrose; nor
The azur'd Hare-bell, like thy veins; no, nor
The leaf of eglantine; whom not to slander,
Outsweeten'd not thy breath.
(*Cymbeline*, IV, II.)

[2].
Hunting the buck
I found him sitting by a fountain's side,
Of which he borrowed some to quench his thirst,
And paid the nymph again so much in tears.
A garland laid him by, made by himself,
Of many several flowers, bred in the bay,
Stuck in that mystic order, that the rareness
Delighted me : but ever when he turn'd
His tender eyes upon 'em, he would weep,
As if he meant to make 'em grow again.
Seing such pretty helpless innocence.
Dwell in his face, I ask'd him all his story.
He told me that his parents gentle died,
Leaving him to the mercy of the fields.
Which gave him roots; and of the crystal springs
Which did not stop their courses; and the sun

« pour la première fois assis au bord d'une fontaine,
« — il y puisait un peu d'eau pour étancher sa soif,
« — et la lui rendait en larmes. — Une guirlande
« était auprès de lui faite par ses mains, — de maintes
« fleurs diverses, nourries sur la rive, — arrangées
« en ordre mystique, tellement que la rareté m'en
« charma. — Mais quand il tournait ses yeux tendres
« vers elles, il pleurait — comme s'il eût voulu les
« faire revivre. — Voyant sur son visage cette char-
« mante innocence, — je demandai au cher pauvret
« toute son histoire. — Il me dit que ses parents, de
« bons parents étaient morts, — le laissant à la merci
« des champs, — qui lui donnaient des racines, des
« fontaines cristallines qui ne lui refusaient pas leurs
« eaux, — et du doux soleil qui lui accordait encore
« sa lumière. — Puis il prit la guirlande et me montra
« ce que chaque fleur, dans l'usage des gens de cam-
« pagne, signifie, — et comment toutes, rangées de
« la sorte, exprimaient sa peine. — Je le pris, et j'ai
« gagné ainsi le plus fidèle, — le plus aimant, le plus
« gentil enfant qu'un maître ait jamais eu. » L'idylle
naît d'elle-même parmi ces fleurs humaines ; le drame

> Which still, he thank'd him, yielded him his light.
> Then he took up his garland, and did shew
> What every flower, as country people hold,
> Did signify; and how all, order'd thus
> Express'd his grief; and to my thoughts, did read
> The prettiest lecture of his country art
> That could be wish'd....
> .... I gladly entertain'd him,
> Who was as glad to follow, and have got
> The trustiest, loving'st, and the gentlest boy,
> That ever master kept.
>
> (*Philaster*, I, 2.)

suspend son cours pour s'attarder devant la suavité angélique de leurs tendresses et de leurs pudeurs. Parfois même l'idylle naît complète et pure, et le théâtre tout entier est occupé par une sorte d'opéra sentimental et poétique. Il y en a deux ou trois dans Shakspeare ; il y en a chez le rude Jonson, chez Fletcher, le *Berger affligé*, le *Berger fidèle*[1]. Titres ridicules aujourd'hui, parce qu'ils nous rappellent les fadeurs interminables de d'Urfé ou les gentillesses maniérées de Florian ; titres charmants, si l'on regarde la sincère et surabondante poésie qu'ils recouvrent. C'est dans le pays imaginaire que vit Amoret, la bergère fidèle, pays plein de dieux antiques, et pourtant anglais, pareil à ces paysages humides et verdoyants, où Rubens fait danser des nymphes[2]. « Les plaines penchées descendent, étendant leurs bras jusqu'à la mer, et les bois épais cachent des creux que n'a jamais baisés le soleil.... Là est une source sacrée, où les fées agiles

---

1. *The Sad Shepherd; The Faithful Shepherdess.*
2. Through yon same bending plain
That flings his arms down to the main,
And through these thick woods, have I run,
Whose bottom never kiss'd the sun
Since the lusty spring began....
    (*The Faithful Shepherdess*, acte I, sc. I.)

For to that holy wood is consecrate
A virtuous well, about whose flow'ry banks
The nimble-footed fairies dance their rounds,
By the pale moon-shine, dipping oftentimes
Their stolen children, so to make them free
From dying flesh, and dull mortality.
    (*Ibid.*, sc. II.)

See the dew-drops how they kiss
Every little flower that is,

forment leurs rondes, à la pâle clarté de la lune ; elles y trempent les petits enfants dérobés, pour les affranchir des lois de notre chair fragile, et de notre grossière mortalité.... Là est un air aussi frais et aussi suave que lorsque le zéphyr en se jouant vient caresser la face des eaux frémissantes. Là sont des fleurs choisies, toutes celles que donne le jeune printemps, des chèvrefeuilles, des narcisses, des chrysanthèmes. »
— Le soir venu, « la brume monte, les gouttes de rosée viennent baiser chaque petite fleur et se suspendre à leur tête de velours, comme une corde de grains de corail. » Ce sont là les plantes et les aspects de la campagne anglaise toujours fraîche, tantôt enveloppée d'une pâle brume diaphane, tantôt luisante sous le soleil qui l'essuie, toute regorgeante d'herbes, d'herbes si emplies de séve, si délicates qu'au milieu de leur plus éclatant lustre et de leur plus florissante vie, on sent que le lendemain va les faner. Là, pendant une nuit d'été, selon l'usage du temps[1], les jeunes hommes et les jeunes filles vont cueillir des fleurs et échanger

> Hanging on their velvet heads,
> Like a rope of crystal beads;
> See the heavy clouds low falling,
> And bright Hesperus down calling
> The dead night from under ground.
> (*Ibid.*, acte II, sc. I.)
> Oh, you are fairer far
> Than the chaste blushing morn, or that fair star
> That guides the wandering seaman through the deep!
> .... I do believe thee : 'Tis as hard for me
> To think thee false, and harder than for thee
> To hold me foul.
> (*Ibid.*, acte I, sc. II.)

1. Voyez la description de cette coutume dans *Nathan Drake*.

des promesses ; Amoret avec Périgot, « Amoret, plus belle que la chaste aube rougissante, ou que cette belle étoile qui guide le marin errant à travers l'abîme, » pudique comme une vierge et tendre comme une épouse. « Je te crois, dit-elle à Périgot; cher ami, il me serait dur de te tenir pour infidèle, plus dur qu'à toi de me tenir pour impure. » Si fortes que soient les épreuves, ce cœur donné ne se retirera jamais. Périgot trompé, poussé au désespoir, persuadé qu'elle est une débauchée, la frappe de son épée et la jette à terre, sanglante. Les calomniateurs vont la jeter dans la profonde fontaine ; mais le dieu, prenant une des perles de sa chevelure liquide, la laisse tomber sur la blessure; la chaste chair se referme au contact de l'eau divine, et la jeune fille, revenue à elle, va retrouver celui qu'elle aime encore [1] : « Parle, si tu es là, c'est ton Amoret, ta bien-aimée — qui prononce ton cher

---

1.   Speak if thou be there,
  My Perigot! Thy Amoret, thy dear,
  Calles on thy loved name....
                  'Tis thy friend,
  Thy Amoret; come hither, to give end
  To these consumings. Look up, gentle boy!
  I have forgot those pains and dear annoy
  I suffer'd for thy sake, and am content
  To be thy love again. Why hast thou rent
  Those curled locks, where I have often hung
  Ribbons and damask roses, and have flung
  Waters distill'd to make thee fresh and gay,
  Sweeter than nosegays on a bridal day?
  Why dost thou cross thine arms, and hang thy face
  Down to thy bosom, letting fall apace
  From those two little heavens, upon the ground,
  Showers of more price, more orient, and more round,
  Than those that hang upon the moon's pale brow?
  Cease these complainings, shepherd! I am now
  The same I ever was, as kind and free,

nom. C'est ton amie, — ton Amoret. Viens ici, pour mettre fin — à tous ces déchirements ; regarde-moi, mon ami bien-aimé, — j'ai oublié les souffrances, les chères peines — que j'ai souffertes pour l'amour de toi ; je veux bien — être encore ton amour. Pourquoi as-tu déchiré — ces cheveux bouclés où j'ai souvent attaché — des roses fraîches et des rubans, et où j'ai versé — des eaux distillées pour te parer et t'embellir, pour t'embaumer de senteurs plus douces que des bouquets un jour de noces ? — Pourquoi croises-tu tes bras et courbes-tu ta tête — sur ta poitrine, laissant tomber coup sur coup de tes deux yeux, — de tes deux yeux, mon ciel, — une pluie de larmes plus précieuses, plus pures que les perles — suspendues autour du front pâle de la lune ? Quitte ces désespoirs. Me voici, — la même que j'ai toujours été, aussi tendre et toute à toi comme auparavant. — Je suis capable de vous pardonner avant que vous le demandiez. — En vérité, j'en suis capable, car c'est fait. » Quelqu'un peut-il résister à ce sourire si doux et si triste ? — Toujours trompé, il la blesse encore ; elle tombe mourante, mais sans colère. — « Voici la fin. Adieu, et vis. Ne trompe

> And can forgive before you ask of me :
> Indeed I am and will....
>   So this work hath end!
> Farewell and live! Be constant to thy friend
> That loves thee next!
>   I am thy love!
> Thy Amoret, for ever more thy love!
> Strike once more on my naked breast, I'll prove
> As constant still. Oh! could'st thou love me yet,
> How soon could I my former griefs forget!
>
> (*The Faithful Shepherdess*, acte V, sc. III et V.)

pas celle qui t'aimera la première après moi. »—Enfin, une nymphe la guérit, et Périgot, désabusé, vient se mettre à genoux devant elle. Elle lui tend les bras ; il a eu beau faire, elle n'a pas changé. « Je suis ton amour —encore et pour toujours ton amour. — Frappe encore une fois sur ma poitrine nue, et je me montrerai — encore aussi constante. Oh ! que seulement tu veuilles m'aimer encore ! — et comme j'oublierai vite toutes mes peines[1] ! » Voilà les touchantes et poétiques figures que ces poëtes mettent dans leurs drames ou à côté de leurs drames, parmi les meurtres, les assassinats, le cliquetis des épées, et les hurlements des tueries, aux prises avec des furieux qui les adorent ou les supplicient, conduites comme eux jusqu'à l'extrémité de leur nature, emportées par leurs tendresses comme ils le sont par leurs violences ; c'est ici le déploiement complet, comme l'opposition parfaite de l'instinct féminin porté jusqu'à l'effusion abandonnée, et de l'âpreté virile portée jusqu'à la roideur meurtrière. Ainsi composé et ainsi muni, ce théâtre a pu mettre au jour le plus intime fonds de l'homme, et mettre en jeu les plus puissantes émotions humaines, amener sur la scène Hamlet et Lear, Ophélie et Cordélia, la mort de Desdémone, et les meurtres de Macbeth.

1. Comparez, pour voir le contraste des races, les pastorales italiennes, l'*Aminta* du Tasse, *il Pastor fido*, de Guarini, etc.

CHAPITRE III.

Ben Jonson.

I. Les chefs d'école dans leur école et dans leur siècle. — Jonson. — Son tempérament. — Son caractère. — Son éducation. — Ses débuts. — Ses luttes. — Sa pauvreté. — Ses maladies. — Sa fin.
II. Son érudition. — Ses goûts classiques. — Ses personnages didactiques. — Belle ordonnance de ses plans. — Franchise et précision de son style. — Vigueur de sa volonté et de sa passion.
III. Ses drames. — *Catilina* et *Séjan*. — Pourquoi il a pu peindre les personnages et les passions de la corruption romaine.
IV. Ses comédies. — Sa réforme et sa théorie du théâtre. — Ses comédies satiriques. — *Volpone*. — Pourquoi ces comédies sont sérieuses et militantes. — Comment elles peignent les passions de la Renaissance. — Ses comédies bouffonnes. — *La Femme silencieuse*. — Pourquoi ces comédies sont énergiques et rudes. — Comment elles sont conformes aux goûts de la Renaissance.
V. Limites de son talent. — En quoi il reste au-dessous de Molière. — Manque de philosophie supérieure et de gaieté comique. — Son imagination et sa fantaisie. — *L'Entrepôt de nouvelles* et *la Fête de Cynthia*. — Comment il traite la comédie de société et la comédie lyrique. — Ses petits poëmes. — Ses *Masques*. — Mœurs théâtrales et pittoresques de la cour. — *Le Berger inconsolable*. Comment Jonson reste poëte jusque sur son lit de mort.
VI. Idée générale de Shakspeare. — Quelle est dans Shakspeare la

conception fondamentale. — Conditions de la raison humaine. — Quelle est dans Shakspeare la faculté maîtresse. — Conditions de la représentation exacte.

I

Lorsqu'une civilisation nouvelle amène un art nouveau à la lumière, il y a dix hommes de talent qui expriment à demi l'idée publique autour d'un ou deux hommes de génie qui l'expriment tout à fait : Guilhem de Castro, Pérès de Montalvan, Tirso de Molina, Ruiz de Alarcon, Augustin Moreto, autour de Calderon et de Lope; Crayer, Van Oost, Romboust, Van Thulden, Van Dyck, Honthorst, autour de Rubens; Ford, Marlowe, Massinger, Webster, Beaumont, Fletcher, autour de Shakspeare et de Ben Jonson. Les premiers forment le chœur, les autres sont les coryphées. C'est le même morceau qu'ils chantent ensemble, et dans tel passage le choriste est l'égal du chef; mais ce n'est que dans un passage. Ainsi, dans les drames qu'on vient de citer, le poëte parfois atteint au sommet de son art, rencontre un personnage complet, un éclat de passion sublime; puis il retombe, tâtonne parmi les demi-réussites, les figures ébauchées, les imitations affaiblies, et enfin se réfugie dans les procédés du métier. Ce n'est pas chez lui, c'est chez les grands hommes, chez Ben Jonson et Shakspeare qu'il faut aller chercher l'achèvement de son idée et la plénitude de son art.

« Nombreux étaient les combats d'esprit[1] entre Shakspeare et Ben Jonson au club de la Sirène. Je les considérais tous deux, l'un comme un grand galion espagnol, et l'autre comme un vaisseau de guerre anglais; maître Jonson, comme le galion, était exhaussé en savoir, solide, mais lent dans ses évolutions; Shakspeare, comme le vaisseau de guerre anglais, moindre pour la masse, mais plus léger voilier, pouvait tourner à toute marée, virer de bord, et tirer avantage de tous les vents par la promptitude de son esprit et de son invention. » Au physique et au moral, voilà tout Jonson, et ses portraits ne font qu'achever cette esquisse si juste et si vive : un personnage vigoureux, pesant et rude; un large et long visage, déformé de bonne heure par le scorbut, une solide mâchoire, de vastes joues, les organes des passions animales aussi développés que ceux de l'intelligence, le regard dur d'un homme en colère, ou voisin de la colère; ajoutez-y un corps d'athlète, et vers quarante ans, « une démarche lourde et disgracieuse, un ventre en forme de montagne[2]. » Voilà les dehors, le dedans y est conforme. C'est un véritable Anglais, grandement et grossièrement charpenté, énergique, batailleur, orgueilleux, souvent morose et enclin aux bizarres imaginations du spleen. Il contait à Drummond qu'il était demeuré une nuit entière, « s'imaginant qu'il voyait les Carthaginois et

---

1. Fuller's Worthies.
2. « Mountain belly, ungracious gait. » *Paroles de Jonson sur lui-même.* — Ed. Gifford.

les Romains combattre sur son orteil¹. » Non que de fond il soit mélancolique ; au contraire, il aime à sortir de lui-même par la large et bruyante gaieté débridée, par la conversation abondante et variée, avec l'aide du bon vin des Canaries, dont il s'abreuve, et qui a fini par devenir pour lui une nécessité ; ces gros corps de bouchers flegmatiques ont besoin de la généreuse liqueur qui leur rend du ton, et leur tient lieu du soleil qui leur manque. D'ailleurs expansif, hospitalier, prodigue même, avec une franche verve imprudente², jusqu'à s'abandonner complétement devant l'Écossais Drummond, son hôte, un pédant rigoriste et malveillant, qui a mutilé ses idées et vilipendé son caractère. Pour ce qui est de sa vie, elle est en harmonie avec sa personne ; car il a beaucoup pâti, beaucoup combattu et beaucoup osé. Il étudiait à Cambridge, quand son beau-père, maître maçon, le rappela et le mit à la truelle. Il s'échappa, s'engagea comme volontaire dans l'armée des Pays-Bas, tua et dépouilla un homme en combat singulier, à la vue des deux armées. Vous voyez qu'il était homme d'action corporelle, et que pour ses débuts, il avait exercé ses membres³. De retour en Angleterre, âgé de dix-neuf ans, il monta sur les planches pour gagner sa vie, et se mit aussi à remanier des drames. Ayant été provoqué, il se battit, tua son adversaire et

---

1. Voyez, dans l'histoire de lord Castlereagh, une hallucination analogue. Lord Castlereagh s'est coupé la gorge.
2. Ce caractère tient le milieu entre ceux de Fielding et de Samuel Jonson.
3. A quarante-quatre ans, il s'en alla en Écosse à pied.

fut grièvement blessé; là-dessus, il fut jeté en prison et se trouva « voisin de la potence. » Un prêtre catholique le visita et le convertit; au sortir de prison, sans le sou, n'ayant que vingt ans, il se maria. Enfin, deux ans après, il parvint à faire jouer sa première pièce. Les enfants arrivaient, il fallait leur gagner du pain, et il n'était pas pour cela d'humeur à suivre la route battue, étant persuadé qu'il fallait mettre dans la comédie « une belle philosophie, » une noblesse et une dignité particulières, suivre les exemples des anciens, imiter leur sévérité et leur correction, dédaigner le tapage théâtral et les grossières invraisemblances où la canaille se complaît. Il proclama tout haut son projet dans ses préfaces, railla durement ses adversaires, étala fièrement en scène[1] ses doctrines, sa morale et sa personne. Il gagna ainsi des ennemis acharnés, qui le diffamèrent outrageusement en plein théâtre, qu'il exaspéra par la violence de ses satires, et contre lesquels il lutta sans trêve et jusqu'à la fin. Bien plus, il s'érigea en juge de la corruption publique, attaqua rudement les vices régnants, « sans craindre le poison des courtisanes, ni les poignards des coupe-jarrets. » Il traita ses auditeurs en écoliers, et leur parla toujours en censeur et en maître. Au besoin, il risquait davantage. Marston et Chapman, ses camarades, avaient été mis en prison pour un mot irrévérencieux d'une de leurs pièces, et le bruit courait qu'ils allaient avoir le nez et les

---

1. Rôles de Critès et d'Asper.

oreilles coupés. Jonson, qui avait pris part à la pièce, alla volontairement se constituer prisonnier, et obtint leur grâce. A son retour, dans le repas des réjouissances, sa mère lui montra un violent poison qu'elle aurait mis dans sa boisson pour le soustraire à la sentence, et « pour montrer qu'elle n'était pas poltronne, ajoute Jonson, elle était résolue à boire la première. » On voit qu'en fait d'actions vigoureuses, il trouvait des exemples dans sa famille. Vers la fin de sa vie, l'argent lui manqua; il était libéral, imprévoyant, et ses poches avaient été toujours trouées, comme sa main toujours ouverte; quoiqu'il eût écrit immensément, il était obligé d'écrire encore afin de vivre. La paralysie vint, le scorbut redoubla, l'hydropisie commençait. Il ne pouvait plus quitter sa chambre, ni marcher sans aide. Ses dernières pièces ne réussissaient point. « Si vous attendiez plus que vous n'avez eu ce soir, disait-il dans un épilogue[1], songez que l'auteur est malade et triste.... Tout ce que sa langue débile et balbutiante implore, c'est que vous n'imputiez point la faute à sa cervelle, qui est encore intacte, quoique enveloppée de douleur et incapable de tenir longtemps encore[2]. » Ses ennemis l'injuriaient brutalement, raillaient « son Pé-

---

1. New Inn, 1627.
2.   If you expect more than you had to-night,
    The maker is sick and sad....
    All that his faint and faltering tongue doth crave,
    Is, that you not impute it to his brain,
    That's yet unhurt, although, set round with pain,
    It cannot long hold out.
                                   (*The New Inn*, épilogue.)

gase poussif, » son ventre enflé, sa tête malade[1]. Son collègue, Inigo Jones, lui ôtait le patronage de la Cour. Il était obligé de mendier un secours d'argent auprès du lord trésorier, puis auprès du comte de Newcastle; sa triste « muse bloquée, claquemurée, étriquée, clouée à son lit, incapable de retrouver la santé ou même le souffle[2], » haletait et peinait pour ramasser quelque idée ou obtenir quelque aumône. Sa femme et ses enfants étaient morts; il vivait seul, délaissé, servi par une vieille femme. Ainsi traîne et finit presque toujours lugubrement et misérablement le dernier acte de la comédie humaine; au bout de tant d'années, après tant d'efforts soutenus, parmi tant de gloire et de génie, on aperçoit un pauvre corps affaibli qui radote et agonise entre une servante et un curé.

II

Voilà une vie de combattant, bravement portée, digne du seizième siècle par ses traverses et son

---

1. Thy Pegasus....
He had bequeathed his belly unto thee
To hold that little learning which is fled,
Into thy guts from out thy emptye head.

2. Disease the enemy, and his engineers,
Want, with the rest of his conceal'd compeers
Have cast a trench about me, now five years....
The muse not peeps out, one of hundred days;
But lies block'd up, and straiten'd, narrow'd in,
Fix'd to bed and boards, unlike to win
Health, or scarce breath, as she had never been.
(*An Epistle mendicant*, 1631.)

énergie; partout le courage et la force ont surabondé. Peu d'écrivains ont travaillé plus consciencieusement et davantage; son savoir était énorme, et dans ce temps des grands érudits, il fut un des meilleurs humanistes de son temps, aussi profond que minutieux et complet, ayant étudié les moindres détails et compris le véritable esprit de la vie antique. Ce n'était pas assez pour lui de s'être rempli des auteurs illustres, d'avoir leur œuvre entière incessamment présente, de semer volontairement et involontairement toutes ses pages de leurs souvenirs. Il s'enfonçait dans les rhéteurs, dans les critiques, dans les scoliastes, dans les grammairiens et les compilateurs de bas étage; il ramassait des fragments épars; il prenait des caractères, des plaisanteries, des délicatesses dans Athénée, dans Libanius, dans Philostrate. Il avait si bien pénétré et retourné les idées grecques et romaines, qu'elles s'étaient incorporées aux siennes. Elles entrent dans son discours sans disparate; elles renaissent en lui aussi vivantes qu'au premier jour; il invente lors même qu'il se souvient. En tout sujet il portait cette soif de science, et ce don de maîtriser sa science. Il savait l'alchimie quand il écrivit l'*Alchimiste*. Il manie les alambics, les cornues, les récipients, comme s'il avait passé sa vie à chercher le grand œuvre. Il explique l'incinération, la calcination, l'imbibition, la rectification, la réverbération, aussi bien qu'Agrippa et Paracelse. S'il traite des cosmétiques[1], il en étale toute une boutique; on ferait avec

1. The Devil is an ass.

ses pièces un dictionnaire des jurons et des habits des courtisans ; il semble spécial en tout genre. Une preuve de force encore plus grande, c'est que son érudition ne nuit point à sa verve ; si lourde que soit la masse dont il se charge, il la porte sans fléchir. Cet étonnant amas de lectures et d'observations s'ébranle en un moment tout entier et tombe comme une montagne sur le lecteur accablé. Il faut écouter sir Épicure Mammon dérouler le tableau des magnificences et des débauches où il va se plonger quand il saura fabriquer l'or. Les impudicités raffinées et effrénées de la décadence romaine, les obscénités splendides d'Héliogabale, les fantaisies gigantesques du luxe et de la luxure, les tables d'or comblées de mets étrangers, les breuvages de perles dissoutes, la nature dépeuplée pour fournir un plat, les attentats accumulés par la sensualité contre la nature, la raison et la justice, le plaisir de braver et d'outrager la loi, toutes ces images passent devant les yeux avec l'élan du torrent et la force d'un grand fleuve. Phrase sur phrase, coup sur coup, les idées et les faits viennent dans le dialogue peindre une situation, manifester un personnage, dégorgés de cette mémoire profonde, dirigés par cette solide logique, précipités par cette réflexion puissante. Il y a plaisir à le voir marcher sous le poids de tant d'observations et de souvenirs, chargé de détails techniques et de réminiscences érudites, sans s'égarer ni se ralentir, véritable « Béhémoth littéraire, » pareil à ces éléphants de guerre qui recevaient sur leur dos des tours, des hommes, des armures, des machines, et sous cet attirail couraient aussi vite qu'un cheval léger.

Dans le grand élan de cette pesante démarche, il trouve une voie qui lui est propre. Il a son style. L'érudition et l'éducation classiques l'ont fait classique, et il écrit à la façon de ses modèles grecs et de ses maîtres romains. Plus on étudie les races et les littératures latines par contraste avec les races et les littératures germaniques, plus on arrive à se convaincre que le don propre et distinctif des premières est l'art de *développer*, c'est-à-dire d'aligner les idées en files continues, selon les règles de la rhétorique et l'éloquence, par des transitions ménagées, avec un progrès régulier, sans heurts ni sauts. Jonson a pris dans le commerce des anciens l'habitude de décomposer les idées, de les dérouler pièce à pièce et dans leur ordre naturel, de se faire comprendre et de se faire croire. De la pensée première à la conclusion finale, il conduit le lecteur par une pente continue et uniforme. Chez lui la route ne manque jamais comme dans Shakspeare. Il n'avance point comme les autres par des intuitions brusques, mais par des déductions suivies; on peut marcher, chez lui, on n'a pas besoin de bondir, et l'on est perpétuellement maintenu dans la droite voie : les oppositions de mots rendent sensibles les oppositions de pensées; les phrases symétriques guident l'esprit à travers les idées difficiles; ce sont comme des barrières mises des deux côtés du chemin pour nous empêcher de tomber dans les fossés. Nous ne rencontrons point sur notre route d'images extraordinaires, soudaines, éclatantes, capables de nous éblouir et de nous arrêter; nous voyageons éclairés par des métaphores modérées et soutenues; Jonson a tous les procédét de l'art latin; même quand il veut, surtout en sujets latins, il a les derniers, les plus savants, la concision brillante de Sénèque et Lucain, les antithèses équarries, équilibrées, limées, les artifices les plus heureux et les plus étudiés de l'architecture oratoire[1]. Les autres poëtes sont presque des visionnaires, Jonson est presque un logicien.

De là son talent, ses succès et ses fautes; s'il a un meilleur style et de meilleurs plans que les autres, il n'est pas comme eux créateur d'âmes. Il est trop théoricien, trop préoccupé des règles. Ses habitudes de raisonnement le gênent quand il veut dresser et mouvoir des hommes complets et vivants. On n'est guère capable d'en former, à moins d'avoir comme Shakspeare l'imagination d'un voyant. La personne humaine est si complexe que le logicien qui aperçoit successivement ses diverses parties ne peut guère les parcourir toutes, ni surtout les rassembler en un éclair, pour produire la réponse ou l'action dramatique dans laquelle elles se concentrent et qui doit les manifester. Pour découvrir ces actions et ces réponses, il faut une sorte d'inspiration et de fièvre. L'esprit agit alors comme un rêve. Les personnages se meuvent en lui, presque sans son concours; il attend qu'ils

---

1. *Séjan, Catilina, passim.*

parlent, il demeure immobile, écoutant leurs voix, tout recueilli, de peur de déranger le drame intérieur qu'ils vont jouer dans son âme. C'est là tout son artifice : les laisser faire. Il est tout étonné de leurs discours, et il les note en oubliant que c'est lui qui les invente. Leur tempérament, leur caractère, leur éducation, leur genre d'esprit, leur situation, leur attitude et leurs actions forment en lui un tout si bien lié, et se réunissent si promptement en êtres palpables et solides, qu'il n'ose attribuer à sa réflexion ni à son raisonnement une création si vaste et si rapide. Les êtres s'organisent en lui comme dans la nature, c'est-à-dire d'eux-mêmes et par une force que les combinaisons de son art ne remplacent pas[1]. Jonson n'a, pour la remplacer, que les combinaisons de l'art. Il choisit une idée générale, la ruse, la sottise, la sévérité, et en fait un personnage. Ce personnage s'appelle Critès, Asper, Sordido, Deliro, Pecunia, Subtil, et le nom transparent indique la méthode logique qui l'a formé. Le poëte a pris une qualité abstraite, et, construisant toutes les actions qu'elle peut produire, il la promène sur le théâtre en habits d'homme. Ses personnages, comme les caractères de la Bruyère et Théophraste, sont fabriqués à force de solides déductions. Tantôt c'est un vice choisi dans les catalogues de la philosophie morale, la sensualité acharnée après l'or ; cette double inclination perverse devient un personnage, sir Épicure Mammon ; devant l'alchimiste, devant le

---

1. Alfred de Musset, préface de *a Coupe et les Lèvres*. Platon, *Ion*.

famulus, devant son ami, devant sa maîtresse, en public ou seul, toutes ses paroles expriment la convoitise du plaisir et de l'or, et n'expriment rien de plus [1]. Tantôt c'est une manie extraite des sophistes anciens, le bavardage avec horreur du bruit ; cette formule de pathologie mentale devient un personnage, Morose ; le poëte a l'air d'un médecin qui aurait pris à tâche de noter exactement toutes les envies de parler, tous les besoins de silence, et de ne point noter autre chose. Tantôt il détache un ridicule, une affectation, un genre de sottise, parmi les mœurs des élégants et des gens de cour ; c'est une manière de jurer, un style extravagant, l'habitude de gesticuler, ou toute autre bizarrerie contractée par vanité ou par mode. Le héros qu'il en affuble en est surchargé. Il disparaît sous son accoutrement énorme ; il le traîne partout avec lui ; il ne peut le quitter une minute. On ne découvre plus l'homme sous l'habit ; il a l'air d'un mannequin accablé sous un manteau trop lourd. — Quelquefois, sans doute, ces habitudes de construction géométrique produisent des personnages à peu près vivants. Bobadil, le fanfaron grave, le capitaine Tucca, matamore mendiant, bouffon inventif, parleur bizarre, le voyageur Amorphus, docteur pédant de belles manières, caparaçonné de phrases excentriques, font autant d'illusion qu'on en désire ; mais c'est parce qu'ils sont des grotesques de passage et des personnages bas. On

---

[1]. Comparez sir Épicure Mammon au baron Hulot (Balzac, *Parents pauvres*). Balzac, qui est savant comme Jonson, fait des êtres réels comme Shakspeare.

n'exige pas qu'un poëte étudie de pareilles âmes ; il suffit qu'il découvre en elles trois ou quatre traits dominants ; peu importe si elles s'offrent toujours dans la même attitude ; elles font rire comme la comtesse d'Escarbagnas ou tel Fâcheux de Molière ; on ne leur demande rien de plus. Au contraire, les autres fatiguent et rebutent. Ce sont des masques de théâtre, et non des figures vivantes. Contractés par une expression fixe, ils persistent jusqu'au bout de la pièce dans leur grimace immobile ou dans leur froncement éternel. Un homme n'est pas une passion abstraite. Il frappe à son empreinte personnelle les vices et les vertus qu'il possède. Ces vices et ces vertus reçoivent en descendant en lui un tour et une figure qu'ils n'ont pas dans les autres. Personne n'est la sensualité pure. Prenez mille débauchés, vous trouverez mille manières d'être débauché ; car il y a mille routes, mille circonstances et mille degrés dans la débauche ; pour que sir Épicure Mammon fût un être réel, il fallait lui donner l'espèce de tempérament, le genre d'éducation, la nature d'imagination qui produisent la sensualité. Quand on veut construire un homme, il faut creuser jusqu'aux fondements de l'homme, c'est-à-dire, se définir à soi-même la structure de sa machine corporelle et l'allure primitive de son esprit. Jonson n'a pas creusé assez avant, et ses constructions sont incomplètes ; il a bâti à fleur de terre, et il n'a bâti qu'un étage. Il n'a point connu tout l'homme, et il a ignoré le fond de l'homme ; il a mis en scène et rendu sensibles des traités de morale, des fragments d'histoire et des morceaux de satire; il n'a point imprimé de nouveaux êtres dans l'imagination du genre humain.

Tous les autres dons, il les a, et d'abord les dons classiques, en premier lieu le talent de composer. Pour la première fois nous voyons un plan suivi, combiné, une intrigue complète qui a son commencement, son milieu et sa fin, des actions partielles bien agencées, bien rattachées, un intérêt qui croît et n'est jamais suspendu, une vérité dominante que tous les événements concourent à prouver, une idée maîtresse que tous les personnages concourent à mettre en lumière, bref, un art semblable à celui que Molière et Racine vont appliquer et enseigner. Il ne prend pas comme Shakspeare un roman de Greene, une chronique d'Holinshed, une vie de Plutarque, tels quels, pour les découper en scènes, sans calcul des vraisemblances, indifférent à l'ordre, à l'unité, occupé seulement de mettre en pied des hommes, parfois égaré dans des rêveries poétiques, et au besoin concluant subitement la pièce par une reconnaissance ou une tuerie. Il se gouverne et gouverne ses personnages; il veut et sait tout ce qu'ils font et tout ce qu'il fait. — Mais par-dessus les habitudes d'ordonnance latine, il possède la grande faculté de son siècle et de sa race, le sentiment du naturel et de la vie, la connaissance exacte du détail précis, la force de manier franchement, audacieusement, les passions franches. Chez aucun écrivain du temps, ce don ne manque; ils n'ont point peur des mots vrais, des détails choquants et frappants d'alcôve et de médecine; la pruderie de l'Angleterre moderne et la délicatesse de la France monarchique ne viennent point voiler les nudités de leurs figures ou atténuer le coloris de leurs tableaux. Ils vivent librement, largement, au milieu des choses vivantes; ils voient les convoitises s'agiter, s'élancer sans pudeur, sans hypocrisie, sans adoucissement, et ils les montrent telles qu'ils les voient, celui-ci aussi hardiment, quelquefois plus hardiment que les autres, étayé comme il l'est sur la vigueur et la rudesse de son tempérament d'athlète, sur l'exactitude et l'abondance extraordinaire de ses observations et de sa science. Joignez-y encore sa noblesse morale, son âpreté, sa puissante colère grondante, exaspérée et acharnée contre les vices, sa volonté roidie par l'orgueil et la conscience, « sa main armée et résolue à dépouiller, à mettre nues, comme au jour de leur naissance, les folies débraillées de son siècle, à imprimer sur leurs flancs éhontés les sillons de son fouet d'acier[1]; » par-dessus tout le dédain des basses complaisances, le mépris affiché « pour les esprits éreintés qui trottent d'un pied écloppé aux gages du vulgaire, » l'enthousiasme, l'amour profond « de la Muse bien-

---

1. Prologue de *Every man out of his humour.*

>   With an armed and resolute hand,
> I'll strip the ragged follies of the time.
> Naked as at their birth....
>   And with a whip of steel,
> Print wounding lashes in their iron ribs.
> I fear no mood stamp'd in a private brow,
> When I am pleased t' unmask a public vice;
> I fear no strumpet's drugs, no ruffian's stab,
> Shoud I detect their hateful luxuries.
>   (*Every man out of his humour,* Prologue.)

heureuse, âme de la science et reine des âmes, qui, portée sur les ailes de son immortelle pensée, repousse la terre d'un pied dédaigneux, et va heurter la porte du ciel¹. » Voilà les forces qu'il a portées dans le drame et dans la comédie; elles étaient assez grandes pour lui faire une grande place et une place à part.

III

Aussi bien, quoi qu'il fasse, quels que soient ses défauts, sa morgue, sa dureté de touche, sa préoccupation de la morale et du passé, ses instincts d'antiquaire et de censeur, il n'est jamais petit ni plat. En vain, dans ses tragédies latines, *Séjan*, *Catilina*, il s'enchaîne dans le culte des vieux modèles usés de la décadence romaine; il a beau faire l'écolier, fabriquer des harangues de Cicéron, insérer des chœurs imités de Sé-

---

1.   O sacred Poesy, thou spirit of arts
The soul of science, and the queen of souls,
What profane violence, almost sacrilege,
Hath here been offered thy divinities!
That thine own guiltless poverty should arm
Prodigious ignorance to wound thee thus!...
.... Would men learn but to distinguish spirits,
And set true difference 'twixt those jaded wits,
That run a broken pace for common hire,
And the high raptures of a happy muse,
Borne on the wings of her immortal thought
That kicks at earth with a disdainful heel,
And beats at heaven gates with her bright hoofs;
They would not then, with such distorted faces,
And desperate censures, stab at Poesy.
                      (*Poetaster*, acte I, sc. 1.)

nèque, déclamer à la façon de Lucain et des rhéteurs de l'empire, il atteint plus d'une fois l'accent vrai ; à travers la pédanterie, la lourdeur, l'adoration littéraire des anciens, la nature a fait éruption ; il retrouve du premier coup les crudités, les horreurs, la lubricité grandiose, la dépravation effrontée de la Rome impériale ; il manie et met en action les concupiscences et les férocités, les passions de courtisanes et de princesses, les audaces d'assassins et de grands hommes qui ont fait les Messaline, les Agrippine, les Catilina et les Tibère[1]. On va droit au but et intrépidement dans cette Rome ; la justice et la pitié n'y sont point des barrières. Parmi ces mœurs de conquérants et d'esclaves, la nature humaine s'est renversée, et la corruption comme la scélératesse y sont regardées comme des marques de perspicacité et d'énergie. Voyez dans *Séjan* l'assassinat se comploter et se pratiquer avec un sang-froid admirable. Livie discute avec Séjan les moyens d'empoisonner son mari, en style net, sans phrases, comme s'il s'agissait d'un procès à gagner ou d'un dîner à rendre. Point de demi-mots, point d'hésitation, point de remords dans la Rome de Tibère. La gloire et la vertu consistent dans la puissance ; les scrupules sont faits pour les âmes viles ; le propre d'un cœur haut est de tout désirer et de tout oser. « Ici, la conscience est une souillure, la fortune tient lieu de vertu, la passion de loi, la complaisance de talent, le gain de gloire, et tout le reste

---

1. Voir le deuxième acte de *Catilina*.

CHAPITRE III. BEN JONSON.

est vain. » Ravi de cette grandeur d'âme, Séjan s'écrie :

> Royale princesse,
> A présent que je vois votre sagesse, votre jugement, votre énergie,
> Votre décision et votre promptitude à saisir les moyens
> De votre bien et de votre grandeur, je proteste
> Que je me sens tout enflammé et tout brûlé
> D'amour pour vous [1].

Ce sont les amours d'un loup et d'une louve ; il la loue d'être si prompte à tuer. Et voyez en un instant les habitudes de la prostituée derrière les mœurs de l'empoisonneuse ; Séjan sort, et sur-le-champ, en vraie courtisane, elle s'est tournée vers son médecin, lui disant : « Quel teint ai-je aujourd'hui ? — Très-bon, très-clair ! Le fard était bien appliqué. Pourtant la céruse a un peu déteint au soleil. Vous auriez dû vous servir de l'huile blanche que je vous ai donnée. » Il tire la fiole de sa poche, et la farde sur les deux joues. Entre chaque coup de pinceau, ils parlent du meurtre qu'ils viennent de concerter, de ce qu'elle a fait pour Séjan, de ce que Séjan a fait pour elle. « Il a chassé sa femme, la belle Apicata. » — « Ne l'ai-je pas payé en lui livrant tous les secrets de Drusus? — Il faudra, madame, que vous employiez la poudre que je vous ai prescrite pour nettoyer vos dents, et la pommade

---

[1]   .... Now I see your wisdom, judgment, strength,
  Quickness and will, to apprehend the means
  To your own good and greatness, I protest
  Myself through rarified, and turn'd all flame
  In your affection.
  (*Sejan*, acte II, sc. I.)

que je vous ai préparée pour adoucir la peau. Une dame ne peut être trop soigneuse de sa beauté, quand elle veut garder le cœur d'un personnage comme celui que vous avez conquis[1]. »

Quand voulez-vous prendre médecine, madame?

LIVIE.

Quand il le faudra, Eudémus. Mais, d'abord, préparez
La potion de Drusus.

EUDÉMUS.

Si Lygdus était gagné, ce serait fait.
Je l'ai toute prête. Et demain matin
Je vous enverrai un parfum pour amollir
Et faire transpirer; puis je vous préparerai un bain
Pour éclaircir et nettoyer l'épiderme; en attendant
Je composerai un nouveau fard excellent

---

1.   LIVIA.
   How do I look to-day?
                EUDEMUS.
   Excellent clear, believe it. This same fucus
Was well laid on.
               LIVIA.
Methinks 'tis here not white.
                EUDEMUS.
Lend me your scarlet, lady. 'Tis the sun,
Hath giv'n some little taint unto the ceruse.
You should have used of the white oil I gave you.
Sejanus for your love! his very name
Commandeth above Cupid or his shafts....
              'Tis now well, lady, you should
Use the dentifrice I prescribed to you too,
To clear your teeth, and the prepared pomatum
To smooth the skin. — A lady cannot be
Too curious of her form, that still would hold
The heart of such a person, made her captive,
As you have his; who to endear him more
In your clear eye, hath put away his wife,
Fair Apicata, and made spacious room
To your new pleasures.
               LIVIA.
              Have not we return'd
That with our hate to Drusus, and discovery
Of all his counsels?

Qui résistera au soleil, au vent, à la pluie,
Que vous pourrez appliquer avec l'haleine ou avec de l'huile,
Comme vous l'aimerez mieux, et qui durera environ quatorze heures [1].

Il finit en la félicitant sur son prochain changement de mari : Drusus nuisait à sa santé ; Séjan est très-préférable ; conclusion physiologique et pratique. L'apothicaire romain tient sur même planche la boîte à remèdes, la boîte à cosmétiques et la boîte à poison [2].

Là-dessus vous voyez tour à tour se dérouler toutes les scènes de la vie romaine, le marchandage du meurtre, la comédie de la justice, l'impudeur de l'adulation, les angoisses et les fluctuations du sénat. Quand Séjan veut acheter une conscience, il questionne, il plaisante, il tourne autour de l'offre qu'il va faire, il la jette en avant comme par jeu, afin de pou-

---

1. When will you take some physik, lady?
LIVIA.
When
I shall, Eudemus; but let Drusus' drug
Be first prepared.
EUDEMUS.
Were Lygdus made, that's done;
I have it ready. And to morrow morning
I'll sent you a perfume, first to resolve
And procure sweat; and then prepare a bath
To cleanse and clear the cutis; against when
I'll have an excellent new fucus made
Resistive gainst the sun, the rain or wind
Which you shall lay on with a breath or oil
As you but like, and last some fourteen hours.
This change came timely, lady, for your health....
(Ibidem.)

2. Voy. *Catilina*, acte II, une très-belle scène, non moins franche et non moins vivante, sur la haute bohême de Rome.

voir, au besoin, la reprendre; puis quand le regard intelligent du coquin qu'il marchande lui a montré qu'il est compris : « Point de protestations, mon Eudémus. Tes regards sont des serments pour moi. Hâte-toi seulement. Tu es un homme fait pour faire des consuls[1]. » — Ailleurs le sénateur Latiaris amène chez lui son ami Sabinus, et s'indigne devant lui contre la tyrannie, souhaite tout haut la liberté, le provoque à parler. Aussitôt deux délateurs qu'il a cachés derrière la porte se jettent sur Sabinus en criant : « Trahison contre César, » et le traînent, la face voilée, au tribunal d'où il sortira pour être jeté aux Gémonies. — Un peu plus loin le sénat s'assemble. Tibère choisit sous main les accusateurs de Latius et leur fait distribuer leurs rôles. Ils chuchotent dans un coin, pendant que l'on redit tout haut :

Vis longtemps et heureux, César, grand et royal César;
Que les dieux te conservent, et conservent ta modération,
Ta sagesse et ton intégrité. Jupiter,
Protége sa douceur, sa piété, sa diligence, sa libéralité[2].

Puis le héraut cite les accusés; le consul prononce le réquisitoire; Afer déchaîne contre eux son élo-

---

1.   Protest not.
    Thy looks are vows to me....
    Thou art a man made to make consuls. Go.
                                    (Acte I, sc. II.)

2.   Cæsar,
    Live long and happy, great and royal Cæsar;
    The Gods preserve thee, and thy modesty,
    Thy wisdom and thy innocence!
     Guard
    His meekness, Jove; his piety, his care,
    His bounty.
                                    (Acte III, sc. I.)

quence meurtrière; les sénateurs s'échauffent; on voit à nu, comme dans Tacite et Juvénal, les profondeurs de la servilité romaine, l'hypocrisie, l'insensibilité, la venimeuse politique de Tibère. — Enfin, après tant d'autres, le tour de Séjan approche. Les Pères entrent inquiets dans le temple d'Apollon; depuis quelques jours, Tibère semble prendre à tâche de se démentir lui-même; il élève les amis de son favori et le lendemain il met ses ennemis aux premiers postes. On observe le visage de Séjan et on ne sait que prévoir; Séjan s'est troublé; puis, un instant servile, il s'est montré plus arrogant que jamais. Les intrigues se croisent, les rumeurs se contredisent. Macron seul sait le secret de Tibère, et l'on voit les soldats se ranger à la porte du temple, prêts à entrer au premier bruit. On lit la formule de convocation, et le conseil note les noms de ceux qui manquent à l'appel; puis il fait son rapport et annonce que César « confère à l'homme qu'il aime, au très-honoré Séjan » la dignité et la puissance tribunitienne.

Voici les lettres scellées de son sceau.
Que plaît-il au sénat que l'on fasse?

SÉNATEURS.

Lisez-les, lisez-les. Qu'on les ouvre. Lisez-les publiquement.

COTTA.

César a honoré beaucoup sa propre grandeur
En prenant cette mesure.

TRIO.

C'est une pensée heureuse,
Et digne de César.

LATIARIS.

Et lé personnage qu'elle regarde
En est aussi digne.

HATÉRIUS.

Très-digne.

SANQUINIUS.

Rome ne s'est jamais glorifiée que d'une vertu
Qui pût mettre un frein à l'envie : la vertu de Séjan.

PREMIER SÉNATEUR.

Très-honoré et très-noble!

DEUXIÈME SÉNATEUR.

Bon et grand Séjan!

LE HÉRAUT.

Silence ¹!

---

1. The majesty of great Tiberius Cæsar
Propounds to this grave senate the bestowing
Upon the man he loves, honour'd Sejanus,
The tribunitial dignity and power.
Here are his letters, signed with his signet.
What pleaseth now the fathers to be done?

SENATORS.

Read them, read them, open, publicly read them.

COTTA.

Cæsar hath honour'd his own greatness much
In thinking of this act.

TRIO.

— It was a thought
Happy, and worthy Cæsar.

LATIARIS.

And the lord
As worthy it, on whom it is directed!

HATERIUS.

Most worthy!

SANQUINIUS.

Rome did never boast the virtue
That could give envy bounds but his : Sejanus.

FIRST SENATOR.

Honour'd and noble!

SECOND SENATOR.

Good and great Sejanus!

PRÆCO.

Silence!

(Acte V, sc. x.)

On lit la lettre de Tibère. Ce sont d'abord de longues phrases obscures et vagues, mêlées de protestations et de récriminations indirectes, qui annoncent quelque chose et ne révèlent rien. Tout d'un coup, paraît une insinuation contre Séjan. Les Pères s'alarment; mais la ligne qui suit les rassure. Deux phrases plus loin, la même insinuation revient plus précise. « Quelques-uns, dit Tibère, pourraient représenter sa sévérité publique comme l'effet d'une ambition privée; dire que sous prétexte de nous servir, il écarte ce qui lui fait obstacle; alléguer la puissance qu'il s'est acquise par les soldats prétoriens, par sa faction dans la cour et dans le sénat, par les places qu'il occupe, par celles qu'il confère à d'autres, par le soin qu'il a pris de nous pousser, de nous confiner malgré nous dans notre retraite, par le projet qu'il a conçu de devenir notre gendre. » Les Pères se lèvent : « Cela est étrange[1]! » On voit leurs yeux ardents fixés sur la lettre, sur Séjan qui sue et pâlit; leurs pensées courent à travers toutes les conjectures, et les paroles de la lettre tombent une à une dans un silence de mort, saisies au vol avec une énergie d'attention dé-

---

1. « Some there be that would interpret his public severity to be
« particular ambition; and under a pretext of service to us, he doth
« but remove his own lets; alleging the strength he has made to
« himself by the prætorian soldiers, by his faction in court and
« senate, by the offices he holds himself, and confers on others, his
« popularity and dependents, his urging and almost driving us to
« this our unwilling retirement, and, lastly, his aspiring to be our
« son-in-law.
SENATOR.
« This is strange! »

vorante. Ils sondent anxieusement les profondeurs de ces phrases tortueuses, tremblant de se compromettre auprès du favori ou auprès du maître, sentant tous qu'ils doivent comprendre sous peine de vie. « Vos sagesses, Pères conscrits, peuvent examiner et censurer ces suppositions. Mais, si elles étaient livrées à notre jugement qui veut absoudre, nous ne craindrions pas de les déclarer, comme c'est notre avis, très-malicieuses. » — « Oh! il a tout réparé. Écoutez! » — « Cependant on offre de les prouver, et les dénonciateurs y engagent leur vie¹. » Sur ce mot, la lettre devient menaçante. Les voisins de Séjan le quittent : « Plus loin! plus loin! Laissez-nous passer! » Le pesant Sanquinius saute en haletant par-dessus les bancs pour s'enfuir. Les soldats entrent, puis Macron. Et voici qu'enfin la lettre ordonne d'arrêter Séjan. On le charge d'injures : « Hors d'ici, — au cachot, — il le mérite. — Couronnons toutes nos portes de lauriers, — qu'on prenne un bœuf aux cornes dorées, avec des guirlandes, et qu'on le mène sur-le-champ au Capitole, — et qu'on le sacrifie à Jupiter pour le salut de César. — Qu'on efface les titres du traître. — Jetez à bas ses images et ses sta-

---

1. « Your wisdoms, conscript fathers, are able to examine and
« censure these suggestions. But were they left to our absolving
« voice, we durst pronounce them, as we think them, most mali-
« cious. »

SENATOR.

« O, he has restored all; list!
« Yet they are offered to be avered, and on the lives of the infor-
« mers.... »

tues. — Liberté, liberté, liberté ! Louange à Macron qui a sauvé Rome¹. » Ce sont les aboiements d'une meute furieuse, lâchée enfin contre celui sous qui elle rampait et qui longtemps l'a battue et meurtrie. Jonson trouvait dans son âme énergique l'énergie de ces passions romaines ; et la lucidité de son esprit jointe à sa science profonde, impuissantes pour construire des

1.
      FIRST SENATOR.
 Away.
      SECOND SENATOR.
Sit farther.
      COTTA.
 Let's remove....
      REGULUS.
 Take him hence.
 And all the gods guard Cæsar!
      TRIO.
 Take him hence.
      HATERIUS.
Hence.
      COTTA.
 To the dungeon with him.
      SANQUINIUS.
 He deserves it.
      SENATOR.
 Crown all our doors with bays.
      SANQUINIUS.
 And let an ox,
 With gilded horns and garlands, straight be led
 Unto the Capitol.
      HATERIUS.
 And sacrified
 To Jove, for Cæsar's safety.
      TRIO.
 All our Gods
 Be present still to Cæsar!...
      COTTA.
 Let all the traitor's titles be defaced.
      TRIO.
 His images and statues be pull'd down.
      SENATOR.
 Liberty! liberty! liberty! Lead on,
 And praised be Macro, that hath saved Rome!
          (Ibidem.)

caractères, lui fournissaient les idées générales et les détails frappants qui suffisent pour composer les peintures de mœurs.

IV

Aussi bien, c'est de ce côté qu'il a tourné son talent; presque toute son œuvre consiste en comédies, non pas sentimentales et fantastiques comme celles de Shakspeare, mais imitatives et satiriques, faites pour représenter et corriger les ridicules et les vices. C'est un genre nouveau qu'il apporte; là-dessus il a une doctrine; ses maîtres sont les anciens, Térence et Plaute. Il observe presque exactement l'unité de temps et de lieu. Il se moque des auteurs qui, dans la même pièce, « montrent le même personnage au berceau, homme fait et vieillard de soixante ans, qui, avec trois épées rouillées et des mots longs d'une toise, font défiler devant vous toutes les guerres d'York et de Lancastre, qui tirent des pétards pour effrayer les dames, renversent des trônes disjoints pour amuser les enfants[1]. » Il veut présenter sur la scène « des ac-

---

1. Though need make many poets, and some such
 As art and nature have not better'd much,
 Yet ours for want hath not so loved the stage,
 As he dare serve the ill customs of the age,
 Or purchase your delight at such a rate,
 As, for it, he himself must justly hate.
 To make a child new-swaddled to proceed
 Man, and then shoot up, in one beard and weed,
 Past threescore years; or with three rusty swords,
 And help of some few foot and half-foot words,
 Fight over York and Lancaster's long jars....
 He rather prays you will be pleas'd to see

tions et des paroles telles qu'on les rencontre dans le monde, donner une image de son temps, jouer avec les folies humaines. » Plus de « monstres, mais des hommes, » des hommes comme nous en voyons dans la rue, avec leurs travers et leur humeur, avec « cette singularité prédominante qui, emportant du même côté toutes leurs puissances et toutes leurs passions, » les marque d'une empreinte unique [1]. C'est ce caractère saillant qu'il met en lumière, non pas avec une curiosité d'artiste, mais avec une haine de moraliste. « Je les flagellerai, ces singes, et je leur étalerai devant leurs beaux yeux un miroir aussi large que le théâtre sur lequel nous voici. Ils y verront les difformités du temps disséquées jusqu'au dernier nerf et jusqu'au dernier muscle, avec un courage ferme et le mépris de la crainte.... Ma rigide main a été faite pour saisir le vice d'une prise violente, pour le tordre, pour exprimer la sottise de ces âmes d'éponge qui vont léchant toutes les basses vanités [2]. » Sans doute un

> One such to-day as other plays should be;
> Where neither chorus wafts you o'er the seas,
> Nor creaking throne comes down the boys to please,
> Nor nimble squib is seen to make afear
> The gentlewomen....
> But deeds and language such as men do use....
> You, that have so grac'd monsters, may like men.
>   (*Every man in his humour*, Prologue.)

1.   When some one peculiar quality
Doth so possess a man, that it doth draw
All his affects, his spirits and his powers,
In their confluctions, all to run one way,
This may be truly said to be a humour....

2.   I will scourge those apes,
And to those courteous eyes oppose a mirror.

parti pris si fort et si tranché peut nuire au naturel dramatique ; bien souvent les comédies de Jonson sont roides ; ses personnages sont des grotesques, laborieusement construits, simples automates ; le poëte a moins songé à faire des êtres vivants qu'à assommer un vice ; les scènes s'agencent ou se heurtent mécaniquement ; on aperçoit le procédé, on sent partout l'intention satirique ; l'imitation délicate et ondoyante manque, et aussi la verve gracieuse, abondante de Shakspeare. Mais que Jonson rencontre des passions âpres, visiblement méchantes et viles, il trouvera dans son énergie et dans sa colère le talent de les rendre odieuses et visibles, et produira le *Volpone*, œuvre sublime, la plus vive peinture des mœurs du siècle, où s'étale la pleine beauté des convoitises méchantes, où la luxure, la cruauté, l'amour de l'or, l'impudeur du vice, déploient une poésie sinistre et splendide, digne d'une bacchanale du Titien [1]. Dès la première scène tout cela éclate :

« Salut au jour, dit Volpone, et ensuite à mon or!
Ouvre la châsse que je puisse voir mon saint! »

> As large as is the stage whereon we act;
> Where they shall see the time's deformity
> Anatomized in every nerve and sinew,
> With constant courage and contempt of fear....
>   My strict hand
> Was made to seize on vice, and with a gripe
> Squeeze out the humour of such spongy souls
> As lick up every idle vanity.
>   (*Every man out of his humour*, Prologue.)

1. Comparez le *Volpone* au *Légataire* de Regnard, le seizième siècle qui finit au dix-huitième qui commence.

Ce saint; ce sont des piles d'or, de joyaux, de vaisselle précieuse.

Salut, âme du monde et la mienne! O fils du soleil,
Plus brillant que ton père, laisse-moi te baiser
Avec adoration, toi et tous ces trésors,
Reliques sacrées de cette chambre bénite [1].

Un instant après, le nain, l'eunuque et l'androgyne de la maison entonnent une sorte d'intermède païen et fantastique ; ils chantent en vers bizarres les métamorphoses de l'androgyne qui d'abord fut l'âme de Pythagore. Nous sommes à Venise, dans le palais du Magnifico Volpone. Ces créatures difformes, cette splendeur de l'or, cette bouffonnerie poétique et étrange, transportent à l'instant la pensée dans la cité sensuelle, reine des vices et des arts.

Le riche Volpone vit à l'antique. Sans enfants ni parents, jouant le malade, il fait espérer son héritage à tous ses flatteurs, reçoit leurs dons, « promène la cerise le long de leurs lèvres, la choque contre leur bouche, puis la retire [2], » heureux de prendre leur or, mais encore plus de les tromper, artiste en méchanceté comme en avarice, et aussi content de regarder

---

1. Good morning to the day, and, next, my gold!
Open the shrine, that I may see my saint.
Hail the world's soul and mine!... O thou son of Sol,
But brighter than thy father, let me kiss,
With adoration, thee and every relick
Of sacred treasure in this blessed room!
(Acte I, sc. 1.)

2. Letting the cherry knock against their lips,
And draw it by their mouths, and back again.
(Ibidem.)

une grimace de souffrance que le scintillement d'un rubis.

On voit arriver l'avocat Voltore portant une large pièce d'argenterie. Volpone se jette sur son lit, s'enveloppe de fourrures, entasse ses oreillers, et tousse à rendre l'âme. « Je vous remercie, seigneur Voltore. Où est la pièce d'argenterie? Mes yeux sont mauvais. Votre affection ne restera pas sans récompense. Je ne puis durer longtemps. Je sens que je m'en vas. Ah! ah! ah! ah! » Il ferme les yeux comme épuisé. « Suis-je héritier? » dit Voltore au parasite Mosca[1].

MOSCA.
Si vous l'êtes!
Je vous supplie, seigneur, promettez-moi
De me mettre au nombre de vos gens. Toutes mes espérances
Reposent sur votre seigneurie. Je suis perdu
Si le soleil levant ne brille pas sur moi.
VOLTORE.
Il brillera sur toi, et il te réchauffera aussi, Mosca.

1.
VOLTORE.
Am I inscribed his heir for certain?
MOSCA.
Are you?
I do beseech you, sir, you will vouchsafe
To write me in your family. All my hopes
Depend upon your worship. I am lost,
Except the rising sun do shine on me.
VOLTORE.
It shall both shine and warm thee, Mosca.
MOSCA.
Sir,
I am a man that hath not done your love
All the worst offices; here I wear your keys,
See all your coffers and your caskets lock'd,
Keep the poor inventory of your jewels,

MOSCA.

Seigneur, je ne suis pas l'homme qui ai rendu à votre grâce
Les plus mauvais offices. Je porte ici vos clefs,
Je veille à ce que tous vos coffres et cassettes soient fermés,
Je garde le pauvre inventaire de vos joyaux,
Argent et vaisselle; je suis votre intendant, seigneur,
L'économe de vos biens.

VOLTORE.

Mais suis-je seul héritier?

MOSCA.

Sans associé, seigneur, confirmé de ce matin.
La cire est chaude encore, et l'encre à peine séchée
Sur le parchemin.

VOLTORE.

Heureux, heureux homme que je suis!
Par quelle bonne chance, cher Mosca?

MOSCA.

Votre mérite, seigneur.
Je n'y connais pas d'autre cause.

Et il lui détaille l'affluence des biens où il va nager, l'or qui va ruisseler sur lui, l'opulence qui va couler dans sa maison comme un fleuve. « Quand

> Your plate and monies; am your steward, sir,
> Husband your goods here.
>
> ##### VOLTORE.
>
> But am I sole heir?
>
> ##### MOSCA.
>
> Without a partner, sir; confirm'd this morning;
> The wax is warm yet, and the ink scarce dry
> Upon the parchment.
>
> ##### VOLTORE.
>
> Happy, happy me!
> By what good chance, sweet Mosca?
>
> ##### MOSCA.
>
> Your desert, sir;
> I know no second cause....
> When will you have your inventory brought, sir?
> Or see a copy of the will?
>
> (Acte I, sc. 1.)

voulez-vous que je vous apporte votre inventaire, seigneur? ou bien la copie du testament? » C'est avec ces paroles précises, avec ces détails sensibles qu'on allume les imaginations. Aussi, coup sur coup, les héritiers accourent comme des bêtes de proie. Le second est un vieil avare, Corbaccio, sourd, cassé, presque mourant, et qui pourtant espère survivre à Volpone. Pour en être plus sûr, il voudrait bien lui faire donner par Mosca un bon narcotique. Il l'a sur lui, cet excellent narcotique, il l'a fait préparer sous ses yeux, il le propose. Sa joie en trouvant Volpone plus malade que lui est d'un comique amer. « Comment va-t-il? »

MOSCA.

Sa bouche est toujours entr'ouverte, et ses paupières fermées.

CORBACCIO.

Bon.

MOSCA.

Un engourdissement glacial roidit tous ses membres
Et fait que sa chair a la couleur du plomb.

CORBACCIO.

Cela est bon.

MOSCA.

Son pouls est lent et éteint.

CORBACCIO.

Bons symptômes encore.

MOSCA.

Et de son cerveau.... (*Mosca crie plus haut.*)

CORBACCIO.

Je t'entends. Bon.

MOSCA.

Coule une sueur froide, avec une humeur
Qui suinte continuellement des coins de ses yeux ramollis.

CORBACCIO.

Est-ce possible? Moi, je suis mieux, hé! hé!
Où en sont les éblouissements de sa tête?

MOSCA.

Oh! seigneur, il a passé l'éblouissement. A présent
Il a perdu le sentiment; il a cessé de râler.
A peine pourriez-vous reconnaître qu'il respire.

CORBACCIO.

Excellent! excellent! Certainement je lui survivrai.
Cela me rajeunit de vingt ans.

« Si vous voulez hériter, le moment est bon. Mais ne vous laissez pas prévenir. Le seigneur Voltore vient d'apporter une pièce d'argenterie. — Tiens, Mosca, dit Corbaccio, regarde. Voici un sac de sequins qui pèsera dans la balance plus que sa pièce d'argenterie. — Faites mieux encore. Déshéritez votre fils, instituez Volpone héritier, et envoyez-lui votre testament. — Oui, j'y avais pensé. — Cela sera d'un effet souverain. Déshériter un fils si brave, d'un si grand mérite! Résistera-t-il à une telle marque de tendresse? — Tu dis bien, oui, mais l'idée est de moi. — D'ailleurs, vous êtes si certain de lui survivre. — Sans doute. — Avec une santé florissante comme la vôtre. — Cela est vrai[1]. » Et il s'en va clopinant, n'entendant pas les injures et les bouffonneries qu'on lui lance, tant il est sourd.

1.
MOSCA.
His mouth
Is ever gaping and his eyelids hang.
CORBACCIO.
Good.
MOSCA.
A freezing numbness stiffens all his joints

Lui parti, arrive le marchand Corvino, qui apporte une perle d'Orient et un diamant superbe. « Suis-je héritier? — Oui; Voltore, Corbaccio et cent autres étaient là, bouches béantes, affamés de l'héritage. J'ai pris plume, papier et encre, et je lui ai demandé qui il voulait pour héritier? — Corvino. — Qui pour exécuteur testamentaire? Corvino. A toutes les questions, il se taisait, j'ai interprété comme marque de consentement les signes de tête qu'il faisait par pure faiblesse. — O mon cher Mosca! Mais a-t-il des enfants? — Des bâtards, une douzaine ou davantage, qu'il a engendrés de mendiantes, de bohémiennes, de juives, de mauresses, quand il était ivre. N'ayez pas peur, il n'entend pas. Riez comme moi, maudis-

    And makes the colour of his flesh like lead.
                 CORBACCIO.
    'Tis good.
                 MOSCA.
    His pulse beats slow and dull.
                 CORBACCIO.
    Good symptoms still.
                 MOSCA.
    And from his brain....
                 CORBACCIO.
    I conceive you; good.
                 MOSCA.
    Flows a cold sweat, with a continual rheum,
    Forth the resolved corners of his eyes.
                 CORBACCIO.
    Is't possible? Yet I am better, ha!
    How does he, with the swimming of his head?
                 MOSCA.
    O, sir, 'tis past the scotomy; he now
    Hath left his feeling, and has left to snort :
    You hardly can perceive him, that he breathes.
                 CORBACCIO.
    Excellent, excellent! Sure, I shall outlast him.
    This makes me young again, a score of years.
                                     (Ibid.)

sez-le, injuriez-le. Voulez-vous que je l'achève? — Tout à l'heure, quand je serai parti[1]. » Corvino part aussitôt; car les passions d'alors ont toute la beauté de la franchise. Et Volpone, jetant sa robe de malade, s'écrie :

Mon divin Mosca!
Aujourd'hui tu t'es surpassé toi-même. Voyons :
Un diamant, de l'argenterie, des sequins;
Une bonne matinée.... Prépare-moi
De la musique, des danses, des banquets, toutes les délices.
Le Turc n'est pas plus sensuel dans ses plaisirs
Que le sera Volpone[2].

1.
CORVINO.
Am I his heir?
MOSCA.
Sir, I am sworn, I may not show the will
Till he be dead; but here has been Corbaccio,
Here has been Voltore, here were others too;
I cannot number 'em, they were so many,
All gaping here for legacies; but I,
Taking the vantage of his naming you,
Signior Corvino, signior Corvino, took
Paper and pen and ink, and there I asked him,
Whom he would have his heir? *Corvino.* Who
Should be executor? *Corvino.* And
To any question he was silent to,
I still interpreted the nods he made
Through weakness for consent, and sent home th' others,
Nothing bequeath'd them, but to cry and curse.
CORVINO.
O, my dear Mosca!... Has he children?
MOSCA.
Bastards,
Some dozen or more, that he begat on beggars,
Gypsies and Jews, and black-moors, when he was drunk....
Speak out,
You may be louder yet.
Faith, I could stifle him rarely with a pillow,
As well as any woman that should keep him.
CORVINO.
Do as you will; but I'll begone.

2.
My divine Mosca!
Thou hast to-day outgone thyself....
Prepare

Sur cette invitation, Mosca lui fait le plus voluptueux portrait de la femme de Corvino, Célia. Blessé d'un désir soudain, Volpone se déguise en charlatan, et va chanter sous les fenêtres avec une verve d'opérateur; car il est comédien par nature, en véritable Italien, parent de Scaramouche, aussi bien sur la place publique que dans sa maison. Une fois qu'il a vu Célia, il la veut à tout prix. « Mosca, prends mes clefs: or, argenterie, joyaux, tout est à ta dévotion. Emploie-les à ta volonté. Engage-moi, vends-moi moi-même. Seulement, en ceci contente mon désir[1]. » Mosca va dire à Corvino que l'huile d'un charlatan a guéri son maître, qu'on cherche quelque jolie fille pour achever la cure. « N'avez-vous pas quelque parente? un des docteurs a offert sa fille. — Le misérable! crie Corvino. Le misérable convoiteux[2]! » Lui, l'intraitable jaloux, il se trouve peu à peu conduit à offrir sa femme. Il a trop donné déjà. Il ne veut pas perdre ses avances. Il est comme le joueur à demi ruiné, qui d'une main convulsive jette sur le tapis le reste de sa fortune. Il amène cette pauvre

---

    Me music, dances, banquets, all delights;
    The Turk is not more sensual in his pleasures
    Than will Volpone.
    (Ibid.)

1.   VOLPONE.
    Mosca, take my keys,
Gold, plate and jewels, all's at thy devotion;
Employ them how thou wilt; nay, coin me too,
So thou, in this, but crown my longings, Mosca....

    MOSCA.
    Have you no kinswoman?...

douce femme qui pleure et résiste. Excité par sa propre douleur secrète, il devient furieux [1].

Sois damnée!

Mon cœur, je te traînerai hors d'ici, jusque chez moi, par
  les cheveux.
Je crierai que tu es une catin à travers les rues. Je te fendrai
La bouche jusqu'aux oreilles, et je t'ouvrirai le nez
Comme celui d'un rouget cru. — Ne me tente pas. Viens,
Cède. Je suis las. — Par la mort! J'achèterai quelque esclave
Que je tuerai, et je te lierai à lui vivante,
Et je vous pendrai tous deux à ma fenêtre, inventant
Quelque crime monstrueux, que j'écrirai en grosses lettres
Sur toi avec de l'eau-forte qui mangera ta chair,
Avec des corrosifs brûlants sur cette poitrine obstinée.
Oui, par le sang que tu as enflammé, je le ferai.

CÉLIA.

Seigneur, ce qu'il vous plaira, vous le pouvez. Je suis votre
  martyre.

CORVINO.

Ne soyez pas ainsi obstinée. Je ne l'ai pas mérité.
Songez qui vous supplie. Je t'en prie, mon amour.

.... Think, think, think, think, think, think, think, sir.
One o' the doctors offer'd his daughter.

CORVINO.

How?

MOSCA.

Yes, signior Lupo, the physician.

CORVINO.

His daughter!

MOSCA.

And a virgin, sir....

CORVINO.
Wretch!

Covetous wretch!

(Acte II, sc. III.)

1. Nous supplions le lecteur de nous pardonner les grossièretés de Jonson. Si je les omets, je ne puis plus peindre le seizième siècle. Accordez la même indulgence à l'historien qu'à l'anatomiste.

En bonne foi, tu auras des bijoux, des robes, des parures,
Ce que tu pourras imaginer ou demander. — Va seulement l'embrasser,
Ou touche-le, rien de plus. — Pour l'amour de moi. A ma prière.
Seulement une fois. — Non? non? Je m'en souviendrai!
Voulez-vous me faire affront? Avez-vous soif de ma perte[1]?

Là-dessus Mosca se tourne vers Volpone :

Le seigneur Corvino ayant appris la consultation
Qui s'est faite dernièrement pour votre santé, est venu offrir,
Ou plutôt prostituer....

CORVINO.

Merci, cher Mosca.

MOSCA.

Librement, de lui-même, sans être prié....

CORVINO.

Bien.

1.   Be damn'd!
Heart, I will drag thee hence, home, by the hair,
Cry thee a strumpet through the streets; rip up
Thy mouth into thine ears; and slit thy nose,
Like a raw rocket! — Do not tempt me, come,
Yield, I am loth. — Death! I will buy some slave
Whom I will kill, and bind thee to him, alive,
And at my window hang you forth, devising
Some monstrous crime, which I, in capital letters,
Will eat into thy flesh with aqua-fortis,
And burning corsives on this stubborn breast.
Now, by the blood thou hast incensed, I'll do it!
CELIA.
Sir, what you please, you may, I am your martyr.
CORVINO.
Be not thus obstinate; I have not deserved it.
Think who it is intreats you. 'Prithee, sweet.
Good faith, thou shalt have jewels, gowns, attires,
What thou wilt think and ask. Do but go kiss him.
Or touch him, but. For my sake, at my suit.
This once. — No? not? I shall remember this.
Will you disgrace me thus? Do you thirst my undoing?
(Acte III, v.)

MOSCA.
Comme la vraie et fervente preuve de son amour,
Sa femme, sa propre femme, sa charmante et vertueuse
  femme. La seule beauté
Qui ait du prix à Venise.

CORVINO.
Bien présenté[1].

Où trouvera-t-on de pareils soufflets lancés et assenés en plein visage par la violente main de la satire ? — Célia reste seule avec Volpone, qui dépouillant sa feinte maladie, arrive sur elle aussi florissant de jeunesse et de joie, aussi ardent que le jour où, dans les fêtes de la République, il a joué le rôle du bel Antinoüs. Dans son transport, il chante une chanson d'amour ; la volupté aboutit chez lui à la poésie ; car la poésie est alors en Italie la fleur du vice. Il lui étale les perles, les diamants, les escarboucles. Il s'exalte à l'aspect des trésors qu'il fait rouler et étinceler sous ses yeux. « Porte-les, perds-les, il me

---

1.
MOSCA.
Sir,
Signior Corvino.... hearing of the consultation had
So lately for your health, is come to offer,
Or rather, sir, to prostitute....
CORVINO.
Thanks, sweet Mosca.
MOSCA.
Freely, unask'd, or unintreated.
CORVINO.
Well.
MOSCA.
As the true fervent instance of his love,
His own most fair and proper wife; the beauty
Only of price in Venice.
CORVINO.
'Tis well urged.

(*Ibid.*)

reste une boucle d'oreille capable de les racheter, et d'acheter tout cet État. »

Une perle qui vaut un patrimoine privé
N'est rien. Nous en mangerons de pareilles en un repas.
Les têtes des perroquets, les langues des rossignols,
Les cervelles des paons et des autruches
Seront nos aliments....
Tes bains seront le jus des giroflées,
L'essence des roses et des violettes,
Le lait des unicornes, le parfum des panthères,
Recueillis dans des outres, et mêlés avec des vins de Crète.
Nous boirons dans l'or et l'ambre travaillés,
Jusqu'à ce que mon toit tourne autour de nos têtes
Emporté par le vertige ; et mon nain dansera,
Mon eunuque chantera, mon bouffon fera des mines,
Pendant que, sous des formes empruntées, nous jouerons
   les contes d'Ovide,
Toi comme Europe d'abord, et moi comme Jupiter,
Puis moi comme Mars, et toi comme Érycine,
Le reste ensuite jusqu'à ce que nous ayons parcouru
Et fatigué toutes les fables des dieux [1].

On reconnaît à ces splendeurs de la débauche, la

---

1.   Take these,
And wear, and lose them; yet remains an ear ring,
To purchase them again, and this whole state.
A gem but worth a private patrimony
Is nothing. We will eat such at a meal.
The heads of parrots, tongues of nightingales,
The brains of peacocks and of estriches
Shall be our food....
      Conscience? 'Tis the beggar's virtue....
Thy bathes shall be the juice of july-flower,
Spirit of roses and violets,
The milk of unicorns and panther's breath
Gather'd in bags, and mixt with Cretan wines.
Our drink shall be prepared gold and amber,
Which we will take, until my roof whirl round
With the vertigo; and my dwarf shall dance,

Venise qui fut le trône de l'Arétin, la patrie du Tintoret et de Giorgione. Volpone saisit Célia. « O par conscience ! — La conscience ? c'est la vertu des mendiants ; cède, où je t'aurai de force. » Mais tout d'un coup, Bonario, le fils déshérité de Corbaccio, que Mosca avait caché là dans une autre pensée, entre violemment, la délivre, blesse Mosca, et accuse Volpone devant le tribunal d'imposture et de rapt.

Les trois coquins qui prétendent hériter, travaillent tous à sauver Volpone. Corbaccio désavoue son fils, l'accuse de parricide. Corvino déclare sa femme adultère, et maîtresse éhontée de Bonario. Jamais on n'a vu sur la scène une telle énergie de mensonge, une telle franchise de scélératesse. Le mari, qui sait sa femme innocente, est le plus acharné. « Cette femme, sauf le bon plaisir de vos paternités, est une catin, la plus chaude au plaisir.... Elle hennit comme une jument. » Il continue en termes toujours plus violents et en descriptions toujours plus précises. Célia s'évanouit. « Parfait ! dit-il. Jolie feinte. Recommencez[1]. » Ils font apporter Volpone qui a l'air expirant ; ils fabriquent de faux témoignages, et Voltore les fait valoir, de sa langue d'a-

> My eunuch sing, my fool make up the antic,
> Whilst we, in changed shapes, act Ovid's tales,
> Thou like Europa now, and I like Jove,
> Then I like Mars, and thou like Erycine,
> So of the rest, till we have quite run through,
> And wearied all the fables of the Gods.
> (Acte III, sc. v.).

1. CORVINO.
This woman, please your fatherhoods, is a whore,

vocat, avec des paroles « qui valent un sequin la pièce. » On met Célia et Bonario en prison, et Volpone est sauvé. Cette imposture publique n'est pour lui qu'une comédie de plus, un joyeux divertissement et un chef-d'œuvre. « Duper la cour, détourner le torrent contre les innocents, c'est un plaisir plus grand que si j'avais joui de la femme[1]. » Pour achever, il écrit un testament en faveur de Mosca, se fait passer pour mort, et regarde, caché derrière un rideau, les visages des héritiers. Ils viennent de le

    Of most hot exercise, more than a partrich,
Upon record.
FIRST AVOCAT.
No more.
CORVINO.
Neighs like a jennet.
NOTARY.
Preserve the honour of the court.
CORVINO.
    I shall,
And modesty of your most reverend ears.
And yet I hope that I may say, these eyes
Have seen her glued unto that piece of cedar,
That fine well timber'd gallant; and that here
The letters may be read, through the horn,
That make the story perfect.
THIRD AVOCAT.
Hies grief hath made him frantic.
(Cœlia swoons.)
CORVINO.
    Rare!
Prettily feign'd; again!...

1.
MOSCA.
To gull the court.
VOLPONE.
And quite divert the torrent
Upon the innocent....
MOSCA.
You are not taken with it enough, methinks.
VOLPONE.
O, more than if I had enjoy'd the wench!.
(Acte IV, sc. II; acte V, sc. I.)

sauver, tant mieux; la méchanceté en sera plus grande et plus belle. « Torture-les bien, Mosca ! » Mosca étale le testament sur une table, et fait tout haut l'inventaire. « Neuf tapis de Turquie. Deux coffres sculptés, l'un d'ivoire, l'autre d'écaille de perle. Une boîte à parfums faite d'un seul onyx. » Les héritiers défaillent de douleur, et Mosca les chasse à coups d'insultes. Il dit à Corvino[1] :

Que tardez-vous ici? Dans quelle pensée? Sur quelle pro-
  messe?
Écoutez. Ne savez-vous pas que je vous connais pour un âne,
Et que vous auriez été bien volontiers un maquereau,
Si la fortune l'avait souffert? Que vous êtes
Un cocu déclaré, et en bons termes? Cette perle,
Direz-vous, était votre bien? Très-vrai. Ce diamant?

1. Why would you stay here? With what thought, what promise?
Hear you; do you not know, I know you an ass,
And that you would most fain have been a wittol,
If fortune would have let you? That you are
A declared cuckold, on good terms? This pearl,
You'll say, was yours? Right. This diamond?
I'll not deny 't, but thank you. Much here else?
It may be so. Why, think that all these good works
May help to hide your bad....
    CORBACCIO.
I am cozen'd, cheated, by a parasite slave;
Harlot, thou hast gull'd me.
    MOSCA.
Yes, sir; stop your mouth,
Or I shall draw the only tooth is left.
Are you not he, that filthy covetous wretch,
With the three legs, that here, in hope of prey,
Have, any time, this three years, snuff'd about,
With your most grovelling nose, and would have hired
Me to the poisoning of my patron, sir?
Are you not he that have to day in court
Profess'd the disinheriting of your son,
Perjured yourself? Go home, and die, and stink.
        (Acte V, sc. I.)

Je ne le nie pas, mais je vous remercie. Beaucoup d'autres
 choses?
Cela peut bien être. Eh bien! imaginez que ces bonnes œuvres
Serviront à cacher vos mauvaises.

CORBACCIO.

Esclave, parasite, giton, tu m'as dupé!

MOSCA.

Oui, seigneur. Fermez votre bouche,
Ou j'en arracherai la seule dent qui y reste.
N'êtes-vous pas ce sordide et misérable convoiteux,
Aux trois jambes, qui ici, dans l'espérance d'une proie,
Avez, tous les jours de ces trois années, flairé par ces salles,
De votre nez rampant; qui auriez voulu m'acheter
Pour empoisonner mon maître; seigneur?
N'êtes-vous pas celui qui aujourd'hui, devant le tribunal,
A déclaré qu'il déshéritait son fils;
Celui qui s'est parjuré? Allez chez vous, crevez et pourrissez.

Volpone sort déguisé, s'attache tour à tour à chacun d'eux, et achève de leur briser le cœur. Mais Mosca, qui a le testament, agit en maître, et demande à Volpone la moitié de sa fortune. La querelle des deux coquins découvre leurs impostures, et le maître, le valet, avec les trois héritiers futurs, sont envoyés aux galères, à la prison, au pilori, « où le peuple leur crèvera les yeux à coups d'œufs pourris, de poissons infects et de fruits gâtés[1]. » On n'a point écrit de comédie plus vengeresse, plus obstinément acharnée à faire souffrir le vice, à le démasquer, à l'insulter et à le supplicier.

[1] CORVINO.
 Yes,
And have mine eyes beat out with stinking fish,
 Bruised fruit, and rotten eggs. — 'Tis well. I am glad
 I shall not see my shame yet.
(Acte V, sc. VIII.)

Où peut être la gaieté dans un pareil théâtre? Dans la caricature et dans la farce. Il y a une rude gaieté, une sorte de rire physique tout extérieur, qui convient à ce tempérament de lutteur, de buveur et de gendarme. C'est ainsi qu'il se délasse de la satire militante et meurtrière; le divertissement est approprié aux mœurs du temps, excellent pour attirer des hommes qui regardent la pendaison comme une bonne plaisanterie et rient en voyant couper les oreilles des puritains. Mettez-vous un instant à leur place, et vous trouverez comme eux que *la Femme silencieuse* est un chef-d'œuvre. Morose est un vieillard maniaque qui a horreur du bruit, et aime à parler. Il s'est logé dans une rue si étroite qu'une voiture n'y peut entrer. Il chasse à coups de bâton les montreurs d'ours et les tireurs d'épée qui osent passer sous ses fenêtres. Il a mis à la porte son valet, dont les souliers neufs faisaient du bruit; le nouveau valet, Mute, porte des pantoufles à semelles de laine, et ne parle qu'en chuchotant à travers un tube. Morose finit par interdire les chuchotements et exiger qu'on réponde par signes. De plus, il est riche, il est oncle, il maltraite son neveu, sir Dauphine, homme d'esprit, qui a besoin d'argent. Vous voyez d'avance toutes les tortures que va subir le pauvre Morose. Sir Dauphine lui détache une femme prétendue silencieuse, la belle Épicœne. Morose, enchanté de ses courtes réponses et de sa voix qu'il entend à peine, l'épouse pour faire pièce à son neveu. C'est son neveu qui lui a fait pièce. A peine mariée, Épicœne parle, gronde, raisonne aussi haut et aussi longtemps qu'une douzaine de femmes. « Croyiez-vous avoir épousé une statue ou une marionnette! une poupée française, dont les yeux remuent avec un fil d'archal? quelque idiote sortie de l'hôpital, qui se tiendrait roide, les mains comme ceci, la bouche tirée d'un côté, et les yeux sur vous[1]? » Elle commande aux valets de parler haut ; elle fait ouvrir les portes toutes grandes à ses amis. Ils arrivent par troupes, et offrent leurs bruyantes félicitations à Morose. Cinq ou six langues de femmes l'assassinent à la fois de compliments, de questions, de conseils, de remontrances. Survient un ami de sir Dauphine avec une bande de musiciens qui jouent ensemble tout d'un coup, de toute leur force. « Oh! un complot, un complot, un complot, un complot contre moi! Je suis leur enclume aujourd'hui ; ils frappent sur moi, ils me mettront en pièces, c'est pis que le bruit d'une scie. » On voit arriver une procession de domestiques portant des plats ; c'est tout l'attirail d'une taverne que sir Dauphine envoie chez son oncle. Les conviés entre-choquent des verres ; ils crient, ils portent des santés ; ils ont avec eux un tambour et des trompettes qui font un vacarme d'enfer. Morose s'enfuit au grenier, met vingt bonnets de nuit sur sa tête, se bouche les oreilles. Les convives

---

1. Why, did you think you had married a statue, or a motion only? one of the French puppets, with the eyes turned with a wire? or some innocent out of the hospital that would stand with her hands thus, and a plaise mouth, and look upon you?

(Acte III, scène II.)

crient : « Battez, tambours, sonnez, trompettes. *Nunc est bibendum, nunc pede libero.* » « Misérables, crie Morose, assassins, fils du diable et traîtres, que faites-vous ici? » La fête va croissant. Le capitaine Otter, à moitié gris, dit du mal de sa femme, qui tombe sur lui et le rosse d'importance. Les coups, les cris, les sons, les éclats de rire retentissent comme un tonnerre. C'est la poésie du tintamarre. Il y a de quoi ébranler les rudes nerfs et soulever d'un rire inextinguible les puissantes poitrines des compagnons de Drake et d'Essex. « Coquins, chiens d'enfer, stentors! Ils ont fait éclater mon toit, mes murs et toutes mes fenêtres avec leurs gosiers d'airain[1]. » Morose se jette sur eux avec sa longue épée, casse les instruments, chasse les musiciens, disperse les conviés au milieu d'un tumulte inexprimable, grinçant les dents, les yeux hagards. Là-dessus, on lui dit qu'il est fou, et l'on disserte devant lui sur sa maladie[2]. « Ce mal s'appelle en grec μανία, en latin *insania, furor, vel ecstasis melancholica,* c'est-à-dire *egressio,* quand un homme *ex melancholico evadit fanaticus.* Mais il se pourrait bien qu'il ne fût encore que *phreneticus,* madame; et la *phrenesis* n'est que le *delirium* ou à peu près. » On examine les livres qu'il faudra lui lire tout haut pour le guérir. On ajoute, en manière de consolation, que sa femme parle en

---

1. Rogues, hell-hounds, Stentors!... They have rent my roof, walls, and all my windows asunder, with their brazen throats.
(Acte IV, scène II.)
2. Comparez M. de Pourceaugnac, dans Molière.

dormant, et « ronfle plus fort qu'un marsouin. » — « O! ô! ô misère! » crie le pauvre homme. « Mon neveu, sauvez-moi! comment pourrai-je obtenir le divorce? » Sir Dauphine choisit deux fripons qu'il déguise, l'un en ecclésiastique, l'autre en légiste, qui se lancent à la tête des termes latins de droit civil et de droit canonique, qui expliquent à Morose les douze cas de nullité, qui font tinter à ses oreilles, coup sur coup, les mots les plus rébarbatifs de leur grimoire, qui se querellent, et qui font à eux deux autant de bruit qu'une paire de cloches dans un clocher. Sur leur conseil, il se déclare impuissant. Les assistants proposent de le berner dans une couverture; d'autres demandent la vérification immédiate. Chute sur chute, honte sur honte, rien ne lui sert; sa femme déclare qu'elle consent à le garder tel qu'il est. — Le légiste propose une autre voie légale; Morose obtiendra le divorce en prouvant que sa femme est infidèle. Deux chevaliers vantards qui sont là, déclarent qu'ils ont été ses amants. Morose, transporté, se jette à leurs genoux et les embrasse. Épicœne pleure, et l'on croit Morose délivré. Tout à coup le légiste décide que le moyen ne vaut rien, l'infidélité ayant été commise avant le mariage. « Oh! ceci est le pire des pires malheurs, que le pire des diables eût pu inventer. Épouser une prostituée, et tant de bruit! » Voilà Morose déclaré impuissant et mari trompé, sur sa propre requête, aux yeux de tout le monde, et, de plus, marié à perpétuité. Sir Dauphine intervient en coquin habile et en dieu secourable.

« Donnez-moi cinq cents guinées de rente, mon cher oncle, et je vous délivre. » Morose signe la donation avec ravissement ; et son neveu lui montre qu'Épicœne est un jeune garçon déguisé. Ajoutez à cette farce entraînante les rôles bouffons des deux chevaliers lettrés et galants, qui, après s'être vantés de leur bravoure, reçoivent avec reconnaissance, et devant les dames, des nasardes et des coups de pied[1]. Jamais on n'a mieux excité le gros rire physique. A cette large gaieté brutale, à ce débordement de verve bruyante, vous reconnaissez le robuste convive, le puissant buveur qui engloutissait des torrents de vin des Canaries et faisait trembler les vitres de *la Sirène* par les éclats de sa bonne humeur.

IV

Il n'a pas été au delà ; il n'était pas philosophe comme Molière, capable de saisir et de mettre en scène les principaux moments de la vie humaine, l'éducation, le mariage, la maladie, les principaux caractères de son pays et de son siècle, le courtisan, le bourgeois, l'hypocrite, l'homme du monde[2]. Il est resté au-dessous, dans la comédie d'intrigue[3], dans la

---

1. Polichinelle dans *le Malade imaginaire*, Géronte dans *Scapin*.
2. *L'École des Femmes, Tartuffe, le Misanthrope, le Bourgeois gentilhomme, le Malade imaginaire, Georges Dandin*.
3. Analogue aux *Fourberies de Scapin*.

peinture des grotesques[1], dans la représentation des ridicules trop temporaires[2] ou des vices trop généraux[3]. Si quelquefois, comme dans *l'Alchimiste*, il a réussi par la perfection de l'intrigue et la vigueur de la satire, il a échoué le plus souvent par la pesanteur de son travail et le manque d'agrément comique. Le critique en lui nuit à l'artiste ; ses calculs littéraires lui ôtent l'invention spontanée ; il est trop écrivain et moraliste ; il n'est pas assez mime et acteur. Mais il se relève d'un autre côté ; car il est poëte ; presque tous les écrivains, les prosateurs, les prédicateurs eux-mêmes le sont en ce temps-là. La fantaisie surabonde, et aussi le sentiment des couleurs et des formes, le besoin et l'habitude de jouir par l'imagination et par les yeux. Plusieurs pièces de Jonson, *l'Entrepôt des Nouvelles*, *les Fêtes de Cynthia*, sont des comédies fantastiques et allégoriques, comme celles d'Aristophane. Il s'y joue à travers le réel et au delà du réel, avec des personnages qui ne sont que des masques de théâtre, avec des abstractions changées en personnes, avec des bouffonneries, des décorations, des danses, de la musique, avec de jolis et riants caprices d'imagination pittoresque et sentimentale. Par exemple, dans *les Fêtes de Cynthia*, trois enfants arrivent, se disputant le manteau de velours noir que d'ordinaire l'acteur met pour dire le prologue. Ils le tirent au sort ; l'un des perdants, pour se venger, annonce d'avance au public

---

1. Analogue aux *Fâcheux*. — 2. Analogue aux *Précieuses*.
3. Analogue aux pièces de Destouches.

tous les événements de la pièce. Les autres l'interrompent à chaque phrase, lui mettent la main sur la bouche, et tour à tour, prenant le manteau, entament la critique des spectateurs et des auteurs. Ce jeu d'enfants, ces gestes, ces éclats de voix, cette petite querelle amusante ôtent au public son sérieux, et le préparent aux bizarreries qu'il va voir.

Nous sommes en Grèce, dans la vallée de Gargaphie, où Diane[1] veut donner une fête solennelle. Mercure et Cupidon y sont descendus, et commencent par se quereller. « Mon léger cousin aux talons emplumés, qui êtes-vous, sinon l'entremetteur de mon oncle Jupiter? le laquais qu'il charge de ses commissions, qui, de sa langue bien pendue, va chuchoter des messages d'amour aux oreilles des filles libres de leurs corps? qui chaque matin balaye la salle à manger des dieux, et remet en place les coussins qu'ils se sont jetés le soir à la tête[2]? » Voilà des dieux de bonne humeur. Écho, réveillée par Mercure, pleure le beau jeune homme « qui, maintenant transformé en une fleur penchée, baisse et détourne sa tête repentante, comme pour fuir la source qui l'a perdu, dont les chères grâces se sont ici dépensées sans fruit comme un beau

---

1. Entendez la reine Élisabeth.
2. My light-feather-heel'd coz, what are you any more than my uncle Jove's pander? a lacquey that runs on errands for him and can whisper a light message to a loose wench, with some round volubility? one that sweeps the gods' drinking room every morning and set the cushions in order again, which they threw one at another's head over night?

(*Cynthia's Revels*, acte I, sc. 1.)

cierge consumé dans sa flamme. Que la source soit maudite, et que tous ceux dont son eau touchera les lèvres, soient épris, comme lui, de l'amour d'eux-mêmes[1]. » Les courtisans et les dames y boivent, et voici venir une sorte de *revue* des ridicules du temps, arrangée, comme chez Aristophane, en farce invraisemblable, en parade brillante. Un sot prodigue, Asotus, veut devenir homme de cour et de belles manières; il prend pour maître Amorphus, voyageur pédant, expert en galanterie, qui, à l'en croire lui-même, « est d'une essence sublime et raffinée par les voyages, qui le premier a enrichi son pays des véritables lois du duel, dont les nerfs optiques ont bu la quintessence de la beauté dans quelque cent soixante-dix-huit cours souveraines, et ont été gratifiés par l'amour de trois cent quarante-cinq dames, toutes de naissance noble, sinon royale; si heureux en toute chose que l'admiration semble attacher ses baisers sur lui[2]. » Asotus apprend à cette bonne école la langue

---

[1].
See, see the mourning fount, whose springs
Th' untimely fate of that too beauteous boy weep yet,
That trophy of self-love, and spoil of nature,
Who, now transform'd into this drooping flower,
Hangs the repentant head, back from the stream....
Witness thy youth's dear sweets here spent untasted,
Like a fair taper with his own flame wasted!...
But with thy water let this curse remain,
As an inseparate plague, that who but taste
A drop thereof, may with the instant touch,
Grow dotingly enamour'd on themselves.
(*Ibid.*)

[2]. But knowing myself an essence too sublimated and refined by travel.... able to speak the mere extraction of language, one that was your first that ever enrich'd his country with the true laws of

de la cour, se munit comme les autres de calembours, de jurons savants et de métaphores; il lâche coup sur coup des tirades alambiquées, et imite convenablement les grimaces et le style tourmenté de ses maîtres. Puis quand il a bu l'eau de la fontaine, devenu tout à coup impertinent, téméraire, il propose à tous venants un tournoi de belles manières. Ce tournoi grotesque se donne devant les dames : il comprend quatre joutes, et chaque fois les trompettes sonnent. Les combattants s'acquittent tour à tour du salut simple, de la révérence empressée, de la déclaration solennelle, de la rencontre finale. Dans cette bouffonnerie grave, les courtisans sont vaincus. Le sévère Crités, moraliste de la pièce, copie leur langage et les perce de leurs armes. Puis en déclamations grandioses, il châtie « la vanité mondaine et ses beautés fardées que de frivoles idiots adorent, qu'ils poursuivent de leurs appétits aboyants et altérés, toujours en sueur, hors d'haleine, dressés sur leurs pieds pour saisir ses formes aériennes, à la fin étourdis, pris de vertige, et achetant la joyeuse démence d'une heure par les longs dégoûts de tout le temps qui suivra[1]. » Alors, pour achever la défaite des

---

duello, whose optics have drunk the spirit of beauty in some eight score and eighteen prince's courts where I have resided, and been there fortunate in the amours of three hundred forty and five ladies, all nobly, if not princely descended.... In all so happy, as even admiration herself doth seem to fasten her kisses upon me.

(*Ibid.*)

1. O vanity,
How are thy painted beauties doted on;
By light and empty idiots! How pursued

vices, paraissent deux mascarades symboliques représentant les vertus contraires. Elles défilent gravement devant les spectateurs, en habits splendides, et les nobles vers qu'échangent la déesse et ses compagnes, élèvent l'esprit jusqu'aux hautes régions de morale sereine, où le poëte le veut porter. « La chasseresse, la déesse pudique et belle a déposé son arc de perles et son brillant carquois de cristal; assise sur son trône d'argent, elle préside à la fête[1], » et contemple avec une majesté tranquille les danses qui s'enroulent et se développent devant ses pieds. A la fin, ordonnant aux danseurs de se démasquer, elle découvre que les vices se sont déguisés en vertus. Elle les condamne à faire amende honorable et à se baigner dans l'Hélicon. Deux à deux, ils s'en vont chantant une palinodie, un refrain que répète le chœur. — Est-ce là un opéra ou une comédie? C'est une comédie lyrique, et si on n'y trouve point la légèreté aérienne d'Aristophane, du moins on y rencontre, comme dans les *Oiseaux* et dans

> With open and extended appetite!
> How they do sweat, and run themselves from breath,
> Raised on their toes to catch thy airy forms,
> Still turning giddy, till they reel like drunkards,
> That buy the merry madness of an hour,
> With the long irksomeness of following time!
> (*Ibid.*)

1. Queen and huntress, chaste and fair
    Now the sun is laid to sleep,
    Seated in thy silver chair,
    State in wonted manner keep....
    Lay thy bow of pearl apart,
    And thy crystal shining quiver,
    Give unto the flying hart
    Space to breathe, how short soever.
    (Acte V, sc. III.)

les *Grenouilles*, les contrastes et les mélanges de l'invention poétique, qui, à travers la caricature et l'ode, à travers le réel et l'impossible, le présent et le passé, lancée aux quatre coins du monde, assemble en un instant toutes les disparates, et fourrage dans toutes les fleurs.

Il est allé plus loin, il est entré dans la poésie pure, il a écrit des vers d'amour délicats, voluptueux, charmants, dignes de l'idylle antique [1]. Par-dessus tout, il a été le grand et l'inépuisable inventeur de ces *masques*, sortes de mascarades, de ballets, de chœurs poétiques, où s'est étalée toute la magnificence et l'imagination de la renaissance anglaise. Les dieux grecs et tout l'Olympe antique, les personnages allégoriques que les artistes peignent alors dans leurs tableaux, les héros antiques des légendes populaires, tous les mondes, le réel, l'abstrait, le divin, l'humain, l'ancien, le moderne, sont fouillés par ses mains, amenés sur la scène pour fournir des costumes, des groupes harmonieux, des emblèmes, des chants, tout ce qui peut exciter, enivrer des sens d'artistes. Aussi bien l'élite du royaume est là, sur la scène; ce ne sont pas des baladins qui se démènent avec des habits empruntés, mal portés, qu'ils doivent encore à leur tailleur; ce sont les dames de la cour, les grands seigneurs, la reine, dans tout l'éclat de leur rang et de leur fierté, avec de vrais diamants, empressés d'étaler leur luxe, en sorte que toute la splendeur de la vie nationale est

---

1. A celebration of Charis. Miscellaneous poems.

concentrée dans l'opéra qu'ils se donnent, comme des joyaux dans un écrin. Quelle parure! quelle profusion de splendeurs! quel assemblage de personnages bizarres, de bohémiennes, de sorcières, de dieux, de héros, de pontifes, de gnômes, d'êtres fantastiques! Que de métamorphoses, de joutes, de danses, d'épithalames! Quelle variété de paysages, d'architectures, d'îles flottantes, d'arcs de triomphe, de globes symboliques! L'or étincelle, les pierreries chatoient, la pourpre emprisonne de ses plis opulents les reflets des lustres, la lumière rejaillit sur la soie froissée, des torsades de diamants s'enroulent, en jetant des flammes, sur le sein nu des dames; les colliers de perles s'étalent par étages sur les robes de brocard couturées d'argent; les broderies d'or, entrelaçant leurs capricieuses arabesques, dessinent sur les habits des fleurs, des fruits, des figures, et mettent un tableau dans un tableau. Les marches du trône s'élèvent portant des groupes de Cupidons, qui chacun tiennent une torche[1]. Des fontaines égrènent des deux côtés leurs panaches de perles; des musiciens en robe de pourpre et d'écarlate, couronnés de lauriers, jouent dans les berceaux. Les rangées de masques défilent, entrelaçant leurs groupes ; « les uns, vêtus d'orangé fauve et d'argent, les autres de vert de mer et d'argent, les justaucorps blancs brodés d'or, tous les habits et les joyaux si extraordinairement riches, que le trône semble une mine de lumière. » Voilà les opéras

---

1. *Masque of Beauty.*

qu'il compose chaque année, presque jusqu'au bout de sa vie, véritables fêtes des yeux, pareilles aux processions du Titien. Il a beau vieillir, son imagination, comme celle du Titien, reste abondante et fraîche. Abandonné, haletant sur son lit, sentant la mort prochaine, et parmi les suprêmes amertumes, il garde son coloris, il compose le *Sad Shepherd*, la plus gracieuse et la plus pastorale de ses peintures. Songez que c'est dans une chambre de malade qu'est né ce beau rêve, au milieu des fioles, des remèdes et des médecins, à côté d'une garde, parmi les anxiétés de l'indigence et les étouffements de l'hydropisie. C'est dans la forêt verte qu'il se transporte, au temps de Robin Hood, parmi les chasses joviales et les grands lévriers qui aboient. Là sont des fées malicieuses qui, comme Obéron et Titania, égarent les hommes en des mésaventures. Là sont des amants ingénus, qui, comme Daphnis et Chloé, s'étonnent en sentant la suavité douloureuse du premier baiser. Là vivait Éarine que le fleuve vient d'engloutir, et que son amant en délire ne veut pas cesser de pleurer, « Éarine, qui reçut son être et son nom avec les premières pousses et les boutons du printemps, Éarine, née avec la primevère, avec la violette, avec les premières roses fleuries; quand Cupidon souriait, quand Vénus amenait les Grâces à leurs danses, et que toutes les fleurs et toutes les herbes parfumées s'élançaient du giron de la nature, promettant de ne durer que tant qu'Éarine vivrait.... A présent, aussi chaste que son nom, Éarine est morte vierge, et sa chère âme voltige dans l'air au-dessus de nous[1]. » Au-dessus du pauvre vieux paralytique, la poésie flotte encore comme un nuage de lumière. Il a eu beau s'encombrer de science, se charger de théories, se faire critique du théâtre et censeur du monde, remplir son âme d'indignation persévérante, se roidir dans une attitude militante et morose ; les songes divins ne l'ont point quitté, il est le frère de Shakspeare.

V

Enfin nous voici devant celui que nous apercevions à toutes les issues de la Renaissance, comme un de ces chênes énormes et dominateurs auxquels aboutissent toutes les routes d'une forêt. J'en parlerai à part ; il faut, pour en faire le tour, une large place vide. Et encore comment l'embrasser ? Comment développer sa structure intérieure ? Les grands mots, les éloges, tout est vain à son endroit ; il n'a pas besoin d'être loué, mais d'être compris, et il ne peut être

---

[1].   Earine,
Who had her very being and her name,
With the first knots or buddings of the spring,
Born with the primrose, or the violet
Or earliest roses blown ; when Cupid smiled,
And Venus led the Graces out to dance,
And all the flowers and sweets in Nature's lap
Leap'd out, and made their solemn conjuration
To last but while she lived.
                                (Acte I, sc. II.)

But she, as chaste as was her name, Earine,
Died undeflower'd ; and now her sweet soul hovers
Here in the air above us.
                                (Acte III, sc. 1.)

compris qu'à l'aide de la science. De même que les révolutions compliquées des corps célestes ne deviennent intelligibles qu'au contact du calcul supérieur, de même que les délicates métamorphoses de la végétation et de la vie exigent pour être expliquées l'intervention des plus difficiles formules chimiques, ainsi les grandes œuvres de l'art ne se laissent interpréter que par les plus hautes doctrines de la psychologie, et c'est la plus profonde de ces théories qu'il faut connaître pour pénétrer jusqu'au fond de Shakspeare, de son siècle et de son œuvre, de son génie et de son art.

Ce qu'on découvre au bout de toutes les expériences pratiquées et de toutes les observations accumulées sur l'âme, c'est que la sagesse et la connaissance ne sont en l'homme que des *effets* et des *rencontres*. Il n'y a point en lui de force permanente et distincte qui maintienne son intelligence dans la vérité et sa conduite dans le bon sens. Au contraire, il est naturellement déraisonnable et trompé. Les pièces de sa machine intérieure ressemblent aux rouages d'une horloge, qui d'eux-mêmes vont toujours à l'aveugle, emportés par l'impulsion et la pesanteur, et qui cependant parfois, en vertu d'un certain assemblage, finissent par marquer l'heure qu'il est. Ce sage mouvement final n'est pas naturel, mais accidentel; il n'est point spontané, il est forcé; il n'est point inné, il est acquis. L'horloge n'a pas toujours marché régulièrement; au contraire, on a été obligé de la régler petit à petit avec beaucoup de peine. Sa régularité n'est point assurée, elle se détraquera peut-être tout à l'heure. Sa régularité n'est point entière, elle ne marque l'heure qu'à peu près. La force machinale de chaque pièce est toujours là prête à entraîner chaque pièce hors de son office propre et à troubler tout le concert. Pareillement, les idées, une fois qu'elles sont dans la tête humaine, tirent chacune de leur côté à l'aveugle, et leur équilibre imparfait semble à chaque minute sur le point de se renverser. A proprement parler, l'homme est fou, comme le corps est malade, par nature ; la raison comme la santé n'est en nous qu'une réussite momentanée et un bel accident[1]. Si nous l'ignorons, c'est qu'aujourd'hui nous sommes régularisés, alanguis, amortis, et que par degrés, à force de frottements et de redressements, notre mouvement intérieur s'est accommodé à demi au mouvement des choses. Mais il n'y a là qu'une apparence, et les dangereuses forces primitives subsistent indomptées et indépendantes sous l'ordre qui semble les contenir; qu'un grand danger se montre, qu'une révolution éclate, elles feront éruption et explosion, presque aussi terriblement qu'aux premiers jours. Car une idée n'est pas un simple chiffre intérieur employé pour noter un aspect des choses, inerte, toujours disposé à s'aligner correctement avec d'autres semblables pour former un total

---

1. On pourra suivre cette idée en psychologie : la perception extérieure, la mémoire sont des hallucinations vraies, etc. Ceci est le point de vue analytique : à un autre point de vue, au contraire, la raison, la santé sont des buts naturels.

exact. Si réduite et si disciplinée qu'elle soit, elle a encore un reste de couleur sensible par lequel elle est voisine d'une hallucination, un degré de persistance personnelle par lequel elle est voisine d'une monomanie, un réseau d'affinités singulières par lequel elle est voisine des conceptions délirantes. Telle que la voilà, sachez bien qu'elle est le rudiment d'un cauchemar, d'un tic, d'une absurdité. Laissez-la se développer dans son entier comme elle y aspire[1], et vous verrez qu'elle est par essence une image active et complète, une vision qui traîne avec soi tout un cortége de rêves et de sensations, qui grandit d'elle-même, tout d'un coup, par une sorte de végétation pullulante et absorbante, et qui finit par posséder, ébranler, épuiser l'homme tout entier. Après celle-là une autre, parfois toute contraire, et ainsi de suite ; il n'y a rien d'autre dans l'homme, point de puissance distincte et libre ; lui-même n'est que la série de ces impulsions précipitées et de ces imaginations fourmillantes ; la civilisation les a mutilées, atténuées, elle ne les a pas détruites ; secousses, heurts, emportements, parfois de loin en loin une sorte de demi-équilibre passager, voilà sa vraie vie, vie d'insensé, qui par intervalles simule la raison, mais qui véritablement est « de la même substance que ses songes ; » et voilà l'homme tel que Shakspeare l'a conçu. Aucun écrivain, non pas même Molière, n'a percé si avant

---

1. *Voy.* Spinosa et D. Stewart : La conception à son état naturel est croyance.

par-dessous le simulacre de bon sens et de logique dont se revêt la machine humaine pour démêler les puissances brutes qui composent sa substance et son ressort.

Comment y a-t-il réussi, et par quel instinct extraordinaire est-il parvenu à deviner les extrêmes conclusions, les plus profondes percées des physiologistes et des psychologues? Il avait *l'imagination complète;* tout son génie est dans ce seul mot. Petit mot qui semble vulgaire et vide; regardons-le de près pour savoir ce qu'il contient. Quand nous pensons une chose, nous autres hommes ordinaires, nous n'en pensons qu'une portion; nous en voyons un aspect, quelque caractère isolé, parfois deux ou trois caractères ensemble; pour ce qui est au delà, la vue nous manque; le réseau infini de ses propriétés infiniment entre-croisées et multipliées nous échappe; nous sentons vaguement qu'il y a quelque chose au delà de notre connaissance si courte, et ce vague soupçon est la seule partie de notre idée qui nous représente quelque peu le grand *au delà.* Nous sommes comme des apprentis naturalistes, gens paisibles et bornés qui, voulant se représenter un animal, voient le nom et l'étiquette de son casier apparaître devant leur mémoire avec quelque indistincte image de son poil et de sa physionomie, mais dont l'esprit s'arrête là; si par hasard ils veulent compléter leur connaissance, ils conduisent leur souvenir, au moyen de classifications régulières, à travers les principaux caractères de la bête, et lentement, discursivement, pièce à pièce, ils finissent par s'en remettre la froide anatomie devant les yeux. A cela se réduit leur idée, même perfectionnée; à cela aussi se réduit le plus souvent notre conception, même élaborée. Quelle distance il y a entre cette conception et l'objet, combien elle le représente imparfaitement et mesquinement, à quel degré elle le mutile, combien l'idée successive, désarticulée en petits morceaux régulièrement rangés et inertes, ressemble peu à la chose simultanée, organisée, vivante, incessamment en action et transformée, c'est ce que nulle parole ne peut dire. Figurez-vous, au lieu de cette pauvre idée sèche, étayée par cette misérable logique d'arpenteur, une image complète, c'est-à-dire une représentation intérieure, si abondante et si pleine qu'elle épuise toutes les propriétés et toutes les attaches de l'objet, tous ses dedans et tous ses dehors; qu'elle les épuise en un instant; qu'elle figure l'animal entier, sa couleur, le jeu de la lumière sur son poil, sa forme, le tressaillement de ses membres tendus, l'éclair de ses yeux, et en même temps sa passion présente, son agitation, son élan, puis par-dessous tout cela ses instincts, leur structure, leurs causes, leur passé, en telle sorte que les cent mille caractères qui composent son état et sa nature trouvent leurs correspondants dans l'imagination qui les concentre et les réfléchit : voilà la conception de l'artiste, du poëte, de Shakspeare, si supérieure à celle du logicien, du simple savant ou de l'homme du monde, seule capable de pénétrer jusqu'au fond des êtres, de démêler l'homme intérieur sous l'homme extérieur, de sentir par sympathie et d'imiter sans effort le va-et-vient désordonné des imaginations et des impressions humaines, de reproduire la vie avec ses ondoiements infinis, avec ses contradictions apparentes, avec sa logique cachée, bref de créer comme la nature. Ainsi font les autres artistes de cet âge; ils ont le même genre d'esprit et la même idée de la vie; vous ne trouverez dans Shakspeare que les mêmes facultés avec une pousse plus forte, et la même idée avec un relief plus haut.

CHAPITRE IV.

Shakspeare.

I. Vie et caractère de Shakspeare. — Sa famille. — Sa jeunesse. — Son mariage. — Il devient acteur. — Son *Adonis*. — Ses sonnets. — Ses amours. — Son humeur. — Sa conversation. — Ses tristesses. — En quoi consiste le naturel producteur et sympathique. — Sa prudence. — Sa fortune. — Sa retraite.

II. Son style. — Ses images. — Ses excès. — Ses disparates. — Son abondance. — Différence entre la conception créatrice et la conception analytique.

III. Les mœurs. — Les familiarités. — Les violences. — Les crudités. — La conversation et les actions. — Concordance des mœurs et du style.

IV. Les personnages. — Comment ils sont tous de la même famille. — Les brutes et les imbéciles. — Caliban, Ajax, Cloten, Polonius, la nourrice. — Comment l'imagination machinale peut précéder la raison ou lui survivre.

V. Les gens d'esprit. — Différence entre l'esprit des raisonneurs et l'esprit des artistes. — Mercutio, Béatrice, Rosalinde, Bénédict, les clowns. — Falstaff.

VI. Les femmes. — Desdémone, Virginia, Juliette, Miranda, Imogène, Cordelia, Ophélie, Volumnia. — Comment Shakspeare représente l'amour. — Pourquoi Shakspeare fonde la vertu sur l'instinct ou la passion.

VII. Les scélérats. — Iago, Richard III. — Comment les convoitises extrêmes et le manque de conscience sont le domaine naturel de l'imagination passionnée.

VIII. Les grands personnages. — Les excès et les maladies de l'imagination. — Lear, Othello, Cléopatre, Coriolan, Macbeth, Hamlet.

Comparaison de la psychologie de Shakspeare et de celle des tragiques français.
IX. La fantaisie. — Concordance de l'imagination et de l'observation chez Shakspeare. — Intérêt de la comédie sentimentale et romanesque. — *As you like it.* — Idée de la vie. — *Midsummer night's dream.* — Idée de l'amour. — Harmonie de toutes les parties de l'œuvre. — Harmonie de l'œuvre et de l'artiste.

Je vais décrire une nature d'esprit extraordinaire, choquante pour toutes nos habitudes françaises d'analyse et de logique, toute-puissante, excessive, également souveraine dans le sublime et dans l'ignoble, la plus créatrice qui fut jamais dans la copie exacte du réel minutieux, dans les caprices éblouissants du fantastique, dans les complications profondes des passions surhumaines, poétique, immorale, inspirée, supérieure à la raison par les révélations improvisées de sa folie clairvoyante, si extrême dans la douleur et dans la joie, d'une allure si brusque, d'une verve si tourmentée et si impétueuse que ce grand siècle seul a pu produire un tel enfant.

I

Tout vient du dedans chez lui, je veux dire de son âme et de son génie; les circonstances et les dehors n'ont contribué que médiocrement à le développer[1]. Il a été trempé jusqu'au fond dans son siècle, j'entends qu'il a connu par expérience les mœurs de la cam-

---

1. Halliwell's *Life of Shakspeare.*

pagne, de la cour et de la ville, et visité les hauts, les bas, le milieu de la condition humaine; rien de plus; du reste sa vie est ordinaire, et les irrégularités, les traverses, les passions, les succès qu'on y rencontre, sont à peu près ceux qu'on trouve partout ailleurs[1]. Son père, un gantier marchand de laine, fort aisé, ayant épousé une sorte d'héritière campagnarde, était devenu grand bailli, et premier alderman de sa petite ville; mais quand Shakspeare atteignit l'âge de quatorze ans, il était en train de se ruiner, engageant le bien de sa femme, obligé de quitter sa charge municipale et de retirer son fils de l'école pour s'aider de lui dans son commerce. Le jeune homme s'y mit comme il put, non sans frasques et escapades; s'il en faut croire la tradition, il était un des bons buveurs de l'endroit, disposé à soutenir la réputation de sa bourgade dans la bataille des pots. Une fois, dit-on, ayant été vaincu à Bidford dans un de ces combats d'ale, il revint trébuchant, ou plutôt ne put revenir, et passa la nuit avec ses camarades sous un pommier au bord de la route. Certainement il commençait déjà à rimer, à vagabonder en vrai poëte, prenant part aux bruyantes fêtes rustiques, aux joyeuses pastorales figuratives, à la riche et audacieuse expansion de la vie païenne et poétique, telle qu'on la trouvait alors dans les villages anglais. En tout cas, ce n'était point un homme correct, et il avait les passions précoces autant qu'imprudentes. A dix-huit ans et demi, il

---

1. Né en 1564, mort en 1616. Il retouche des pièces dès 1591. La première pièce qui soit de lui tout entière est de 1593. (Payne Collier.)

épousa la fille d'un gros yeoman, plus âgée que lui de neuf ans, et cela en toute hâte; elle était grosse[1]. D'autres témérités ne furent pas plus heureuses. Il paraît qu'il braconnait volontiers selon la coutume du temps, « étant fort adonné, dit le curé Davies[2], à toutes sortes de malicieux larcins à l'endroit des daims et des lapins, particulièrement au détriment de sir Thomas Lucy, qui le fit souvent fouetter et quelquefois emprisonner, et à la fin l'obligea de vider le pays.... Ce dont Shakspeare se vengea grandement, car il fit de lui son juge imbécile. » Ajoutez encore que vers cette époque le père de Shakspeare était en prison, fort mal dans ses affaires, que lui-même avait eu trois enfants coup sur coup; il fallait vivre et il ne pouvait guère vivre dans sa bourgade. Il s'en alla à Londres et se fit acteur: acteur « de très-bas étage, » « serviteur » dans le théâtre, c'est-à-dire apprenti ou peut-être figurant. Même, on disait qu'il avait commencé plus bas encore, et que pour gagner son pain il avait gardé les chevaux des gentilshommes à la porte du théâtre[3]. En tout cas, il a goûté la misère et senti, non en imagination, mais de sa personne, les pointes aiguës de l'anxiété, de l'humiliation, du dégoût, du travail forcé, du discrédit public, du despo-

1. M. Halliwell et d'autres commentateurs tâchent de prouver qu'à cette époque les fiançailles préalables constituaient le vrai mariage; que ces fiançailles avaient eu lieu, et qu'ainsi il n'y a rien d'irrégulier dans la conduite de Shakspeare.

2. Halliwell, 123.

3. Toutes ces anecdotes sont des traditions, et partant plus ou moins douteuses; mais les autres faits sont authentiques.

tisme populaire. Il était comédien, un des « pauvres comédiens de Sa Majesté[1]. » Triste métier, rabaissé en tout temps par les contrastes et les mensonges qu'il comporte, encore plus rabaissé à ce moment par les brutalités de la foule qui souvent lançait des pierres aux acteurs, et par les duretés des magistrats qui parfois leur faisaient couper les oreilles. Il le sentait et en parlait avec amertume. « Hélas! il est bien vrai que j'ai erré à l'aventure et que j'ai fait de moi un bouffon, exposé aux yeux du public, ensanglantant mon âme et vendant à vil prix mes plus chers trésors[2]. » « Disgracié de la fortune[3], dit-il encore; disgracié aux regards des hommes, je pleure dans la solitude l'abjection de mon sort; je jette les yeux sur moi, maudissant mon destin, me souhaitant semblable à quelqu'un de plus riche en espérances, en beauté, en amis, dégoûté de mes meilleurs biens, me méprisant presque moi-même[4]. » On retrouvera plus tard les

---

1. 1589. Termes d'un document conservé. Il est nommé avec Burbadge et Greene.

2. Alas, 'tis true, I have gone here and there,
   And made myself a motley to the view,
   Gor'd mine own thoughts, sold cheap what is most dear.

3. *Sonnets* 91 et 111. *Hamlet*, III, scène II. Plusieurs des paroles d'Hamlet sont moins bien placées dans la bouche d'un prince que dans celle de l'auteur. Comparez le sonnet : *Tired with all these*; etc.

4. When, in disgrace with fortune and men's eyes,
   I all alone beweep my out-cast state,
   And trouble deaf Heaven with my bootless cries,
   And look upon myself and curse my fate,
   Wishing me like to one more rich in hope,
   Featur'd like him, like him with friends possess'd...,
   With what I most enjoy contented least;
   Yet in those thoughts myself almost despising.

traces de ces longs dégoûts dans ses personnages mélancoliques, lorsqu'il parlera « des coups de fouet et « des dédains du siècle, de l'injure de l'oppresseur, « des outrages de l'orgueilleux, de l'insolence des « gens en place, des humiliations que le mérite « patient souffre de la main des indignes et qu'il « souffre quand il pourrait se donner à lui-même « quittance et décharge avec un poinçon de fer de « six pouces[1]. » Mais le pire de cette condition rabaissée, c'est qu'elle entame l'âme. Au contact d'histrions, on devient histrion; en vain on voudrait se préserver de toute souillure, quand on habite un endroit boueux, on n'y réussit pas. L'homme a beau se roidir, la nécessité l'accule et le tache. L'attirail des décors, la friperie et le pêle-mêle des costumes, la puanteur des graisses et des chandelles, qui font contraste avec les parades de délicatesse et de grandeurs, toutes les tromperies et toutes les saletés de la mise en scène, la poignante alternative des sifflets et des applaudissements, la fréquentation de la plus haute et de la plus basse compagnie, l'habitude de jouer avec les passions humaines, mettent aisément l'âme hors des gonds, la poussent sur la pente des excès, l'invitent aux manières débraillées, aux aventures de coulisses, aux amours de cabotines. Shakspeare n'y a pas

---

1. For who would bear the whips and scorns of time,
The oppressor's wrong, the proud man's contumely,
The pangs of despised love, the law's delay,
The insolence of office, and the spurns
That patient merit of the unworthy takes,
When he himself might his quietus make
With a bare bodkin?

plus échappé que Molière, et s'en est affligé comme Molière, accusant la fortune « de ses mauvaises actions; elle ne m'a fourni pour vivre que des moyens d'homme public, qui engendrent des façons d'homme public[1]. » On contait à Londres[2] que son camarade Burbadge, qui jouait Richard III, ayant rendez-vous avec la femme d'un bourgeois de la Cité, Shakspeare « alla devant, fut bien reçu, et était à son affaire quand « arriva Burbadge auquel il fit répondre que Guil- « laume[3] le Conquérant était avant Richard III. » Prenez ceci comme un exemple des tours de Scapin et des imbroglios fort lestes qui s'arrangent et s'entre-choquent sur ces planches. Hors du théâtre, il vivait avec les jeunes nobles à la mode, avec Pembroke, Montgomery, Southampton[4], avec d'autres encore, dont la chaude et licencieuse adolescence chatouillait son imagination et ses sens par l'exemple des voluptés et des élégances italiennes. Joignez à cela la fougue et l'emportement du naturel poétique, et cette espèce d'afflux, de bouillonnement de toutes les forces et de tous les désirs qui se fait dans ces sortes de têtes lorsque, pour la première fois, le monde s'ouvre devant elles, et vous comprendrez l'*Adonis*, « le pre-

---

1. O, for my sake do you with Fortune chide,
   The guilty goddess of my harmful deeds,
   That did not better for my life provide,
   Than public means, which public manners breed.

2. Anecdote écrite en 1602, d'après l'acteur Tooley.
3. William, nom de Shakspeare.
4. Le comte de Southampton avait dix-neuf ans quand Shakspeare lui dédia son *Adonis*.

mier héritier de son invention. » En effet, c'est un premier cri ; dans ce cri, tout l'homme se montre. On n'a jamais vu de cœur si palpitant au contact de la beauté et de toute beauté, si ravi de la fraîcheur et de l'éclat des choses, si âpre et si ému dans l'adoration et la jouissance, si violemment et si entièrement précipité jusqu'au fond de la volupté. Sa Vénus est unique ; il n'y a point de peinture du Titien[1] dont le coloris soit plus éclatant et plus délicieux, point de déesse courtisane, chez Tintoret ou Giorgione, qui soit plus molle et plus belle, « dont les lèvres plus avides fourragent ainsi parmi les baisers[2], » qui avec un tressaillement plus fort noue ses bras autour d'un corps adolescent qui ploie, tantôt pâle et haletante, tantôt « rouge et chaude comme un charbon, » emportée, irritée, et tout d'un coup à genoux, pleurante, évanouie, puis subitement redressée, « collée à sa bouche, » étouffant ses reproches, affamée et « se gorgeant comme un vautour[3] » qui prend, et prend

---

1. *Voy.* les *Amours des dieux,* au château de Blenheim, par Titien.

2.   With blindfold fury she begins to forage,
     Her face doth reek and smoke, her blood doth boil.

3.   And, glutton-like, she feeds, yet never filleth ;
     Her lips are conquerors, his lips obey,
     Paying what ransom the insulter willeth,
     Whose vulture thought doth pitch the price so high
     That she will draw his lips' rich treasure dry.

     Even as an empty eagle, sharp by fast,
     Lives with her beak on feathers, flesh, and bone,
     Shaking her wings, devouring all in haste,
     Till either gorge be stuff'd, or prey be gone ;
     Even so she kiss'd his brow, his cheek, his chin,
     And where she ends she doth anew begin.

encore, et veut toujours, et ne saurait jamais se rassasier. Tout est envahi, les sens d'abord, les yeux éblouis par la blanche chair frémissante, mais aussi le cœur d'où la poésie déborde ; le trop-plein de la jeunesse regorge jusque sur les choses inanimées ; la campagne rit au jour levant, l'air pénétré de clarté n'est qu'une fête. « L'alouette, de sa chambrette humide, monte dans les hauteurs, éveillant le matin ; du sein d'argent de l'aube, le soleil se lève dans sa majesté, et son regard illumine si glorieusement le monde, que les cimes des cèdres et les collines semblent de l'or bruni[1]. » Admirable débauche d'imagination et de verve, inquiétante pourtant ; un pareil tempérament peut mener loin[2]. Point de femme galante à Londres qui n'eût l'*Adonis* sur sa table[3]. Peut-être vit-il qu'il avait dépassé les bornes, car l'intention de son second poëme, le *Viol de Lucrèce*, était toute contraire ; mais quoiqu'il eût l'esprit déjà assez large pour embrasser à la fois, comme plus tard dans ses drames, les deux extrémités des choses ; il n'en continua pas moins à glisser sur sa pente. « Le doux abandon de l'amour » a été le grand emploi de sa vie ; il était

---

1. Lo, hear the gentle lark, weary of rest,
 From his moist cabinet mounts on up high,
 And wakes the morning, from whose silver breast,
 The sun ariseth in his majesty;
 Who doth the world so gloriously behold,
 The cedar-tops and hills seem burnish'd gold.

2. Comparez les premières poésies d'Alfred de Musset, *Contes d'Italie et d'Espagne*.

3. Crawley, cité par Chasles, *Études sur Shakspeare*.

tendre et il était poëte; il ne faut rien de plus pour s'éprendre, être trompé, souffrir, et pour parcourir sans relâche le cercle d'illusions et de peines qui revient sur soi sans jamais finir.

Il eut plusieurs amours de ce genre, un entre autres pour une sorte de Marion Delorme, misérable passion aveuglante et despotique, dont il sentait le poids et la honte, et dont pourtant il ne pouvait ni ne voulait se délivrer. Rien de plus douloureux que ses confessions, rien qui marque mieux la folie de l'amour et le sentiment de la faiblesse humaine. « Quand ma bien-« aimée jure que son cœur n'est que vérité, je la crois, « tout en sachant qu'elle ment[1]. » Ainsi faisait Alceste auprès de Célimène; mais quelle Célimène salie que la drôlesse devant laquelle il s'agenouille, avec autant de mépris que de désir! « Ces lèvres, ces lèvres qui ont pro-« fané leur pourpre, et scellé de faux serments d'amour « à d'autres aussi souvent qu'à moi; ces lèvres qui ont « volé au lit d'autrui sa rente de plaisir!... Eh! j'ai « bien le droit de t'aimer comme tu aimes ceux que tes « yeux provoquent[2]! » Voilà les franchises et les grandes impudeurs de l'âme telles qu'on ne les rencontre que dans l'alcôve des courtisanes, et voici les enivrements, les égarements, le délire dans lequel les plus délicats

---

1. When my love swears that she is made of truth,
I do believe her, though I know she lies.

2. Those lips of thine
That have profan'd their scarlet ornaments,
And seal'd false bonds of love as oft as mine,
Robb'd others' beds' revenues of their rents.
Be it lawful I love thee, as thou lov'st those
Whom thine eyes woo as mine importune thee.

artistes tombent[1], lorsque, dans ces molles mains voluptueuses et engageantes, ils laissent aller leur noble main. Ils valent mieux que des princes, et descendent jusqu'à des filles. Le bien et le mal alors perdent pour eux leur nom ; toutes les choses se renversent : « Com-
« bien tu rends chère et aimable la honte — qui,
« comme un ver dans la rose parfumée, — souille la
« beauté de ton nom florissant! — Dans quelles sua-
« vités enfermes-tu tes vices! — Le voile de la beauté
« couvre toutes tes souillures, — et change en charmes
« tout ce que les yeux peuvent voir. Tu fais de tes
« fautes un cortége de grâces. — La langue qui conte
« l'histoire de tes journées, — et fait des commen-
« taires lascifs sur tes voluptés, — ne peut te diffamer
« qu'avec une sorte de louange. — Et ton nom pro-
« noncé fait d'une médisance une bénédiction[2]. » A quoi servent l'évidence, la volonté, la raison, l'honneur même, quand la passion est si absorbante? Que voulez-vous que l'on dise encore à un homme qui vous répond : « Je sais tout cela, et qu'est-ce que tout cela fait? » Les grands amours sont des inondations qui noient toutes les répugnances et toutes les délicatesses de l'âme, toutes les opinions préconçues et tous les

1. *Voy.* la fin de Gérard de Nerval.

2. How sweet and lovely dost thou make the shame,
Which, like a canker in a fragrant rose,
Doth spot the beauty of thy budding name!
O, in what sweets dost thou thy sins enclose!

That tongue that tells the story of thy days,
Making lascivious comments on thy sport,
Cannot dispraise but in a kind of praise;
Naming thy name blesses an ill report.

principes acceptés. Désormais le cœur se trouve mort à tous les plaisirs ordinaires ; il ne peut plus sentir et respirer que d'un seul côté. Shakspeare envie les touches de clavecin sur lesquelles ses doigts courent. Il a beau regarder des fleurs, c'est elle qu'il imagine à travers elles ; et les folles splendeurs de la poésie éblouissante regorgent coup sur coup en lui, sitôt qu'il pense à ces ardents yeux noirs [1]. Il l'a quittée au printemps, « quand le superbe Avril dans sa pompe bariolée — « avait soufflé une haleine de jeunesse en tous les « êtres, — et que le pesant Saturne riait et bondis- « sait » à côté du printemps [2]. Il n'a rien vu, il n'a point « admiré la blancheur des lis, ou loué le profond vermillon de la rose [3]. » Toutes ces suavités du printemps n'étaient que son parfum et que son ombre. « Je dis à la violette : Où as-tu volé ton parfum qui « embaume, — si ce n'est dans l'haleine de ma bien- « aimée ? La pourpre orgueilleuse — qui teint ta joue « satinée, — tu l'as trempée trop visiblement dans les « veines de ma bien-aimée. — J'ai grondé le lis qui « avait pris la blancheur de ta main, — et l'œillet qui « avait dérobé la couleur de tes cheveux. — Les roses « craintives étaient debout sur leurs épines ; — l'une « rouge de honte, l'autre pâle de désespoir ; — l'autre

---

1. Elle était brune, ni belle, ni jeune, et mal famée. (*Sonnets.*)

2. From you I have been absent in the spring,
 When proud-pied April, dress'd in all his trim,
 Had put a spirit of youth in every thing,
 That heavy Saturn laugh'd and leap'd with him.

3. Nor did I wonder at the lilies white,
 Nor praise the deep vermilion in the rose.

« ni rouge ni pâle, et qui à son double larcin — avait
« ajouté ton haleine. — J'ai vu encore d'autres fleurs,
« mais pas une — qui ne t'eût pris sa couleur ou
« son parfum [1]. » Mièvreries passionnées, affectations
délicieuses, dignes de Heine et des contemporains de
Dante, qui trahissent de longs rêves exaltés, toujours
ramenés sur un objet unique. Contre une domination
si impérieuse et si continue, quel sentiment peut tenir ferme ? Les sentiments de famille ? Il était marié,
il avait des enfants, une famille qu'il allait voir « une
fois l'an, » et c'est probablement au retour d'un de ses
voyages qu'il dit les paroles qu'on vient d'entendre. —
La conscience ? « L'amour est trop jeune pour avoir
une idée de la conscience. » — La jalousie et la colère ?
« Si tu me trahis, je me trahis bien moi-même, quand
je livre la plus noble partie de moi-même à mon
grossier désir. » — Les rebuts ? « Je suis content d'être
ton pauvre souffre-douleur, de faire tes corvées, de
travailler à tes affaires. » Il n'est plus jeune, elle en
aime un autre, un bel adolescent blond, son plus cher
ami, qu'il a présenté chez elle et qu'elle veut séduire.

---

1. The forward violet thus I did chide :
« Sweet thief, whence didst thou steal thy sweet that smells,
If not from my love's breath ? The purple pride,
Which on thy soft cheek for complexion dwells,
In my love's veins thou hast too grossly dy'd. »
The lily I condemned for thy hand,
And buds of marjoram had stolen thy hair :
The roses fearfully on thorns did stand,
One blushing shame, another white despair.
A third, nor red nor white, had stolen of both,
And to this robbery had annex'd thy breath;
More flowers I noted, yet I none could see
But sweet or colour it had stolen from thee.

« Mon démon, dit-il, tente mon bon ange, et veut l'ôter de mes côtés[1]. » Et quand elle y a réussi[2], il n'ose se l'avouer, et souffre tout, comme Molière. Que de misères dans ces minces événements de la vie courante ! Comme la pensée involontairement vient mettre à côté de Shakspeare, notre grand malheureux poëte, lui aussi un philosophe d'instinct, mais de plus un rieur de profession, un moqueur des vieillards passionnés, un railleur acharné des maris trompés, qui, au sortir de sa comédie la plus applaudie, dit tout haut à quelqu'un : « Mon cher ami, je suis au désespoir, ma femme ne m'aime pas ! » C'est que ni la gloire, ni même le travail ou l'invention, ne suffisent à ces âmes véhémentes ; l'amour seul peut les combler, parce qu'avec leurs sens et leur cœur il contente aussi leur cerveau, et que toutes les puissances de l'homme, l'imagination comme le reste, trouvent en lui leur concentration et leur emploi. « L'amour est mon péché[3], » disait-il, comme Musset et comme

---

1. Two loves I have of comfort and despair,
Who, like two spirits, do suggest me still.
The better angel is a man right fair,
The worser spirit a woman, colour'd ill.
To win me soon to hell, my female evil
Tempteth my better angel from my side.

.... Love is too young to know what conscience is....
For thou betraying me, I do betray
My nobler part to my gross body's treason....
He is contented thy poor drudge to be,
To stand in thy affairs, fall by thy side.

2. Cette interprétation nouvelle des *Sonnets* est due aux conjectures ingénieuses et solides de M. Chasles.

3. Love is my sin. (142e sonnet.)

Heine, et dans les *Sonnets* on démêle encore les traces d'autres passions aussi abandonnées, une surtout qui semble pour une grande dame. La première moitié de ses drames, *le Songe d'une nuit d'été*, *Roméo et Juliette*, *les Deux Gentilshommes de Vérone*, gardent plus vivement la chaude empreinte, et on n'a qu'à considérer ses derniers caractères de femmes[1], pour voir avec quelle tendresse exquise, avec quelle adoration entière il les a aimées jusqu'au bout.

Tout son génie est là; il avait une de ces âmes délicates qui, pareilles à un parfait instrument de musique, vibrent d'elles-mêmes au moindre attouchement. On la démêlait d'abord, cette sensibilité si fine. « Mon aimable Shakspeare, » « doux cygne de l'Avon, » ces mots de Ben Jonson ne font que confirmer ce que répètent ses contemporains. Il était affectueux et bon, « civil de manières, d'ailleurs honnête et loyal dans

---

1. Miranda, Desdémona, Viola. Premières paroles du duc dans *la Nuit des Rois* :

DUKE.
If music be the food of love, play on,
Give me excess of it, that, surfeiting,
The appetite may sicken, and so die. —
That strain again; — it had a dying fall :
O, it came o'er my ear like the sweet south,
That breathes upon a bank of violets,
Stealing, and giving odour. — Enough, no more,
'Tis not so sweet now as it was before.
O spirit of love, how quick and fresh art thou!
That, notwithstanding thy capacity
Receiveth as the sea, nought enters there,
Of what validity and pitch soever,
But falls into abatement and low price,
Even in a minute, so full of shapes is fancy,
That it alone is high-fantastical.

sa conduite, » « d'un naturel ouvert et franc[1] ; » s'il avait les entraînements, il avait aussi les effusions des vrais artistes ; on l'aimait, on se trouvait bien auprès de lui ; rien de plus doux et de plus engageant que cette grâce, cet abandon demi-féminin dans un homme. Son esprit dans la conversation était prompt, ingénieux et agile, sa gaieté brillante, son imagination facile et si abondante, qu'au dire de ses camarades il ne raturait rien ; à tout le moins, quand il écrivait pour la seconde fois une scène, c'était l'idée qu'il changeait, non les mots, par une seconde poussée d'invention poétique, non par un pénible regrattage des vers. Tous ces traits se réunissent en un seul ; il avait le génie *sympathique*, j'entends par là que, naturellement, il savait sortir de lui-même et se transformer en tous les objets qu'il imaginait. Regardez autour de vous les grands artistes de votre temps, tâchez d'approcher d'eux, d'entrer dans leur familiarité, de les voir penser, et vous sentirez toute la force de ce mot. Par un instinct extraordinaire, ils se mettent de prime-saut à la place des êtres : hommes, animaux, plantes, fleurs, paysages, quels que soient les objets, animés ou non, ils sentent par contagion les forces et les tendances qui produisent le dehors visible, et leur âme, infiniment multiple, devient par ses métamorphoses incessantes une sorte d'abrégé de l'univers. C'est pourquoi ils semblent vivre plus que les autres

---

1. Témoignages de Jonson et de Chettle. *Melliferous, honey-tongued. Voy.* Halliwell, 183.

hommes ; ils n'ont pas besoin d'avoir appris, ils devinent. J'ai vu tel d'entre eux, d'après une armure, un costume, un recueil d'ameublements, entrer dans le moyen âge plus profondément que trois savants mis bout à bout. Ils reconstruisent, comme ils construisent, naturellement, sûrement, par une inspiration qui est un raisonnement ailé. Shakspeare n'avait eu qu'une demi-éducation, savait « peu de latin, point de grec, » à peu près le français et l'italien, rien d'autre ; il n'avait point voyagé, il n'avait lu que les livres de la littérature courante, il avait ramassé quelques mots de droit dans les greffes de sa petite ville ; comptez, si vous pouvez, tout ce qu'il savait de l'homme et de l'histoire. Ces hommes voient plus d'objets à la fois ; ils les embrassent plus complétement que les autres hommes, plus vite et plus à fond ; leur esprit regorge et déborde. Ils ne s'en tiennent pas au simple raisonnement ; au contact de toute idée, tout leur être, réflexions, images, émotions, entre en branle. Les voilà lancés ; ils gesticulent, ils miment leur pensée, ils abondent en comparaisons ; même dans la conversation, ils sont imaginatifs et créateurs, avec des familiarités et des témérités de langage, parfois heureusement, toujours irrégulièrement, selon les caprices et les accès de l'improvisation aventureuse. L'entrain, l'éclat de leur parole est étrange, et aussi leurs saccades, les soubresauts par lesquels ils joignent les idées éloignées, supprimant les distances, passant du pathétique au rire, de la violence à la douceur. Cette verve extraordinaire est la dernière chose qui les quitte.

Quand, par hasard, les idées leur manquent, ou quand leur mélancolie est trop âpre, ils parlent et produisent encore, sauf à produire des bouffonneries ; ils se font *clowns*, même à leurs dépens et contre eux-mêmes. J'en sais un qui dit des calembredaines quand il se sent mourir ou qu'il a envie de se tuer ; c'est la roue intérieure qui continue à tourner, même à vide, et que l'homme a besoin de voir toujours tourner, même lorsqu'elle le déchire en passant ; ses pantalonnades sont une échappée ; vous le trouverez, ce gamin intarissable, ce polichinelle ironique, au tombeau d'Ophélie, auprès du lit de mort de Cléopatre, aux funérailles de Juliette. Haut ou bas, il faut toujours qu'ils soient dans quelque extrême. Ils sentent trop profondément leurs biens et leurs maux, ils amplifient trop largement par une sorte de roman involontaire chaque état de leur âme. Après des dénigrements et des dégoûts par lesquels ils se ravalent hors de toute mesure, ils se relèvent et s'exaltent extraordinairement, jusqu'à tressaillir d'orgueil et de joie. Parfois, après un de ces découragements, dit Shakspeare, « je pense à toi, et « comme l'alouette au retour du soleil s'élance hors « des sillons mornes, mon âme s'envole et va chanter « des hymnes à la porte du ciel [1]. » Puis tout s'affaisse, comme dans un foyer où un flamboiement trop fort n'a plus laissé de substance. « Tu vois en moi le mo- « ment de l'année — où les feuilles jaunes, rares et qui

---

1. Haply I think of thee, — and then my state
(Like to the lark at break of day arising
From sullen earth) sings hymns at heaven's gate.

« s'en vont, — pendent aux rameaux froids qui fris-
« sonnent, — arceaux dégarnis, nefs ruinées où tout
« à l'heure chantaient les doux oiseaux. — Tu vois en
« moi le crépuscule d'un jour — qui, après le soleil cou-
« ché, s'évanouit à l'occident, — et que, par degrés,
« engloutit la nuit noire, — la nuit, sœur jumelle de
« la mort, qui clôt tout dans le repos [1].... Ne pleure
« pas sur moi quand je serai mort ; — du moins cesse
« de pleurer quand cessera de tinter la morne cloche
« morose, — avertissant le monde que je me suis en-
« fui — de ce monde abject pour habiter avec les plus
« abjects des vers. — Ne vous souvenez pas même, si
« vous lisez ces lignes — de la main qui les a écrites :
« car je vous aime tant — que je voudrais être oublié
« dans votre chère pensée, — si penser à moi vous
« faisait quelque peine [2]. » Ces subites alternatives de
joie et de tristesse, ces ravissements divins et ces
grandes mélancolies, ces tendresses exquises, et ces
abattements féminins, peignent le poëte extrême dans

1. That time of year thou mayst in me behold,
When yellow leaves, or none, or few, do hang
Upon those boughs which shake against the cold,
Bare ruin'd choirs, where late the sweet birds sang.
In me thou seest the twilight of such day
As after sunset fadeth in the west,
Which by and by black night doth take away,
Death's second self, that seals up all in rest....

2. No longer mourn for me, when I am dead,
Than you shall hear the surly sullen bell
Give warning to the world that I am fled
From this vile world, with vilest worms to dwell :
Nay, if you read this line, remember not
The hand that writ it; for I love you so,
That I in your sweet thoughts would be forgot,
If thinking on me then should make you woe.

ses émotions, incessamment troublé de douleur ou d'allégresse, sensible au moindre choc, plus puissant, plus délicat pour jouir et souffrir que les autres hommes, capable de rêves plus intenses et plus doux, en qui s'agitait un monde imaginaire d'êtres gracieux ou terribles, tous passionnés comme leur auteur.

Tel que le voilà pourtant, il atteignait son assiette. De bonne heure, au moins pour ce qui est de la conduite extérieure, il était entré dans la vie rangée, sensée, presque bourgeoise, faisant des affaires, et pourvoyant à l'avenir. Il restait acteur au moins dix-sept ans, quoique dans les seconds rôles[1]; il s'ingéniait en même temps à remanier des pièces, avec tant d'activité, que Greene l'appelait « une corneille parée des plumes d'autrui, un factotum, un accapareur de la scène[2]. » Dès l'âge de trente-trois ans, il avait amassé assez d'économies pour acheter à Stradford une maison avec deux granges et deux jardins, et il avançait toujours plus droit dans la même voie. Un homme n'arrive qu'à l'aisance par le travail qu'il fait lui-même; s'il parvient à la richesse, c'est par le travail qu'il fait faire aux autres. C'est pourquoi, à ces métiers d'acteur et d'auteur, Shakspeare ajoutait ceux d'entrepreneur et de directeur de théâtre. Il acquérait une part de propriété dans les théâtres de Blackfriars et du Globe, achetait des contrats de dîmes, de grandes pièces de terre, d'autres bâtiments

---

1. Le rôle où il excellait était celui du fantôme dans *Hamlet*.
2. In his own conceit the only *shake-scene* in the country.

encore, mariait sa fille Suzanne, et finissait par se retirer dans sa ville natale, sur son bien, dans sa maison, en bon propriétaire, en honnête citoyen qui gère convenablement sa fortune et prend part aux affaires municipales. Il avait deux ou trois cents livres sterling de rente, environ vingt ou trente mille francs d'aujourd'hui, et, selon la tradition, il vivait de bonne humeur et en bons termes avec ses voisins ; en tout cas, il ne paraît pas qu'il s'inquiétât beaucoup de sa gloire littéraire, car il n'a pas même pris le soin d'éditer et de rassembler ses œuvres. Une de ses filles avait épousé un médecin, l'autre un marchand de vins ; la seconde ne savait pas même signer son nom. Il prêtait de l'argent et faisait figure dans ce petit monde. Étrange fin, qui, au premier regard, semble plutôt celle d'un marchand que d'un poëte. Faut-il l'attribuer à cet instinct anglais qui met le bonheur dans la vie du campagnard et du propriétaire bien renté, bien apparenté, bien muni de confortable, qui jouit posément de *sa respectabilité* établie[1], de son autorité domestique et de son assiette départementale ? Ou bien Shakspeare était-il, comme Voltaire, un homme de bon sens, quoique imaginatif de cervelle, gardant son jugement rassis sous les petillements de sa verve, prudent par scepticisme, économe par besoin d'indépendance, et capable, après avoir fait le tour des idées humaines, de décider avec Candide

---

[1] « He was a respectable man. — A good word; what does it mean ? — He kept a gig. » Procès anglais.

que le meilleur parti est de « cultiver son jardin? »
J'aime mieux supposer, comme l'indique sa pleine
et solide tête[1], qu'à force d'imagination ondoyante
il a, comme Gœthe, échappé aux périls de l'imagination ondoyante; qu'en se figurant la passion, il parvenait, comme Gœthe, à atténuer chez lui la passion;
que la fougue ne faisait point explosion dans sa conduite, parce qu'elle rencontrait un débouché dans ses
vers; que son théâtre a préservé sa vie, et qu'ayant
traversé par sympathie toutes les folies et toutes les
misères de la vie humaine, il pouvait s'asseoir au
milieu d'elles avec un calme et mélancolique sourire,
écoutant pour s'en distraire la musique aérienne des
fantaisies dont il se jouait[2]. Je veux supposer enfin
que, pour le corps comme pour le reste, il était de
sa grande génération et de son grand siècle; que chez
lui, comme chez Rabelais, Titien, Michel-Ange et
Rubens, la solidité des muscles faisait équilibre à la
sensibilité des nerfs; qu'en ce temps-là la machine
humaine, plus rudement éprouvée et plus fermement
bâtie, pouvait résister aux tempêtes de la passion et
aux fougues de la verve; que l'âme et le corps se faisaient encore contre-poids, que le génie était alors
une floraison et non, comme aujourd'hui, une maladie. Sur tout cela on n'a que des conjectures, et si
l'on veut connaître l'homme de plus près, c'est dans
ses œuvres qu'il faut le chercher.

---

1. *Voy.* ses portraits et surtout son buste.
2. *Voy.* surtout ses dernières pièces : *Tempest, Twelfth night.*

II

Cherchons donc l'homme, et dans son style. Le style explique l'œuvre ; en montrant les traits principaux du génie, il annonce les autres. Une fois qu'on a saisi la faculté maîtresse, on voit l'artiste tout entier se développer comme une fleur.

Shakspeare imagine avec abondance et avec excès ; il répand les métaphores avec profusion sur tout ce qu'il écrit ; à chaque instant les idées abstraites se changent chez lui en images ; c'est une série de peintures qui se déroule dans son esprit. Il ne les cherche pas, elles viennent d'elles-mêmes ; elles se pressent en lui, elles couvrent les raisonnements, elles offusquent de leur éclat la pure lumière de la logique. Il ne travaille point à expliquer ni à prouver ; tableau sur tableau, image sur image, il copie incessamment les étranges et splendides visions qui s'engendrent les unes les autres et s'accumulent en lui. Comparez à nos sobres écrivains cette phrase que je traduis au hasard dans un dialogue tranquille[1] : « Chaque vie particulière est tenue de se garder contre le mal avec toute la force et toutes les armes de sa pensée ; à bien plus forte raison, l'âme de qui dépendent et sur qui reposent tant de vies. La mort de la majesté royale ne va pas seule. Comme un gouffre, elle entraîne après

---

1. *Hamlet*, III, scène iv.

elle ce qui est près d'elle. C'est une roue massive
fixée sur la cime de la plus haute montagne; à ses
rayons énormes sont attachées et emmortaisées dix
mille choses moindres. Quand elle tombe, chaque
petite dépendance, chaque mince annexe accompagne
sa ruine bruyante. Quand le roi soupire, tout un
monde gémit[1]. » Voilà trois images coup sur coup
pour exprimer la même pensée. C'est une floraison; une branche sort du tronc, et de celle-ci une
autre, qui se multiplie par de nouveaux rameaux.
Au lieu d'un chemin uni, tracé par une suite régulière de jalons secs et sagement plantés, vous entrez
dans un bois touffu d'arbres entrelacés et de riches
buissons qui vous cachent et vous ferment la voie,
qui ravissent et qui éblouissent vos yeux par la magnificence de leur verdure et par le luxe de leurs
fleurs. Vous vous étonnez au premier instant, esprit
moderne, affairé, habitué aux dissertations nettes de
notre poésie classique; vous ressentez de la mauvaise
humeur; vous pensez que l'auteur s'amuse, et que,
par amour-propre et mauvais goût, il s'égare et vous

---

1. The single and peculiar life is bound,
   With all the strength and armour of the mind,
   To keep itself from 'noyance; but much more
   That spirit, upon whose weal depend and rest
   The lives of many. The cease of majesty
   Dies not alone, but, like a gulf, doth draw
   What's near it, with it : it is a massy wheel,
   Fix'd on the summit of the highest mount,
   To whose huge spokes ten thousand lesser things
   Are mortis'd and adjoin'd, which, when it falls,
   Each small annexment, petty consequence,
   Attends the boist'rous ruin. Never alone
   Did the king sigh, but with a general groan.

égare dans les fourrés de son jardin. Point du tout ; s'il parle ainsi, ce n'est point par choix, c'est par force ; la métaphore n'est pas le caprice de sa volonté, mais la forme de sa pensée. Au plus fort de sa passion, il imagine encore. Quand Hamlet, désespéré, se rappelle la noble figure de son père, il aperçoit les tableaux mythologiques dont le goût du temps remplissait les rues. Il le compare au héraut Mercure, « nouvellement descendu sur une colline qui baise le ciel[1]. » Cette apparition charmante, au milieu d'une sanglante invective, prouve que le peintre subsiste sous le poëte. Involontairement et hors de propos, il vient d'écarter le masque tragique qui couvrait son visage, et le lecteur, derrière les traits contractés de ce masque terrible, découvre un sourire gracieux et inspiré qu'il n'attendait pas.

Il faut bien qu'une pareille imagination soit violente. Toute métaphore est une secousse. Quiconque involontairement et naturellement transforme une idée sèche en une image, a le feu au cerveau ; les vraies métaphores sont des apparitions enflammées qui rassemblent tout un tableau sous un éclair. Jamais, je crois, chez aucune nation d'Europe et en aucun siècle de l'histoire, on n'a vu de passion si grande. Le style de Shakspeare est un composé d'expressions forcenées. Nul homme n'a soumis les mots à une pareille torture. Contrastes heurtés, exagérations furieuses, apostrophes, exclamations, tout le

---

[1] A station like the herald Mercury
New lighted on a heaven-kissing hill.

délire de l'ode, renversement d'idées, accumulation d'images, l'horrible et le divin assemblés dans la même ligne, il semble qu'il n'écrive jamais une parole sans crier. « Qu'ai-je fait? » dit la reine à son fils Hamlet....

.... Une action — qui flétrit la grâce et la rougeur de la modestie, — appelle la vertu hypocrite, ôte la rose — au beau front de l'innocent amour, — et y met un ulcère, rend les vœux du mariage — aussi faux que des serments de joueurs. Oh! une action pareille — arrache l'âme du corps des contrats, — et fait de la douce religion — une rapsodie de phrases. La face du ciel s'enflamme de honte, — oui, et ce globe solide, cette masse compacte, — le visage morne comme au jour du jugement, — est malade d'y penser [1]!

C'est le style de la frénésie. Encore n'ai-je pas tout traduit. Toutes ces métaphores sont furieuses, toutes ces idées arrivent au bord de l'absurde. Tout s'est transformé et défiguré sous l'ouragan de la passion. La contagion du crime qu'il dénonce a souillé la nature entière. Il ne voit plus dans le monde que corruption et mensonge. C'est peu d'avilir les gens vertueux, il avilit la vertu même. Les choses inanimées sont entraînées dans ce tourbillon de douleur. La

---

1. Such an act, that blurs the grace and blush of modesty;
Calls virtue, hypocrite; takes off the rose
From the fair forehead of an innocent love,
And sets a blister there; makes marriage vows
As false as dicers' oaths : O such a deed
As from the body of contraction plucks
The very soul; and sweet religion makes
A rhapsody of words : Heaven's face doth glow;
Yea, this solidity and compound mass,
With tristful visage, as against the doom,
Is thought sick at the act.

teinte rouge du ciel au soleil couchant, la pâle obscurité que la nuit répand sur le paysage, se changent en rougeurs et en pâleurs de honte, et le misérable homme qui parle et qui pleure voit le monde entier chanceler avec lui dans l'éblouissement du désespoir.

Hamlet est à demi fou, dira-t-on ; cela explique ces violences d'expression. La vérité est qu'Hamlet ici, c'est Shakspeare. Que la situation soit terrible ou paisible, qu'il s'agisse d'une invective ou d'une conversation, le style est partout excessif. Shakspeare n'aperçoit jamais les objets tranquillement. Toutes les forces de son esprit se concentrent sur l'image ou sur l'idée présente. Il s'y enfonce et s'y absorbe. Auprès de ce génie, on est comme au bord d'un gouffre ; l'eau tournoyante s'y précipite, engloutissant les objets qu'elle rencontre, et ne les rend à la lumière que transformés et tordus. On s'arrête avec stupeur devant ces métaphores convulsives, qui semblent écrites par une main fiévreuse dans une nuit de délire, qui ramassent en une demi-phrase une page d'idées et de peintures, qui brûlent les yeux qu'elles veulent éclairer. Les mots perdent leur sens ; les constructions se brisent ; les paradoxes de style, les apparentes faussetés que de loin en loin on hasarde en tremblant dans l'emportement de la verve, deviennent le langage ordinaire ; il éblouit, il révolte, il épouvante, il rebute, il accable ; ses vers sont un chant perçant et sublime, noté à une clef trop haute, au-dessus de la portée de nos organes, qui blesse nos oreilles, et dont notre esprit seul devine la justesse et la beauté.

C'est peu cependant, car cette force de concentration singulière est encore doublée par la brusquerie de l'élan qui la déploie. Chez Shakspeare, nulle préparation, nul ménagement, nul développement, nul soin pour se faire comprendre. Comme un cheval trop ardent et trop fort, il bondit, il ne sait pas courir. Il franchit entre deux mots des distances énormes, et se trouve aux deux bouts du monde en un instant. Le lecteur cherche en vain des yeux la route intermédiaire, étourdi de ces sauts prodigieux, se demandant par quel miracle le poëte au sortir de cette idée est entré dans cette autre, entrevoyant parfois entre deux images une longue échelle de transitions que nous gravissons pied à pied avec peine, et qu'il a escaladée du premier coup. Shakspeare vole, et nous rampons. De là un style composé de bizarreries, des images téméraires rompues à l'instant par des images plus téméraires encore, des idées à peine indiquées achevées par d'autres qui en sont éloignées de cent lieues, nulle suite visible, un air d'incohérence ; à chaque pas on s'arrête, le chemin manque ; on aperçoit là-haut, bien loin de soi, le poëte, et l'on découvre qu'on s'est engagé sur ses traces dans une contrée escarpée, pleine de précipices, qu'il parcourt comme une promenade unie, et où nos plus grands efforts peuvent à peine nous traîner.

Que sera-ce donc si maintenant l'on remarque que ces expressions si violentes et si peu préparées, au lieu de se suivre une à une, lentement et avec effort, se précipitent par multitudes avec une facilité et une abondance entraînantes, comme des flots qui sortent en bouillonnant d'une source trop pleine, qui s'accumulent, montent les uns sur les autres, et ne trouvent nulle part assez de place pour s'étaler et s'épuiser? Voyez dans *Roméo et Juliette* vingt exemples de cette verve intarissable. Ce que les deux amants entassent de métaphores, d'exagérations passionnées, de pointes, de phrases tourmentées, d'extravagances amoureuses, est infini. Leur langage ressemble à des roulades de rossignols. Les gens d'esprit de Shakspeare, Mercutio, Béatrice, Rosalinde, les clowns, les bouffons, pétillent de traits forcés, qui partent coup sur coup comme une fusillade. Il n'en est pas un qui ne trouve assez de jeux de mots pour défrayer tout un théâtre. Les imprécations du roi Lear et de la reine Marguerite suffiraient à tous les fous d'un hôpital et à tous les opprimés de la terre. Les sonnets sont un délire d'idées et d'images creusées avec un acharnement qui donne le vertige. Son premier poëme, *Vénus et Adonis*, est l'extase sensuelle d'un Corrége insatiable et enflammé. Cette fécondité exubérante porte à l'excès des qualités déjà excessives, et centuple le luxe des métaphores, l'incohérence du style et la violence effrénée des expressions[1].

Tout cela se réduit à un seul mot : les objets entraient

---

[1]. C'est pourquoi, aux yeux d'un écrivain du dix-septième siècle, le style de Shakspeare est le plus obscur, le plus prétentieux, le plus pénible, le plus barbare et le plus absurde qui fut jamais.

organisés et complets dans son esprit; ils ne font que passer dans le nôtre, désarticulés, décomposés, pièce par pièce. Il pensait par blocs, et nous pensons par morceaux : de là son style et notre style, qui sont deux langues inconciliables. Nous autres, écrivains et raisonneurs, nous pouvons noter précisément par un mot chaque membre isolé d'une idée et représenter l'ordre exact de ses parties par l'ordre exact de nos expressions : nous avançons par degrés, nous suivons les filiations, nous nous reportons incessamment aux racines, nous essayons de traiter nos mots comme des chiffres, et nos phrases comme des équations; nous n'employons que les termes généraux que tout esprit peut comprendre et les constructions régulières dans lesquelles tout esprit doit pouvoir entrer; nous atteignons la justesse et la clarté, mais non la vie. Shakspeare laisse là la justesse et la clarté et atteint la vie. Du milieu de sa conception complexe et de sa demi-vision colorée, il arrache un fragment, quelque fibre palpitante, et vous le montre; à vous, sur ce débris, de deviner le reste; derrière le mot il y a tout un tableau, une attitude, un long raisonnement en raccourci, un amas d'idées fourmillantes; vous les connaissez, ces sortes de mots abréviatifs et pleins : ce sont ceux que l'on crie dans la fougue de l'invention ou dans l'accès de la passion, termes d'argot et de mode qui font appel aux souvenirs locaux et à l'expérience personnelle [1], petites phrases hachées et incor-

---

[1]. Le Dictionnaire de Shakspeare est le plus abondant de tous. Il comprend environ 15 000 mots, et celui de Milton 8000.

rectes qui expriment par leur irrégularité la brusquerie et les cassures du sentiment intérieur, mots triviaux, figures excessives[1]. Il y a un geste sous chacune d'elles, une contraction subite de sourcils, un plissement des lèvres rieuses, une pantalonnade ou un déhanchement de toute la machine. Aucune de ces phrases ne note des idées, toutes suggèrent des images ; chacune d'elles est l'extrémité et l'aboutissement d'une action mimique complète ; aucune d'elles n'est l'expression et la définition d'une idée partielle et limitée. C'est pour cela que Shakspeare est étrange et puissant, obscur et créateur par delà tous les poëtes de son siècle et de tous les siècles, le plus immodéré entre tous les violateurs du langage, le plus extraordinaire entre tous les fabricateurs d'âmes, le plus éloigné de la logique régulière et de la raison classique, le plus capable d'éveiller en nous un monde de formes, et de dresser en pied devant nous des personnages vivants.

III

Recomposons ce monde en cherchant en lui l'empreinte de son créateur. Un poëte ne copie pas au hasard les mœurs qui l'entourent ; il choisit dans cette vaste matière, et transporte involontairement sur la scène les habitudes de cœur et de conduite qui con-

---

1. *Voy.* dans *Hamlet* le discours de Laërtes à sa sœur, et de Polonius à Laërtes. Le style est hors de la situation, et on voit là à nu le procédé naturel et obligé de Shakspeare.

viennent le mieux à son talent. Supposez-le logicien, moraliste, orateur, tel qu'un de nos grands tragiques du dix-septième siècle : il ne représentera que les mœurs nobles, il évitera les personnages bas; il aura horreur des valets et de la canaille ; il gardera au plus fort des passions déchaînées les plus exactes bienséances; il fuira comme un scandale tout mot ignoble et cru ; il mettra partout la raison, la grandeur et le bon goût; il supprimera la familiarité, les enfantillages, les naïvetés, le badinage gai de la vie domestique ; il effacera les détails précis, les traits particuliers, et transportera la tragédie dans une région sereine et sublime où ses personnages abstraits, dégagés du temps et de l'espace, après avoir échangé d'éloquentes harangues et d'habiles dissertations, se tueront convenablement et comme pour finir une cérémonie. Shakspeare fait tout le contraire, parce que son génie est tout l'opposé. Sa faculté dominante est l'imagination passionnée délivrée des entraves de la raison et de la morale; il s'y abandonne et ne trouve dans l'homme rien qu'il veuille retrancher. Il accepte la nature et la trouve belle tout entière; il la peint dans ses petitesses, dans ses difformités, dans ses faiblesses, dans ses excès, dans ses déréglements et dans ses fureurs; il montre l'homme à table, au lit, au jeu, ivre, fou, malade; il ajoute les coulisses à la scène. Il ne songe point à ennoblir, mais à copier la vie humaine, et n'aspire qu'à rendre sa copie plus énergique et plus frappante que l'original.

De là les mœurs de ce théâtre, et d'abord le manque

de dignité. La dignité vient de l'empire exercé sur soi-même ; l'homme choisit dans ses actions et dans ses gestes les plus nobles, et ne se permet que ceux-là. Les personnages de Shakspeare n'en choisissent aucun et se les permettent tous. Ses rois sont hommes et pères de famille, le terrible jaloux Léontès, qui va ordonner le meurtre de sa femme et de son ami[1], joue comme un enfant avec son fils ; il le caresse, il lui donne tous les jolis petits noms d'amitié que disent les mères ; il ose être trivial ; il est bavard comme une nourrice, il en a le langage et il en prend les soins.

.... As-tu mouché ton nez ? — On dit qu'il ressemble au mien. Allons, capitaine, — il faut que nous soyons propres, bien propres, mon capitaine[2].... — Venez ici, sire page. — Regardez-moi avec vos yeux bleus. Cher petit coquin ! — cher mignon ! En regardant — les traits de ce visage, il m'a semblé que je reculais — de vingt-trois ans, et je me voyais sans culottes, — avec ma cotte de velours vert, ma dague muselée, — de peur qu'elle ne mordit son maître. — Combien alors je ressemblais à cette mauvaise herbe, — à ce polisson, à ce monsieur !... Mon frère, — gâtez-vous là-bas votre jeune prince — comme nous avons l'air de gâter le nôtre[3] ?

1. *Winter's Tale*, acte I, scène I.
2. Il y a ici un calembour intraduisible.
3. What, hast smutch'd thy nose ? —
   They say it's a copy out of mine. Come, captain,
   We must be neat ; not neat, but cleanly, captain :...
   Come, sir page, look on me with your welkin eye : sweet villain !
   Most dear'st ! my collop ! Looking on the lines
   Of my boy's face, methought, I did recoil
   Twenty-three years, and saw myself unbreech'd
   In my green velvet coat ; my dagger muzzled,
   Lest it should bite its master....
   How like, methought, I then was to this kernel.

POLYXÈNE.

Quand je suis chez moi, sire, — il fait toute mon occupation, toute ma gaieté, tout mon souci; — tantôt mon ami de cœur, et tantôt mon ennemi juré; — mon parasite, mon soldat, mon homme d'État, mon tout; — il rend un jour de juillet aussi court qu'un jour de décembre, — et, avec ses enfantillages sans fin, me guérit — de pensées qui gèleraient mon sang [1].

Il y a dans Shakspeare vingt morceaux semblables. Les grandes passions, chez lui comme dans la nature, sont précédées ou suivies d'actions frivoles, de petites conversations, de sentiments vulgaires. Les fortes émotions sont des accidents dans notre vie; boire, manger, causer de choses indifférentes, exécuter machinalement une tâche habituelle, rêver à quelque plaisir bien plat ou à quelque chagrin bien ordinaire, voilà l'emploi de toutes nos heures. Shakspeare nous peint tels que nous sommes; ses héros saluent, demandent aux gens de leurs nouvelles, parlent de la pluie et du beau temps, aussi souvent et aussi vulgairement que nous-mêmes, juste au moment de tomber dans les dernières misères ou de se lancer dans les résolutions extrêmes. Hamlet veut savoir l'heure, trouve le vent piquant, cause des festins et des fan-

1.
This squash, this gentleman :...
My brother, are you so fond of your prince,
As we do seem to be of ours?
POLYXENES.
If at home, sir,
He's all my exercise, my mirth, my matter :
Now my sworn friend, and then mine enemy;
My parasite, my soldier, statesman, all!
He makes a July's day short as December;
And, with his varying childness, cures in me
Thoughts that would thick my blood.

fares que l'on entend dans le lointain, et cette conversation si tranquille, si peu liée à l'action, si remplie de petits faits insignifiants, que le hasard seul vient d'amener et de conduire, dure jusqu'au moment où le spectre de son père, se levant dans les ténèbres, lui révèle l'assassinat qu'il doit venger.

La raison commande aux mœurs d'être mesurées ; c'est pourquoi les mœurs que peint Shakspeare ne le sont pas. La pure nature est violente, emportée ; elle n'admet pas les excuses, elle ne souffre pas les tempéraments, elle ne fait pas la part des circonstances, elle veut aveuglément, elle éclate en injures, elle a la déraison, l'ardeur et les colères des enfants. Les personnages de Shakspeare ont le sang bouillant et la main prompte. Ils ne savent pas se contenir, ils s'abandonnent tout d'abord à leur douleur, à leur indignation, à leur amour, et se lancent éperdument sur la pente roide où leur passion les précipite. Combien en citerai-je ? Timon, Léonatus, Cressida, toutes les jeunes filles, tous les principaux personnages des grands drames ; Shakspeare peint partout l'impétuosité irréfléchie du premier mouvement. Capulet annonce à sa fille Juliette que dans trois jours elle épousera le comte Paris, et lui dit d'en être fière : elle répond qu'elle n'en est point fière, et que cependant elle remercie le comte de cette preuve d'amour. Comparez la fureur de Capulet à la colère d'Orgon, et vous mesurerez la différence des deux poëtes et des deux civilisations :

- Comment ! comment, la belle raisonneuse ? Qu'est-ce que

cela? — « Fière. » Et puis « je vous remercie, » et « je ne vous remercie pas, » — et « je ne suis pas fière. » Jolie mignonne; — plus de ces remerciments, plus de ces fiertés; — mais décidez vos gentils petits pieds, jeudi prochain, — à venir avec Paris à l'église de Saint-Pierre, — ou je t'y traînerai sur une claie! — Hors d'ici, effrontée! carogne! belle pâlotte que vous êtes! — figure de cire!

JULIETTE.

Mon bon père, je vous supplie sur mes genoux, — ayez seulement la patience de me laisser dire un mot.

CAPULET.

Qu'on te pende, jeune gueuse que tu es! désobéissante coquine! — Je te le dis : Va à l'église jeudi, — ou ne me regarde plus jamais en face. — Ne parle pas, ne réplique pas, ne réponds pas. — La main me démange.

LADY CAPULET.

Vous êtes trop vif....

CAPULET.

Sainte hostie! Cela me rend fou. Jour et nuit, matin et soir, — chez moi, dehors, seul, en compagnie, — veillant ou dormant, mon seul soin a été — de la marier, et maintenant que j'ai trouvé — un gentilhomme de race princière — de belles façons, jeune, noblement élevé, — fait comme un cœur pourrait le souhaiter..., — voir une misérable folle larmoyante, — une poupée pleurnicheuse, à cette offre de sa fortune, — répondre : « Je ne veux pas me marier! je ne saurais l'aimer! — Je suis trop jeune; je vous prie, pardonnez-moi! — Eh bien! si vous ne voulez pas vous marier, je vous pardonnerai, moi! — Allez paître où vous voudrez, vous ne resterez pas sous mon toit. — Regardez-y, pensez-y, je ne plaisante pas. — Jeudi est proche. La main sur votre cœur, avisez. — Si vous êtes ma fille, je vous donnerai à mon ami; — si vous ne l'êtes pas, allez vous faire pendre; mendiez, jeûnez, mourez dans les rues, — car, sur mon âme, je ne te reconnais plus [1].

---

1.   How now! how now, chop-logic? What is this?
     Proud, — and I thank you, — and I thank you not; —
     And yet not proud : — mistress minion, you,

CHAPITRE IV. SHAKSPEARE. 199

Cette manière d'exhorter sa fille au mariage est propre à Shakspeare et au seizième siècle. La contradiction est pour ces hommes ce que la vue du rouge est pour les taureaux : elle les rend fous.

On devine bien que dans ce temps et sur le théâtre la décence est chose inconnue. Elle gêne parce qu'elle est un frein, et on s'en débarrasse parce qu'elle gêne.

Thank me no thankings, nor proud me no prouds;
But settle your fine joints 'gainst Thursday next,
To go with Paris to Saint Peter's church,
Or I will drag thee on a hurdle thither.
Out, you green sick carrion! out, you baggage,
You tallow-face!
                    JULIET.
Good father, I beseech you on my knees,
Hear me with patience but to speak a word.
                    CAPULET.
Hang thee, young baggage! disobedient wretch!
I tell thee what, — get thee to church o'Thursday,
Or never after look me in the face :
Speak not, reply not, do not answer me;
My fingers itch. . . .
                 LADY CAPULET.
You are too hot.
                    CAPULET.
God's bread! it makes me mad. Day, night, ear,
At home, abroad, alone, in company,
Waking, or sleeping, still my care hath been
To have her match'd : and having now provided
A gentleman of princely parentage;
Of fair demesnes, youthful, and nobly train'd,
Stuff'd (as they say) with honourable parts,
Proportion'd as one's heart could wish a man, —
And then to have a wretched puling fool,
A whining mammet, in her fortune's tender,
To answer, " I 'll not wed, — I cannot love, —
I am too young, — I pray you pardon me; — "
But, an you will not wed, I 'll pardon you :
Graze where you will, you shall not house with me;
Look to 't, think on 't, I do not use to jest.
Thursday is near; lay hand on heart, advise :
An you be mine, I 'll give you to my friend;
An you be not, hang, beg, starve, die i' the streets,
For, by my soul, I 'll never acknowledge thee.

Elle est un don de la raison et de la morale, comme la crudité est un effet de la nature et de la passion. Les paroles dans Shakspeare sont crues au delà de ce qu'on peut traduire. Ses personnages appellent les choses par leurs noms sales, et traînent la pensée sur les images précises de l'amour physique. Les conversations des gentilshommes et des dames sont pleines d'allusions scabreuses, et il faudrait chercher un cabaret de bien bas étage pour en entendre de pareilles aujourd'hui [1].

Ce serait aussi dans un cabaret qu'il faudrait chercher les rudes plaisanteries et le genre d'esprit brutal qui fait le fond de ces entretiens. La politesse bienveillante est le fruit tardif d'une réflexion avancée; elle est une sorte d'humanité et de bonté appliquée aux petites actions et aux discours journaliers; elle ordonne à l'homme de s'adoucir à l'égard des autres et de s'oublier pour les autres; elle contraint la pure nature, qui est égoïste et grossière. C'est pourquoi elle manque aux mœurs de ce théâtre. Vous voyez les charretiers par gaieté et vivacité s'assener des taloches; telle est à peu près la conversation des seigneurs et des dames qui veulent plaisanter, par exemple celle de Béatrice et de Bénédict [2], personnes fort bien élevées pour le temps, ayant une grande renommée d'esprit et de politesse, et dont les jolies répliques font la joie des assistants. « Ces escarmouches d'esprit » con-

---

1. *King Henri VIII*, acte II, scène III, etc.
2. *Much ado about nothing.* Voy. la façon dont Henri V fait la cour à Catherine de France.

sistent à se dire en termes clairs : Vous êtes un poltron, un glouton, un imbécile, un bouffon, un libertin, une brute ! — Vous êtes une sotte, une langue de perroquet, une folle, une.... (le mot y est [1]). — On juge du ton qu'ils prennent lorsqu'ils sont en colère. « Un mendiant ivre, dit Émilie dans *Othello*, ne jetterait pas de pires injures à sa concubine [2]. » Ils ont un vocabulaire de gros mots aussi complet que celui de Rabelais, et ils l'épuisent. Ils prennent la boue à pleines mains et la lancent à leur adversaire sans croire se salir.

Les actions répondent aux paroles. Ils vont sans pudeur ni pitié jusqu'à l'extrémité de leur passion. Ils assassinent, ils empoisonnent, ils violent, ils incendient, et la scène n'est remplie que d'abominations. Shakspeare met sur son théâtre toutes les actions atroces des guerres civiles. Ce sont les mœurs des loups et des hyènes. Il faut lire [3] la sédition de Jack Cade pour prendre une idée de ces folies et de ces fureurs. On croit voir des animaux révoltés, la stupi-

---

1.   BENEDICT.
I will go to the antipodes.... rather than hold three words' conference with this harpy.... I cannot endure my lady Tongue.
     DON PEDRO.
You have put him down, lady, you have put him down.
     BEATRICE.
So I would not he should do me, my lord, but I should prove the mother of fools.

2. He call'd her whore; a beggar, in his drink,
  Could not have laid such terms upon his callet.

3. *Henri VI*, 2ᵉ part., acte IV, scène III.

dité meurtrière d'un loup lâché dans une bergerie; la brutalité d'un pourceau qui se soûle et se roule dans l'ordure et dans le sang. Ils détruisent, ils tuent, ils se tuent entre eux; les pieds dans le meurtre, ils demandent à manger et à boire; ils plantent les têtes au bout des piques, ils les font s'entre-baiser, et ils rient[1].

Allez, dit Jack Cade, brûlez toutes les archives du royaume; ma bouche maintenant sera le parlement d'Angleterre.... Le plus orgueilleux pair du royaume ne portera sa tête sur ses épaules qu'après m'avoir payé tribut. Et il n'y aura pas une fille mariée qui ne me donne d'abord en payement son pucelage.... A présent, en Angleterre, on vendra deux sous sept pains d'un sou. Il n'y aura plus d'argent. Tous boiront et mangeront à mes frais, et je les habillerai tous avec la même livrée.:... Comme me voilà ici, assis sur la pierre de Londres, j'ordonne et commande que le conduit au pissat ne verse plus que du bordeaux, cette première année de notre règne, et

1.   JAKE CADE.
There shall be in England seven half-penny loaves sold for a penny.... There shall be no money: all shall eat and drink on my score, and I will apparel them all in our livery.
And here, sitting upon London-stone, I charge and command, that, of the city's cost, the pissing-conduit run nothing but claret-wine this first year of our reign.... Away, burn all the records of the realm; my mouth shall be the parliament of England..:. And henceforth all things shall be held in common.... What canst thou answer to my majesty for giving up of Normandy unto Monsieur Basimecu, the dauphin of France?
The proudest peer of the realm shall not wear a head on his shoulders unless he pays me tribute; there shall not be a maid married, but she shall pay to me her maidenhead ere they have it. (*Re-enter rebels with the heads of Lord* SAY *and his son-in-law.*) But is not this braver? Let them kiss one another, for they loved well when they were alive.

cela aux frais de la ville.... Et à présent toutes les choses seront en commun.... Qu'est-ce que tu peux répondre à Ma Majesté pour avoir livré la Normandie à Monsieur Basimecu, le dauphin de France? (*On apporte les têtes de lord Say et de son gendre.*) Voilà qui est mieux: Qu'ils se baisent entre eux, car ils s'aimaient bien de leur vivant.

Il ne faut pas lâcher l'homme; on ne sait quelles convoitises et quelles fureurs peuvent couver sous une apparence unie. Jamais la nature n'a été si laide, et cette laideur est la vérité.

Ces mœurs de cannibales ne se rencontrent-elles que chez la canaille? Les princes font pis. Le duc de Cornouailles commande de lier sur une chaise le vieux duc de Glocester, parce que c'est grâce à lui que le roi Lear s'est échappé.

CORNOUAILLES.
.... Tenez la chaise. — Je vais mettre le pied sur ces yeux que voilà. (*On tient Glocester pendant que Cornouailles lui arrache un œil et met son pied dessus.*)

GLOCESTER.
Que celui de vous qui veut vivre vieux — me donne secours. O cruel! ô vous, dieux!

RÉGANE (*fille de Lear*).
Un côté serait jaloux de l'autre. L'autre aussi.

CORNOUAILLES (*riant*).
Si maintenant tu peux voir ta vengeance....

UN SERVITEUR.
Arrêtez votre main, monseigneur. — J'ai commencé à vous servir quand j'étais encore enfant; — mais je ne vous aurai jamais rendu de plus grand service — que de vous dire d'arrêter.

CORNOUAILLES.
Comment, misérable chien!

LE SERVITEUR.

Si vous aviez une barbe au menton, — j'irais vous l'arracher dans une querelle pareille.

CORNOUAILLES.

Ah! mon drôle! (*Il tire son épée et court sur lui.*)

LE SERVITEUR.

Eh bien! venez, et courez la chance de votre colère! (*Il tire son épée. Ils se battent. Cornouailles est blessé.*)

RÉGANE (*à un autre serviteur*).

Donne-moi ton épée. — Un paysan qui s'attaque à nous! (*Elle arrache l'épée, vient par derrière et l'en perce.*)

LE SERVITEUR.

Oh! je suis tué!... Monseigneur, il vous reste un œil — pour voir le sang que je lui ai tiré. Oh! (*Il meurt.*)

CORNOUAILLES.

Il n'en verra pas davantage, je l'en empêcherai. (*Il met le doigt sur l'œil de Glocester.*) — Dehors, sale gelée! — Où est ton lustre à présent? (*Il arrache l'autre œil de Glocester et le jette par terre.*)

GLOCESTER.

Tout est ténèbres et désolation. Où est mon fils?

RÉGANE.

Allez, jetez-le hors des portes, et qu'il flaire sa route — jusqu'à Douvres [1].

Telles sont les mœurs de ce théâtre. Elles sont sans frein comme celles du temps et comme l'imagination du poëte. Copier les actions plates de la vie journalière, les puérilités et les faiblesses où s'abaissent incessamment les plus grands personnages, les emportements qui les dégradent, les paroles crues, dures ou

---

1.   Fellows, hold the chair :
Upon these eyes of thine I'll set my foot.
(*Gloster is held down in the chair, while Cornwall plucks out one of his eyes, and sets his foot on it.*)
GLOSTER.
He that will think to live till he be old,

sales, et les actions atroces où se déploient la licence, la brutalité, la férocité de la nature primitive, voilà l'œuvre de l'imagination libre et nue. Copier ces laideurs et ces excès avec un choix de détails si familiers, si expressifs, si exacts, qu'ils font sentir sous chaque mot de chaque personnage une civilisation tout entière, voilà l'œuvre de l'imagination concentrée et toute-puissante. Cette nature des mœurs et cette éner-

>Give me some help : — O cruel! O ye gods!
>REGAN.
>One side will mock another; the other too.
>CORNWALL.
>If you see vengeance....
>SERVANT.
>Hold your hand, my lord.
>I have serv'd you ever since I was a child :
>But better service have I never done you,
>Than now to bid you hold.
>CORNWALL.
>How now, you dog?
>SERVANT.
>If you did wear a beard upon your chin,
>I'd shake it in this quarrel : What do you mean?
>CORNWALL.
>My villain! (*Draws, and runs at him.*)
>SERVANT.
>Nay, then come down, and take the chance of anger.
>(*Draws; they fight; Cornwall is wounded.*)
>REGAN.
>Give me thy sword. (*To another servant.*)
>A peasant stand up thus!
>(*Snatches a sword, comes behind, and stabs him.*)
>SERVANT.
>O, I am slain! My lord! you have one eye left
>To see some mischief in him : — O! (*Dies.*)
>CORNWALL.
>Lest it see more, prevent it : — Out, vile jelly :
>Where is thy lustre now?
>(*Tears out Gloster's other eye, and throws it on the ground.*)
>GLOSTER.
>All dark and comfortless. Where's my son?...
>REGAN.
>Go, thrust him out at gates, and let him smell
>His way to Dover....

gie de la peinture indiquent une même faculté, unique et excessive, que le style a déjà montrée.

IV

Sur ce fond commun se détache un peuple de figures vivantes et distinctes, éclairées d'une lumière intense, avec un relief saisissant. Cette puissance créatrice est le grand don de Shakspeare, et communique aux mots une vertu extraordinaire. Chaque phrase prononcée par un de ses personnages nous fait voir, outre l'idée qu'elle renferme et l'émotion qui la dicte, l'ensemble des qualités et le caractère entier qui la produisent, le tempérament, l'attitude physique, le geste, le regard du personnage, tout cela en une seconde, avec une netteté et une force dont personne n'a approché. Les mots qui frappent nos oreilles ne sont pas la millième partie de ceux que nous écoutons intérieurement; ils sont comme des étincelles qui s'échappent de distance en distance; les yeux voient de rares traits de flamme; l'esprit seul aperçoit le vaste embrasement dont ils sont l'indice et l'effet. Il y a ici deux drames en un seul : l'un bizarre, saccadé, écourté, visible; l'autre conséquent, immense, invisible; celui-ci couvre si bien l'autre, qu'ordinairement on ne croit plus lire des paroles : on entend le grondement de ces voix terribles, on voit des traits contractés, des yeux ardents, des visages pâlis, on sent les bouillonnements, les furieuses résolutions qui montent au cerveau avec le sang fiévreux, et redescendent dans les nerfs tendus. Cette propriété qu'a chaque phrase de rendre visible un monde de sentiments et de formes vient de ce qu'elle est causée par un monde d'émotions et d'images. Shakspeare, en l'écrivant, a senti tout ce que nous y sentons, et beaucoup d'autres choses. Il avait la faculté prodigieuse d'apercevoir en un clin d'œil tout son personnage, corps, esprit, passé, présent, dans tous les détails et dans toute la profondeur de son être, avec l'attitude précise et l'expression de physionomie que la situation lui imposait. Il y a tel mot d'Hamlet ou d'Othello qui pour être expliqué demanderait trois pages de commentaires; chacune des pensées sous-entendues que découvrirait le commentaire laissait sa trace dans le tour de la phrase, dans l'espèce de la métaphore, dans l'ordre des mots; aujourd'hui, en comptant ces traces, nous devinons les pensées. Ces traces innombrables ont été imprimées en une seconde dans l'espace d'une ligne. A la ligne suivante, il y en a autant, imprimées aussi vite et dans le même espace. Vous mesurez la concentration et la vélocité de l'imagination qui crée ainsi.

Ces personnages sont tous de la même famille. Bons ou méchants, grossiers ou délicats, spirituels ou stupides, Shakspeare leur donne à tous un même genre d'esprit, qui est le sien. Il en fait des gens d'imagination dépourvus de volonté et de raison, machines passionnées, violemment heurtées les unes contre les autres, et qui étaient aux regards ce qu'il y a de plus naturel et de plus abandonné dans l'homme. Donnons-nous ce spectacle, et voyons à tous les étages cette parenté des figures et ce relief des portraits.

Au plus bas sont les êtres stupides, radoteurs ou brutaux. L'imagination existe déjà là où la raison n'est pas née encore; elle subsiste encore là où la raison n'est plus. L'idiot et la brute suivent aveuglément les fantômes qui habitent leur cerveau engourdi ou machinal. Nul poëte n'a compris ce mécanisme comme Shakspeare. Son Caliban, par exemple, sorte de sauvage difforme, nourri de racines, gronde comme une bête sous la main de Prospero, qui l'a dompté. Il hurle incessamment contre son maître, tout en sachant que chaque injure lui sera payée par une douleur. C'est un loup à la chaîne, tremblant et féroce, qui essaye de mordre quand on l'approche, et qui se couche en voyant le fouet levé sur son dos. Il a la sensualité crue, le gros rire ignoble, la gloutonnerie de la nature humaine dégradée. Il a voulu violer Miranda endormie. Il crie après sa pâture et s'en gorge. Un matelot débarqué dans l'île, Stéphano, lui donne du vin; il lui baise les pieds et le prend pour un dieu; il lui demande s'il n'est pas tombé du ciel et l'adore. On sent en lui les passions révoltées et froissées qui ont hâte de se redresser et de s'assouvir. Stéphano a battu son camarade. « Bats-le bien, dit Caliban, et, après un peu de temps, j'oserai le battre aussi. » Il supplie Stéphano de venir avec lui tuer Prospero endormi; il a soif de l'y mener; il danse de joie, et voit d'avance son maître la gorge coupée et la cervelle épanchée par terre. « Je t'en prie, mon roi, ne fais pas de bruit. Vois-tu? ceci

est l'ouverture de sa cellule. Va dôucement et entre. Fais ce bon meurtre ; tu seras maître de l'île pour toujours, et moi, ton Caliban, je te lécherai les pieds [1]. »
— D'autres, comme Ajax et Cloten, sont plus semblables à l'homme, et pourtant ce que Shakspeare peint en eux, comme dans Caliban, c'est le pur tempérament. La lourde machine corporelle, la masse des muscles, l'épaisseur du sang qui se traîne dans ces membres de lutteurs, oppriment l'intelligence et ne laissent subsister que les passions de l'animal. Ajax donne des coups de poing et avale de la viande, c'est là sa vie ; s'il est jaloux d'Achille, c'est à peu près comme un taureau est jaloux d'un taureau. Il se laisse brider et mener par Ulysse, sans regarder devant lui : la plus grossière flatterie l'attire comme un appât. On l'a poussé à accepter le défi d'Hector. Le voilà bouffi d'arrogance, ne daignant plus répondre à personne, ne sachant plus ce qu'il dit ni ce qu'il fait ; Thersite lui crie : « Bonjour, Ajax, » et il lui répond : « Merci, Agamemnon. » Il ne pense plus qu'à contempler son énorme personne, et à rouler majestueusement ses gros yeux stupides. Le jour venu, il frappe sur Hector comme sur une enclume. Au bout d'un assez long temps, on les sépare. « Je ne suis pas encore échauffé,

---

[1]
     CALIBAN.
Beat him enough : after a little time,
I'll beat him too.

  Pry thee, my king, be quiet : seest thou here,
  This is the mouth o' the cell : no noise, and enter :
  Do that good mischief, which may make this island
  Thine own for ever, and I, thy Caliban,
  For aye thy foot-licker.

dit Ajax, laissez-nous recommencer[1]. » — Cloten est moins massif que ce bœuf flegmatique; mais il est aussi imbécile, aussi vaniteux et aussi grossier. La belle Imogène, pressée par ses injures et par son style de cuisinier, lui dit que toute sa personne ne vaut pas le moindre vêtement de Posthumus. Il est piqué au vif, il répète dix fois ce mot, il s'aheurte à cette idée, et revient incessamment s'y choquer tête baissée, à la manière des béliers en colère. « Son vêtement? son moindre vêtement?... Je me vengerai.... Son moindre vêtement?... Bien. » Il prend des habits de Posthumus, et s'en va à Milford-Haven, comptant l'y rencontrer avec Imogène. Chemin faisant, il fait ce monologue : « Avec ces habits sur mon dos, je la violerai; mais d'abord je le tuerai, et sous ses yeux. Elle verra ma valeur, qui sera un tourment pour son insolence. Lui une fois par terre, et mon discours d'insultes achevé sur son corps.... Puis quand mon appétit se sera soûlé sur elle (et, comme je le dis, j'exécuterai la chose avec les habits qu'elle louait tant), je la ramènerai à coups de poing à la cour et à coups de pied à la maison[2]. » — D'autres ne sont que des radoteurs; par exemple Polonius, le grave conseiller sans cervelle, « vieil enfant qui n'est pas encore hors des langes, » nigaud solennel qui déverse sur les gens une pluie de

---

1. I am not warm yet : let us fight again.
Voyez acte III, scène ii, la plaisante façon dont les généraux poussent en avant cette vaillante brute.

2. CLOTEN.
His garment? Now, the devil, —

conseils, de compliments et de maximes, sorte de porte-voix de cour pouvant servir dans les cérémonies d'apparat, ayant l'air de penser, et ne faisant que réciter des mots. — Mais le plus complet de tous les caractères est celui de la nourrice[1], bavarde, sale en propos, vrai pilier de cuisine, sentant la marmite et les vieilles savates, bête, impudente, immorale, du reste bonne femme et affectionnée à son enfant. Voyez ce radotage décousu et intarissable d'une commère :

LA NOURRICE.
Sur ma foi, je pourrais dire son âge à une heure près.
LADY CAPULET.
Elle n'a pas quatorze ans.
LA NOURRICE.
Vienne la Saint-Pierre au soir, elle aura quatorze ans. — Suzanne et elle (Dieu fasse miséricorde à toutes les âmes chrétiennes!) — étaient du même âge. Bien ! Suzanne est avec Dieu ; — elle était trop bonne pour moi. Mais, comme je disais, — à la Saint-Pierre au soir, elle aura quatorze ans. — Elle les aura, ma foi. Je m'en souviens bien. — Cela fait onze ans aujourd'hui depuis le tremblement de terre. — De tous les jours de l'année, c'est justement ce jour-là, — je

IMOGEN.
To Dorothy my woman hie thee presently.
CLOTEN.
You have abus'd me? His meanest garment?
I'll be reveng'd : — his meanest garment, well:

With that suit upon my back, will I ravish her : First, kill him and in her eyes; there shall she see my valour, which will then be a torment to her contempt. He, on the ground, my speech of insultment ended on his dead body, — and when my lust has dined, — (which, as I say, to vex her, I will execute in the clothes that she so praised) to the court I 'll knock her back, foot her home again.

1. *Roméo et Juliette.*

m'en souviens bien, qu'elle fut sevrée. — J'avais mis de l'absinthe au bout de mon sein, — et j'étais assise au soleil contre le mur du pigeonnier. — Monseigneur et vous, vous étiez alors à Mantoue. — Oh! j'ai de la cervelle!... Mais comme je disais, — quand elle eut goûté l'absinthe au bout de mon teton, — et qu'elle l'eut senti amer, la jolie petite folle, — il fallait voir comme elle était maussade et comme elle se rebiffait contre le sein..., — et depuis ce temps, il y a onze ans de passés. — Car elle se tenait déjà sur ses jambes. Oui, par la croix! — Elle courait presque, et se dandinait tout du long. — Même le jour d'avant, elle était tombée sur le front[1].

Là-dessus, elle enfile une histoire indécente, qu'elle recommence quatre fois de suite. On la fait taire, n'importe. Elle a son histoire en tête, et ne cesse pas de la redire et d'en rire toute seule. Les répétitions

1.
NURSE.
'Faith, I can tell her age unto an hour.
LADY CAPULET.
She's not fourteen.
NURSE.
Come Lammas eve at night, shall she be fourteen.
Susan and she, — God rest all Christian souls! —
Were of an age. Well, Susan is with God;
She was too good for me : But, as I said,
On Lammas-eve at night shall she be fourteen;
That shall she, marry; I remember it well.
'Tis since the earthquake now eleven years;
And she was wean'd — I never shall forget it, —
Of all the days of the year, upon that day :
For I had then laid wormwood to my dug.
Sitting in the sun under the dove-house wall,
My lord and you were then at Mantua : —
Nay, I do bear a brain : — but, as I said,
When it did taste the wormwood on the nipple
Of my dug, and felt it bitter, pretty fool!
To see it tetchy, and fall out with the dug.
Shake, quoth the dove-house : 'twas no need, I trow,
To bid me trudge.
And since that time it is eleven years :
For then she could stand alone; nay, by the rood,
She could have run and waddled all about.
For even the day before she broke her brow.

sans fin sont la démarche primitive de l'esprit. Les gens du peuple ne suivent pas la ligne droite du raisonnement et du récit; ils reviennent sur leurs pas, ils piétinent en place ; frappés d'une image, ils la gardent pendant une heure devant leurs yeux, et ne s'en lassent pas. S'ils avancent, ils tournent parmi cent idées incidentes avant d'arriver à la phrase nécessaire. Ils se laissent détourner de leur chemin par toutes les pensées qui viennent à la traverse. Ainsi fait la nourrice, et quand elle rapporte à Juliette des nouvelles de son amant, elle la tourmente et la fait languir, moins par taquinerie que par habitude de divagation.

Jésus! quelle hâte! Ne pouvez-vous attendre un instant? — Ne voyez-vous pas que je suis hors d'haleine?

JULIETTE.

Comment es-tu hors d'haleine, quand tu as assez d'haleine — pour me dire que tu es hors d'haleine?... — Tes nouvelles sont-elles bonnes ou mauvaises? Réponds à cela. — Dis l'un ou l'autre. J'attendrai le détail. — Contente-moi. Sont-elles bonnes ou mauvaises?

LA NOURRICE.

Ah! vous avez fait un choix de novice. Vous ne savez pas choisir un homme. Roméo! non, pas lui. Quoique ce soit la plus belle figure, c'est la jambe la mieux faite. Pour sa main, sa taille et son pied, il n'y a rien à en dire, mais il n'y en a point de pareils. Ce n'est pas une fleur de courtoisie, mais je le garantis aussi doux que l'agneau.— Va ton chemin, fillette. Sers Dieu. — Hein! a-t-on dîné à la maison?

JULIETTE.

Non, non. Mais je savais déjà tout cela. — Que dit-il de notre mariage? Qu'en dit-il?

LA NOURRICE.

Seigneur! comme ma tête me fait mal! Quelle tête j'ai ! — Elle bat comme si elle allait se briser en cent pièces. — Mon dos, de l'autre côté! Oh! mon dos, mon dos! — Maudite soit votre idée, de m'envoyer comme cela — attraper ma mort à force de trotter par les rues!

JULIETTE.

En bonne foi, je suis fâchée que tu ne sois pas bien. — Chère, chère, chère nourrice, dis-moi, que répond mon amour?

LA NOURRICE.

Votre amour répond comme un honnête gentilhomme qu'il est, — et courtois, et doux, et beau, — et vertueux, j'en suis caution. Où est votre mère¹?

1.
NURSE.
Jesu! What haste? Can you not stay awhile?
Do you not see that I am out of breath?
JULIET.
How art thou out of breath, when thou hast breath
To say to me that thou art out of breath?
Is thy news good, or bad? Answer to that:
Say either, and I will stay the circumstance:
Let me be satisfied, is it good or bad?
NURSE.
Well, you have made a simple choice; you know not how to choose a man: Romeo, no, not he; though his face be better than any man's. Yet his leg excels all men's; and for a hand, and a foot, and a body, — though they be not to be talked on, yet they are past compare: He is not the flower of courtesy, — but, I 'll warrant him, as gentle as a lamb. — Go thy ways, wench; serve God: — What, have you dined at home?
JULIET.
No, no: but all this did I know before:
What says he of our marriage? What of that?
NURSE.
Lord! how my head aches, — what a head have I!
It beats as it would fall in twenty pieces.
My back, o' t'other side, — O my back, my back! —
Beshrew your heart, for sending me about,
To catch my death with jaunting up and down!
JULIET.
I' faith, I am sorry that thou art not well, —
Sweet, sweet, sweet nurse, tell me, what says my love?
NURSE.
Your love says like an honest gentleman,
And a courteous, and a kind, and a handsome,
And, I warrant, a virtuous: — Where is your mother?

Cela ne tarit pas. Son bavardage est pire encore quand elle vient annoncer à Juliette la mort de son cousin et l'exil de Roméo. Ce sont les cris perçants et les hoquets d'une grosse pie asthmatique. Elle se lamente, elle brouille les noms, elle fait des phrases, elle finit par demander de l'eau-de-vie. Elle maudit Roméo, puis elle l'amène dans la chambre de Juliette. Le lendemain, on commande à Juliette d'épouser le comte Paris; Juliette se jette dans les bras de sa nourrice, implorant consolations, conseil, assistance. Celle-ci trouve le vrai remède : épousez Paris.

Oh! c'est un aimable gentilhomme! — Roméo est un torchon de cuisine auprès de lui.... Un aigle, madame, — n'a pas l'œil aussi vert, aussi vif, aussi perçant — que Paris. Malédiction sur moi, — si je ne vous trouve pas heureuse de ce second mariage, — car il surpasse votre premier[1]!

Cette immoralité naïve, ces raisonnements de girouette, cette façon de juger l'amour en poissarde, achèvent le portrait.

V

L'imagination machinale fait les personnages bêtes de Shakspeare; l'imagination rapide, hasardeuse, éblouissante, tourmentée, fait ses gens d'esprit. Il y a

---

1.
                    NURSE.
   O, he 's a lovely gentleman!
   Romeo's a dishclout to him; an eagle, Madam,
   Hath not so green, so quick, so fair an eye,
   As Paris hath. Beshrew my very heart,
   I think you are happy in this second match,
   For it excels your first.

plusieurs genres d'esprit. L'un, tout français, qui n'est que la raison même, ennemi du paradoxe, railleur contre la sottise, sorte de bon sens incisif, n'ayant d'autre emploi que de rendre la vérité amusante et visible, la plus perçante des armes chez un peuple intelligent et vaniteux : c'est celui de Voltaire et des salons. L'autre, qui est celui des improvisateurs et des artistes, n'est autre chose que la verve inventive, paradoxale, effrénée, exubérante, sorte de fête que l'on se donne à soi-même, fantasmagorie d'images, de pointes, d'idées bizarres, qui étourdit et qui enivre comme le mouvement et l'illumination d'un bal. Tel est l'esprit de Mercutio, des clowns, de Béatrice, de Rosalinde et de Bénédict. Ils rient, non par sentiment du ridicule, mais par envie de rire. Cherchez ailleurs les campagnes que la raison agressive entreprend contre la folie humaine. Ici la folie est dans toute sa fleur. Nos gens songent à s'amuser, rien de plus. Ils sont de bonne humeur, ils font faire des cavalcades à leur esprit à travers le possible et l'impossible. Ils jouent sur les mots, ils en tourmentent le sens, ils en tirent des conséquences absurdes et risibles, ils se les renvoient comme avec des raquettes, coup sur coup, en faisant assaut de singularité et d'invention. Ils habillent toutes leurs idées de métaphores étranges ou éclatantes. Le goût du temps était aux mascarades; leur entretien est une mascarade d'idées. Ils ne disent rien en style simple ; ils ne cherchent qu'à entasser des choses subtiles, recherchées, difficiles à inventer et à comprendre; toutes leurs expressions sont raffinées, imprévues, extraordinaires; ils outrent leur pensée et la changent en caricature. « Ah! pauvre Roméo, dit Mercutio, il est déjà mort, poignardé par l'œil noir d'une blanche beauté! transpercé à travers l'oreille par une chanson d'amour, le cœur crevé juste au centre par la flèche du petit archer aveugle[1]! » — Bénédict raconte une conversation qu'il vient d'avoir avec sa maîtresse : « Oh! elle m'a maltraité de façon à mettre à bout la patience d'une souche. Un chêne, avec une seule feuille verte pour tout feuillage, lui aurait répondu. Mon masque lui-même commençait à prendre vie et à quereller avec elle[2]! » Ces extravagances gaies et perpétuelles indiquent l'attitude des interlocuteurs. Ils ne restent pas tranquillement assis sur leurs chaises, comme les marquis du *Misanthrope;* ils pirouettent, ils sautent, ils se griment, ils jouent hardiment la pantomime de leurs idées; leurs fusées d'esprit se terminent en chansons. Jeunes gens, soldats et artistes, ils tirent un feu d'artifice de phrases et gambadent tout à l'entour. « Quand je suis née, une étoile dansait. » Ce mot de Béatrice peint ce genre d'esprit poétique, scintillant, déraisonnable, charmant, plus voisin de la musique que de la littérature, sorte de rêve qu'on fait tout haut et tout éveillé, et dans lequel celui de Mercutio se trouve à sa place.

Oh! je le vois, la reine Mab vous a visité cette nuit. — Elle

[1]. Alas, poor Romeo, he is already dead! Stabbed with a white wench's black eyes; shot through the ear with a love-song, the very pin of his heart cleft with the blind bow-boy's butt-shaft.

[2]. O, she misused me past the endurance of a block; an oak, but

est l'accoucheuse des fées. Et elle vient, — grosse comme l'agate de la bague — qui est au doigt d'un alderman, — traînée par un attelage de petits atomes, — passant sur le nez des gens quand ils sont endormis. — Les rayons de ses roues sont faits avec des pattes de faucheux, — le dessus avec des ailes de cigales, — les traits avec la toile des plus petites araignées, — les colliers avec les rayons humides de la lune, — le fouet avec un os de grillon, la lanière avec une pellicule. — Son cocher est un petit moucheron en habit gris, — son char est une noisette vide, — fabriquée par l'écureuil, son menuisier, et par la vieille larve, — qui de temps immémorial sont les carrossiers des fées. — Dans cet équipage, elle galope chaque nuit — à travers les cerveaux des amants, et ils rêvent d'amour; — sur les genoux des courtisans, et ils rêvent aussitôt de révérences; — sur les doigts des gens de loi, qui rêvent aussitôt à des honoraires; — sur les lèvres des dames, qui rêvent aussitôt à des baisers... — Parfois elle galope sur le nez d'un courtisan, — et il rêve qu'il flaire une grâce à obtenir. — Parfois elle vient avec la queue d'un cochon de dîme, — et en chatouille le nez d'un curé endormi; — là-dessus il rêve d'un autre bénéfice. — Parfois elle passe sur le cou d'un soldat, — alors il songe qu'il coupe la gorge à des ennemis; il rêve de brèches, embuscades, lames espagnoles, de rasades et brocs pleins, profonds de cinq brasses; puis, tout à coup — elle tambourine à son oreille. Il sursaute, il s'éveille, — et sur cette alerte il jure une prière ou deux, — puis se rendort.... C'est cette Mab — qui tresse la nuit les crinières des chevaux, — et colle dans les vilaines chevelures entremêlées — ces boucles qui, une fois dénouées, présagent de grandes infortunes. — C'est elle qui [1];...

with one green leaf on it, would have answered her; my very visor began to assume life, and scold with her.

   1.   O, then, I see, Queen Mab hath been with you.
            She is the fairies' midwife; and she comes
            In shape no bigger than the agate-stone
            On the forefinger of an alderman,
            Drawn with a team of little atomies
            Athwart men's noses as they lie asleep :

Roméo l'interrompt, sans quoi il ne finirait pas. Que le lecteur compare aux conversations de notre théâtre ce petit poëme, « enfant d'une imagination vaine, aussi légère que l'air, plus inconstante que le vent, » jeté sans disparate au milieu d'un entretien du seizième siècle, et il comprendra la différence de l'esprit qui s'occupe à faire des raisonnements ou à noter des ridicules, et de l'imagination qui se divertit à imaginer.

Falstaff a les passions des bêtes et l'imagination des gens d'esprit. Il n'est point de caractère qui montre

> Her waggon-spokes made of long spinners' legs;
> The cover, of the wings of grasshoppers;
> The traces, of the smallest spider's web;
> The collars, of the moonshine's watery beams;
> Her whip, of cricket's bones; the lash, of film;
> Her waggoner, a small grey-coated gnat;
> Her chariot is an empty hazel-nut,
> Made by the joiner squirrel, or old grub,
> Time out of mind the fairies' coach-makers.
> And in this state she gallops night by night
> Through lovers' brains, and then they dream of love;
> On courtiers' knees, that dream on court'sies straight:
> O'er lawyers' fingers, who straight dream on fees;
> O'er ladies' lips, who straight on kisses dream....
> Sometimes she gallops o'er a courtier's nose,
> And then dreams he of smelling out a suit;
> And sometimes comes she with a tithe-pig's tail,
> Tickling a parson's nose as he lies asleep,
> Then dreams he of another benefice :
> Sometimes she driveth on a soldier's neck,
> And then dreams he of cutting foreign throats,
> Of breaches, ambuscades, Spanish blades,
> Of healths five-fathom deep; and then anon
> Drums in his ear; at which he starts, and wakes;
> And, being thus frighted, swears a prayer or two,
> And sleeps again. This is that very Mab,
> That plats the manes of horses in the night;
> And bakes the elf locks in foul sluttish hairs,
> Which, once untangled, much misfortune bodes.
> This, this is she....

mieux la verve et l'immoralité de Shakspeare. Falstaff est un pilier de mauvais lieu, jureur, joueur, batteur de pavés, vrai sac à vin, ignoble à faire plaisir. Il a le ventre énorme, les yeux rougis, la trogne enflammée, la jambe branlante; il passe sa vie accoudé parmi les brocs de la taverne ou endormi par terre derrière les tentures; il ne se réveille que pour blasphémer, mentir, se vanter et voler. Il est aussi escroc que Panurge, qui avait soixante-trois manières d'attraper de l'argent, « dont la plus honnête était par larcin furtivement fait. » Et ce qui est pis, il est vieux, chevalier, homme de cour et bien élevé. Ne semble-t-il pas qu'il doive être odieux et rebutant? Point du tout, on ne peut s'empêcher de l'aimer. Au fond, comme Panurge son frère, il est « le meilleur fils du monde. » Il n'y a point de méchanceté dans son fait; il n'a d'autre envie que de rire et de s'amuser. Quand on l'injurie, il crie plus haut que les gens, et les paye avec usure en gros mots et en insultes; mais il ne leur sait point mauvais gré pour cela. Un instant après, le voilà attablé avec eux dans un bouge, buvant à leur santé en frère et compagnon. S'il a des vices, il les expose au jour si naïvement, qu'on est forcé de les lui pardonner. Il a l'air de nous dire : « Eh bien! je suis comme cela, que voulez-vous? J'aime à boire : est-ce que le bon vin n'est pas bon? Je m'enfuis le grand pas quand approchent les coups : est-ce que les coups ne font pas mal? Je fais des dettes et j'escroque de l'argent aux imbéciles : est-ce qu'il n'est pas agréable d'avoir de l'argent dans sa poche? Je me vante : est-ce qu'il n'est pas naturel de vouloir être considéré ? » — « Entends-tu, Henri? Tu sais qu'Adam, dans l'état d'innocence, tomba. Et qu'est-ce que pourrait faire le pauvre John Falstaff dans ce siècle de perversité! Tu vois, j'ai plus de chair que les autres, et partant plus de fragilité. » Falstaff est si franchement immoral, qu'il ne l'est plus. A un certain degré finit la conscience; la nature prend sa place, et l'homme court sur ce qu'il désire sans plus penser au juste ni à l'injuste qu'un animal de la forêt voisine. Falstaff, chargé de faire des recrues, a vendu des exemptions à tous les riches, et n'a enrôlé que des coquins affamés et à moitié nus. Il n'y a qu'une chemise et demie dans toute sa compagnie; cela l'inquiète : « Bah! ils vont trouver du linge étendu sur chaque haie! » Le prince qui les passe en revue lui dit qu'il n'a jamais vu de si pitoyables gredins : « Bon! bon! dit Falstaff, chair à canon, mon prince, chair à canon. Ils combleront un fossé aussi bien et mieux que d'autres. N'ayez crainte, ils sont mortels, bien mortels [1]! » Sa seconde excuse est la verve intarissable. S'il y eut jamais quelqu'un « fort en gueule, » c'est lui. Les injures et les jurons, les

---

1. There's but a shirt and a half in all my company; and the half-shirt is two napkins tacked together.... and the shirt stolen from my host at St. Alban.... they'll find linen enough on every hedge.
PRINCE.
I never did see such pitiful rascals.
FALSTAFF.
Tut, tut; good enough to toss; food for powder, food for powder. They'll fill a pit a swell as better. Tush, man, mortal men, mortal men.

malédictions, les apostrophes, les protestations, coulent de lui comme d'un tonneau ouvert. Il n'est jamais à court : il improvise des expédients pour toutes les difficultés. Les mensonges poussent en lui, fleurissent, grossissent, s'engendrent les uns les autres, comme des champignons sur une couche de terre grasse et pourrie. Il ment encore plus par imagination et par nature que par intérêt et nécessité. On s'en aperçoit à la manière dont il outre ses inventions. Il raconte qu'il a combattu seul contre deux hommes. Un instant après, c'est contre quatre hommes. Bientôt il y en a sept, puis onze, puis quatorze. On l'arrête à temps, sans quoi il parlerait tout à l'heure d'une armée entière. Démasqué, il ne perd pas sa bonne humeur, et rit tout le premier de ses forfanteries. « Camarades, braves gens, mes enfants, cœurs d'or, allons, soyons gais, jouons une farce[1] ! » Il improvise le rôle grondeur du roi Henri avec tant de naturel, qu'on le prendrait pour un roi ou pour un comédien. Ce gros bonhomme ventru, poltron, cynique, braillard, ivrogne, paillard, poète d'auberge, est un des favoris de Shakspeare. C'est que ses mœurs sont celles de la pure nature, et que l'esprit de Shakspeare est parent de son esprit.

[1] Gallants, lads, boys, hearts of gold... What, shall we be merry? Shall we have a play extempore?

VI

La nature est dévergondée et grossière dans cette masse de chair, alourdie de vin et de graisse. Elle est délicate dans le corps délicat des femmes; mais elle est aussi déraisonnable et aussi passionnée dans Desdémona que dans Falstaff. Les femmes de Shakspeare sont des enfants charmants, qui sentent avec excès et qui aiment avec folie. Elles ont des mouvements d'abandon, de petites colères, de jolis mots d'amitié, des mutineries coquettes, une volubilité gracieuse, qui rappellent le babil et la gentillesse des oiseaux. Les héroïnes de notre théâtre sont presque des hommes; celles-ci sont des femmes et dans tout le sens du mot. On ne peut être plus imprudente que Desdémona. Elle s'est prise de compassion pour Cassio, et veut sa grâce passionnément, quoi qu'il advienne, que la chose soit juste ou non, qu'elle soit dangereuse ou non. Elle ne sait rien de toutes les lois des hommes, elle n'y pense pas. Tout ce qu'elle voit, c'est que Cassio est malheureux. « Sois tranquille, Cassio. Mon seigneur ne reposera plus. Je le tiendrai éveillé jusqu'à ce qu'il s'apprivoise. Je parlerai à lui faire perdre patience; son lit lui semblera une école, sa table un confessionnal; j'entremêlerai dans tout ce qu'il fera la requête de Cassio[1]. » Elle demande sa grâce : « Non,

---

1. Be thou assur'd, good Cassio....
My lord shall never rest;

pas maintenant, chère Desdémona; une autre fois. — Mais sera-ce bientôt? — Le plus tôt que je le pourrai, ma chère, pour l'amour de vous. — Sera-ce ce soir à souper? — Non, pas ce soir. — Alors demain à dîner? — Je ne dînerai pas à la maison. — Eh bien! alors, demain soir, ou mardi matin, ou mardi après midi, ou le soir, ou mercredi matin. Je t'en prie, marque le temps; mais que cela ne dépasse pas trois jours, car en vérité il est repentant. » Elle s'étonne un peu de se voir refusée; elle le gronde. Il cède; qui ne céderait pas en voyant l'air de reproche de ces beaux yeux boudeurs? « Oh! dit-elle avec une jolie moue, ceci n'est pas un don. C'est comme si je vous priais de porter vos gants, de vous tenir chaudement, ou de faire quelque autre chose agréable. » — Un instant après, quand il la prie de le laisser seul un instant, voyez l'innocente gaieté, la révérence preste, et ce ton badin de petite fille : « Vous refuserai-je? Non, adieu, monseigneur. Émilia, viens. Soyez comme il vous plaira, je suis obéissante[1]. » — Cette vivacité,

---

I'll watch him tame, and talk him out of patience;
His bed shall seem a school, his board a shrift;
I'll intermingle everything he does
With Cassio's suit....

1.
   OTHELLO.
Not now, sweet Desdemona; some other time.
   DESDEMONA.
But shall 't be shortly?
   OTHELLO.
  The sooner, sweet, for you.
   DESDEMONA.
Shall't be to-night at supper?
   OTHELLO.
   No, not to-night.

cette pétulance n'empêche pas la modestie craintive et la timidité silencieuse ; au contraire, elles ont la même cause, qui est la sensibilité extrême. Celle qui sent promptement et beaucoup a plus de réserve et plus de passion que les autres; elle éclate ou elle se tait; elle ne dit rien ou elle dit tout. Telle est cette Imogène, « si tendre aux reproches que les paroles sont des coups, et que les coups sont une mort pour elle. » Telle est Virginia, la douce épouse de Coriolan : elle n'a point le cœur romain : elle s'effraye des victoires de son mari; quand Volumnia le peint frappant du pied sur le champ de bataille, et de la main essuyant son front sanglant, elle pâlit : « Son front sanglant ! dit-elle. O Jupiter, point de sang ! » — Elle veut oublier ce qu'elle sait de ces dangers, elle n'ose y penser; quand on lui demande si Coriolan n'a point coutume de revenir blessé : « Oh ! non, non, non[1] ! » Elle fuit

DESDEMONA.
To-morrow dinner, then?
OTHELLO.
I shall not dine at home.
DESDEMONA.
Why, then, to-morrow night; or Tuesday,
Or Tuesday noon, or night; or Wednesday morn; —
I pray thee, name the time, but let it not
Exceed three days; in faith, he's penitent....
Why, this is not a boon;
'Tis as I should entreat you wear your gloves,
Or keep you warm, or sue to you to do peculiar profit
To your own person....
Shall I deny you? No : farewell, my lord;
Emilia, come : — be it as your fancies teach you.
Whate'er you be, I am obedient.

1. His bloody brow! O, Jupiter, no blood!...
Heavens bless my lord from fell Aufidius!

.... No, good madam; I will not out of doors;... Indeed no, by

cette cruelle image, et pourtant elle garde incessamment au fond du cœur une angoisse secrète. Elle ne veut plus sortir, elle ne sourit plus, elle souffre à peine qu'on vienne la voir ; elle se reprocherait comme un manque de tendresse un moment d'oubli ou de gaieté. Quand il revient, elle ne sait que rougir et pleurer. — C'est à l'amour que cette sensibilité exaltée doit aboutir. Aussi elles aiment toutes sans mesure, et presque toutes du premier coup. Au premier regard jeté sur Roméo, Juliette dit à sa nourrice : « Va, demande son nom. S'il est marié, ma tombe sera mon lit de noces. » C'est leur destinée qui se révèle. Telles que Shakspeare les a faites, elles ne peuvent qu'aimer, et elles doivent aimer jusqu'à mourir. Mais ce premier regard est une extase, et cette soudaine arrivée de l'amour est un ravissement. Miranda apercevant Fernando croit voir une créature céleste. Elle s'arrête immobile, dans l'éblouissement de cette vision subite, au bruit des concerts divins qui s'élèvent du plus profond de son cœur. Elle pleure en le voyant traîner de lourdes bûches ; de ses frêles mains blanches, elle veut faire l'ouvrage pendant qu'il se reposera. Sa compassion et sa tendresse l'emportent ; elle n'est plus maîtresse de ses paroles, elle dit ce qu'elle ne veut point dire, ce que son père lui a

your patience ; I will not over the threshold till my lord return from the wars.

CORIOLUS.
My gracious silence, hail!
Wouldst thou have laugh'd, had I come coffin'd home,
That weep'st to see me triumph?

défendu de découvrir, ce qu'un instant auparavant elle n'eût jamais avoué. Cette âme trop pleine s'épanche sans le savoir, heureuse et honteuse du flot de bonheur et de sensations nouvelles dont un sentiment inconnu l'a comblée. « Je suis une folle de pleurer de ce dont je suis heureuse. — De quoi pleurez-vous? — De mon indignité qui n'ose pas offrir ce que je voudrais donner, et encore bien moins prendre ce que je mourrai de ne pas avoir.... Je suis votre femme, si vous voulez m'épouser; sinon, je mourrai votre servante[1]. » Cette invincible invasion de l'amour transforme tout le caractère. La craintive et tendre Desdémona, tout d'un coup, en plein sénat, devant son père, renonce à son père; elle ne songe pas un instant à lui demander pardon, ni à le consoler. Elle veut partir avec Othello pour Chypre, à travers la flotte ennemie et la tempête. Tout disparaît pour elle devant l'image unique et adorée qui a pris l'entière et l'absolue possession de tout son cœur. Aussi les malheurs extrêmes, les résolutions meurtrières ne sont que des suites naturelles de ces amours. Ophélie devient folle, Juliette se tue, et il n'est personne qui ne voie que ces folies et ces morts sont nécessaires. Ce n'est donc point la

---

1.
MIRANDA.
I am a fool to weep at what I am glad of.
FERNANDO.
Wherefore weep you?
MIRANDA.
At mine unworthiness, that dare not offer
What I desire to give; and much less take,
What I shall die to want :...
I am your wife, if you will marry me;
If not, I'll die your maid.

vertu que vous trouverez dans de telles âmes, car on entend par vertu la volonté réfléchie de bien faire et l'obéissance raisonnée au devoir. Elles ne sont pures que par délicatesse ou par amour. Elles répugnent au vice comme à une chose grossière, et non comme à une chose immorale. Elles ressentent non du respect pour le mariage, mais de l'adoration pour leur mari. « O doux et charmant lis[1] ! » ce mot de *Cymbeline* peint ces frêles et aimables fleurs qui ne peuvent s'arracher de l'arbre auquel elles sont unies, et dont la moindre impureté ternirait la blancheur. Quand Imogène apprend que son mari veut la tuer comme infidèle, elle ne se révolte pas contre l'outrage; elle n'a point d'orgueil, mais seulement de l'amour. « Infidèle à sa couche! » Elle s'évanouit en songeant qu'elle n'est plus aimée. Quand Cordélia entend son père, vieillard irritable, déjà presque insensé, lui demander comment elle l'aime, elle ne peut se résoudre à lui faire tout haut les protestations flatteuses que ses sœurs viennent d'entasser. Elle a honte d'étaler sa tendresse en public et d'en acheter une dot. Il la déshérite et la chasse; elle se tait. Et quand plus tard elle le retrouve abandonné et fou, elle s'agenouille auprès de lui avec une émotion si pénétrante, elle pleure sur cette chère tête insultée avec une pitié si tendre, qu'on croit entendre l'accent d'une mère désolée et ravie qui baise les lèvres pâlies de son enfant[2].

---

1. « O sweetest, fairest lily! »
2.   O you, kind gods,

Si enfin Shakspeare rencontre un caractère héroïque, digne de Corneille, romain, celui de la mère de Coriolan, il expliquera par la passion ce que Corneille eût expliqué par l'héroïsme. Il la peindra violente et avide des sensations violentes de la gloire. Elle ne saura pas se contenir. Elle éclatera en accents de triomphe quand elle verra son fils couronné, en imprécations de vengeance quand elle le verra banni. Elle descendra dans les vulgarités de l'orgueil et de la colère, elle s'abandonnera aux effusions folles de la joie, aux rêves de l'imagination ambitieuse[1], et prouvera une fois de plus que l'imagination passion-

>   Cure this great breach in his abused nature!
>   The untun'd and jarring senses, O, wind up,
>   Of this child-changed father!
>   O my dear father! Restauration hang
>   Thy medicine on my lips, and let this kiss
>   Repair those violent harms, that my two sisters
>   Have in thy reverence made!
>   Whas this a face
>   To be exposed against the warring winds?
>   Mine enemy's dog,
>   Though he had bit me, should have stood that night
>   Against my fire....
>   How does my royal lord? How fares your majesty?

[1].   O, you 're well met. The hoarded plague o' the gods
   Requite your love!
   If that I could for weeping, you should hear,
   Nay, and you shall hear some.
              I'll tell thee what. — Yet go.
   Nay, but thou shall stay too. — I would my son
   Were in Arabia, and thy tribe before him,
   His good sword in his hand.

Voyez aussi la scène III, acte I. C'est le triomphe naïf et abandonné d'une femme du peuple.

> I sprang not more in joy at first hearing he was a man-child, than now in first seeing he has proved himself a man.

née de Shakspeare a laissé sa ressemblance dans toutes les créatures qu'elle a formées.

VII

Rien de plus facile à un pareil poëte que de former des scélérats parfaits. Il manie partout les passions effrénées qui les fondent, et il ne rencontre nulle part la loi morale qui les retient ; mais en même temps et par la même faculté il change les masques inanimés que les conventions de théâtre fabriquent sur un modèle toujours le même, en figures vivantes qui font illusion. Comment faire un démon qui paraisse aussi réel qu'un homme ? Iago est un soldat d'aventure qui a roulé dans le monde depuis la Syrie jusqu'à l'Angleterre ; qui, confiné dans les bas grades, ayant vu de près les horreurs des guerres du seizième siècle, en a retiré des maximes de Turc et une philosophie de boucher ; de préjugés il n'en a plus. — « O ma réputation, ma réputation ! s'écrie Cassio déshonoré. — Bah ! dit Iago, c'est une phrase. A vos cris, je vous croyais blessé quelque part[1]. » Quant à la vertu des femmes, il la traite en homme qui a fréquenté des trafiquants d'esclaves. Il juge l'amour de Desdémona comme il jugerait celui d'une cavale : cela dure tant ; ensuite.... Et il expose là-dessus une

---

1. As I am an honest man, I had thought you had received some bodily wound. There is more offence in that than in reputation.

théorie expérimentale, avec détails précis et expressions crues, à la façon d'un physiologiste de haras[1]. Desdémona, sur la plage, essayant d'oublier son anxiété, le prie, pour la distraire, de lui faire l'éloge des femmes. Il ne trouve pour chaque portrait que des gravelures injurieuses. Elle insiste, et lui dit de supposer une femme véritablement parfaite. « Celle-là, dit Iago, n'est bonne que pour donner à teter à des bambins et débiter de la petite bière[2]. » — « O noble dame, dit-il ailleurs, ne me demandez pas de louer quelqu'un, car je ne suis rien quand je ne critique pas[3]. » Ce mot donne la clef de son caractère. Il méprise l'homme; Desdémona est pour lui une petite fille lascive, Cassio un élégant faiseur de phrases, Othello un taureau furieux, Roderigo un âne qu'on bâte, qu'on rosse et qu'on fait trotter. Il s'amuse à entre-choquer ces passions; il en rit comme d'un spectacle. Lorsque Othello évanoui palpite dans les convulsions, il se réjouit de ce bel effet. « Travaille, ma drogue, travaille ! Voilà comme on prend ces niais

---

1. It cannot be long that Desdemona should continue her love to the Moor, nor he his to her.... These Moors are changeable in their wills. The food that to him now is as luscious as locusts, shall be to him shortly as bitter as coloquintida. She must change for youth. When she is sated with his body, she will find the errors of her choice.

2. Ere I would say I would drown myself for the love of a guinea-hen, I would change my humanity with a baboon.

3.   To suckle fools and chronicle small beer....
    O gentle lady, do not put me to 't;
    For I am nothing, if not critical.

crédules[1]. » On dirait un des empoisonneurs du temps examinant l'action d'une potion nouvelle sur un chien qui râle. Il ne parle que par sarcasmes ; il en a contre tout le monde, même contre les gens qu'il ne connaît pas. Lorsqu'il réveille Brabantio pour l'avertir de l'enlèvement de sa fille, il lui crie la chose en termes de caserne, aiguisant la pointe de l'âpre ironie, et semblable au bourreau consciencieux qui se frotte les mains en écoutant le patient crier sous son couteau. « Tu es un misérable ! lui dit Brabantio. — Vous êtes.... un sénateur[2]. » Mais le trait qui véritablement l'achève et le range à côté de Méphistophélès, c'est la vérité atroce et le vigoureux raisonnement par lequel il égale sa scélératesse à la vertu[3]. Cassio, sur son conseil, va trouver Desdémona qui lui fera obtenir sa grâce ; cette visite sera la perte de Desdémona et de Cassio. Iago, laissé seul, chantonne un instant tout bas, puis s'écrie : « Où est maintenant celui qui m'appelle coquin ? Ce conseil est loyal, honnête, raisonnable, et ma foi ! je lui ai donné le bon

---

1. Work on,
My medicine, work ! Thus credulous fools are caught.

2. Thou art a villain.
You are a senator.

You'll have your daughter covered with a Barbary horse, you'll have your nephews neigh to you, you'll have coursers for cousins, and gennets for germans.

3. Voyez le même cynisme et le même scepticisme dans *Richard III*. Tous les deux commencent par diffamer la nature humaine, et sont misanthropes de parti pris.

moyen de regagner le Maure[1]. » Ajoutez à tous ces traits une verve diabolique[2], une invention intarissable d'images, de caricatures, de saletés, un ton de corps de garde, des gestes et des goûts brutaux de soldat, des habitudes de dissimulation, de sang-froid et de haine, de patience, contractées dans les périls et dans les ruses de la vie militaire, dans les misères continues d'un long abaissement et d'une espérance frustrée ; vous comprendrez comment Shakspeare a pu changer la perfidie abstraite en une figure réelle, et pourquoi l'atroce vengeance d'Iago n'est qu'une suite nécessaire de son naturel, de sa vie et de son éducation.

VIII

Combien ce génie passionné et abandonné de Shakspeare est plus visible encore dans les grands personnages qui portent tout le poids du drame ! L'imagination effrayante, la vélocité furieuse des idées multipliées et exubérantes, la passion déchaînée, précipitée dans la mort et dans le crime, les hallucinations, la folie, tous les ravages du délire lâché au travers de la volonté et de la raison, voilà les forces et les fureurs qui les composent. Parlerai-je de cette

---

1. And what's he, then, that says I play the villain?
When this advice is free, I give, and honest,
Probal to thinking, and indeed the course
To win the Moor again.

2. Voyez sa conversation avec Brabantio, puis avec Roderigo, acte I.

éblouissante Cléopâtre qui enveloppe Antoine dans le tourbillon de ses inventions et de ses caprices, qui fascine et qui tue, qui jette au vent la vie des hommes comme une poignée du sable de son désert, fatale fée d'Orient qui joue avec l'amour et la mort, impétueuse, irrésistible, créature d'air et de flamme, dont la vie n'est qu'une tempête, dont la pensée, incessamment dardée et rompue, ressemble à un pétillement d'éclairs? D'Othello qui, obsédé par l'image précise de l'adultère physique, crie à chaque parole d'Iago comme un homme sur la roue; qui, les nerfs endurcis par vingt ans de guerres et de naufrages, délire et s'évanouit de douleur, et dont l'âme, empoisonnée par la jalousie, se détraque et se désorganise dans les convulsions, puis dans la stupeur? Du vieux roi Lear, violent et faible, dont la raison demi-dérangée se renverse peu à peu sous le choc de trahisons inouïes, qui offre l'affreux spectacle de la folie croissante, puis complète, des imprécations, des hurlements, des douleurs surhumaines, où l'exaltation des premiers accès emporte le malade, puis de l'incohérence paisible, de l'imbécillité bavarde où il se rassoit brisé : création étonnante, suprême effort de l'imagination pure, maladie de la raison que la raison n'eût jamais pu figurer! Entre tant de portraits, choisissons-en deux ou trois pour indiquer la profondeur et l'espèce des autres[1]. Le critique est perdu

---

[1]. Voyez encore dans Timon, et surtout dans Hotspur, l'exemple parfait de l'imagination véhémente et déraisonnable.

dans Shakspeare comme dans une ville immense ; il décrit deux monuments et prie le lecteur de conjecturer la cité.

Le Coriolan de Plutarque est un patricien austère, froidement orgueilleux, général d'armée. Entre les mains de Shakspeare, il est devenu soldat brutal, homme du peuple pour le langage et pour les mœurs, athlète de batailles, « dont la voix gronde comme un tambour, » à qui la contradiction fait monter aux yeux un flot de sang et de colère, tempérament terrible et superbe, âme d'un lion dans un corps de taureau. Le philosophe Plutarque lui prêtait une belle action philosophique, disant qu'il avait pris soin de sauver son hôte dans le sac de Corioles. Le Coriolan de Shakspeare a bien la même intention, car au fond il est brave homme ; mais quand Lartius lui demande le nom de ce pauvre Volsque pour le faire mettre en liberté, il répond en bâillant :

.... Par Jupiter, oublié ! — Je suis las.... Bah ! ma mémoire est fatiguée. — N'avons-nous point de vin ici [1] ?

Il a chaud, il s'est battu, il a besoin de boire ; il laisse son Volsque à la chaîne et n'y pense plus. Il se bat comme un portefaix, avec des cris et des injures, et les clameurs sorties de cette profonde poitrine percent le tumulte de la bataille comme les cris d'une trompette d'airain. Il a escaladé les murs de Corioles,

1. CORIOLANUS.
By Jupiter, forget : —
I am weary ; yea, my memory is tir'd.
Have we no wine here?

il a tué jusqu'à se gorger de carnage. Sur-le-champ il prend sa course vers l'autre armée, et arrive rouge de sang comme un homme « écorché. » — « Est-ce que j'arrive trop tard ? — Marcius !... — Est-ce que j'arrive trop tard ? » — La bataille n'est pas encore livrée ; il embrasse Cominius « avec des bras aussi forts que ceux dans lesquels il a pressé sa fiancée, le cœur aussi joyeux que le jour de ses noces[1] ; » c'est que la bataille pour lui est une fête. Il faut à ces sens et à ce corps d'athlète les cris, le cliquetis de la mêlée, les émotions de la mort et des blessures. Il faut à ce cœur orgueilleux et indomptable les joies de la victoire et de la destruction. Voyez paraître cette arrogance de noble et ces mœurs de soldat, lorsqu'on lui offre la dîme du butin :

.... Je vous remercie, général ; — mais je ne puis faire consentir mon cœur à prendre — un salaire pour payer mon épée[2]!

Les soldats crient : Marcius ! Marcius ! et les trompettes sonnent. Il se met en colère ; il maudit les braillards :

.... Assez, je vous dis. — Parce que je n'ai pas lavé mon

---

1. CORIOLANUS.
    Come I too late ?...
    O ! let me clip you
    In arms as sound as when I woo'd; in heart
    As merry as when our nuptial day was done.

2. CORIOLANUS.
    I thank you, general ;
    But cannot make my heart consent to take
    A bribe to pay my sword....

nez qui saigne, — ou parce que j'ai porté en terre quelques pauvres diables, — vous clabaudez mon nom avec des acclamations d'enragés, — comme si j'aimais qu'on mît mon estomac au régime — de louanges assaisonnées de mensonges [1] !

On se réduit à le combler d'honneurs; on lui donne un cheval de guerre; on lui décerne le surnom de Coriolan, et tous crient : Caïus Marcius Coriolan !

.... Je vais me laver. — Et quand ma figure sera belle, vous verrez — si je rougis ou non. Pourtant je vous remercie. — Je monterai votre cheval [2].

Cette grosse voix, ce gros rire, ce brusque remercîment d'un homme qui sait agir et crier mieux que parler, annoncent la manière dont il va traiter les plébéiens. Il les charge d'injures; il n'a pas assez d'insultes contre ces cordonniers, ces tailleurs, poltrons envieux, à genoux devant un écu. « Leur montrer mes blessures, — demander leurs voix puantes, — me faire le mendiant de Dick et de Jack [3] ! » Il le faut pour être consul, et ses amis l'y contraignent.

1. No more, I say;
   For that I have not wash'd my nose that bled,
   Or foil'd some debile wretch, — you shout me forth
   In acclamations hyperbolical;
   As if I loved my little should be dieted
   In praises sauc'd with lies.

2. I will go wash;
   And when my face is fair, you shall perceive,
   Whether I blush, or no. Howbeit, I thank you,
   I mean to stride your steed....

3. Bid them wash their faces,
   And keep their teeth clean....
   To beg of Hob and Dick....

C'est alors que l'âme passionnée, incapable de se maîtriser, telle que Shakspeare sait la peindre, éclate tout entière. Il est là sous la robe de candidat, grinçant des dents, et préparant ainsi sa demande :

..... Qu'est-ce qu'il faut que je dise? — « Je vous prie, monsieur? » Malédiction! je ne pourrai jamais — plier ma langue à cette allure. « Regardez, monsieur, mes blessures, — je les ai gagnées au service de mon pays, lorsque — certains quidams de vos confrères hurlaient de peur, et se sauvaient — du son de nos propres tambours [1]. »

Les tribuns n'ont pas de peine à arrêter l'élection d'un candidat qui sollicite de ce ton. Ils le piquent en plein sénat, ils lui reprochent son discours sur le blé. A l'instant il le répète et l'aggrave. Une fois lâché, ni danger ni prière ne le retient. « Son cœur est dans sa bouche. Il oublie qu'il ait jamais entendu le nom de la mort. » Il invective contre le peuple, contre les tribuns, magistrats de la rue, adulateurs de la canaille. « Assez! lui crie Ménénius. — Oui, assez et trop! disent les tribuns. — Trop! Prenez ceci encore, et que tout ce par quoi on peut jurer, divin ou humain, scelle ce que je vais dire : Abolissez cette magistrature; arrachez cette langue de la multitude. Qu'ils ne lèchent plus le miel qui est leur poison. Jetez leur

---

1. What must I say?
I pray, sir.... Plague upon 't! I cannot bring
My tongue to such a pace : — look, sir; my wounds;
I got them in my country's service, when
Some certain of your brethren roar'd, and ran
From the noise of our own drums.

pouvoir dans la poussière¹. » Le tribun crie trahison et veut le saisir.

.... Hors d'ici, vieille chèvre ! — hors d'ici, pourriture ! ou je te secoue — à faire sortir tes os de ton vêtement ².

Il le bat, et chasse le peuple de l'enceinte ; il se croit parmi les Volsques. « Sur un bon terrain, j'en mettrais quarante à bas. » Et quand on l'emmène, il menace encore, et « parle du peuple comme s'il était un dieu choisi pour punir, non un homme mortel comme eux. »

Il fléchit pourtant devant sa mère, car il a reconnu en elle une âme aussi hautaine et un courage aussi intraitable que le sien. Il a subi dès l'enfance l'ascendant de cette fierté qu'il admire ; « ce sont les louanges de sa mère qui ont fait de lui un soldat⁵. » Impuissant contre lui-même, incessamment troublé par la fougue d'un sang trop chaud, il a toujours été le bras, elle a toujours été la pensée. Il obéit par un

---

1. .... Come, enough. — Enough, with over-measure.
CORIOLANUS.
No, take more :
What may be sworn by, both divine and human,
Seal what I end withal : — at once pluck out
The multitudinous tongue ; let them not lick
The sweet which is their poison :
.... Throw their power i' the dust.

2. Hence, old goat ! Hence, rotten thing, or I shall
Shake thy bones out of thy garments.
.... You speak o' the people,
As if you were a god to punish, not a man
Of their infirmity.

3. VOLUMNIA.
.... My praises first made thee a soldier....

respect involontaire, comme un soldat devant son général; mais par quels efforts ! « Vaincre son cœur, mettre sur sa joue le sourire des coquins, dans ses yeux des larmes d'écolier, changer son courage en une lâcheté de courtisane, plier le genou comme un mendiant qui a reçu l'aumône[1]; » il aimerait mieux « mettre sous la meule le corps de Marcius et en jeter la poussière au vent. » Sa mère le blâme.

.... Je vous en prie, apaisez-vous, — ma mère; je m'en vais à la place du marché. — Ne me grondez plus. Je vais faire l'arlequin, — les cajoler, escroquer leur faveur, et revenir le bien-aimé — de tous les métiers de Rome. Vous voyez, j'y vais[2].

Il y va, et ses amis parlent pour lui. Sauf quelques boutades amères, il a l'air de se soumettre. Alors le tribunal prononce l'accusation et le somme de répondre comme traître au peuple.

Comment! traître!

MÉNÉNIUS.
De la patience. Vous avez promis.

1. .... The smiles of knaves
    Tent in my cheeks; and school-boy's tears take up
    The glasses of my sight! A beggar's tongue
    Make motion through my lips; and my arm'd knees,
    Who bow'd but in my stirrup, bend like his
    That has receiv'd an alms.
    .... Yet were there but this single plot to lose,
    This mould of Marcius, they to dust should grind it,
    And throw it against the wind....

2. Pray, be content;
    Mother, I am going to the market-place;
    Chide me no more. I 'll mountebank their loves,
    Cog their hearts from them, and come home belov'd
    Of all the trades in Rome. Look, I am going.

CORIOLAN.

Que le feu du dernier enfer enveloppe le peuple! — M'appeler traître! toi, insolent tribun! — Quand dans tes yeux il y aurait vingt mille morts, — quand dans tes mains tu en serrerais vingt millions, — quand il y en aurait deux fois autant dans ta bouche de menteur, — je te dirais que tu mens, à ta face, d'une voix aussi libre — que quand je prie les dieux [1].

On l'entoure, on le supplie, il n'écoute rien; il écume, il est comme un lion blessé.

Qu'ils me condamnent à être précipité de la roche Tarpeïenne, — à vagabonder dans l'exil, à être écorché; emprisonné pour languir, — avec un grain de blé par jour, je n'achèterais pas — leur merci au prix d'une douce parole, — ni je ne plierais mon courage, quelque chose qu'ils puissent donner, — jusqu'à dire bonjour pour l'obtenir [2].

Le peuple l'exile et appuie de ses acclamations la sentence du tribun.

Vous, meute de roquets des rues, dont je hais le souffle — comme la vapeur des marais pourris, dont j'estime l'amour —

[1]
CORIOLANUS.
How! traitor?
MENENIUS.
Nay; temperately; your promise.
CORIOLANUS.
The fires i' the lowest hell fold in the people!
Call me their traitor! — Thou injurious tribune!
Within thine eyes sat twenty thousand deaths,
In thine hands clutch'd as many millions, in
Thy lying tongue both numbers, I would say,
Thou liest, unto thee, with a voice as free
As I do pray the gods.

[2] Let them pronounce the steep Tarpeian death,
Vagabond exile, flaying; pent to linger
But with a grain a day, I would not buy
Their mercy at the price of one fair word;
Nor check my courage for what they can give,
To hav't with saying, Good morrow.

à l'égal des charognes abandonnées, — qui corrompent mon air, je vous bannis. — .... Avec ce mépris, — à vous, la commune, je vous tourne le dos, comme ceci. — Il y a un monde ailleurs[1].

A ces rugissements, vous jugez de sa haine. Elle va croître par l'attente de la vengeance. Le voilà maintenant devant Rome avec l'armée volsque. Ses amis s'agenouillent devant lui, il ne les relève pas. Le vieux Ménénius, qui l'avait aimé comme un fils, n'arrive en sa présence que pour être chassé. « Femme, mère, enfant, je ne connais plus personne. » — C'est lui-même qu'il ne connaît pas. Car cette force de haïr, dans un grand cœur, est la même que la force d'aimer. Il a des transports de tendresse comme il a des transports de rage, et ne sait pas plus se contenir dans la joie que dans la douleur. Il court, malgré sa résolution, dans les bras de sa femme; il fléchit le genou devant sa mère. Il avait appelé les chefs volsques pour les rendre témoins de ses refus, et devant eux il accorde tout et pleure. De retour à Corioles, un mot insultant d'Aufidius le rend furieux et le précipite sur les poignards. Vices et vertus, gloire et misères, grandeurs et faiblesses, la passion sans frein qui fait son être lui a tout donné.

Si la vie de Coriolan est l'histoire d'un tempéra-

---

1. You common cry of curs! whose breath I hate
   As reek o' the rotten fens, whose loves I prize
   As the dead carcases of unburied men
   That do corrupt my air, I banish you.
   .... Despising,
   For you, the city, thus I turn my back :
   There is a world elsewhere.

ment, celle de Macbeth est le récit d'une monomanie. La prédiction des sorcières s'est enfoncée dans son esprit, du premier coup, comme une idée fixe. Peu à peu cette idée corrompt les autres, et transforme tout l'homme. Il en est hanté ; il oublie les thanes qui sont autour de lui et qui l'attendent, il aperçoit déjà dans le lointain un chaos indistinct de visions sanglantes.

Pourquoi est-ce que je cède à cette tentation — dont l'horrible image dresse mes cheveux, — et fait choquer mon cœur contre mes côtes?... — Ma pensée, où le meurtre n'est encore qu'imaginaire, — ébranle tellement mon pauvre être d'homme, que l'action — y est étouffée dans l'attente, et que rien n'est — que ce qui n'est pas [1] !

Ce langage est celui de l'hallucination. Celle de Macbeth devient complète, quand sa femme l'a décidé à l'assassinat. Il voit dans l'air une dague tachée de sang « aussi palpable de forme que celle qu'il tire de sa ceinture. » Tout son cerveau s'emplit alors de fantômes grandioses et terribles, que n'eût point enfantés l'imagination d'un meurtrier vulgaire, dont la poésie indique un cœur généreux, esclave de la fatalité et capable de remords.

Maintenant sur la moitié du monde — la nature semble morte, et les mauvais rêves viennent abuser — le sommeil

---

1.   MACBETH.
.... Why do I yield to that suggestion,
Whose horrid image doth unfix my hair,
And make my seated heart knock at my ribs?...
.... My thought, whose murder yet is but fantastical,
Shakes so my single state of man, that function
Is smother'd in surmise; and nothing is,
But what is not.

sous ses rideaux. Maintenant les sorciers célèbrent — les sacrifices de la pâle Hécate, et le Meurtre au front flétri, — éveillé par sa sentinelle, le loup, — dont le hurlement lui dit l'heure, se glisse, de ce pas furtif, — vers son dessein, comme un spectre. (*Une cloche tinte.*) — J'y vais; le coup est fait. La cloche m'appelle. — Ne l'entends pas, Duncan, car c'est un glas — qui t'appelle au ciel ou à l'enfer [1].

Il a fait l'action, et revient chancelant, hagard, comme un homme ivre. Il a horreur de ses mains pleines de sang, de ses mains de bourreau. Rien ne les lavera maintenant. La mer entière passerait sur elles qu'elles garderaient la couleur du meurtre. « Ah! ces mains! elles m'arrachent les yeux [2]. » Il se frappe d'un mot qu'ont prononcé les chambellans endormis; ils ont dit *Amen*. « Pourquoi n'ai-je pas pu dire ce mot après eux? Pourquoi n'ai-je pu dire *Amen?* J'avais tant besoin d'être béni, et *Amen* s'est arrêté dans ma gorge [3]. » Là-dessus un rêve étrange, une prévision affreuse du châtiment s'est abattue sur lui. A travers les battements de ses artères et les

---

1. .... Now o'er the one half world
Nature seems dead, and wicked dreams abuse
The curtain'd sleep; now witchcraft celebrates
Pale Hecate's offerings; and wither'd Murder,
Alarum'd by his sentinel, the wolf,
Whose howl's his watch, thus, with his stealthy pace,
With Tarquin's ravishing strides, towards his design,
Moves like a ghost.   (*A bell rings.*)
I go, and it is done; the bell invites me.
Hear it not, Duncan; for it is a knell
That summons thee to heaven, or to hell.

2. What hands are here? Ha, they pluck out mine eyes!

3.   MACBETH.
One cried, *God bless us!* and *Amen,* the other;
As they had seen me with these hangman's hands

tintements du sang qui bouillonne dans son crâne, il a entendu crier :

.... Ne dors plus. — Macbeth tue le sommeil, l'innocent sommeil, — le sommeil qui dénoue l'écheveau embrouillé du souci, — tombeau de chaque journée, bain du labeur endolori, — baume des âmes blessées, premier aliment de la vie [1].

Et la voix, comme la trompette de l'ange, l'appelle par tous ses titres :

Glamis a tué le sommeil, et pour cela Cawdor — ne dormira plus, Macbeth ne dormira plus!

Cette idée folle incessamment répétée tinte dans sa cervelle, à coups monotones et pressés, comme le battant d'une cloche. La déraison commence; toute la force de sa pensée s'emploie à maintenir malgré lui et devant lui l'image de l'homme qu'il vient d'assassiner endormi.

Connaître mon action!... Il vaudrait mieux ne pas me connaître moi-même. — Éveille Duncan à force de frapper. (On frappe.) — Oui, et plût à Dieu que tu le pusses [2]!

   Listening their fear; I could not say, Amen,
When they did say, God bless us!
.... But wherefore could I not pronounce, Amen?
I had most need of blessing, and Amen
Stuck in my throat.

1.   Sleep no more!
Macbeth doth murder Sleep, the innocent Sleep;
Sleep, that knits up the ravell'd sleave of care
The death of each day's life, sore labour's bath!
Balm of hurt minds, chief nourisher in life's feast.
.... Glamis hath murder'd sleep; and therefore Cawdor
Shall sleep no more — Macbeth shall sleep no more!

2. To know my deed, — 'twere best not know myself. (*Knock.*)
Wake Duncan with thy knocking! Ay, 'would thou couldst.

Désormais, dans les rares intervalles où la fièvre de son esprit s'abat, il est comme un homme usé par une longue maladie. C'est la prostration morne des maniaques brisés par leur accès.

Si seulement j'étais mort une heure avant cette fortune, — j'aurais vécu une vie heureuse ; dorénavant — il n'y a plus rien de sérieux dans la condition mortelle. — Tout n'est que bagatelle : honneur et renom, le reste est mort. — Le vin de la vie est tiré. Et la pure lie — nous reste au fond du caveau, pour faire les fanfarons [1].

Quand le repos a rendu quelque force à la machine humaine, l'idée fixe le secoue de nouveau et le pousse en avant, comme un cavalier impitoyable qui quitte un moment son cheval râlant pour sauter une seconde fois sur sa croupe et l'éperonner à travers les précipices. Plus il a fait, plus il va faire. « J'ai marché si avant dans le sang, que quand je m'arrêterais, rebrousser chemin serait aussi rebutant que gagner l'autre bord. » Il tue pour garder le prix de ses meurtres. Le fatal cercle d'or attire ses yeux comme un joyau magique, et il abat, par une sorte d'instinct aveugle, les têtes qu'il aperçoit entre la couronne et lui.

Que la charpente des choses se détraque, et que les deux mondes tombent en pièces, — avant que nous nous résignions

---

1. Had I but died an hour before this chance,
I had liv'd a blessed time ; for, from this instant,
There's nothing serious in mortality :
All is but toys : renown and grace, is dead ;
The wine of life is drawn, and the mere lees
Is left this vault to brag of.

à manger notre pain dans la crainte, — et à dormir dans le supplice de ces terribles rêves — qui nous secouent chaque nuit! Mieux vaudrait être avec les morts — que nous avons envoyés dans la paix du cercueil, pour arriver où nous sommes, — que de rester gisants, sous les tortures de l'âme, — dans un délire sans repos [1].

Il fait tuer Banquo, et au milieu d'un grand festin on lui apporte la nouvelle de l'assassinat. Il sourit et porte la santé de Banquo. Soudain, blessé par sa conscience, il voit le spectre de l'homme égorgé ; car ce fantôme qu'amène Shakspeare n'est pas une machine de théâtre ; on sent qu'ici le surnaturel est inutile, et que Macbeth se le forgerait, quand même l'enfer ne le lui enverrait pas. Les muscles crispés, les yeux dilatés, la bouche entr'ouverte par une terreur monstrueuse, il le regarde branler sa tête sanglante, et crie de cette voix rauque qu'on n'entend que dans les cabanons des fous :

Je t'en prie, vois ici! Regarde! vois! Oh! que dites-vous? — Si les charniers et nos tombeaux rejettent ainsi — ceux que nous enterrons, alors nos monuments — ne sont que des gésiers de vautours. — Va-t'en! Délivre mes yeux! que la

---

[1]   I am in blood,
Steep'd in so far, that, should I wade no more,
Returning were as tedious as go o'er.
....But let the frame of things disjoint, both the worlds suffer,
Ere we will eat our meal in fear, and sleep
In the affliction of these terrible dreams
That shake us nightly. Better be with the dead
Whom we, to gain our place, have sent to peace,
Than on the torture of the mind to lie
In restless ecstasy. Duncan is in his grave;
After life's fretful fever he sleeps well;
Treason has done his worst; nor steel nor poison,
Malice domestic, foreign levy, nothing
Can touch him farther!

terre te cache! — Tes os sont sans moelle, ton sang est froid, — tu n'as point de regard dans ces yeux — qui flamboient contre moi! — Autrefois, quand la cervelle était répandue, l'homme mourait, — et c'était la fin. Mais aujourd'hui ils se relèvent — avec vingt plaies mortelles dans le crâne, — et nous poussent hors de nos escabeaux [1].

Le corps tremblant comme un épileptique, les dents serrées, l'écume aux lèvres, il s'affaisse, et ses membres palpitent à terre, traversés de frissons convulsifs, pendant qu'un hoquet sourd soulève sa poitrine haletante et meurt dans son gosier gonflé. Quelle joie peut rester à un homme assiégé de tels rêves? Cette large campagne sombre qu'il regarde du haut de son château n'est qu'un champ de mort hanté d'apparitions funèbres. L'Écosse, qu'il dépeuple, est un cimetière « où, lorsqu'on entend le glas des cloches pour un homme qui meurt, on ne demande plus pour qui; où l'on ne voit plus personne sourire, sauf les enfants; où la vie des hommes de bien se fane avant les fleurs qu'ils ont à leur cha-

---

1. Prithee, see there! Behold! look! lo! how say you?
If charnel-houses and our graves must send
Those that we bury, back, our monuments
Shall be the maws of kites.
Blood hath been shed ere now, i' the olden time, —
Ay, and since too, murthers have been perform'd
Too terrible for the ear. The times have been
That, when the brains were out, the man would die,
And there an end. But now! they rise again
With twenty mortal murthers on their crowns,
And push us from our stools.

Avaunt! and quit my sight! Let the earth hide thee!
Thy bones are marrowless, thy blood is cold;
Thou hast no speculation in those eyes
Which thou dost glare with!

peau[1]. » Son âme « est pleine de scorpions. » Il « s'est soûlé d'horreurs, » et la fade odeur du sang l'a dégoûté du reste. Il va trébuchant sur les cadavres qu'il entasse avec le sourire machinal et désespéré du maniaque assassin. Désormais la mort, la vie, tout lui est égal; l'habitude du meurtre l'a mis hors de l'humanité. On lui annonce la mort de sa femme:

Elle aurait dû mourir plus tard; — on aurait eu alors un moment pour cette nouvelle. — Demain, puis demain, et puis demain; — chacun des jours se glisse ainsi à petits pas, — jusqu'à la dernière syllabe que le temps écrit dans son livre. — Et tous nos hiers ont éclairé pour quelques fous — la route poudreuse de la mort. Éteins-toi! à bas! lumière d'un instant! — La vie n'est qu'une ombre voyageuse, un pauvre acteur — qui se démène et s'agite pendant son heure sur le théâtre, — et qu'ensuite on n'entend plus. C'est un conte — dit par un idiot, plein de fracas et de furie, — et qui n'a pas de sens[2].

Il lui reste l'endurcissement du crime, la croyance fixe en la destinée. Traqué par ses ennemis, « attaché

1.   Alas, poor country!
   Almost afraid to know itself! It cannot
   Be call'd our mother, but our grave. Where nothing
   But he who knows nothing, is once seen to smile,
            Where.... the dead man's knell
   Is scarce ask'd, for whom and good men's lives
   Expire before the flowers in their caps,
   Dying, or ere they sicken.

2.   She should have died hereafter;
   There would have been a time for such a word. —
   To-morrow, and to-morrow, and to-morrow,
   Creeps in this petty pace from day to day,
   To the last syllable of recorded time,
   And all our yesterdays have lighted fools
   The way to dusty death. Out, out, brief candle!
   Life's but a walking shadow; a poor player
   That struts and frets his hour upon the stage,
   And then is heard no more; it is a tale
   Told by an idiot, full of sound and fury,

comme un ours au poteau, » il combat, inquiet seulement de la prédiction des sorcières, sûr d'être invulnérable tant que l'homme qu'elles ont désigné n'aura point paru. Sa pensée désormais habite le monde surnaturel, et jusqu'au dernier terme il marche les yeux fixés sur le rêve qui l'a possédé dès le premier pas.

Comme l'histoire de Macbeth, l'histoire d'Hamlet est le récit d'un empoisonnement moral. Hamlet est une âme délicate, d'une imagination passionnée comme celle de Shakspeare. Il a vécu heureux jusqu'ici, occupé de nobles études, habile dans les exercices du corps et de l'esprit, ayant le goût des arts, aimé du plus noble père, épris de la plus pure et de la plus charmante des filles, confiant, généreux, n'ayant aperçu encore, du haut du trône où il est né, que la beauté, le bonheur et les grandeurs de la nature et de l'humanité[1]. Sur cette âme, que le naturel et l'éducation rendent plus sensible que les autres, le malheur fond tout d'un coup, extrême, accablant, choisi pour détruire toute croyance et tout ressort d'action : il a vu d'un regard toute la laideur de l'homme, et c'est dans sa mère que ce spectacle lui a été donné. Son

>
> Signifying nothing....
> I 'gin to be a-weary of the sun,
> And wish the estate o' the world were now undone.
> .... They have tied me to a stake; I cannot fly,
> But, bear-like, I must fight the course.
> .... I have supp'd full with horrors.
> Direness, familiar to my slaught'rous thoughts,
> Cannot once start me.

1. Goethe, *Wilhelm Meister*.

esprit est encore intact ; mais à la violence du style, à la crudité des détails précis, à l'effrayante tension de toute la machine nerveuse, jugez si l'homme n'a pas déjà posé un pied au bord de la folie :

Oh! si cette chair, cette chair trop solide, voulait se fondre, — se dissoudre et s'évanouir en rosée ! — Ou si l'Éternel n'avait pas établi — son décret contre le meurtre de soi-même ! O Dieu ! ô Dieu ! — Combien fastidieuses, usées, plates et vides — me semblent toutes les pratiques de ce monde ! — Fi sur lui ! ô fi ! C'est un jardin de mauvaises herbes — qui montent en graine, toutes moisies et grossières ; — il en est plein, il n'y a rien d'autre.... Qu'elle en soit venue là ! — Mort depuis deux mois seulement ! Non, pas tant, pas deux mois ! Un si noble roi ! si tendre pour ma mère, — qu'il n'aurait pas souffert que les vents du ciel — vinssent trop rudement visiter son visage. Et pourtant au bout d'un mois.... — Je ne veux pas y penser. Fragilité, ton nom est femme. — Un petit mois. Avant d'avoir usé ces souliers — avec lesquels elle avait suivi le corps de mon pauvre père, — avant que le sel de ses indignes larmes — eût laissé de la rougeur dans ses yeux endoloris, — elle s'est mariée. — O détestable hâte ! Galoper — avec cette dextérité à des draps incestueux ! — Cela n'est pas bon, cela ne peut venir à bien. — Mais brise-toi, mon cœur, car il faut que je tienne ma langue [1].

Il a déjà des soubresauts de pensée, des commencements d'hallucination, indices de ce qu'il deviendra plus tard. Au milieu de la conversation, l'image de son père surgit devant son esprit. Il croit le voir. Que

---

1.   O, that this too, too solid flesh would melt,
    Thaw, and resolve itself into a dew!
    Or that the Everlasting had not fix'd
    His canon 'gainst self-slaughter! O God! O God!
    How weary, stale, flat, and unprofitable,

sera-ce donc lorsque le fantôme, « rompant son suaire et ouvrant les pesantes mâchoires de marbre du sépulcre, » viendra la nuit, au sommet d'un promontoire, lui révéler les tortures de sa prison de flammes et le fratricide qui l'y a précipité? Il défaille; mais la douleur le roidit, et il veut vivre :

.... Contiens-toi, contiens-toi, mon cœur. — Et vous, mes muscles, ne vieillissez pas en un instant; — mais roidissez-vous, et portez-moi jusqu'au bout. Me souvenir de toi? — Oui, pauvre ombre, tant que la mémoire aura un siège — dans ce monde détraqué. Me souvenir de toi? — Oui, du registre de ma mémoire, — j'effacerai tous les tendres souvenirs vulgaires, — toutes les maximes des livres, toutes les empreintes, tous les vestiges du passé. — Et ton commandement seul y vivra. — O traître! traître! traître! souriant et damné! — Mes tablettes. C'est cela; j'y écris — qu'on peut sourire, sourire et être un traître. — Au moins cela est vrai en Danemark. — Ainsi, mon oncle, vous êtes là [1].

Seem to me all the uses of this world!
Fye on 't! O fye! 'tis an unweeded garden,
That grows to seed; things rank, and gross in nature,
Possess it merely. That it should come to this!
But two months dead! nay, not so much, not two :
So excellent a king....
So loving to my mother,
That he might not beteem the winds of heaven
Visit her face too roughly. Heaven and earth!
 .... And yet, within a month,
Let me not think on 't; — Frailty, thy name is woman!...
A little month; or ere those shoes were old,
With which she follow'd my poor father's body....
Ere yet the salt of most unrighteous tears
Had left the flushing in her galled eyes,
She married : — O most wicked speed, to post
With such dexterity to incestuous sheets!
It is not, nor it cannot, come to good;
But break, my heart, for I must hold my tongue!

1.   Hold, hold, my heart;

Ce geste saccadé, cette fièvre de la main qui écrit, cette frénésie de l'attention, annoncent l'invasion d'une demi-monomanie. Quand ses amis arrivent, il leur fait des phrases d'enfant et d'idiot. Il n'est plus maître des mots; les paroles vides tourbillonnent dans sa cervelle, et sortent de sa bouche comme en un rêve. On l'appelle, il répond en imitant le cri du chasseur qui siffle son faucon : « Hillo! ho! ho! l'ami! viens, mon oiseau, viens! » Au moment où ils lui jurent le secret, le fantôme au-dessous d'eux répète : « Jurez! » Hamlet reprend avec l'excitation nerveuse d'une gaieté convulsive :

Ha! ha! camarade, tu parles. Es-tu là, mon brave? — Avancez. Vous entendez le camarade qui est dans la cave? — Consentez à jurer.

LE FANTÔME (*de dessous terre*).

Jurez.

HAMLET.

Hic et ubique? Alors nous allons changer de place. — Venez ici, messieurs. Jurez par mon épée.

LE FANTÔME (*de dessous terre*).

Jurez par son épée.

And you my sinews, grow not instant old,
But bear me stiffly up! — Remember thee?
Ay, poor Ghost, while memory holds a seat
In this distracted globe. Remember thee?
Yea, from the table of my memory
I'll wipe away all trivial fond records,
All saws of books, all forms, all pressures past.
And thy commandment all alone shall live:
O villain, villain, smiling, damned villain!
My tablet; — meet it is, I set it down,
That one may smile, and smile, and be a villain;
At least, I am sure, it may be so in Denmark :
So, uncle, there you are.

HAMLET.

Bien dit, vieille taupe! Tu troues la terre bien vite! — Excellent pionnier[1]!

Comprenez-vous qu'en disant cela ses dents claquent, « ses genoux s'entre-choquent, il est pâle comme sa chemise? » L'extrême angoisse aboutit ici à une sorte de rire qui est un spasme. Désormais Hamlet parle comme s'il avait une attaque de nerfs continue. Sa démence est feinte, je le veux; mais son esprit, comme une porte dont les gonds sont tordus, tourne et claque à tout vent avec une précipitation folle et un bruit discordant. Il n'a pas besoin de chercher les idées bizarres, les incohérences apparentes, les exagérations, le déluge de sarcasmes qu'il entasse. Il les trouve en lui; il ne se force pas, il n'a qu'à s'abandonner à lui-même. Quand il fait jouer la pièce qui doit démasquer son oncle, il se lève, il s'assoit, il vient poser sa tête sur les genoux d'Ophélie, il interpelle les acteurs, il commente la pièce aux spectateurs; ses nerfs sont crispés, sa pensée exaltée est comme une flamme qui ondoie et petille, et ne trouve pas assez d'aliments

---

1.
HAMLET.
Ha, ha, boy, say'st thou so? art thou there, true-penny?
Come on, you hear this fellow in the cellarage, —
Consent to swear.
GHOST (*beneath*).
Swear.
HAMLET.
Hic et ubique? Then we will shift our ground;
Come hither, gentlemen, swear by my sword.
GHOST (*beneath*).
Swear by his sword.
HAMLET.
Well said, old mole! canst work i' the earth so fast?
A worthy pioneer!

dans la multitude des objets qui l'entourent et auxquels elle se prend. Quand le roi se lève démasqué et troublé, Hamlet chante et dit : « N'est-ce pas, Horatio ! cette chanson avec une forêt de plumes et deux roses de Provins sur mes escarpins, en voilà assez pour m'obtenir une place dans une troupe de comédiens[1]. » Et il rit terriblement, car il est décidé au meurtre. Il est clair que cet état est une maladie, et que l'homme ne vivra pas.

Dans une âme aussi ardente pour penser et aussi puissante pour sentir, que reste-t-il, sinon le dégoût et le désespoir ? Nous teignons de la couleur de nos pensées la nature entière ; nous faisons le monde à notre image ; quand notre âme est malade, nous ne voyons plus que maladie dans l'univers. « Cette admirable construction, la terre, me semble un stérile promontoire. Ce dôme superbe, regardez, ce splendide firmament suspendu sur nous, ce toit majestueux incrusté de flammes d'or, eh bien ! je n'y vois qu'un sale et infect amas de vapeurs. Quel chef-d'œuvre que l'homme ! quelle noble raison ! quelles facultés infinies ! Dans sa forme, dans ses mouvements, comme il est achevé et admirable ! Par ses actions, combien semblable à un ange ! Par son intelligence, combien semblable à un Dieu ! La merveille du monde ! le roi de la création ! Et cependant pour moi, qu'est-ce que

---

1. HAMLET:
Would not this, sir, and a forest of feathers (if the rest of my fortunes turn Turk with me), with two provincial roses on my razed shoes, get me a fellowship in a cry of players, sir?

cette quintessence de poussière? L'homme ne me plaît point, ni la femme non plus[1]. » Dorénavant sa pensée flétrit tout ce qu'elle touche. Il raille amèrement devant Ophélie le mariage et l'amour. La beauté! l'innocence! La beauté n'est qu'un moyen de prostituer l'innocence. « Va-t'en dans un cloître. Pourquoi voudrais-tu faire souche de pécheurs? Quel besoin ont des coquins comme moi de ramper entre ciel et terre? Nous sommes des vauriens fieffés, tous. N'en crois pas un[2]. » Quand il a tué Polonius par mégarde, il ne s'en repent guère; c'est un fou de moins. Il se moque lugubrement. « Où est Polonius? dit le roi. — A souper. — A souper? où? — Pas dans un endroit où il mange, mais dans un endroit où il est mangé. Une compagnie de certains vers politiques est attablée après lui[3]. » Et il répète en cinq ou six façons ces plaisanteries de

1. This goodly frame, the earth, seems to me a sterile promontory; this most excellent canopy, the sky, look you, this brave overhanging firmament, this majestical roof fretted with golden fire, why, it appears no other thing to me than a foul and pestilent congregation of vapours. What a piece of work is a man! How noble in reason! how infinite in faculties! In form, in moving, how express and admirable! In action, how like an angel! In apprehension, how like a god! the beauty of the world! the paragon of animals! And yet, to me, what is this quintessence of dust? Man delights not me, nor woman neither.

2. Get thee to a nunnery; why wouldst thou be a breeder of sinners? What should such fellows as I do crawling between earth and heaven? We are arrant knaves, all; believe none of us.

3.   KING.
Now, Hamlet, where's Polonius?
                             HAMLET.
At supper.
                      KING.
At supper? Where?

fossoyeur. Sa pensée habite déjà le cimetière; pour cette philosophie désespérée, l'homme vrai, c'est le cadavre. Les charges, les honneurs, les passions, les plaisirs, les projets, la science, tout cela n'est qu'un masque d'emprunt, que la mort nous ôte pour laisser voir ce qui est nous-mêmes, le crâne infect et grimaçant. C'est ce spectacle qu'il va chercher près de la fosse d'Ophélie. Il compte les crânes que le fossoyeur déterre : celui-ci fut un légiste, celui-là un courtisan. Que de salutations, d'intrigues, de prétentions, d'arrogance ! Et voilà qu'aujourd'hui un sale paysan le fait sauter du bout de sa bêche, et joue aux quilles avec lui. César ou Alexandre sont tombés en pourriture et ont fait de la terre grasse; les maîtres du monde ont servi à boucher la fente d'un vieux mur. « Va maintenant dans la chambre de madame, et dis-lui qu'elle a beau se farder haut d'un pouce, elle aura un jour ce gracieux aspect. Va, cela la fera rire[1]. » Lorsqu'on en est là, on n'a plus qu'à mourir.

Cette imagination exaltée, qui explique sa maladie nerveuse et son empoisonnement moral, explique aussi sa conduite. S'il hésite à tuer son oncle, ce n'est point par horreur du sang et par scrupules modernes. Il est du seizième siècle. Sur le vaisseau, il a écrit l'ordre de décapiter Rosencrantz et Guildenstern, et

---

HAMLET.
Not where he eats, but where he is eaten : a certain convocation of politic worms are e'en at him.
1.
HAMLET.
Now get you to my lady's chamber, and tell her, let her paint an inch thick, to this favour she must come; make her laugh at that.

de les décapiter sans confession. Il a tué Polonius, il a causé la mort d'Ophélie, et n'en a pas de grands remords. Si une première fois il a épargné son oncle, c'est qu'il l'a trouvé en prières, et par crainte de l'envoyer au ciel. Il a cru le frapper le jour où il a frappé Polonius. Ce que son imagination lui ôte, c'est le sang-froid et la force d'aller tranquillement et après réflexion mettre une épée dans une poitrine. Il ne peut faire la chose que sur une suggestion subite; il a besoin d'un moment d'exaltation; il faut qu'il croie le roi derrière une tapisserie, ou que, se voyant empoisonné, il le trouve sous la pointe de son poignard. Il n'est pas maître de ses actions; c'est l'occasion qui les lui dicte; il ne peut pas méditer le meurtre, il doit l'improviser. L'imagination trop vive épuise la volonté par l'énergie des images qu'elle entasse et par la fureur d'attention qui l'absorbe. Vous reconnaissez en lui l'âme d'un poëte qui est fait non pour agir, mais pour rêver, qui s'oublie à contempler les fantômes qu'il se forge, qui voit trop bien le monde imaginaire pour jouer un rôle dans le monde réel, artiste qu'un mauvais hasard a fait prince, qu'un hasard pire a fait vengeur d'un crime, et qui, destiné par la nature au génie, s'est trouvé condamné par la fortune à la folie et au malheur. Hamlet, c'est Shakspeare, et, au bout de cette galerie de figures qui ont toutes quelques traits de lui-même, Shakspeare s'est peint dans le plus profond de ses portraits.

Si Racine ou Corneille avaient fait une psychologie, ils auraient dit avec Descartes : L'homme est une âme incorporelle, servie par des organes, douée de raison et de volonté, habitant des palais ou des portiques, faite pour la conversation et la société, dont l'action harmonieuse et idéale se développe par des discours et des répliques dans un monde construit par la logique en dehors du temps et du lieu.

Si Shakspeare avait fait une psychologie, il aurait dit avec Esquirol : L'homme est une machine nerveuse, gouvernée par un tempérament, disposée aux hallucinations, emportée par des passions sans frein, déraisonnable par essence, mélange de l'animal et du poëte, ayant la verve pour esprit, la sensibilité pour vertu, l'imagination pour ressort et pour guide, et conduite au hasard, par les circonstances les plus déterminées et les plus complexes, à la douleur, au crime, à la démence et à la mort.

IX

Un pareil poëte pourra-t-il s'astreindre toujours à imiter la nature? Ce monde poétique qui s'agite dans son cerveau ne s'affranchira-t-il jamais des lois du monde réel? N'est-il pas assez puissant pour suivre les siennes? Il l'est, et la poésie de Shakspeare aboutit naturellement au fantastique. Là est le plus haut degré de l'imagination déraisonnable et créatrice. Rejetant la logique ordinaire, elle en crée une nouvelle; elle unit les faits et les idées dans un ordre nouveau, absurde en apparence, au fond légitime; elle ouvre le pays du rêve, et son rêve fait illusion comme la vérité.

Lorsqu'on entre dans les comédies de Shakspeare, et même dans ses demi-drames [1], il semble qu'on le voie sur le seuil, à la façon de l'acteur chargé du prologue, pour empêcher le public de se méprendre et pour lui dire : « Ne prenez pas trop au sérieux ce que vous allez écouter; je me joue. Mon cerveau rempli de songes a voulu se les donner en spectacle, et les voici. Des palais, de lointains paysages, les nuées transparentes qui tachent de leurs flocons gris l'horizon matinal, l'embrasement de splendeur rouge où se plonge le soleil du soir, de blanches colonnades prolongées à perte de vue dans l'air limpide, des cavernes, des chaumières, le défilé fantasque de toutes les passions humaines, le jeu irrégulier des aventures imprévues, voilà le pêle-mêle de formes, de couleurs et de sentiments que je laisse se brouiller et s'enchevêtrer devant moi, écheveau nuancé de soies éclatantes, légère arabesque dont les lignes sinueuses, croisées et confondues, égarent l'esprit dans le capricieux dédale de leurs enroulements infinis. Ne la jugez pas comme un tableau. N'y cherchez pas une composition exacte, un intérêt unique et croissant, la savante économie d'une action bien ménagée et bien suivie. J'ai sous les yeux des nouvelles et des romans que je découpe en scènes. Peu m'importe l'issue, je m'amuse

---

[1]. *Twelfth Night*, *As you like it*, *Tempest*, *Winter's Tale*, etc., *Cymbeline*, *Merchant of Venise*, etc.

en chemin. Ce qui me plaît, ce n'est point l'arrivée, c'est le voyage. Est-il besoin d'aller si droit et si vite? Ne tenez-vous qu'à savoir si le pauvre marchand de Venise échappera au couteau de Shylock? Voici deux amants heureux, assis au pied du palais dans la nuit sereine; ne voulez-vous pas écouter la tranquille rêverie qui, pareille à un parfum, sort du fond de leur cœur?

Comme la clarté de la lune dort doucement sur le gazon! — Asseyons-nous ici; que les sons des instruments — viennent flotter à nos oreilles. — Le calme suave et la nuit — conviennent aux accents de l'aimable harmonie. — Assieds-toi, Jessica. Regarde comme ces fleurs serrées — d'or étincelant incrustent le parquet du ciel. — Jusqu'aux plus petits de ces orbes que tu regardes, — ils chantent tous dans leur mouvement comme des chérubins, — accompagnant sans fin les jeunes chœurs des anges. — Tel est l'harmonieux concert des âmes immortelles. — Mais tant que la nôtre est enfermée dans ce grossier vêtement — de boue périssable, nous ne pouvons les entendre [1].

« N'ai-je pas le droit, quand j'aperçois la grosse

---

1. How sweet the moonlight sleeps upon this bank!
    Here will we sit, and let the sounds of music
    Creep in our ears; soft stillness and the night
    Become the touches of sweet harmony,
    Sit, Jessica; look how the floor of heaven
    Is thick inlaid with patines of bright gold;
    There's not the smallest orb which thou behold'st,
    But in his motion like an angel sings,
    Still quiring to the young-eyed cherubins,
    Such harmony is in immortal souls;
    But whilst this muddy vesture of decay
    Doth grossly close it in, we cannot hear it.
    Come, ho, and wake Diana with a hymn :
    With sweetest touches pierce your mistress' ear,
    And draw her home with sweet music.
            JESSICA.
    I'm never merry when I hear sweet music.

face rieuse d'un valet bouffon, de m'arrêter auprès de lui, de le voir gesticuler, gambader, bavarder, faire cent gestes et cent mines, et me donner la comédie de sa verve et de sa gaieté? Deux fins gentilshommes passent. J'écoute le feu roulant de leurs métaphores, et je suis leur escarmouche de bel esprit. Voici dans un coin une naïve et mutine physionomie de jeune fille. Me défendez-vous de m'attarder auprès d'elle, de regarder ses sourires, ses brusques rougeurs, la moue enfantine de ses lèvres roses, et la coquetterie de ses jolis mouvements? Vous êtes bien pressé, si le babil de cette voix fraîche et sonore ne sait pas vous retenir. N'est-ce pas un plaisir de voir cette succession de sentiments et de figures? Votre imagination est-elle si pesante, qu'il faille le mécanisme puissant d'une intrigue géométrique pour l'ébranler? Mes spectateurs du seizième siècle avaient l'émotion plus facile. Un rayon de soleil égaré sur un vieux mur, une folle chanson jetée au milieu d'un drame les occupaient aussi bien que la plus noire catastrophe. Après l'horrible scène où Shylock brandit son couteau de boucher contre la poitrine nue d'Antonio, ils voyaient encore volontiers la petite querelle de ménage et l'amusante taquinerie qui finit la pièce. Comme l'eau molle et agile, leur âme s'élevait et s'abaissait en un instant au niveau de l'émotion du poëte, et leurs sentiments coulaient sans peine dans le lit qu'il avait creusé. Ils lui permettaient de vagabonder en voyage, et ne lui défendaient pas de faire deux voyages à la fois. Ils souffraient plusieurs intrigues en une seule. Que le plus léger fil les unît, c'était assez. Lorenzo enlevait Jessica, Shylock était frustré de sa vengeance, les amants de Portia échouaient dans l'épreuve imposée; Portia déguisée en juge prenait à son mari l'anneau qu'il avait promis de ne jamais quitter : ces trois ou quatre comédies, détachées, confondues, s'embrouillaient et se déroulaient ensemble, comme une tresse dénouée où serpentent des fils de cent couleurs. Avec la diversité mes spectateurs acceptaient l'invraisemblance. La comédie est chose légère, ailée, qui voltige parmi les rêves, et dont on briserait les ailes, si on la retenait captive dans l'étroite prison du bon sens. Ne pressez pas trop ses fictions, ne sondez pas ce qu'elles renferment. Qu'elles passent sous vos yeux comme un songe charmant et rapide. Laissez l'apparition fugitive s'enfoncer dans la brillante et vaporeuse contrée d'où elle est sortie. Elle vous a fait un instant illusion, c'est assez. Il est doux de quitter le monde réel; l'esprit se repose dans l'impossible. Nous sommes heureux d'être délivrés des rudes chaînes de la logique, d'errer parmi les aventures étranges, de vivre en plein roman et de savoir que nous y vivons. Je n'essaye pas de vous tromper et de vous faire croire au monde où je vous mène. Il faut n'y pas croire pour en jouir. Il faut s'abandonner à l'illusion et sentir qu'on s'y abandonne. Il faut sourire en l'écoutant. On sourit dans *Winter's Tale* quand Hermine descend de son piédestal et que Léontès retrouve dans la statue sa femme, qu'il croyait morte. On sourit dans *Cymbeline* lorsqu'on voit la caverne solitaire où les jeunes princes ont vécu en sauvages et en chasseurs. L'invraisemblance ôte aux émotions leur pointe piquante. Les événements intéressent ou touchent sans faire souffrir. Au moment où la sympathie est trop vive, on se dit qu'ils ne sont qu'un songe. Ils deviennent semblables aux objets lointains, dont la distance adoucit les contours, et qu'elle enveloppe dans un voile lumineux d'air bleuâtre. La vraie comédie est un opéra. On y écoute des sentiments sans trop songer à l'intrigue. On suit les mélodies tendres ou gaies sans réfléchir qu'elles interrompent l'action. On rêve ailleurs avec la musique; j'essaye ici de faire rêver avec des vers. »

Là-dessus le prologue se retire, et voici venir les acteurs.

Comme il vous plaira est une fantaisie. D'action il n'y en a point; d'intérêt, il n'y en a guère; de vraisemblance, il y en a moins encore. Et le tout est charmant. Deux cousines, filles de princes, arrivent dans une forêt avec le bouffon de la cour, Celia déguisée en bergère, Rosalinde en jeune homme. Elles y trouvent le vieux duc, père de Rosalinde, qui, chassé de son État, vit avec ses amis en philosophe et en chasseur. Elles y trouvent des bergers amoureux qui poursuivent de leurs chansons et de leurs prières des bergères indociles. Elles y retrouvent ou elles y rencontrent des amants qui deviennent leurs époux. Tout d'un coup on annonce que le méchant duc Frédéric, qui avait usurpé la couronne, vient de se retirer dans un cloître et de rendre le trône au vieux duc exilé. On s'épouse, on danse, et tout finit par une fête pastorale. Quel est l'agrément de cette folie? C'est d'abord d'être une folie; le manque de sérieux repose. Point d'événements ni d'intrigue. On suit doucement le courant aisé d'émotions gracieuses ou mélancoliques qui vous emmène et vous promène sans vous lasser. Le lieu ajoute à l'illusion et au charme. C'est une forêt d'automne, où les rayons attiédis percent les feuilles rougissantes des chênes, ou les frênes demi-dépouillés tremblent et sourient au faible souffle du vent du soir. Les amants errent aux bords des ruisseaux « qui courent en babillant sous les racines antiques. » On aperçoit, en les écoutant, de légers bouleaux dont la robe de dentelle s'illumine sous le soleil incliné qui les dore, et la pensée s'égare en des allées de mousse où s'amortit le bruit des pas. Quel lieu mieux choisi pour la comédie de sentiment et pour la fantaisie du cœur! N'est-on pas bien ici pour entendre des causeries d'amour? Quelqu'un a vu dans cette clairière Orlando, l'amant de Rosalinde; elle l'apprend, et rougit. « Ah! mauvais jour! Mais qu'a-t-il fait, quand tu l'as vu? Qu'a-t-il dit? Quel air avait-il? D'où venait-il? Que fait-il ici? M'a-t-il demandée? Où demeure-t-il? Comment t'a-t-il quittée? Quand le reverras-tu?[1] » Puis d'un ton plus bas, en hésitant un peu : « A-t-il aussi bonne mine

---

1. Alas the day! What did he, when thou saw'st him? What said he? How look'd he? Wherein went he? What makes he here? Did he ask for me? Where remains he? How parted he with thee? When shalt thou see him again?... Looks he as fresh as he did the day he wrestled?
.... Do you not know I am a woman? When I think, I must speak. Sweet, say on.

que le jour où il a combattu? » Cela ne tarit pas. « Ne sais-tu pas que je suis femme? Quand je pense, je parle. Chère, chère, va donc. » Questions sur questions, elle ferme la bouche à son amie, qui veut répondre. A chaque mot, elle plaisante, mais agitée, en rougissant, avec une gaieté factice; sa poitrine se soulève et son cœur bat. Elle s'est remise pourtant, quand arrive Orlando; elle badine avec lui; abritée par son déguisement, elle lui fait dire qu'il aime Rosalinde. Là-dessus elle le lutine, en folâtre, en espiègle, en coquette qu'elle est. « Non, non, vous n'aimez pas. » Orlando répète, et elle se donne le plaisir de le faire répéter plus d'une fois. Elle petille d'esprit, de moqueries, de malices; ce sont de jolies colères, des bouderies feintes, des éclats de rire, un babil étourdissant, de charmants caprices. « Tenez, faites-moi la cour. Je suis en humeur de fête, et je pourrais bien consentir. Que me diriez-vous si j'étais votre Rosalinde[1]? » Et à chaque instant elle lui répète avec un fin sourire : « N'est-ce pas, je suis votre Rosalinde? » Orlando proteste qu'il mourra. Mourir! Et qui jamais s'est avisé de mourir d'amour! Voyons les modèles : Léandre? Un jour il prit maladroitement un bain dans l'Hellespont, et là-dessus les poëtes ont dit qu'il est

---

[1] ROSALIND.
Why, how now, Orlando, where have you been all this while? You a lover?
.... Come, woo me, woo me; for now I am in a holiday humour, and like enough to consent : — What would you say to me now, an I were your very Rosalind?
.... And I am your Rosalind, am I not your Rosalind?

mort d'amour. Troïlus? Un Grec lui cassa la tête de sa massue, et là-dessus les poëtes ont dit qu'il est mort d'amour. Allons, venez, Rosalinde va être plus douce. Et aussitôt elle joue au mariage avec lui, et fait prononcer par Celia les paroles solennelles. Elle agace et tourmente son prétendu mari ; elle lui raconte toutes les fantaisies qu'elle aura, toutes les méchancetés qu'elle fera, toutes les taquineries qu'il endurera. Les répliques partent coup sur coup comme des fusées d'or. A chaque phrase, on suit les regards de ces yeux si vifs, les plis de cette bouche rieuse, les brusques mouvements de cette taille svelte. C'est la pétulance et la volubilité d'un oiseau. « O cousine, cousine, cousine, ma jolie petite cousine, si tu savais de combien de brasses je suis enfoncée dans l'amour[1] ! » Là-dessus elle agace cette cousine, elle joue avec ses cheveux, elle l'appelle de tous ses noms de femme. Antithèses sur antithèses, mots entre-choqués, pointes, jolies exagérations, cliquetis de paroles, quand on l'écoute, on croit entendre le ramage d'un rossignol. Ces métaphores redoublées comme des trilles, ces roulades sonores de gammes poétiques, ce gazouillement d'été ruisselant sous la feuillée, changent la pièce en un véritable opéra. Les trois amants finissent par entonner une sorte de trio. Le premier jette une pensée, et les autres la répètent. Quatre fois cette strophe recommence, et la symétrie des idées, jointe

---

1. O coz, coz, coz, my pretty little coz, that thou didst know how many fathom deep I am in love....

au tintement des rimes, fait du dialogue un concert d'amour[1]. Le besoin de chanter devient si pressant, qu'un instant après les chansons naissent d'elles-mêmes. La prose et la conversation ont abouti à la poésie lyrique. On entre de plain-pied dans ces odes. On ne s'y trouve pas en pays nouveau. On sent en soi l'émotion et la gaieté folle d'un jour de fête. On voit passer dans une lumière vaporeuse le couple gracieux que la chanson des deux pages promène autour des blés verts, parmi les bourdonnements des insectes folâtres, au plus beau jour du printemps en fleur. L'invraisemblance devient naturelle, et l'on ne s'étonne point quand on voit l'Hymen amener par la main les deux fiancées pour les donner à leurs époux.

1.
PHEBE.
Good shepherd, tell this youth what 'tis to love.
SILVIUS.
It is to be all made of sighs and tears; —
And so I am for Phebe.
PHEBE.
And I for Ganymede.
ORLANDO.
And I for Rosalind.
ROSALIND.
And I for no woman.
SILVIUS.
It is to be all made of fantasy,
All made of passion, and all made of wishes;
All adoration, duty, observance,
All humbleness, all patience, and impatience,
All purity, all trial, all observance; —
And so I am for Phebe.
PHEBE.
And so I am for Ganymede.
ORLANDO.
And so I am for Rosalind.
ROSALIND.
And so I am for no woman.

Pendant que les jeunes gens chantent, les vieillards causent. Leur vie aussi est un roman, mais triste. L'âme délicate de Shakspeare, froissée par les chocs de la vie sociale, s'est réfugiée dans les contemplations de la vie solitaire. Pour oublier les luttes et les chagrins du monde, il faut s'enfoncer dans une grande forêt silencieuse, « et sous l'ombre des rameaux mélancoliques laisser couler et perdre les heures fuyantes du temps. » On regarde les dessins splendides que le soleil découpe sur le tronc blanc des hêtres, l'ombre des feuilles tremblantes qui vacille sur la mousse épaisse, les longs balancements des cimes; la pointe blessante des soucis s'émousse; on ne souffre plus, on se souvient seulement qu'on a souffert; on ne trouve plus en soi qu'une misanthropie douce, et l'homme renouvelé en devient meilleur. Le vieux duc se trouve heureux de son exil. La solitude lui a donné le repos, l'a délivré de la flatterie, l'a ramené à la nature. Il a pitié des cerfs qu'il est obligé de tuer pour se nourrir. Il se trouve injuste quand il voit « ces pauvres innocents tachetés, citoyens nés de cette cité déserte, poursuivis sur leurs propres domaines, et leurs hanches rondes ensanglantées par les flèches[1]. » Rien de plus doux que ce mélange de compassion tendre, de philosophie rêveuse, de tristesse délicate, de plaintes

---

1.   DUKE.
Come, shall we go and kill us venison?
And yet it irks me, the poor dappled fools, —
Being native burghers of this desert city, —
Should, on their own confines, with forked heads,
Have their round haunches gor'd.

poétiques et de chansons pastorales. Un des seigneurs chante :

> Souffle, souffle, vent d'hiver, — tu n'es point si méchant — que l'ingratitude de l'homme ; — ta dent n'est pas si aiguë, — car on ne te voit pas, — quoique ton souffle soit rude. — Hé! ho! chante, hé! ho! dans le houx vert. — L'amour n'est que folie, l'amitié n'est que feinte. — Hé! ho! Dans le houx vert! — Cette vie est toute réjouie[1].

Parmi eux se trouve une âme plus souffrante, Jacques le mélancolique, un des personnages les plus chers à Shakspeare, masque transparent derrière lequel on voit la figure du poëte. Il est triste parce qu'il est tendre ; il sent trop vivement le contact des choses, et ce qui laisse indifférents les autres le fait pleurer[2]. Il ne gronde pas, il s'afflige ; il ne raisonne pas, il s'émeut ; il n'a pas l'esprit combattant d'un moraliste réformateur ; c'est une âme malade et fatiguée de vivre. L'imagination passionnée mène vite au dégoût. Pareille à l'opium, elle exalte et elle brise. Elle emmène l'homme dans la plus haute philosophie, puis le laisse retomber dans des caprices d'enfant.

---

1. Blow, blow, thou winter wind,
Thou art not so unkind
As man's ingratitude;
Thy tooth is not so keen,
Because thou art not seen,
Although thy breath be rude.
Heigh, ho! sing heigh, ho! unto the green holly : —
Most friendship is feigning; most loving mere folly!
Then, heigh, ho, the holly!
This life is most jolly.

2. Comparez Jacques à Alceste. C'est le contraste d'un misanthrope par raisonnement et d'un misanthrope par imagination.

Jacques quitte les autres brusquement, et s'en va dans les coins du bois pour être seul. Il aime sa tristesse, et ne voudrait pas la changer contre la joie. Rencontrant Orlando, il lui dit : « Rosalinde est le nom de votre maîtresse? — Justement. — Je n'aime pas son nom[1]. » On voit qu'il a des boutades de femme nerveuse. Il se choque de ce qu'Orlando écrit des sonnets sur les arbres de la forêt. Il est bizarre, et trouve des sujets de peine et de gaieté là où les autres ne verraient rien de semblable. « Un bouffon! un bouffon! j'ai rencontré un bouffon dans la forêt, un bouffon en habit bariolé. Pauvre monde que le nôtre! Aussi vrai que je vis de pain; j'ai rencontré un bouffon qui s'était couché et se chauffait au soleil, et maudissait madame la Fortune en bons termes, en bons termes choisis. Un bouffon en habit bariolé! » L'entendant moraliser de la sorte, il s'est mis à rire de ce qu'un bouffon pût être si méditatif, et il a ri une heure durant : « O noble bouffon! digne bouffon! L'habit bariolé est le seul habit. Oh! que ne suis-je un bouffon! Mon ambition est d'avoir un habit bariolé comme lui[2]. » Un instant après, il revient à ses dis-

---

[1].	JACQUES.
Rosalind is your love's name?
ORLANDO.
Yes, just.
JACQUES.
I do not like her name.

[2].	A fool, a fool! — I met a fool i' the forest,
A motley fool! — a miserable world! —
As I do live by food, I met a fool,
Who laid him down and bask'd him in the sun;
And rail'd on Lady Fortune in good terms,

sertations mélancoliques, peintures éclatantes, dont la vivacité explique son caractère et trahit Shakspeare, qui se cache sous son nom.

..... Le monde entier n'est qu'un théâtre, — et tous, hommes et femmes, ne sont que des acteurs. — Ils ont leurs entrées, leurs sorties, — et chaque homme en sa vie joue plusieurs rôles. — Ses actes sont les sept âges. D'abord l'enfant — qui piaule et vomit dans les bras de sa nourrice. — Puis l'écolier pleurard, avec sa gibecière — et sa face reluisante, matinale, se traînant comme un escargot, — à contre-cœur, vers l'école. Puis l'amant — soupirant comme une fournaise, avec une plaintive ballade — en l'honneur des sourcils de sa maîtresse. Ensuite le soldat, — plein de jurons bizarres, barbu comme un léopard, — jaloux de son honneur, brusque et violent en querelles; — cherchant la fumée de la gloire — à la gueule du canon. Puis le juge, — au beau ventre rond, garni de gras chapons, — le regard sévère, la barbe magistralement coupée, — rempli de sages maximes et de précédents modernes; — et de cette façon il joue son rôle. Le sixième âge, étriqué, — devient le maigre Pantalon à pantoufles; — des lunettes sur le nez, un sac au côté, — son jeune haut-de-chausses bien ménagé, cent fois trop large — pour ses cuisses rétrécies. Sa forte voix virile, — revenant au fausset enfantin, ne rend plus que les sons grêles — d'un sifflet ou d'un chalumeau. La dernière scène — de cette étrange histoire accidentée — est la seconde enfance, le pur oubli de soi-même. — Plus de dents, plus d'yeux, plus de goût, plus rien [1].

> In good set terms, — and yet a motley fool.
> ..... O noble fool! worthy fool! Motley's the only wear.
> ..... O that I were a fool!
> I am ambitious for a motley coat.

1.   JACQUES.
All the world's a stage,
And all the men and women merely players;
They have their exits and their entrances,
And one man in his time plays many parts,
His acts being seven ages. At first, the enfant,

Comme il vous plaira est un demi-rêve. *Le Songe d'une Nuit d'été* est un rêve complet.

La scène, s'enfonçant dans le lointain vaporeux de l'antiquité fabuleuse, recule jusqu'à Thésée, qui pare son palais pour épouser la belle reine des Amazones. Le style, chargé d'images tourmentées, emplit l'esprit de visions étranges et splendides, et le peuple aérien des sylphes vient égarer la comédie dans le monde fantastique d'où il est sorti.

C'est d'amour qu'il s'agit encore; de tous les sentiments, n'est-il pas le plus grand artisan de songes? Mais il n'a point ici pour langage le caquet charmant de Rosalinde; il est ardent comme la saison. Il ne s'épanche point en conversations légères, en prose agile et bondissante; il éclate en larges odes rimées,

> Mewling and puking in his nurse's arms:
> And then the whining school-boy, with his satchel
> And shining morning face, creeping like snail
> Unwillingly to school. And then the lover,
> Sighing like furnace, with a woful ballad
> Made to his mistress' eye-brow. Then, the soldier,
> Full of strange oaths, and bearded like the pard,
> Jealous in honour, sudden and quick in quarrel;
> Seeking the bubble reputation
> Even in the cannon's mouth. And then, the justice,
> In fair round belly, with good capon lined,
> With eyes severe, and beard of formal cut,
> Full of wise saws and modern instances;
> And so he plays his part. The sixth age shifts
> Into the lean and slipper'd Pantaloon,
> With spectacles on nose, and pouch on side;
> His youthful hose well sav'd, a world too wide
> For his shrunk shanks; and his big manly voice,
> Turning again towards childish treble, pipes
> And whistles in his sound. Last scene of all,
> That ends this strange eventful history,
> Is second childishness, and mere oblivion:
> Sans teeth, sans eyes, sans taste, sans everything

parées de métaphores magnifiques, soutenues d'accents passionnés, telles que la chaude nuit, chargée de parfums et scintillante d'étoiles, en inspire à un poëte et à un amant. Lysander et Hermia conviennent de se rencontrer le soir « dans le bois où souvent ils se sont assis sur des lits de molles violettes, à l'heure où Phébé contemple son front d'argent dans le miroir des fontaines, et baigne de perles liquides les minces lames du gazon[1]. » Ils s'y égarent et s'endorment, fatigués, sous les arbres. Un sylphe touche de la racine magique les yeux du jeune homme, et change son cœur. Tout à l'heure, à son réveil, il se prendra d'amour pour celle qu'il apercevra la première. Cependant Démétrius, amant rebuté d'Hermia, erre avec Héléna, qu'il rebute, dans le bois solitaire. La fleur magique le change à son tour : c'est maintenant Héléna qu'il aime. Les amants se fuient et se poursuivent le long des hautes futaies, dans la nuit sereine. On sourit de leurs emportements, de leurs plaintes, de leurs extases, et pourtant on y prend part. Cette passion est un rêve, et cependant elle touche. Elle ressemble à ces toiles aériennes qu'on trouve le matin sur la crête des sillons où la rosée les dépose, et dont

---

1. LYSANDER.
To-morrow night, when Phœbe doth behold
Her silver visage in her wat'ry glass,
Ducking with liquid pearl the bladed grass,
(A time that lovers' flights doth still conceal)
Through Athen's gates have we devised to steal....
HERMIA.
.... And in the wood, where often you and I
Upon faint primrose beds were wont to lie....
There my Lysander and myself shall meet.

les fils étincellent comme un écrin. Rien de plus fragile et rien de plus gracieux. Le poëte joue avec les émotions : il les confond, il les entre-choque, il les redouble, il les emmêle. Il noue et dénoue ces amours comme des chœurs de danse, et l'on voit passer auprès des buissons verts, sous les yeux rayonnants des étoiles, ces nobles et tendres figures, tantôt humides de larmes, tantôt illuminées par le ravissement. Ils ont l'abandon de l'amour vrai, ils n'ont point la grossièreté de l'amour sensuel. Rien ne nous fait tomber du monde idéal où Shakspeare nous emmène. Éblouis par la beauté, ils l'adorent, et le spectacle de leur bonheur, de leur trouble et de leur tendresse est un enchantement.

Au-dessus de ces deux couples voltige et bourdonne l'essaim des sylphes et des fées. Eux aussi, ils aiment. Titania, leur reine, a pour favori un jeune garçon, fils d'un roi de l'Inde, qu'Obéron son époux veut lui ôter. Ils se querellent, si bien que d'effroi leurs sylphes vont se cacher dans la coupe des glands du chêne, dans la robe d'or des primevères. Obéron, pour se venger, commande à Puck de toucher de la fleur magique les yeux de Titania endormie, et voilà qu'à son réveil la plus légère et la plus charmante des fées se trouve éprise d'un lourdaud stupide qui a la tête d'un âne. Elle s'agenouille devant lui. Elle pose sur ses tempes velues une couronne de fraîches fleurs odorantes. « Et les gouttes de rosée qui tout à l'heure s'étalaient sur les boutons comme des perles rondes d'Orient s'arrêtent maintenant, pareilles à des larmes, dans les yeux des pauvres fleurettes, comme si elles pleuraient leur disgrâce[1]. » Elle appelle autour de lui les génies qui la suivent :

Sautillez devant lui dans ses promenades, et gambadez devant ses yeux. — Nourrissez-le d'abricots, de groseilles, — de raisins empourprés, de figues vertes et de mûres. — Dérobez aux abeilles sauvages leur sac de miel ; — pour l'éclairer la nuit, coupez leurs cuisses de cire ; — allumez-les aux yeux de feu du ver luisant, — pour conduire mon amour au lit et pour l'éveiller ; — arrachez les ailes peintes des papillons ; — avec cet éventail, écartez de ses yeux endormis les rayons de la lune. — Venez, faites-lui cortége, conduisez-le à mon berceau. — Il me semble que la lune regarde avec des yeux humides, et quand elle pleure, chaque fleurette pleure — sur quelque virginité perdue. — Arrêtez la langue de mon bien-aimé, amenez-le en silence[2].

Il le faut, car le bien-aimé brait horriblement, et à toutes les offres de Titania, il répond en demandant

[1]
OBERON.
And that same dew, which sometime on the buds
Was wont to swell, like round and orient pearls,
Stood now within the pretty flowrets' eyes,
Like tears that did their own disgrace bewail.

[2]
TITANIA.
Be kind and courteous to this gentleman;
Hop in his walks, and gambol in his eyes,
Feed him with apricocks, and dewberries;
With purple grapes, green figs and mulberries;
The honey-bags steal from the humble-bees,
And, for night-tapers, crop their waxen thighs,
And light them at the fiery glow-worm's eyes,
To have my love to bed and to arise;
And pluck the wings from painted butterflies,
To fan the moon-beams from his sleeping eyes:
Come, wait upon him, lead him to my bower.
The moon, methinks, looks with a watery eye;
And when she weeps, weeps every little flower,
Lamenting some enforced chastity.
Tie up my love's tongue, bring him silently.

du foin. Quoi de plus triste et de plus doux que cette ironie de Shakspeare? Quelle raillerie contre l'amour et quelle tendresse pour l'amour! Le sentiment est divin, et son objet est indigne. Le cœur est ravi, et les yeux sont aveugles. C'est un papillon doré qui s'agite dans la boue, et Shakspeare, en peignant ses misères, lui garde toute sa beauté :

Viens, assieds-toi sur ce lit de fleurs — pendant que je caresse tes joues charmantes, — et que j'attache des roses musquées au poil luisant de ta tête, — et que je baise tes belles et larges oreilles, ô ma chère joie! — Dors et je vais te bercer dans mes bras! Ainsi le chèvrefeuille parfumé — s'enlace amoureusement autour des arbres. Ainsi le lierre, comme un fiancé, — met son anneau aux doigts d'écorce des ormes. — Oh! que je t'aime! oh! que je suis folle de toi[1]!

Au retour du matin, quand « la porte de l'Orient, toute rouge de flammes, s'ouvre sur la mer avec de beaux rayons bénis, et change en nappes d'or ses courants verdâtres[2], » l'enchantement cesse, Titania s'éveille sur sa couche de thym sauvage et de violettes penchées. Elle chasse le monstre ; ses souvenirs

1. Come, sit down on this flowery bed,
While I thy amiable cheeks do coy,
And stick musk-roses in thy sleek smooth head,
And kiss thy fair large ears, my gentle joy.
Sleep thou, and I will wind thee in my arms.
So doth the wood-bine, the sweet honey-suckle,
Gently intwist, — the femal ivy so
Enrings the barky fingers of the elm.
O how I love thee! how I dote on thee!

2.   OBERON.
Even till the eastern gate, all fiery red,
Opening on Neptune with fair blessed beams,
Turns into yellow gold his salt-green streams.

de la nuit s'effacent dans un demi-jour vague, « comme des montagnes lointaines qui s'évanouissent en nuages. » Et les fées vont chercher dans la rosée nouvelle des rubis qu'elles poseront sur le sein des roses, et « des perles qu'elles pendront à l'oreille des fleurs[1]. » Tel est le fantastique de Shakspeare, tissu léger d'inventions téméraires, de passions ardentes, de raillerie mélancolique, de poésie éblouissante, tel qu'un des sylphes de Titania l'eût fait. Rien de plus semblable à l'esprit du poëte que ces agiles génies, fils de l'air et de la flamme, « dont le vol met un cercle autour de la terre » en une seconde, qui glissent sur l'écume des vagues et bondissent parmi les atomes des vents. Son Ariel vole, invisible chanteur, autour des naufragés qu'il console, découvre les pensées des traîtres, poursuit Caliban, la brute farouche, étale devant les amants des visions pompeuses, et achève tout en un éclair[2]. Shakspeare effleure les objets d'une aile aussi prompte, par des bonds aussi brusques, avec un toucher aussi délicat.

Quelle âme! quelle étendue d'action et quelle sou-

1. These things seem small and extinguishable,
Like far-off mountains turned into clouds.
.... I must go seek some dew-drops here,
And hang a pearl in every cowslip's ear.

2.   My dainty Ariel....
... When the bee sucks, there suck I
In a cowslip's bell I lie....
Merrily, merrily shall I live now
Under the blossom that hangs on the bough.
.... I drink the air before me, and return
Or e'er your pulse twice beat.
.... We the globe may compass soon,
Swifter than the wandering moon.

veraineté d'une faculté unique! que de créatures diverses et quelle persistance de la même empreinte! Les voilà toutes réunies et toutes marquées du même signe, dépourvues de volonté et de raison, gouvernées par le tempérament, l'imagination ou la passion pure, privées des facultés qui sont contraires à celles du poëte, maîtrisées par le corps que se figurent ses yeux de peintre, douées des habitudes d'esprit et de la sensibilité violente qu'il trouve en lui-même[1]. Parcourez ces groupes, et vous n'y trouverez que des formes diverses et des états divers d'une puissance unique. Ici, le troupeau des brutes, des radoteurs et des commères, composés d'imagination machinale; plus loin, la compagnie des gens d'esprit agités par l'imagination gaie et folle; là-bas, le charmant essaim de jeunes femmes que soulève si haut l'imagination délicate et qu'emporte si loin l'amour abandonné; ailleurs, la bande des scélérats endurcis par des passions sans frein, animés par une verve d'artiste; au centre, le lamentable cortége des grands personnages dont le cerveau exalté s'emplit de visions douloureuses ou criminelles, et qu'un destin intérieur pousse vers le meurtre, vers la folie ou vers la mort. Montez d'un étage et contemplez la scène tout entière : l'ensemble porte la même marque que les détails. Le drame reproduit sans choix les laideurs, les bassesses, les horreurs, les détails crus, les mœurs déréglées et

---

1. Même loi dans le monde organique et dans le monde moral. C'est ce que Geoffroy Saint-Hilaire appelle unité de composition.

féroces, la vie réelle tout entière telle qu'elle est, quand elle se trouve affranchie des bienséances, du bon sens, de la raison et du devoir. La comédie, promenée dans une fantasmagorie de peintures, s'égare à travers le vraisemblable et l'invraisemblable, sans autre lien que le caprice d'une imagination qui s'amuse, décousue et romanesque à plaisir, opéra sans musique, concert de sentiments mélancoliques et tendres qui emporte l'esprit dans le monde surnaturel et figure aux yeux, par ses sylphes ailés, le génie qui l'a formée. Regardez maintenant. Ne voyez-vous pas le poëte debout derrière la foule de ses créatures? Elles l'ont annoncé; elles ont toutes montré quelque chose de lui. Agile, impétueux, passionné, délicat, son génie est l'imagination pure, touchée plus fortement et par de plus petits objets que le nôtre. De là ce style tout florissant d'images exubérantes, chargé de métaphores excessives dont la bizarrerie semble de l'incohérence, dont la richesse est de la surabondance, œuvre d'un esprit qui au moindre choc produit trop et bondit trop loin. De là cette psychologie involontaire et cette pénétration terrible qui, apercevant en un instant tous les effets d'une situation et tous les détails d'un caractère, les concentre dans chaque réplique du personnage, et donne à sa figure un relief et une couleur qui font illusion. De là notre émotion et notre tendresse. Nous lui disons comme Desdémone à Othello : « Je vous aime parce que vous avez beaucoup senti et beaucoup souffert. »

CHAPITRE V.

La Renaissance chrétienne.

I. Les vices de la Renaissance païenne. — Décadence des civilisations du Midi.
II. La réforme. — Aptitude des races germaniques et convenance des climats du Nord. — Les corps et les âmes chez Albert Dürer. — Ses Martyres et ses Jugements derniers. — Luther. — Sa conception de la justice. — Construction du protestantisme. — La crise de la conscience. — La rénovation du cœur. — La suppression des pratiques. — La transformation du clergé.
III. La réforme en Angleterre. — La tyrannie des cours ecclésiastiques. — Les désordres du clergé. — L'irritation du peuple. — Intérieur d'un diocèse. — Persécutions et conversions. — La traduction de la Bible. — Comment les événements bibliques et les sentiments hébraïques sont d'accord avec les mœurs contemporaines et le caractère anglais. — Le *Prayer-Book*. — Poésie morale et virile des prières et des offices. — La prédication. — Latimer. — Son éducation. — Son caractère. — Son éloquence familière et persuasive. — Sa mort. — Les martyrs sous Marie. — L'Angleterre est désormais protestante.
IV. Les anglicans. — Proximité de la religion et du monde. — Comment le sentiment religieux pénètre dans la littérature. — Comment le sentiment du beau subsiste dans la religion. — Hooker. — Sa largeur d'esprit et son ampleur de style. — Hales et Chillingworth. — Éloge de la raison et de la tolérance. — Jeremy Taylor. — Son érudition, son imagination, sa poésie.
V. Les puritains. — Opposition de la religion et du monde. — Les dogmes. — La morale. — Les scrupules. — Leur triomphe et leur

enthousiasme. — Leur œuvre et leur sens pratique. — Bunyan. Sa vie, son esprit et son poëme. — Avenir du protestantisme en Angleterre.

I

« Que le lecteur sache bien, dit Luther dans sa préface[1], que j'ai été moine et papiste outré, tellement enivré, ou plutôt englouti dans les doctrines papales, que j'eusse été tout prêt, si je l'avais pu, à tuer ou à vouloir faire tuer ceux qui auraient rejeté l'obéissance au pape, même d'une syllabe. Je n'étais pas tout froid ou tout glace pour défendre le pape, comme Eck et ses pareils, qui, véritablement, me semblaient se faire les défenseurs du pape plutôt à cause de leur ventre que parce qu'ils prenaient la chose sérieusement. Il y a plus : encore aujourd'hui il me semble qu'ils se moquent du pape, en épicuriens. *Moi, j'y allais de franc cœur, en homme qui a craint horriblement le jour du jugement et qui néanmoins souhaitait d'être sauvé avec un tressaillement de toutes ses moelles.* » Aussi, quand pour la première fois Luther aperçut Rome, il se prosterna disant : « Je te salue, sainte Rome,... baignée du sang de tant de martyrs. » Imaginez, si vous le pouvez, l'effet que fit sur un pareil esprit si loyal, si chrétien, le paganisme effronté de la Renaissance italienne. La beauté des arts, la grâce de la vie raffinée et sensuelle n'avaient point de prise sur lui ; ce

---

[1]. Édition des œuvres complètes, t. I.

CHAPITRE V. LA RENAISSANCE CHRÉTIENNE.

sont les mœurs qu'il jugeait, et il ne les jugeait qu'avec sa conscience. Il regarda cette civilisation du Midi avec des yeux d'homme du Nord, et n'en comprit que les vices, comme Ascham qui disait avoir vu « à Venise plus de crimes et d'infamies en huit jours qu'en toute sa vie en Angleterre. » Comme aujourd'hui Arnold et Channing, comme tous les hommes de race [1] et d'éducation germaniques, il eut horreur de cette vie voluptueuse, tantôt insouciante et tantôt effrénée, mais toujours affranchie des préoccupations morales, livrée à la passion, égayée par l'ironie, bornée au présent, vide du sentiment de l'infini, sans autre culte que l'admiration de la beauté visible, sans autre objet que la recherche du plaisir, sans autre religion que les terreurs de l'imagination et l'idolâtrie des yeux.

« Je ne voudrais pas, disait-il au retour, pour cent mille florins n'avoir pas vu Rome ; je me serais toujours inquiété si je ne faisais pas injustice au pape [2]. Les crimes à Rome sont incroyables ; personne ne pourra croire à une perversité si grande s'il n'a le témoignage de ses yeux, de ses oreilles, de son expérience.... Là règnent toutes les scélératesses et les infamies, tous les crimes atroces, principalement l'avidité aveugle, le mépris de Dieu, les parjures, le sodomisme.... Nous autres Allemands, nous nous gorgeons de boisson jusqu'à nous crever, tandis que les Italiens sont sobres. Mais ce sont les plus impies des

---

1. Voyez dans *Corinne* le jugement de lord Nevil sur les Italiens.
2. *Tischreden*, passim.

hommes ; ils se moquent de la vraie religion, ils nous raillent nous autres chrétiens, parce que nous croyons tout dans l'Écriture.... Il y a un mot en Italie qu'ils disent quand ils vont à l'église : « Allons nous confor- « mer à l'erreur populaire. » « Si nous étions obligés, « disent-ils encore, de croire en tout la parole de « Dieu, nous serions les plus misérables des hommes, « et nous ne pourrions jamais avoir un moment de « gaieté ; il faut prendre une mine convenable et ne « pas tout croire. » C'est ce que fit le pape Léon X, qui, entendant disputer sur l'immortalité et la mortalité de l'âme, se rangea au dernier avis. « Car, dit-il, « ce serait terrible de croire à une vie future. La « conscience est une méchante bête qui arme l'homme « contre lui-même.... » Les Italiens sont ou épicuriens ou superstitieux. Le peuple craint plus saint Antoine et saint Sébastien que le Christ, à cause des plaies qu'ils envoient. C'est pourquoi, quand on veut empêcher les Italiens d'uriner en un lieu, on y peint saint Antoine avec sa lance de feu. Voilà comment ils vivent dans une extrême superstition, sans connaître la parole de Dieu, ne croyant ni à la résurrection de la chair, ni à la vie éternelle, et ne craignant que les plaies temporelles. Aussi leurs blasphèmes sont affreux..., et dans les vengeances leur cruauté est atroce ; quand ils ne peuvent se défaire de leurs ennemis d'une autre façon, ils leur dressent des guet-apens dans les églises, tellement que l'un fendit la tête à son ennemi devant l'autel.... Souvent, dans les funérailles, il y a des meurtres à propos des héritages.... Ils célèbrent le carnaval avec une inconvenance et une folie extrêmes, pendant plusieurs semaines, et ils y ont institué beaucoup de péchés et d'extravagances, car ce sont des *hommes sans conscience* qui vivent en des péchés publics et méprisent le mariage.... Nous Allemands, et les autres nations simples, nous sommes comme une toile nue; mais les Italiens sont peints et bariolés de toutes sortes d'opinions fausses, et encore plus disposés à en embrasser de pires.... Leurs jeûnes sont plus splendides que nos plus somptueux festins. Ils se parent extrêmement; si nous dépensons un florin en habits, ils mettent dix florins pour avoir un habit de soie.... Quand ils sont chastes, c'est sodomisme. Point de société chez eux. Aucun d'eux ne se fie à l'autre; ils ne se réunissent point librement, comme nous autres Allemands; ils ne permettent point aux étrangers de parler publiquement à leurs femmes : comparés aux Allemands, ce sont tout à fait des gens cloîtrés. » Ces paroles si dures languissent auprès des faits[1]. Trahisons, assassinats, supplices, étalage de la débauche, pratique de l'empoisonnement, les pires et les plus éhontés des attentats jouissent impudemment de la tolérance publique et de toute la lumière du ciel. En 1490, le vicaire du pape ayant défendu aux clercs et aux laïques de garder leurs concubines, le pape révoqua la défense, « disant que cela

---

1. Voyez dans le *Corpus historicorum medii ævi*, par G. Eccard, t. II : Stephanus Infessuræ, p. 1995; Burchard, grand camérier d'Alexandre VI, p. 2134. — Guichardin, p. 211, édit. *Panthéon littéraire.*

n'est point interdit, parce que la vie des prêtres et ecclésiastiques est telle qu'on en trouve à peine un qui n'entretienne une concubine ou du moins n'ait une courtisane.... » César Borgia, à la prise de Capoue, « choisit quarante des plus belles femmes qu'il se réserve; et un assez grand nombre de captives sont vendues à vil prix à Rome.... » Sous Alexandre VI, « tous les ecclésiastiques, depuis le plus grand jusqu'au plus petit, ont des concubines en façon d'épouses, et même publiquement. Si Dieu n'y pourvoit, ajoute l'historien, cette corruption passera aux moines et aux religieux, quoique à vrai dire presque tous les monastères de la ville soient devenus des lupanars, sans que personne y contredise.... » A l'égard d'Alexandre VI, amant de Lucrèce, sa fille, c'est au lecteur à chercher dans Burchard la peinture des priapées extraordinaires auxquelles il assiste avec Lucrèce et César, et l'énumération des prix qu'il distribue. Pareillement, que le lecteur aille lui-même lire dans les originaux la bestialité de Pierre Luigi Farnèse, le fils du pape, comment le jeune et honnête évêque de Fano mourut de son attentat, et comment le pape, traitant ce crime « de légèreté juvénile, » lui donna par cette bulle secrète l'absolution « la plus ample de toutes les peines que, par incontinence humaine, en quelque façon ou pour quelque cause que ce fût, il eût pu encourir. » Pour ce qui est de la sécurité civile, Bentivoglio fait tuer tous les Marescotti; Hippolyte d'Est fait crever les yeux à son frère, en sa présence; César Borgia tue son frère; le meurtre

est dans les mœurs et n'excite plus d'étonnement; on demande au pêcheur qui a vu lancer le corps à l'eau, pourquoi il n'avait pas averti le gouverneur de la ville; « il répond qu'il a vu en sa vie jeter une centaine de corps au même endroit, et que jamais personne ne s'en est inquiété. » « Dans notre ville, dit un vieil his-
« torien, il se faisait quantité de meurtres et de pil-
« lages le jour et la nuit, et il se passait à peine un
« jour que quelqu'un ne fût tué. » César, un jour, tua Peroso, favori du pape, entre ses bras et sous son manteau, tellement que le sang en jaillit au visage du pape. Il fit poignarder en plein jour, sur les marches du palais, puis étrangler le mari de sa sœur; comptez ses assassinats, si vous pouvez. Certainement, son père et lui, par leur génie, leurs mœurs, leur scéléra-tesse parfaite, affichée et systématique, ont présenté à l'Europe les deux images les mieux réussies du dia-ble. Pour tout dire, en un mot, c'est d'après ce monde et pour ce monde que Machiavel écrivit son *Prince*. Le développement complet de toutes les facultés et de toutes les convoitises humaines, la destruction com-plète de tous les freins et de toutes les pudeurs hu-maines, voilà les deux traits marquants de cette cul-ture grandiose et perverse. Faire de l'homme un être fort muni de génie, d'audace, de présence d'esprit, de fine politique, de dissimulation, de patience, et tourner toute cette puissance à la recherche de tous les plaisirs, plaisirs du corps, du luxe, des arts, des lettres, de l'autorité, c'est-à-dire former et déchaîner un ani-mal admirable et redoutable, bien affamé et bien armé,

voilà son objet, et l'effet au bout de cent ans est visible. Ils se déchirent entre eux, comme de beaux lions et de superbes panthères. Dans cette société qui est devenue un cirque, parmi tant de haines, et quand l'épuisement commence, l'étranger paraît; tous plient alors sous sa verge; on les encage, et ils languissent ainsi, dans des plaisirs obscurs, avec des vices bas[1], en courbant l'échine. Le despotisme, l'inquisition et les sigisbés, l'ignorance crasse et la friponnerie ouverte, les effronteries et les gentillesses des arlequins et des scapins, la misère et les poux, telle est l'issue de la Renaissance italienne. Comme les civilisations antiques de la Grèce et de Rome[2], comme les civilisations modernes de la Provence et d'Espagne, comme toutes les civilisations du Midi, elle porte en soi un vice irrémédiable, une mauvaise et fausse conception de l'homme; les Allemands du seizième siècle, comme les Germains du quatrième siècle, en ont bien jugé; avec leur simple bon sens, avec leur honnêteté foncière, ils ont mis le doigt sur la plaie secrète. On ne fonde pas une société sur le culte du plaisir et de la force; on ne fonde une société que sur le respect de la liberté et de la justice. Pour que la grande rénovation humaine qui soulève au seizième siècle toute l'Europe pût s'achever et durer, il fallait que, rencontrant une

1. Voyez, dans les *Mémoires de Casanova*, le tableau de cette pourriture. — Voyez les *Mémoires* de Scipion Rossi, sur les couvents de Toscane, à la fin du dix-huitième siècle.

2. D'Homère à Constantin, la cité antique est une association d'hommes libres qui a pour but la conquête et l'exploitation d'autres hommes libres.

autre race, elle développât une autre culture, et que d'une conception plus saine de la vie elle fît sortir une meilleure forme de civilisation.

II

Ainsi naquit la Réforme, à côté de la Renaissance. En effet, elle est aussi une renaissance, une renaissance appropriée au génie des peuples germains. Ce qui distingue ce génie des autres, ce sont ses préoccupations morales. Plus grossiers et plus lourds, plus adonnés à la gloutonnerie et à l'ivrognerie[1], ils sont en même temps plus remués par la conscience, plus fermes à garder leur foi, plus disposés à l'abnégation

---

1. *Voyage de Misson*, 1700. *Mémoires de la margrave de Baireuth*. Voyez encore aujourd'hui les mœurs des étudiants.

« Les Allemands sont, comme vous savez, d'étranges buveurs; il n'y a point de gens au monde plus caressants, plus civils, plus officieux; mais encore un coup ils ont de terribles coutumes sur l'article de boire. Tout s'y fait en buvant; on y boit en faisant tout. On n'a pas eu le temps de se dire trois paroles dans les visites, qu'on est tout étonné de voir venir la collation, ou tout au moins quelques brocs de vin accompagnés d'une assiette de croûtes de pain hachées avec du poivre et du sel : fatal préparatif pour de mauvais buveurs. Il faut vous instruire des lois qui s'observent ensuite, lois sacrées et inviolables. On ne doit jamais boire, sans boire à la santé de quelqu'un; aussitôt après avoir bu, on doit présenter du vin à celui à la santé de qui on a bu. Jamais il ne faut refuser le verre qui est présenté, et il faut naturellement vider jusqu'à la dernière goutte. Faites, je vous prie, quelques réflexions sur ces coutumes, et voyez par quel moyen il est possible de cesser de boire; aussi ne finit-on jamais. C'est un cercle perpétuel en Allemagne; boire en Allemagne, c'est boire toujours. » (Misson, *Voyage en Italie*.)

et au sacrifice. Tels leur climat les a pétris, et tels ils sont demeurés de Tacite à Luther, de Knox à Gustave-Adolphe et à Kant. A la longue, et sous l'empreinte incessante des siècles, le corps flegmatique, repu de grosse nourriture et de boissons fortes, s'est rouillé ; les nerfs sont devenus moins excitables, les muscles moins alertes, les désirs moins voisins de l'action, la vie plus terne et plus lente, l'âme plus endurcie et plus indifférente aux chocs corporels ; la boue, la pluie, la neige, l'abondance des spectacles déplaisants et mornes, le manque des vifs et délicats chatouillements sensibles maintiennent l'homme *dans une attitude militante*. Héros aux temps barbares, travailleurs aujourd'hui, ils supportent l'ennui comme ils provoquaient les blessures ; aujourd'hui comme autrefois, c'est la noblesse intérieure qui les touche ; rejetés vers les jouissances du dedans, ils y trouvent un monde, celui de la beauté morale. Pour eux le modèle idéal s'est déplacé ; il n'est plus situé parmi les formes, composé de force et de joie, mais transporté dans les sentiments, composé de véracité, de droiture, d'attachement au devoir, de fidélité à la règle. Qu'il vente et qu'il neige, que l'ouragan se démène dans les noires forêts de sapins, ou sur la houle blafarde parmi les goëlands qui crient, que l'homme roidi et violacé par le froid trouve pour tout régal, en se claquemurant dans sa chaumière, un plat de choucroute aigre ou une pièce de bœuf salé, sous une lampe fumeuse et près d'un feu de tourbe, il n'importe ; un autre royaume s'ouvre pour le dédom-

CHAPITRE V. LA RENAISSANCE CHRÉTIENNE. 291

mager, celui du contentement intime : sa femme est fidèle et l'aime ; ses enfants, autour de son âtre, épellent la vieille Bible de famille ; il est maître chez lui, protecteur, bienfaiteur, honoré par autrui, honoré par lui-même ; et si, par hasard, il a besoin d'aide, il sait qu'au premier appel il verra ses voisins se ranger fidèlement et bravement à ses côtés. Le lecteur n'a qu'à mettre en regard les portraits du temps, ceux d'Italie et ceux d'Allemagne ; il apercevra d'un coup d'œil les deux races et les deux civilisations, la Renaissance et la Réforme : d'un côté, quelque condottière demi-nu en costume romain, quelque cardinal dans sa simarre, amplement drapé, sur un riche fauteuil sculpté et orné de têtes de lions, de feuillages, de faunes dansants, lui-même ironique et voluptueux, avec le fin et dangereux regard du politique et de l'homme du monde, cauteleusement courbé et en arrêt ; de l'autre côté, quelque brave docteur, un théologien, homme simple, mal peigné, roide comme un pieu dans sa robe unie de bure noire, avec de gros livres de doctrine à fermoirs solides, travailleur convaincu, père de famille exemplaire. Regardez maintenant le grand artiste du siècle, un laborieux et consciencieux ouvrier, un partisan de Luther[1], un véritable homme du Nord, Albert Dürer. Lui aussi, comme Raphaël et Titien, il a son idée de l'homme, idée inépuisable de laquelle sortent par centaines les figures vivantes et les scènes de mœurs, mais combien

---

1. Voyez ses lettres et la sympathie qu'il y témoigne pour Luther.

nationales et originales ! De la beauté épanouie et heureuse, nul souci ; ses corps nus ne sont que des corps déshabillés : épaules étroites, ventres proéminents, jambes grêles, pieds alourdis par la chaussure, ceux de son voisin le charpentier ou de sa commère la marchande de saucisses ; les têtes font saillie sur le cuivre infatigablement rayé et fouillé, sauvages ou bourgeoises, souvent ridées par la fatigue du métier, ordinairement tristes, anxieuses et patientes, âprement et misérablement déformées par les nécessités de la vie réelle. Au milieu de cette copie minutieuse de la vérité laide, où est l'échappée ? Quelle est la contrée où va s'enfuir la grande imagination mélancolique ? C'est le rêve, le rêve étrange fourmillant de pensées profondes, la contemplation douloureuse de la destinée humaine, l'idée vague de la grande énigme, la réflexion tâtonnante qui, dans la noirceur des bois hérissés, à travers les emblèmes obscurs et les figures fantastiques, essaye de saisir la vérité et la justice. Il n'a pas besoin de les chercher si loin ; de prime-saut il les a saisies. Si l'honnêteté est quelque part au monde, c'est dans les madones qui incessamment reviennent sous son burin. Ce n'est pas lui qui, à la façon de Raphaël, commencerait par les faire nues ; la main la plus licencieuse n'oserait pas déranger un seul des plis roides de leurs robes ; leur enfant sur les bras, elles ne songent qu'à lui et ne songeront jamais au delà ; non-seulement elles sont innocentes, mais encore elles sont vertueuses ; la sage mère de famille allemande, enfermée pour toujours par sa volonté et par sa nature dans les devoirs et les contentements domestiques, respire tout entière dans la sincérité foncière, dans le sérieux, dans l'inattaquable loyauté de leurs attitudes et de leurs regards. Il a fait plus : à côté de la vertu paisible, il a figuré la vertu militante. Le voilà enfin le Christ véritable, le pâle Crucifié, exténué et décharné par l'agonie, dont le sang, à chaque minute, tombe en gouttes plus rares, à mesure que les palpitations plus faibles annoncent le déchirement suprême d'une vie qui s'en va. Ce n'est pas ici, comme chez les maîtres italiens, un spectacle à récréer les yeux, un simple ondoiement d'étoffes, une ordonnance des groupes. Le cœur, le plus profond du cœur, est blessé par cette vue ; c'est le juste opprimé qui meurt, parce que le monde hait la justice ; les puissants, les hommes du siècle sont là, indifférents, ironiques : un chevalier empanaché, un bourgmestre ventru qui, les mains croisées derrière son dos, regarde, occupe une heure ; mais tout le reste pleure ; au-dessus des femmes évanouies, les anges pleins d'angoisse viennent recueillir dans des coupes le sang sacré qui suinte, et les astres du ciel se voilent la face pour ne pas contempler un si grand attentat. Il y en aura d'autres ; supplices sur supplices, et les vrais martyrs à côté du vrai Christ, résignés, silencieux, avec le doux regard des premiers fidèles. Ils sont liés autour d'un vieil arbre, et le bourreau les déchire avec un fouet armé d'ongles de fer. Un évêque, les mains jointes, prie étendu pendant qu'on lui tourne dans l'œil une tarière. Là-haut, entre les arbres échevelés et les racines grimaçantes, une troupe d'hommes et de femmes gravit sous les verges l'escarpement d'une colline, et du sommet, avec la pointe des lances, on les fait sauter dans le précipice ; çà et là roulent des têtes, des troncs inertes, et à côté de ceux qu'on décapite, des corps enflés traversés d'un pal attendent les corbeaux qui croassent. Tous ces maux, il faut les supporter pour confesser sa foi et établir la justice. Mais il y a là-haut un gardien, un vengeur, un juge tout-puissant qui aura son jour. Il va luire, ce jour, et les perçants rayons du dernier soleil jaillissent déjà, comme une poignée de dards, à travers les ténèbres du siècle. Au plus haut du ciel, l'ange est apparu dans sa robe étincelante, guidant les cavalcades effrénées, les épées tournoyantes, les flèches inévitables des vengeurs qui viennent fouler et punir la terre ; les hommes s'abattent sous leur galop, et la gueule du monstre infernal mâche déjà la tête des prélats iniques. C'est ici le poëme populaire de la conscience, et, depuis les jours des apôtres, les hommes ne l'ont point conçu plus sublime et plus complet[1].

Car la conscience, comme le reste, a son poëme ; par un envahissement naturel, la toute-puissante idée de la justice déborde de l'âme, couvre le ciel, et y intronise un nouveau Dieu. Redoutable Dieu, qui ne ressemble guère à la calme intelligence qui sert

---

1. Collection des gravures sur bois d'Albert Dürer. Remarquez la concordance de son *Apocalypse* et des conversations familières de Luther.

aux philosophes pour expliquer l'ordre des choses, ni à ce Dieu tolérant, sorte de roi constitutionnel que Voltaire atteint au bout d'un raisonnement, que Béranger chante en camarade et qu'il salue « sans lui demander rien. » C'est le juste Juge impeccable et rigide, qui exige de l'homme un compte exact de sa conduite visible et de tous ses sentiments invisibles, qui ne tolère pas un oubli, un abandon, une défaillance, devant qui tout commencement de faiblesse ou de faute est un attentat et une trahison. Qu'est-ce que notre justice devant cette justice stricte? On vivait tranquille, aux temps d'ignorance; tout au plus, quand on se sentait coupable, on allait chercher une absolution auprès du prêtre; pour achever, on achetait une bonne indulgence; le tarif était là, il y est encore; Tetzel le dominicain déclare que tous les péchés sont lavés « sitôt que l'argent sonne dans la caisse. » Quel que soit le crime, on en a quittance; quand même « un homme aurait violé la mère de Dieu, » il retournerait chez lui net et certain du paradis. Par malheur, les marchands de pardons ne savent pas que tout est changé et que l'esprit est devenu adulte; il ne récite plus les mots machinalement comme un catéchisme, il les sonde anxieusement comme une vérité. Dans l'universelle renaissance, et dans la puissante floraison de toutes les idées humaines, l'idée germanique du devoir végète comme les autres. A présent, quand on parle de justice, ce n'est plus une phrase morte qu'on récite, c'est une conception vivante qu'on produit; l'homme aperçoit l'objet qu'elle représente, et ressent l'ébranlement qui la soulève; il ne la reçoit plus, il la fait; elle est son œuvre et sa maîtresse; il la crée et la subit. « Ces mots *justus* et *justitia Dei*, dit Luther, étaient un tonnerre dans ma conscience. Je frémissais en les entendant; je me disais : Si Dieu est juste, il me punira[1]. » Car sitôt que la conscience a retrouvé l'idée du modèle parfait[2], les moindres manquements lui semblent des crimes, et l'homme condamné par ses propres scrupules tombe consterné d'horreur « et comme englouti. » « Moi qui menais la vie d'un moine irréprochable, dit encore Luther, je sentais pourtant en moi la conscience inquiète du pécheur, sans parvenir à me rassurer sur la satisfaction que je devais

---

1. Calvin, le logicien de la Réforme, explique très-bien la filiation de toutes les idées protestantes (*Institution chrétienne*, liv. I). 1. L'idée du Dieu parfait, juge rigide. 2. L'alarme de la conscience. 3. L'impuissance et la corruption de la nature. 4. L'arrivée de la grâce gratuite. 5. Le rejet des pratiques et cérémonies.

2. « Selon que l'orgueil est enraciné en nous, il nous semble toujours que nous sommes justes et entiers, sages et saints; sinon que nous soyons convaincus par arguments manifestes de notre injustice, souillure, folie et immondicité. Car nous n'en sommes pas convaincus si nous jetons l'œil sur nos personnes seulement, et que nous ne pensions pas aussi bien à Dieu, lequel est la seule règle à laquelle il nous faut ordonner et compasser ce jugement.... (Et alors) ce qui avait belle montre de vertu se découvrira n'être que fragilité.

« Voilà d'où est procédé l'horreur et étonnement duquel l'Écriture récite que les saints ont été affligés et abattus toutes et quantes fois qu'ils ont senti la présence de Dieu. Car nous voyons ceux qui étaient comme eslongnés de Dieu et se trouvaient assurés et allaient la tête levée, sitôt qu'il leur manifeste sa gloire, être ébranlés et effarouchés, en sorte qu'ils sont opprimés, voire engloutis en l'horreur de mort et qu'ils s'évanouissent. » (Calvin, *Institution chrétienne*, liv. I, p. 2.)

à Dieu.... Alors je me disais : Suis-je donc le seul qui doive être triste en esprit ?... Oh ! que je voyais de spectres et de figures horribles ! » — Ainsi alarmée, la conscience croit que le jour terrible va venir. « La fin du monde est proche.... Nos enfants la verront ; peut-être nous-mêmes. » — Une fois à ce propos, six mois durant, il a des songes épouvantables. Comme les chrétiens de l'Apocalypse, il fixe le moment : cela arrivera à Pâques ou pour la fête de la conversion de saint Paul. Tel théologien, son ami, songe à donner tous ses biens aux pauvres ; « mais les prendrait-on ? disait-il. Demain soir, nous serons assis dans le ciel. » Sous de telles angoisses, le corps fléchit. Pendant quatorze jours, Luther fut dans un tel état, qu'il ne put ni boire, ni manger, ni dormir. « Jour et nuit, » les yeux fixés sur le texte de saint Paul, il voyait le juge et ses mains inévitables. Voilà la tragédie qui s'est agitée dans toutes les âmes protestantes ; c'est la tragédie éternelle de la conscience, et le dénoûment est une nouvelle religion.

Car ce n'est pas la nature toute seule et sans secours qui sortira de cet abîme. D'elle-même « elle est si corrompue qu'elle n'éprouve pas le désir des choses célestes.... Il n'y a rien en elle devant Dieu que concupiscence.... » La bonne intention ne peut venir d'elle. « Car, effrayé par la face de son péché, l'homme ne saurait se proposer de bien faire, inquiet comme il l'est et anxieux ; au contraire, abattu et écrasé par la force de son péché, il tombe dans le désespoir et dans la haine de Dieu, comme il arriva à Caïn, à Saül, à Judas, » en sorte qu'abandonné à lui-même, il ne peut trouver en lui-même que la rage et l'accablement d'un désespéré ou d'un démon. En vain il essayerait de se racheter par de bonnes œuvres; nos bonnes actions ne sont pas pures; même pures, elles n'effacent pas la souillure des péchés antérieurs, et d'ailleurs elles n'ôtent point la corruption originelle du cœur; elles ne sont que des rameaux et des fleurs, c'est dans la séve que gît le venin héréditaire. Il faut que l'homme descende en son cœur, par-dessous l'obéissance littérale et la régularité juridique; que du royaume de la loi il pénètre dans celui de la grâce; que de la rectitude imposée, il passe à la générosité spontanée; que par-dessous sa première nature, qui le portait vers l'égoïsme et les choses de la terre, une seconde nature se développe, qui le porte vers le sacrifice et les choses du ciel. Ni mes œuvres, ni ma justice, ni les œuvres et la justice d'aucune créature ou de toutes les créatures ne peuvent opérer en moi ce changement extraordinaire. Un seul le peut, le Dieu pur, le Juste immolé, le Sauveur, le Réparateur, Jésus, mon Christ, en m'imputant sa justice, en versant sur moi ses mérites, en noyant mon péché sous son sacrifice. Le monde est « une masse de perdition[1] » prédestinée à l'enfer. Seigneur Jésus, retirez-moi, choisissez-moi dans cette masse. Je n'y ai nul droit, il n'y a rien en moi qui ne soit abominable; cette

---

1. Mot de saint Augustin.

prière même, c'est vous qui me l'inspirez et qui la faites en moi. Mais je pleure et ma poitrine se soulève, et mon cœur se brise. Seigneur, que je me sente racheté, pardonné, votre élu, votre fidèle; donnez-moi la grâce, et donnez-moi la foi! — « Alors, dit Luther, je me sentis comme *rené*, et il sembla que j'entrais à portes ouvertes dans le paradis. »

Que reste-t-il à faire après cette rénovation du cœur? Rien; toute la religion est là; il faut réduire ou supprimer le reste; elle est une affaire personnelle, un dialogue intime entre l'homme et Dieu, où il n'y a que deux choses agissantes, la propre parole de Dieu, telle qu'elle est transmise par l'Écriture, et les émotions du cœur de l'homme, telles que la parole de Dieu les excite et les entretient[1]. Écartons les pratiques sensibles par lesquelles on a voulu remplacer cet entretien de l'âme invisible et du juge invisible : je veux dire les mortifications, les jeûnes, les pénitences corporelles, les carêmes, les vœux de chasteté et de pauvreté, les chapelets, les indulgences; les rites ne sont bons qu'à étouffer sous des œuvres machina-

---

1. Mélanchthon, préface des *Œuvres de Luther*. « Manifestum est « libros Thomæ, Scoti et similium prorsus mutos esse de justitia « fidei, et multos errores continere de rebus maximis in Ecclesia. « Manifestum conciones monachorum in templis fere ubique terra- « rum aut fabulas fuisse de Purgatorio et de Sanctis, aut fuisse « qualemcumque legis doctrinam seu disciplinæ, sine voce Evan- « gelii de Christo, aut fuisse nenias de discrimine ciborum, de feriis « et aliis traditionibus humanis.... Evangelium purum, incorrup- « tum, et non dilutum ethnicis opinionibus. » Voyez aussi Fox, *Acts and monuments*, t. II, p. 42.

les la piété vivante. Écartons les intermédiaires par lesquels on a voulu empêcher le commerce direct de Dieu et de l'homme, je veux dire les saints, la Vierge, le pape, le prêtre : quiconque les adore ou leur obéit est idolâtre. Ni les saints, ni la Vierge ne peuvent nous convertir et nous sauver ; c'est Dieu seul qui par son Christ nous convertit et nous sauve. Ni le pape, ni le prêtre ne peuvent nous fixer notre croyance ou nous remettre nos péchés ; c'est Dieu seul qui nous instruit par son Écriture, et nous absout par sa grâce. Plus de pèlerinages ni de reliques ; plus de traditions ni de confessions auriculaires. Une nouvelle Église paraît, et avec elle un nouveau culte ; les ministres de la religion changent de rôle, et l'adoration de Dieu change de forme ; l'autorité du clergé s'atténue, et la pompe du service se réduit ; elles se réduisent et s'atténuent d'autant plus, que l'idée primitive de la théologie nouvelle est plus absorbante, tellement, qu'il y a des sectes où elles disparaissent tout à fait. Le prêtre descend de cette haute place où le droit de remettre les péchés et de régler la foi l'avait élevé par-dessus les têtes des laïques ; il rentre dans la société civile, il se marie comme eux, il tend à redevenir leur égal, il n'est qu'un homme plus savant et plus pieux que les autres, leur élu et leur conseiller. Son église devient un temple, vide d'images, d'ornements et de cérémonies, parfois tout nu, simple lieu d'assemblée, où, entre des murs blanchis, du haut d'une chaire unie, un homme en robe noire parle sans gestes, lit un morceau de la Bible, entonne un hymne que continue la congrégation. Il y a un autre lieu de prière, aussi peu décoré et non moins vénéré, le foyer domestique, où chaque soir le père de famille, devant ses serviteurs et ses enfants, fait tout haut la prière et lit l'Écriture. Austère et libre religion, toute purgée de sensualité et d'obéissance, toute intérieure et personnelle, qui, instituée par l'éveil de la conscience, ne pouvait s'établir que chez des races où chacun trouve naturellement en soi-même la persuasion qu'il est seul responsable de ses œuvres et toujours astreint à des devoirs.

III

Sans doute c'est par une porte bâtarde que la réforme entre en Angleterre ; mais il suffit qu'une porte s'ouvre, telle quelle ; car ce ne sont pas les manéges de cour et les habiletés officielles qui amènent les révolutions profondes ; ce sont les situations sociales et les instincts populaires. Quand cinq millions d'hommes se convertissent, c'est que cinq millions d'hommes ont envie de se convertir. Laissons donc de côté les parades et les intrigues d'en haut, les scrupules et les passions de Henri VIII[1], les complaisances et les adresses de Cranmer, les variations et les bassesses du Parlement, les oscillations et les lenteurs de la

---

1. Voyez Froude, *History of England*. La conduite de Henri VIII est présentée là sous un nouveau jour.

Réforme, commencée, puis arrêtée, puis poussée en avant, puis d'un coup violemment refoulée, enfin épandue sur toute la nation, et endiguée dans un établissement légal, établissement singulier, bâti de pièces disparates, mais solide pourtant et qui a duré. Tout grand changement a sa racine dans l'âme, et il n'y a qu'à regarder de près dans cette région profonde pour découvrir les inclinations nationales et les irritations séculaires dont le protestantisme est issu.

Cent cinquante ans auparavant, il avait été sur le point d'éclore; Wicleff avait paru, les lollards s'étaient levés, la Bible avait été traduite; la chambre des communes avait proposé la confiscation de tous les biens ecclésiastiques; puis, sous le poids de l'Église, de la royauté et des lords réunis, la réforme naissante écrasée était rentrée sous terre, pour ne plus reparaître que de loin en loin par les supplices de ses martyrs. Les évêques avaient reçu le droit d'emprisonner sans jugement les laïques suspects d'hérésie; ils avaient brûlé vivant lord Cobham; les rois avaient pris parmi eux leurs ministres; assis dans leur autorité et dans leur faste, ils avaient fait plier noblesse et peuple sous le glaive laïque qui leur avait été remis, et, dans leur main, le rigide réseau de lois qui depuis la conquête enserrait la nation de ses mailles, était devenu encore plus étroit et plus blessant. Les actions vénielles s'y étaient trouvées prises comme les actions criminelles, et la répression judiciaire, portée sur les péchés aussi bien que sur les attentats, avait changé la police en inquisition : « Offenses contre la chas-

CHAPITRE V. LA RENAISSANCE CHRÉTIENNE.

teté[1], hérésie ou choses sentant l'hérésie, sorcellerie, ivrognerie, médisance, diffamation, paroles impatientes, promesses rompues, mensonge, manque d'assistance à l'église, paroles irrévérentieuses à propos des saints, non-payement des offrandes, plaintes contre les tribunaux ecclésiastiques, » tous ces délits imputés ou soupçonnés conduisaient les gens devant les tribunaux ecclésiastiques, avec des frais énormes, parmi de longs délais, à de grandes distances, sous une procédure captieuse, pour aboutir à de grosses amendes, à des emprisonnements rigides, à des abjurations humiliantes, à des pénitences publiques et à la menace souvent accomplie des supplices et du bûcher. Qu'on en juge par un seul fait : le comte de Surrey, un parent du roi, fut traduit devant un de ces tribunaux pour avoir manqué au maigre. Imaginez, si vous le pouvez, la minutieuse et incessante oppression d'un pareil code; à quel point toute la vie humaine, actions visibles et pensées invisibles, y était enveloppée et enlacée; comment, par les délations forcées, il pénétrait dans chaque foyer et dans chaque conscience; avec quelle impudence il se transformait en machine d'extorsions; quelle sourde colère il excitait dans ces bourgeois, dans ces paysans obligés parfois de faire et de refaire soixante milles pour laisser accroché à chacune des innom-

---

1. Froude, I, 175, 191. *Petition of Commons*. Cette récrimination publique et authentique montre tout le détail de l'organisation et de l'oppression cléricales.

brables griffes de la procédure¹ un morceau de leur épargne, parfois toute leur substance et toute la substance de leurs enfants ! On réfléchit quand on est ainsi foulé ; on se demande tout bas si c'est bien par une délégation de Dieu que les voleurs mitrés pratiquent ainsi la tyrannie et le pillage ; on regarde de plus près dans leur vie ; on veut savoir s'ils observent eux-mêmes la régularité qu'ils imposent à autrui ; et tout d'un coup l'on apprend d'étranges choses. Le cardinal Wolsey écrit au pape que « les prêtres séculiers et réguliers commettent habituellement des crimes atroces pour lesquels, s'ils n'étaient pas dans les ordres, ils seraient promptement exécutés², et que les laïques sont scandalisés de les voir non-seulement échapper à la dégradation, mais jouir d'une impunité parfaite. » Un prêtre convaincu d'inceste avec la prieure de Kilbourne est condamné pour toute peine à porter une croix à la procession et à payer trois shillings et quatre pence ; à ce taux, je réponds qu'il recommencera. Dès le règne précédent, les gentilshommes et les fermiers du Carnavonshire déposaient une plainte pour accuser le clergé de débaucher, de parti pris, leurs femmes et leurs filles. Il y avait des maisons de prostitution à Londres pour l'usage particulier des prêtres. Quant aux abus du confessionnal, lisez dans les originaux³

---

1. Froude, I, 26, 193. *Great and excessive fees.* Voyez le détail, *ib.*
2. En mai 1528. Froude, I, 179, 85, 201 ; II, 435.
3. Hale's *Criminal causes; Suppression of the monasteries,* Camden Society's *publications.*

les intimités auxquelles ils donnent lieu. Les évêques distribuent des bénéfices à leurs enfants encore tout jeunes; « le saint père prieur de Maiden Bradley n'en avait que six, dont une fille déjà mariée sur les biens du monastère. » — .... Dans les couvents « les moines boivent après la collation jusqu'à dix heures ou midi, et viennent à matines, ivres.... Ils jouent aux cartes, aux dés.... Quelques-uns n'arrivent à matines que quand le jour baisse, et encore seulement par crainte des peines corporelles. » Les visiteurs royaux trouvaient des concubines dans les appartements secrets des abbés. Au monastère de Sion, les moines confesseurs des nonnes les débauchent et les absolvent tout ensemble. Il y eut des couvents, dit Burnet, où toutes les religieuses furent trouvées grosses. Environ « les deux tiers » des moines d'Angleterre vivaient de telle sorte, que le Parlement entendant le rapport officiel s'écria d'une seule voix : « A bas les moines[1] ! » Quel spectacle pour un peuple en qui le raisonnement et la conscience commencent à s'éveiller ! Bien avant le grand éclat, la colère publique grondait sourdement et s'amassait pour la révolte ; des prêtres étaient hués dans les rues ou jetés dans le ruisseau ; des femmes refusaient de recevoir l'hostie consacrée par une main qu'elles appelaient immonde[2]. Quand l'appariteur ecclésiastique venait citer les délinquants, on le chassait en l'injuriant.

---

1. « Down with them. » (*Latimer's Sermons.*)
2. *Horsyn Preste.* Hale, 99.

« Va-t'en, puant coquin ; vous êtes tous, chacun de vous, des canailles et des suborneurs. » Un mercier cassait la tête d'un appariteur avec son aune. Un garçon d'auberge disait que « la vue d'un prêtre le rendait malade, et qu'il ferait soixante milles pour en faire coffrer un. » L'évêque Fitz-James écrivait que « les gens de Londres étaient si malicieusement disposés en faveur de la perversité hérétique, qu'assemblés en jury ils condamnaient n'importe quel clerc, fût-il aussi innocent qu'Abel[1] ; » Wolsey lui-même parlait au pape « du dangereux esprit » qui se répandait parmi le peuple, et il méditait une réforme. Quand Henri VIII mit la cognée à l'arbre et que lentement, avec défiance, il frappa un coup, puis un autre coup, émondant les branches, il y eut mille et bientôt cent mille cœurs qui l'approuvèrent et qui auraient voulu frapper le tronc.

Considérez à ce moment, vers 1521, l'intérieur d'un diocèse, celui de Lincoln, par exemple[2], et jugez par cet exemple de la manière dont la machine ecclésiastique travaille par toute l'Angleterre, multipliant les martyres, les haines et les conversions. L'évêque Longland fait appeler les parents des accusés, frères, femmes et enfants, et leur défère le serment ; comme ils ont déjà été poursuivis et qu'ils ont abjuré, il faut bien qu'ils avouent, sinon ils sont relaps, et les fagots sont prêts. Voilà donc qu'ils dé-

---

1. Froude, I, 90. En 1514. *Improbus animus.*
2. Fox, *Acts and Monuments.* In-folio, t. II, 23. En 1521.

noncent leurs proches et eux-mêmes. L'un a enseigné à un autre en anglais l'épître de saint Jacques. Celui-ci, ayant oublié plusieurs mots du *Pater* et du *Credo* latins, ne sait plus les réciter qu'en anglais. Une femme a détourné son visage de la croix qu'on portait le matin de Pâques. Plusieurs, à l'église, surtout au moment de l'élévation, n'ont pas voulu dire de prières et sont restés assis, « muets comme des bêtes. » Trois hommes, dont un charpentier, ont passé ensemble une nuit lisant un livre de l'Écriture. Une femme grosse est allée communier sans être à jeun. Un chaudronnier a nié la présence réelle. Un briquetier a gardé en sa possession l'Apocalypse. Un batteur en grange a dit, en montrant son ouvrage, qu'il était en train de faire sortir Dieu de la paille. D'autres ont mal parlé des pèlerinages, ou du pape, ou des reliques, ou de la confession. Et là-dessus, cinquante d'entre eux sont condamnés dans la même année à abjurer, à promettre de dénoncer autrui, et à faire toute leur vie pénitence, sous peine d'être relaps et brûlés comme tels. On les enferme en différentes abbayes; ils y seront nourris d'aumônes et travailleront pour mériter qu'on les nourrisse; ils paraîtront avec un fagot sur l'épaule au marché et à la procession du dimanche, puis dans une procession générale, puis au supplice d'un hérétique; ils jeûneront au pain et à l'eau tous les vendredis de leur vie, et porteront une marque visible sur leur joue. Outre cela six seront brûlés vifs, et les enfants de l'un d'eux, John Scrivener, sont obligés de mettre eux-mêmes le feu au bûcher de leur père. Croyez-vous que, l'homme brûlé ou enfermé, tout soit fini? On se tait, je le veux bien, et on se cache; mais les longs souvenirs et les ressentiments amers subsistent sous le silence forcé. Ils ont vu[1] leur camarade, leur parent, leur frère lié par une chaîne de fer, les mains jointes, priant au milieu de la fumée pendant que la flamme noircissait sa peau et faisait fondre sa chair. De tels spectacles ne s'oublient pas; les dernières paroles prononcées sur les fagots, les appels suprêmes à Dieu et au Christ demeurent dans leur cœur, tout-puissants et ineffaçables. Ils les emportent avec eux et les méditent tout bas dans les champs, à leur ouvrage, quand ils se croient seuls; et là-dessus, obscurément, passionnément, les têtes travaillent. Car, par delà cette sympathie universelle qui range tout homme du côté des opprimés, il y a le sentiment religieux qui fermente. La crise de la conscience a commencé, elle est naturelle à cette race; ils songent à leur salut, ils s'alarment de leur état, ils s'effrayent des jugements de Dieu, ils se demandent si, en demeurant sous l'obéissance et sous les rites qu'on leur impose, ils ne deviennent pas coupables et ne méritent pas d'être damnés. Est-ce avec des prisons et des supplices qu'on étouffera cette terreur? Crainte contre crainte,

---

1. Voyez, passim, les estampes dans Fox. — Tous les détails qu'on va lire sont tirés des biographies. Voyez celles de Cromwell par Carlyle, de Fox le quaker, de Bunyan, et les procès rapportés tout au long par Fox.

il ne reste qu'à savoir laquelle des deux sera la plus forte. On le saura bientôt; car le propre de ces anxiétés intérieures, c'est de s'accroître sous la contrainte et l'oppression; comme une source vive qu'on essaye en vain d'écraser sous les pierres, elles bouillonnent, et s'entassent, et regorgent, jusqu'à ce que leur trop-plein déborde, disjoignant ou crevant la maçonnerie régulière sous laquelle on a voulu les enterrer. Dans la solitude des champs, aux longues veillées d'hiver, l'homme rêve; bientôt il a peur et devient morne. Le dimanche à l'église, quand on l'oblige à se signer, à s'agenouiller devant la croix, à recevoir l'hostie, il frémit, se croit en péché mortel. Il cesse de parler à ses amis; il demeure pendant des heures, la tête penchée, triste; la nuit, sa femme l'entend soupirer, et il se lève ne pouvant dormir. Représentez-vous cette figure pâlie, angoisseuse, et qui porte sous sa roideur et sous son flegme une ardeur secrète; on la retrouve encore en Angleterre dans ces pauvres sectaires râpés qui, une Bible à la main, se mettent tout d'un coup à prêcher au milieu d'un carrefour, dans ces longues faces qui, après le service, n'ayant point eu assez de prières, entonnent un psaume dans la rue. La sombre imagination a tressailli, comme une femme enceinte, et son fruit grossit chaque jour déchirant celui qui le porte. Le long hiver boueux, la plainte du vent qui se lamente dans les poutres mal jointes du toit, la mélancolie du ciel incessamment noyé de pluies ou cerné de nuages, assombrissent encore le lugubre rêve. Désormais il a pris son parti, il veut être sauvé coûte que coûte. Au péril de sa vie, il se procure quelqu'un de ces livres qui enseignent la voie du salut, le *Guichet de Wicleff*, l'*Obéissance du chrétien*, parfois la *Révélation de l'Antechrist par Luther*; mais surtout quelques portions de la parole de Dieu, que Tyndal vient de traduire. Tel a caché ses livres dans le creux d'un arbre; un autre apprend par cœur une épître ou un évangile, afin de pouvoir y penser tout bas, même en présence des dénonciateurs. Seul à seul, quand il est sûr de son voisin, il lui en parle, et quand un paysan parle de cette sorte à un paysan, un ouvrier à un ouvrier, vous savez quel est l'effet. « C'est par les fils des *yeomen* surtout, dit Latimer, que la foi du Christ s'est maintenue en Angleterre[1], » et ce sera plus tard avec des fils de *yeomen*, que Cromwell gagnera ses victoires puritaines. Quand un chuchotement court ainsi dans le peuple, toutes les voix officielles crient inutilement; la nation a rencontré son poëme, elle bouche ses oreilles aux importuns qui tâchent de l'en distraire, et bientôt elle le chantera de toute sa voix et de tout son cœur.

Cependant la contagion avait gagné même les gens officiels, et Henri VIII enfin permettait de publier la Bible anglaise[2]. L'Angleterre avait son livre. « Qui-

---

1. Froude, II, 33, 1529. « Grâce à Dieu, disent les évêques, aucune personne notable de notre temps n'est tombée dans le crime d'hérésie. »

2. En 1536. *Strype's memorials, appendix*, 42. Froude, III, chap. xii.

conque pouvait acheter le livre, dit Strype, ou le lisait assidûment, ou se le faisait lire par d'autres, et plusieurs personnes d'âge apprirent à lire pour cet objet. » Des pauvres, le dimanche, se rassemblaient au bas de l'église pour le lire. Un jeune homme, Maldon, contait plus tard qu'il avait mis ses économies avec celles d'un apprenti de son père pour acheter un Nouveau Testament, et que, par crainte de son père, ils l'avaient caché dans leur paillasse. En vain le roi, dans sa proclamation, avait ordonné aux gens « de ne pas trop accorder à leur propre sens, à leurs imaginations, à leurs opinions; de ne pas raisonner publiquement là-dessus dans leurs tavernes publiques et dans leurs débits de bière, mais d'avoir recours aux gens doctes et autorisés; » la semence germait, et on aimait mieux en croire Dieu que les hommes. Maldon déclarait à sa mère qu'il ne s'agenouillerait plus devant le crucifix, et son père furieux le rouait de coups et voulait le pendre. La préface elle-même appelait les gens à l'étude indépendante, disant que « l'évêque de Rome a tâché longtemps de priver le peuple de la Bible..., pour l'empêcher de découvrir ses tours et ses mensonges..., sachant bien que si le clair soleil de la parole de Dieu apparaissait dans la chaleur du jour, il dissiperait le brouillard pestilentiel de ses diaboliques doctrines. » Même de l'avis des gens officiels, c'est donc la vérité pure et tout entière qui est là, non pas la simple vérité spéculative, mais la vérité morale sans laquelle nous ne pouvons bien vivre ni être sauvés.

« Cherche dans l'Écriture, dit le traducteur, principalement et avant tout les traités et les contrats[1] faits entre Dieu et nous, c'est-à-dire la loi et les commandements que Dieu nous fait, et ensuite, la grâce et le pardon qu'il promet à tous ceux qui se soumettent à sa loi. Car toutes les promesses, partout, dans toute l'Écriture, enferment un traité ; c'est-à-dire que Dieu *s'engage à t'accorder cette grâce* à cette condition seulement que tu t'efforceras toi-même de garder ses lois. » Quel mot ! et avec quelle ardeur, des hommes tourmentés par les reproches incessants d'une conscience scrupuleuse et par le pressentiment de l'éternité obscure, vont-ils appliquer sur ces pages toute l'attention de leurs yeux et de leur cœur !

J'ai devant moi un de ces vieux in-folios carrés[2], en lettres gothiques, où des pages usées par les doigts calleux ont été raccommodées, où une vieille estampe rend sensible aux pauvres gens les exploits et les menaces du Dieu tonnant, où la préface et la table indiquent aux simples la morale qu'il faut tirer de chaque histoire tragique, et l'application qu'il faut faire de chaque précepte ancien. Une partie de la langue et la moitié des mœurs anglaises sortent de là : encore aujourd'hui le pays est *biblique*[3]; ce sont ces gros livres qui ont transformé l'Angleterre de Shakspeare. Tâchez, pour comprendre ce grand changement, de vous représenter ces yeomen, ces

---

1. Covenants.
2. 1549. Traduction de Tyndal (Bibliothèque impériale).
3. Le mot est de Stendhal ; c'est son impression d'ensemble.

boutiquiers qui, le soir, étalent cette Bible sur leur table, et la tête nue, avec vénération, écoutent ou lisent un de ses chapitres. Songez qu'ils n'ont point d'autres livres, que leur esprit est vierge, que toute impression y fera un sillon, que la monotonie de la vie machinale les livre tout entiers aux émotions neuves, qu'ils ouvrent ce livre non pour se distraire, mais pour y chercher leurs entence de vie et de mort; enfin que l'imagination sombre et passionnée de la race les exhausse au niveau des grandeurs et des terreurs qui vont passer sous leurs yeux. Tyndal, le traducteur, a écrit parmi des sentiments pareils; condamné, poursuivi, se cachant, l'esprit plein de l'idée de sa mort prochaine et du grand Dieu pour lequel à la fin il est monté sur le bûcher; et les spectateurs qui ont vu les remords de Macbeth et les meurtres de Shakspeare peuvent entendre les désespoirs de David et les massacres accumulés sous les Juges et sous les Rois. Le court verset hébraïque a prise ici par son âpreté fruste. Ils n'ont pas besoin, comme les Français, qu'on leur développe les idées, qu'on les explique en beau langage clair, qu'on les modère et qu'on les lie[1]. La grave et vibrante parole les ébranle du premier coup; ils l'entendent par l'imagination et par le cœur; ils ne sont pas, comme nous, asservis à la régularité de la logique, et le vieux texte, si heurté, si fier et si terrible, peut garder dans leur langue sa sauvagerie et sa majesté. Plus qu'au-

---

1. Voyez la traduction de Lemaistre de Sacy, si peu biblique.

cun peuple de l'Europe, à force de concentration et de rigidité intérieures, ils retrouvent la conception sémitique du Dieu solitaire et tout-puissant : étrange conception qu'avec tous nos procédés critiques nous parvenons à peine aujourd'hui à reformer en nous-mêmes. Pour l'Hébreu, pour les puissants esprits qui ont rédigé le Pentateuque[1], pour les prophètes et les auteurs des Psaumes, la vie, telle que nous la concevons, s'est retirée des êtres, plantes, animaux, firmament, objets sensibles, pour se reporter et se concentrer tout entière dans l'Être unique dont ils sont les œuvres et les jouets. La terre est le marche-pied de ce grand Dieu, le ciel est son vêtement. Il est dans ce monde, parmi ses créatures, comme un roi d'Orient dans sa tente, parmi ses armes et ses tapis. Si vous entrez dans cette tente, tout disparaît devant l'idée absorbante du maître; vous ne voyez que lui; nulle chose n'a d'être propre et indépendant; ces armes ne sont faites que pour sa main, ces tapis ne sont faits que pour son pied; vous ne les imaginez que pliés pour lui et foulés par lui. Toujours le redoutable visage et la voix grondante du dominateur irrésistible apparaissent derrière ses instruments. Pareillement pour l'Hébreu, la nature et les hommes ne sont rien par eux-mêmes; ils servent à Dieu; ils n'ont point d'autre raison d'exister ni d'autre usage; ils s'effacent à côté de l'Être solitaire et énorme qui,

---

1. *Voy.* Ewald, *Geschichte des Volks Israel.* Apostrophe d'Ewald au troisième rédacteur du Pentateuque : Erhabener Geist..., etc.

étalé et dressé comme une montagne devant la pensée humaine, occupe et couvre à lui seul tout l'horizon. En vain nous essayons, nous autres descendants des races ariennes, de nous figurer ce Dieu dévorateur; nous laissons toujours quelque beauté, quelque intérêt, quelque portion de vie libre à la nature; nous n'atteignons le Créateur qu'à demi, avec peine, au bout d'un raisonnement, comme Voltaire et Kant; nous faisons de lui plus volontiers un architecte; nous croyons naturellement aux lois naturelles; nous savons que l'ordre du monde est fixe; nous n'écrasons pas les choses et leurs attaches sous le poids d'une souveraineté arbitraire; nous ne nous figurons pas le sentiment sublime de Job qui voit le monde frissonner et s'abîmer sous l'attouchement de la main foudroyante; nous ne nous sentons plus capables de soutenir l'émotion intense et de répéter l'accent extraordinaire des Psaumes, où, dans le silence des êtres pulvérisés, rien ne subsiste que le dialogue du cœur de l'homme et du Dominateur éternel. Ceux-ci, dans l'angoisse de la conscience troublée et dans l'oubli de la nature sensible, le recommencent en partie. Si la forte et âpre acclamation de l'Arabe qui éclate comme une trompette à l'aspect du soleil levant et de la nudité des solitudes[1], si les secousses intérieures, les courtes visions du paysage lumineux et grandiose, si le coloris sémitique manque, du moins

---

1. Comparez le psaume 104, dans l'admirable traduction de Luther et dans la traduction anglaise.

le sérieux et la simplicité ont subsisté, et le Dieu hébraïque transporté dans la conscience moderne n'est pas moins souverain dans cette étroite enceinte que dans les sables et dans les montagnes d'où il est sorti. Son image est réduite, mais son autorité est entière; s'il est moins poétique, il est plus moral. Ils lisent avec étonnement et tremblement l'histoire de ses œuvres, les tables de ses ordonnances, les archives de ses vengeances, la proclamation de ses promesses et de ses menaces; ils s'en remplissent. On n'a jamais vu de peuple qui se soit imbu si profondément d'un livre étranger, qui l'ait fait ainsi pénétrer dans ses mœurs et dans ses écrits, dans son imagination et dans son langage. Désormais ils ont trouvé leur roi, ils vont le suivre; nulle parole laïque ou ecclésiastique ne prévaudra contre sa parole; ils lui ont soumis leur conduite, ils exposeront pour lui leurs corps et leurs vies, et s'il le faut, pour lui rester fidèles, un jour viendra où ils renverseront l'État.

Ce n'est pas assez d'entendre ce roi, il faut encore lui répondre, et la religion n'est complète que lorsque la prière du peuple vient s'ajouter à la révélation de Dieu. En 1549, enfin, l'Angleterre reçoit son Prayer-Book[1] des mains de Cranmer, Pierre Martyr, Bernard Ochin, Mélanchthon; les principaux et les plus fervents des réformateurs de l'Europe ont été appelés pour « composer un corps de doctrines conformes à

---

1. Le premier rudiment considérable est de 1545. Froude, V, 145 et 146. Le Prayer-Book subit plusieurs changements en 1552, d'autres sous Élisabeth, et quelques-uns enfin à la Restauration.

CHAPITRE V. LA RENAISSANCE CHRÉTIENNE. 317

l'Écriture, » et pour exprimer un corps de sentiments conformes à la véritable foi des chrétiens. Admirable livre où respire tout l'esprit de la réforme, où, à côté des touchantes tendresses de l'Évangile et des accents virils de la Bible, palpitent la profonde émotion, la grave éloquence, la générosité, l'enthousiasme contenu des âmes héroïques et poétiques qui retrouvaient le christianisme et qui avaient connu les approches du bûcher. « Père tout-puissant et miséricordieux, « nous avons erré et nous nous sommes égarés hors « de tes voies, comme des brebis perdues. Nous avons « trop suivi les imaginations et les désirs de nos « propres cœurs. Nous avons péché contre tes lois « saintes. Nous n'avons point fait les choses que nous « devions faire, et nous avons fait les choses que « nous devions ne point faire. Et il n'y a point de « santé en nous. Mais toi, Seigneur, aie pitié de nous, « misérables pécheurs. Épargne, ô Dieu, ceux qui « confessent leurs fautes. Relève ceux qui sont péni- « tents, selon tes promesses déclarées au genre hu- « main par le Christ, Jésus, Notre-Seigneur, et ac- « corde-nous, ô miséricordieux Père, pour l'amour « de lui, que nous puissions à l'avenir avoir une vie « pieuse, droite et sage[1].... Dieu tout-puissant et

---

1. Almighty and most merciful Father, we have erred and strayed from Thy ways like lost sheep. We have followed too much the devices and desires of our own hearts. We have offended against Thy holy laws. We have left undone those things which we ought to have done; and we have done those things which we ought not to have done. And there is no health in us. But Thou, O Lord, have mercy on us, miserable offenders; spare Thou them, O God,

« éternel, qui ne hais rien de ce que tu as fait, et
« qui pardonnes les fautes de tous ceux qui se re-
« pentent, crée et fais en nous un cœur nouveau et
« contrit, afin que nous déplorions, comme il con-
« vient, nos péchés, et que, reconnaissant notre mi-
« sère, nous puissions obtenir de toi pardon et ré-
« mission entière[1].... » Toujours revient la même
idée, l'idée du péché, du repentir et de la rénovation
morale; toujours la pensée maîtresse est celle du
cœur humilié devant la justice invisible et n'implorant sa grâce que pour obtenir son redressement. Un
pareil état d'esprit ennoblit l'homme et met une sorte
de gravité passionnée dans toutes les importantes actions de sa vie. Il faut écouter la liturgie au lit des
mourants, au baptême des enfants, à la célébration
des mariages. « Veux-tu prendre cette femme pour
« ta légitime épouse, afin de vivre ensemble selon le
« commandement de Dieu dans le saint état du ma-
« riage? Veux-tu l'aimer, la soutenir, l'honorer, la
« garder dans la maladie et dans la santé.... dans la
« bonne et la mauvaise fortune, dans la richesse et
« dans la pauvreté.... et renonçant à toute autre, te

---

which confess their faults. Restore Thou them that are penitent, according to Thy promises declared unto mankind in Christ Jesu, our Lord. And grant, O most merciful Father, for His sake, that we may hereafter live a godly righteous and sober life.

1. Almighty and everlasting God, who hatest nothing that Thou hast made, and doth forgive the sins of all them who are penitent; create and make in us new and contrite hearts, that we, worthily lamenting our sins and acknowledging our wretchedness, may obtain of Thee, the God of all mercy, perfect remission and forgiveness.

« garder à elle seule aussi longtemps que vous vivrez
« tous les deux[1]? » Ce sont là les vraies paroles de la
loyauté et de la conscience. Nulle langueur mystique
ici ni ailleurs. Cette religion n'est point faite pour
des femmes qui rêvent, attendent et soupirent, mais
pour des hommes qui s'examinent, agissent et ont confiance, confiance en quelqu'un de plus juste qu'eux.
Quand l'homme est malade et que sa chair défaille,
le prêtre s'avance et lui dit : « Notre cher bien-aimé,
« sachez ceci : que le Dieu tout-puissant est le Sei-
« gneur de la vie et de la mort et de toutes les choses
« qui s'y rapportent, comme la jeunesse, la force,
« la santé, la vieillesse, la débilité, la maladie; c'est
« pourquoi, quel que soit votre mal, sachez avec
« certitude qu'il est une visitation de Dieu; et quelle
« que soit la cause pour laquelle cette maladie vous
« est envoyée, que ce soit pour éprouver votre pa-
« tience ou servir d'exemple à autrui..., ou pour cor-
« riger et amender en vous quelque chose qui offense
« les yeux de votre Père céleste; sachez avec certi-
« tude que si vous vous repentez véritablement de
« vos péchés et si vous portez patiemment votre ma-
« ladie, vous confiant à la miséricorde de Dieu et

---

1. Wilt thou have this woman to be thy wedded wife, to live together after God's ordinance in the holy state of matrimony? Wilt thou love her, comfort her, honour and keep her, in sickness and in hedalth, and, forsaking all other, keep thee only unto her, so long as ye both shall live?
I take thee to be my wedded wife, to have and to hold from this day forward, for better, for worse, for richer, for poorer, in sickness and in health, to love and to cherish, till death us do part.

« vous soumettant entièrement à sa volonté..., elle
« tournera à votre profit et vous aidera dans la droite
« voie qui conduit à la vie éternelle[1]. » Un grand
sentiment mystérieux, une sorte d'épopée sublime et
sans images apparaît obscurément parmi ces examens
de la conscience, je veux dire la divination du
gouvernement divin et du monde invisible, seuls subsistants,
seuls véritables en dépit des apparences corporelles
et du hasard brutal qui semble entre-choquer
les choses. De loin en loin l'homme entrevoit cet *au-delà*
et se relève du fond de son cloaque, comme s'il
avait respiré soudainement un air fortifiant et pur.
Voilà les effets de la prière publique rendue au peuple ;
car celle-ci a été retirée du latin, reportée dans
la *langue vulgaire*, et dans ce seul mot il y a une révolution.
Sans doute la routine, ici comme pour l'ancien
missel, fera insensiblement son triste office ; à
force de répéter les mêmes mots, l'homme ne répétera
souvent que des mots ; ses lèvres remueront et
son cœur restera inerte. Mais dans les grandes an-

---

[1]. Dearly beloved, know this that Almighty God is the Lord of life and death, and of all things to them pertaining, as youth, strength, health, age, weakness, and sickness. Wherefore, whatsoever your sickness is, know you certainly, that it is God's visitation. And for what cause soever this sickness is sent unto you, whether it be to try your patience, for the example of others..., or else it be sent unto you to correct and amend in you whatsoever doth offend the eyes of your heavenly Father, know you certainly that, if you truly repent you of your sins and bear your sickness patiently, trusting in God's mercy.... submitting yourself wholly unto His will, it shall turn to your profit, and help you forward in the right way that leadeth unto everlasting life.

CHAPITRE V. LA RENAISSANCE CHRÉTIENNE. 321

goisses, dans les sourdes agitations de l'esprit inquiet et vide, aux funérailles de ses proches, les fortes paroles du livre le retrouveront sensible; car elles sont vivantes[1] et ne s'arrêtent pas dans les oreilles comme le langage mort : elles entrent jusqu'à l'âme, et sitôt que l'âme est remuée et labourée, elles y prennent racine. Si vous allez les entendre dans le pays et si vous écoutez l'accent vibrant et profond avec lequel on les prononce, vous verrez qu'elles y forment un poëme national, toujours compris et toujours efficace. Le dimanche, dans le silence de toutes les affaires et de tous les plaisirs, entre les murs nus des églises de village, où nulle image, nul ex-voto, nul culte accessoire ne vient distraire les yeux, les bancs sont pleins; les puissants versets hébraïques heurtent comme des coups de bélier à la porte de chaque âme, puis la liturgie développe ses supplications imposantes, et par intervalles le chant de la congrégation vient avec l'orgue soutenir le recueillement public. Rien de plus grave et de plus simple que ce chant populaire; nulle fioriture, nulle cantilène; il n'est point fait pour l'agrément de l'oreille, et néanmoins il est exempt des tristesses maladives, de la lugubre

---

1. Lettre de Henri VIII à Cranmer. Froude, IV, 484. « Faire usage des paroles d'une langue étrangère, avec un simple sentiment de dévotion, quand l'esprit n'en retire aucun fruit, ne peut être ni agréable à Dieu, ni salutaire à l'homme. Celui qui ne comprend pas la force et l'efficacité de l'entretien qu'il a avec Dieu ressemble à une harpe ou à une flûte, qui a un son, mais ne comprend pas le bruit qu'elle fait. Un chrétien est plus qu'un instrument, et les sujets du roi doivent être capables de prier comme des hommes raisonnables dans leur propre langue. »

monotonie que le moyen âge a laissée dans notre plain-chant; ni monacal, ni païen, il roule comme une mélopée virile et pourtant douce, sans contredire ni faire oublier les paroles qu'il accompagne; ces paroles sont les psaumes[1] traduits en vers et encore augustes, atténués mais non enjolivés. Tout est d'accord, le lieu, le chant, le texte, la cérémonie, pour mettre chaque homme, en personne et sans intermédiaire, en présence du Dieu juste, et pour former une poésie morale qui soutienne et développe le sens moral[2].

---

[1]. Sternhold, 1549.

[2]. On peut voir dans l'*Oraison funèbre de la comtesse de Richmond*, par John Fisher, les pratiques auxquelles cette religion succédait.

As for fasting, for age, and feebleness, albeit she were not bound, yet those days that by the church were appointed, she kept them diligently and seriously, and in especial the holy Lent throughout, that she restrained her appetite, till one meal of fish on the day; besides her other peculiar fasts of devotion, as St Anthony, St Mary Magdalene, St Catharine, with other; and throughout all the year, the Friday and Saturday she full truly observed. As to hard clothes wearing, she had her shirts and girdles of hair, which, when she was in health, every week she failed not certain days to wear, sometime the one, sometime the other, that full often her skin, as I heard say, was pierced therewith.

In prayer, every day at her uprising, which commonly was not long after five of the clock, she began certain devotions, and so after them, with one of her gentlewomen, the matins of our Lady; then she came into her closet, where then with her chaplain she said also matins of the day; and after that, daily heard four or five masses upon her knees; so continuing in her prayers and devotions unto the hour of dinner, which of the eating day, was ten of the clocks, and upon the fasting day eleven. After dinner full truly she would go her stations to three altars daily; daily her dirges and commendations she would say, and her even songs before supper,

Un point manque encore pour achever cette religion virile, le raisonnement humain. Le ministre monte en chaire et parle; il parle froidement, je le veux bien, avec des commentaires littéraux et des démonstrations trop longues, mais solidement, sérieusement, en homme qui veut bien convaincre, et par de bons moyens, qui ne s'adresse qu'à la raison, et ne discourt que de la justice. Avec Latimer et ses contemporains, la prédication comme la religion change d'objet et de caractère; comme la religion, elle devient populaire et morale, et s'appropre à ceux qui l'écoutent pour les rappeler à leurs devoirs. Peu d'hommes, par leur vie et leur parole, ont mieux que celui-ci mérité des hommes. C'était un véritable Anglais, consciencieux, courageux, homme de bon sens et de pratique, issu de la classe laborieuse et

---

both of the day and of our Lady; beside many other prayers and psalters of David throughout the year; and at night before she went to bed, she failed not to resort unto her chapel, and there a large quarter of an hour to occupy her devotions. No marvel, though all this long time her kneeling was to her painful, and so painful that many times it caused in her back pain and diease. And yet nevertheless, daily when she was in health, she failed not to say the crown of our lady, which after the manner of Rome, containeth sixty and three aves, and at every ave, to make a kneeling. As for meditation, she had divers books in French, wherewith she would occupy herself when she was weary of prayer. Wherefore divers she did translate out of the French into English. Her marvellous weeping they can bear witness of, which here before have heard her confession, which be divers and many, and at many seasons in the year, lightly every third day. Can also record the same those that were present at any time when she was houshilde, which was full nigh a dozen times every year, what floods of tears there issued forth of her eyes!

indépendante où étaient le cœur et les muscles de la nation. Son père, un brave yeoman, avait une ferme de quatre livres par an, où il employait une demi-douzaine d'hommes, avec trente vaches que trayait sa femme, lui-même bon soldat du roi, s'entretenant d'une armure pour lui et son cheval afin de paraître à l'armée selon les occurrences, enseignant à son fils à tirer de l'arc, lui donnant à boucler sa cuirasse, et trouvant au fond de sa bourse quelques vieux nobles pour l'envoyer à l'école et de là à l'Université. Le petit Latimer étudia âprement, prit ses grades, et resta longtemps bon catholique, ou, comme il disait, « dans les ténèbres et l'ombre de la mort. » Vers trente ans, ayant fréquenté Bilney le martyr, et surtout ayant connu le monde et pensé par lui-même, il commença « à flairer la parole de Dieu et à abandonner les docteurs d'école et les sottises de ce genre, » bientôt à prêcher, et tout de suite à passer « pour un séditieux grandement incommode aux gens en place qui étaient injustes. » Car ce fut là d'abord le trait saillant de son éloquence ; il parlait aux gens de leurs devoirs, et en termes précis. Un jour qu'il prêchait devant l'Université, l'évêque d'Ely entra curieux de l'entendre. Sur-le-champ il changea de sujet, et fit le portrait du prélat parfait, portrait qui ne cadrait pas bien avec la personne de l'évêque, et il fut dénoncé pour ce fait. Devenu chapelain de Henri VIII, si terrible que fût le roi, si petit qu'il fût lui-même, il osa lui écrire librement pour arrêter la persécution qui commençait et empêcher l'interdiction de la Bible ;

certainement il jouait sa vie. Il l'avait déjà fait, il le
fit encore; comme Tyndal, comme Knox, comme
tous les chefs de la Réforme, il vécut presque incessamment dans l'attente de la mort, et dans la pensée
du bûcher. Avec une santé mauvaise, attaqué par de
grands maux de tête, par des douleurs d'entrailles,
par la pleurésie, par la pierre, il faisait un travail
énorme, voyageant, écrivant, prêchant, prononçant
à soixante-sept ans deux sermons chaque dimanche,
et le plus souvent se levant à deux heures du matin,
été comme hiver, pour étudier. Rien de plus simple
et de plus efficace que son éloquence; et la raison en
est qu'il ne parle jamais pour parler, mais pour *faire
une œuvre*. Ses instructions, entre autres celles qu'il
prêche devant le jeune roi Édouard, ne sont pas,
comme celles de Massillon devant le petit Louis XV,
suspendues en l'air, dans la tranquille région des
amplifications philosophiques : ce sont les vices présents qu'il veut corriger et qu'il attaque, les vices
qu'il a vus, que chacun désigne du doigt; lui aussi il
les désigne, nommant les choses par leur nom, et
aussi les gens, disant les faits et les détails, en brave
cœur, qui n'épargne personne, et s'expose sans ar-
rière-pensée pour dénoncer et redresser l'iniquité. Si
universelle que soit sa morale, si ancien que soit son
texte, il l'applique aux contemporains, à ses auditeurs, tantôt aux juges qui sont là, « à messieurs les
habits de velours » qui ne veulent pas écouter les
pauvres, qui en douze mois ne donnent qu'un jour
d'audience à telle femme, et qui laissent telle autre

pauvre femme à la prison de la Flotte, sans vouloir accepter caution; tantôt aux payeurs, aux entrepreneurs du roi, dont il compte les voleries, qu'il place « entre l'enfer et la restitution, » et de qui, livre par livre, il obtient et extorque l'argent volé. Toujours, de l'iniquité abstraite, il va à l'abus spécial; car c'est l'abus qui crie et demande non un discoureur, mais un champion; la théologie ne vient pour lui qu'en second lieu; avant tout, la pratique; la véritable offense contre Dieu, à ses yeux, c'est un mauvais acte; le véritable service de Dieu, c'est la suppression des mauvais actes. Et regardez par quelles voies il y va. Nul grand mot, nul étalage de style, nul déroulement de dialectique. Il conte sa vie, la vie des autres, et donne les dates, les chiffres, les lieux; il abonde en anecdotes, en petites circonstances sensibles, capables d'entrer dans l'imagination et de réveiller les souvenirs de chaque auditeur. Il est familier, parfois plaisant, et toujours si précis, si imbu des événements réels et des particularités de la vie anglaise, qu'on peut tirer de ses sermons une description presque complète des mœurs de son temps et de son pays. Pour réprimander les grands qui s'approprient les communaux par des enclos, il leur fait le détail des nécessités du paysan, sans le moindre souci des convenances; c'est qu'il ne s'agit point ici de garder des convenances, mais de produire des convictions. « Une terre à labour a besoin de mou-
« tons, car il leur faut des moutons pour fumer leur
« terre, s'ils veulent qu'elle porte du grain; en effet,

« s'ils n'ont point de moutons pour les aider à en-
« graisser leur terre, ils n'auront que du pauvre blé
« et maigre. Ils ont aussi besoin de porcs pour leur
« nourriture, afin d'avoir du lard; le lard est leur
« venaison; vous savez bien que le *justice* est là avec
« son latin et sa potence, s'ils veulent en avoir une
« autre; en sorte que le lard est leur nourriture né-
« cessaire, de laquelle ils ne peuvent se passer. Il
« leur faut aussi d'autres bêtes, comme chevaux pour
« tirer leur charrue et porter leurs récoltes au mar-
« ché, vaches pour leur lait et leur fromage dont ils
« vivent, et sur lesquels ils payent leur fermage.
« Toutes ces bêtes ont besoin de pâturage; lequel
« manquant, il faut que tout le reste manque aussi;
« et elles ne peuvent pas avoir de pâturage, si on
« prend la terre et si on l'enclôt de façon à ce qu'elles
« n'y entrent pas[1]. » Une autre fois, pour mettre ses
auditeurs en garde contre les jugements précipités,
il leur conte qu'étant entré dans la tour de Cambridge
pour exhorter les détenus, il trouva une femme ac-

---

1. A plowland must have sheepe, yea they must have sheepe, to dung their ground for bearing of corn; for if they have no sheepe to helpe to fat the ground, they shall have but bare corn and thin. They must have swine for their food, to make them veneries or bacon of. Their bacon is their venison. (For they shall now have *hangum tuum* if they get any other venison.) So that bacon is their necessary meate to feed on, which they may not lack. They must have other cattels, as horses to draw their plows, and for carriage of things to the markets, and kine for their milke and cheese, which they must live upon and pay their rents. These cattell must have pasture, which pasture if they lack, the rest must needs fail them. And pasture they cannot have, if the land be taken in, and inclosed from them. (Latimer's *Sermons*, édition 1635, p. 105.)

cusée d'avoir tué son enfant et qui ne voulait rien confesser. « Son enfant avait été malade pendant
« l'espace d'un an, et s'en allait, à ce qu'il paraît, de
« consomption. A la fin, il mourut dans le temps de
« la moisson. Elle s'en alla chez les voisins et autres
« amis pour requérir leur aide, afin de préparer l'en-
« fant pour la sépulture ; mais personne n'était au
« logis, chacun était aux champs. La femme, avec un
« grand abattement et une grande angoisse de cœur,
« s'en revint, et étant toute seule prépara l'enfant
« pour la sépulture. Son mari, au retour, n'ayant pas
« grand amour pour elle, l'accusa du meurtre ; et
« voilà comme elle fut prise et amenée à Cambridge.
« Pour moi, avec tout ce que je pus apprendre par
« une recherche exacte, je crus en conscience que la
« femme n'était pas coupable, toutes les circonstances
« bien considérées. Aussitôt après cela, je fus appelé
« à prêcher devant le roi, ce qui était le premier
« sermon que j'eusse à faire devant Sa Majesté, et je
« le fis à Windsor, où Sa Majesté, après le sermon
« fini, me parla très-familièrement dans une galerie.
« Alors, quand je vis le bon moment, je m'agenouillai
« devant Sa Majesté, lui découvrant toute l'affaire,
« et ensuite je suppliai très-humblement Sa Majesté
« de pardonner à cette femme ; car je croyais, en ma
« conscience, qu'elle n'était pas coupable, et autre-
« ment, pour tout au monde, je n'aurais pas voulu
« intercéder pour un assassin. Le roi écouta avec
« beaucoup de clémence mon humble requête, telle-
« ment que j'eus pour elle un pardon tout préparé,

« quand je m'en retournai au logis. Cependant cette
« femme était accouchée d'un enfant dans la tour de
« Cambridge, dont je fus le parrain et mistress Cheak
« la marraine. Mais pendant tout ce temps je ca-
« chai mon pardon, et ne lui en dis rien, l'exhor-
« tant seulement à avouer la vérité. A la fin, le jour
« vint où elle crut qu'on l'exécuterait ; je vins, comme
« c'était ma coutume, pour l'instruire, et elle me fit
« une grande lamentation ; car elle croyait qu'elle
« serait damnée, si on l'exécutait avant qu'elle eût pu
« faire ses relevailles.... Nous manœuvrâmes ainsi
« avec cette femme jusqu'à ce que nous l'eussions
« amenée à de bonnes dispositions. A la fin, nous lui
« montrâmes le pardon du roi et la laissâmes aller.
« Je vous ai conté cette histoire pour vous montrer
« que nous ne devons point être trop précipités à
« croire un rapport, mais que nous devons plutôt
« suspendre nos jugements jusqu'à ce que nous sa-
« chions la vérité [1]. » Quand un homme prêche ainsi,

---

1. Now after I had been acquainted with him, I went with him to visit the prisoners in the tower at Cambridge, for he was ever visiting prisoners and sick folk. So we went together, and exhorted them as well as we were able to do; minding them to patience, and to acknowledge their faults. Among other prisoners, there was a woman which was accused that she had killed her child, which act she plainly and steadfastly denied, and could not be brought to confess the act; which denying gave us occasion to search for the matter, and so we did; and at length we found that her husband loved her not, and therefore he sought means to make her out of the way. The matter was thus : —

A child of hers had been sick by the space of a year, and so decayed, as it were, in a consumption. At length it died in harvest time; she went to her neighbours and other friends to desire their

on le croit ; on est sûr qu'il ne récite pas une leçon, on sent qu'il a vu, qu'il tire sa morale, non des livres, mais des faits, que ses conseils sortent du solide fonds d'où tout doit sortir, je veux dire de l'expérience multipliée et personnelle. Maintes fois j'ai écouté les orateurs populaires, ceux qui s'adressent aux bourses,

help to prepare the child for burial; but there was nobody at home, every man was in the field. The woman, in a heaviness and trouble of spirit, went, and being herself alone, prepared the child for burial. Her husband coming home, not having great love towards her, accused her of the murder, and so she was taken and brought to Cambridge. But as far forth as I could learn, through earnest inquisition, I thought in my conscience the woman was not guilty, all the circumstances well considered.

Immediately after this, I was called to preach before the king, which was my first sermon that I made before His Majesty, and it was done at Windsor; where His Majesty, after the sermon was done, did most familiarly talk with me in a gallery. Now, when I saw my time, I kneeled down before His Majesty, opening the whole matter, and afterwards most humbly desired His Majesty to pardon that woman. For I thought in my conscience she was not guilty, or else I would not for all the world sue for a murderer. The king most graciously heard my humble request, insomuch that I had a pardon ready for her at my returning homeward. In the mean season, that woman was delivered of a child in the tower of Cambridge, whose-godfather I was, and Mistress Cheak was godmother. But all that time I hid my pardon, and told her nothing of it, only exhorting her to confess the truth. At length the time came when she looked to suffer; I came as I was wont to do, to instruct her; she made great moan to me, and most earnestly required me that I would find the means that she might be purified before her suffering. For she thought she would have been damned if she should suffer without purification. So we travailed with this woman till we brought her to a good opinion; and at length showed her the king's pardon, and let her go.

This tale I told you by this occasion, that though some women be very unnatural, and forget their children, yet when we hear any body so report, we should not be too hasty in believing the tale, but rather suspend our judgments till we know the truth.

et prouvent leur talent par leurs recettes; c'est de cette façon qu'ils haranguent, avec des exemples circonstanciés, récents, voisins, avec les tournures de la conversation, laissant là les grands raisonnements et le beau langage. Figurez-vous l'ascendant des Écritures commentées par une telle parole, jusqu'à quelles couches du peuple elle peut descendre, quelle prise elle a sur des matelots, des ouvriers, des domestiques; considérez encore que l'autorité de cette parole est doublée par le courage, l'indépendance, l'intégrité, la vertu inattaquable et reconnue de celui qui la porte; il a dit la vérité au roi, il a démasqué les voleurs, il a encouru toutes sortes de haines, il a quitté son évêché pour ne rien signer contre sa conscience, et voici qu'à quatre-vingts ans, sous Marie, ayant refusé de se rétracter, après deux ans de prison et d'attente, et quelle attente! il est conduit au bûcher. Son compagnon Ridley « dormit, la nuit qui précéda, aussi tranquillement que jamais en sa vie, » et attaché au poteau, dit tout haut: « Père céleste, je te remercie humblement de m'avoir choisi pour être confesseur de la vérité même par ma mort. » A son tour, comme on allumait les fagots, Latimer s'écria: « Bon courage, maître Ridley, soyez homme, nous allons aujourd'hui, par la grâce de Dieu, allumer une chandelle en Angleterre, de telle sorte que, j'espère, on ne l'éteindra jamais. » Il baigna d'abord ses mains dans les flammes, et, recommandant son âme à Dieu, il mourut.

Il avait bien jugé; c'est par cette suprême épreuve

qu'une croyance prouve sa force et conquiert ses partisans ; les supplices sont une propagande en même temps qu'un témoignage, et font des convertis en faisant des martyrs. Tous les écrits du temps et tous les commentaires qu'on en peut faire languissent auprès des actions qui, coup sur coup, éclatèrent alors chez les docteurs et dans le peuple, jusque parmi les plus simples et les plus ignorants. En trois ans, sous Marie, près de trois cents personnes, hommes, femmes, vieillards, jeunes gens, quelques-uns presque enfants, plutôt que d'abjurer, se laissèrent brûler vivants. La toute-puissante idée de Dieu et de la fidélité qu'on lui doit les roidissait contre toutes les réclamations de la nature et contre tous les frémissements de la chair. « Nul ne sera couronné, écrivait l'un d'eux, hors ceux qui combattront en hommes, et celui qui souffrira jusqu'au bout sera sauvé. » Le docteur Rogers souffrit, le premier, en présence de sa femme et de ses dix enfants, dont l'un était encore à la mamelle. On ne l'avait point averti, et il dormait profondément. Soudain la femme du geôlier l'éveilla, et lui apprit que c'était pour cette matinée. « Alors, dit-il, je n'ai pas besoin d'attacher mes aiguillettes. » Au milieu de la flamme, il n'avait pas l'air de souffrir. « Ses enfants étaient debout à côté de lui, le consolant ; en sorte qu'on aurait dit qu'ils le conduisaient à quelque joyeux mariage[1]. » — Un jeune homme de dix-neuf ans,

---

[1]. Dépêche de Noailles, ambassadeur français et catholique. *Pictorial history*, II, 524.

CHAPITRE V. LA RENAISSANCE CHRÉTIENNE.

William Hunter, apprenti chez un tisseur de soie, fut exhorté par sa mère à persévérer jusqu'au bout. « Elle lui dit qu'elle était contente d'avoir eu le bon-
« heur de porter un enfant comme lui, qui trouvait
« en son cœur le courage de perdre sa vie pour l'a-
« mour du nom du Christ. Alors William dit à sa
« mère : Pour la petite douleur que j'aurai à souf-
« frir, et qui n'est qu'un court passage, le Christ
« m'a promis, ma mère, une couronne de joie. Ne
« devez-vous pas en être contente, ma mère ? — Là-
« dessus, sa mère s'agenouilla, en disant : Je prie
« Dieu de te fortifier, mon fils, jusqu'à la fin ; oui,
« et je pense ta part aussi bonne que celle d'aucun
« des enfants que j'ai portés.... Aussitôt le feu fut
« fait. Alors William jeta tout droit son psautier
« dans la main de son frère, qui dit : William,
« pense à la sainte Passion du Christ, et n'aie pas
« peur de la mort. — Et William répondit : Je n'ai
« pas peur. — Puis il leva ses mains vers le ciel, et
« dit : Seigneur ! Seigneur ! Seigneur ! recevez mon
« esprit. Et rejetant sa tête dans la fumée étouffante,
« il rendit sa vie pour la vérité[1]. »

---

1. John Fox, *History of the acts and monuments of the Church.*
In the mean time William's father and mother came to him, and desired heartily of God that he might continue to the end in that good way which he had begun, and his mother said to him, that she was glad that ever she was so happy to bear such a child, which could find in his heart to lose his life for Christ's name's sake.
Then William said to his mother, 'For my little pain which I shall suffer; which is but a short braid, Christ hath promised me, mother (said he), a crown of joy : may you not be glad of that,

Quand une passion est capable de dompter ainsi les affections naturelles, elle est capable de dompter aussi la douleur corporelle; toute la férocité du

mother?' With that his mother kneeled down on her knees, saying, 'I pray God strengthen thee, my son, to the end : yea, I think thee as well-bestowed as any child that ever I bare....

Then William Hunter plucked up his gown, and stepped over the parlour grounsel, and went forward cheerfully, the sheriff's servant taking him by one arm, and his brother by another; and thus going in the way, he met with his father according to his dream, and he spake to his son, weeping, and saying, 'God be with thee, son William;' and William said, 'God be with you, good father, and be of good comfort, for I hope we shall meet again, when we shall be merry.' His father said, 'I hope so, William;' and so departed. So William went to the place where the stake stood, even according to his dream, whereas all things were very unready. Then William took a wet broom faggot, and kneeled down thereon, and read the 51st psalm, till he came to these words, 'The sacrifice of God is a contrite spirit; a contrite and a broken heart, O God, thou wilt not despise....'

Then said the sheriff, 'Here is a letter from the queen : if thou wilt recant, thou shalt live; if not, thou shalt be burned.' 'No,' quoth William, 'I will not recant, God willing.' Then William rose, and went to the stake, and stood upright to it. Then came one Richard Pond, a bailiff, and made fast the chain about William.

Then said Master Brown, 'Here is not wood enough to burn a leg of him.' Then said William, 'Good people, pray for me; and make speed, and dispatch quickly; and pray for me while ye see me alive, good people, and I will pray for you likewise.' 'How?' quoth Master Brown, 'pray for thee? I will pray no more for thee than I will pray for a dog....'

Then there was a gentleman which said, 'I pray God have mercy upon his soul.' The people said, 'Amen, Amen.'

Immediately fire was made. Then William cast his psalter right into his brother's hand, who said, 'William, think on the holy Passion of Christ, and be not afraid of death.' And William answered, 'I am not afraid.' Then lift he up his hands to heaven, and said, 'Lord, Lord, Lord, receive my spirit!' And casting down his head again into the smothering smoke, he yielded up his life for the truth, sealing it with his blood to the praise of God.

temps échouait contre les convictions. « Un tisserand de Shoreditch, appelé Tomkins, interrogé par l'évêque de Londres s'il souffrirait bien le feu, répondit qu'il en fît l'expérience; et ayant fait apporter une chandelle allumée, il mit la main dessus sans la retirer ni se mouvoir; » tellement, dit Fox, « que les muscles et les veines se racornirent et éclatèrent, et que le sang jaillit dans la figure de Harpsfield, qui se tenait à côté. » — Dans l'île de Guernesey, une femme grosse étant condamnée au feu accoucha dans les flammes, et l'enfant étant ramassé fut, par l'ordre des magistrats, rejeté dans le feu[1]. L'évêque Hooper fut brûlé jusqu'à trois fois dans un petit feu de bois vert. Il y avait trop peu de bois, et le vent détournait la fumée. Il criait lui-même : « Du bois, bonnes gens, du bois, augmentez le feu. » Ses jambes et ses cuisses furent grillées; l'une de ses mains tomba avant qu'il expirât; il dura ainsi trois quarts d'heure; devant lui, dans une boîte, était son pardon, en cas qu'il voulût se rétracter. Contre les longues angoisses des prisons infectes, contre tout ce qui peut énerver ou séduire, ils étaient invincibles : cinq moururent de faim à Cantorbéry : ils étaient aux fers nuit et jour, sans autre couverture que leurs habits, sur de la paille pourrie; cependant des traités couraient parmi eux, disant « que la croix de la persécution » était un bienfait de Dieu, « un joyau inestimable, un contre-poison sou-

---

1. Neal, *History of the puritans*, I, 69, 72.

verain, éprouvé, pour remédier à l'amour de soi et à la sensualité mondaine. » Devant de tels exemples, le peuple s'ébranlait. « Il n'y a pas d'enfant, écrivait une dame à l'évêque Bonner, qui ne vous appelle Bonner le bourreau, et ne sache sur ses doigts, comme son Pater, le nombre exact de ceux que vous avez brûlés au bûcher ou fait mourir de faim en prison pendant ces neuf mois.... Vous avez perdu les cœurs de vingt mille personnes qui étaient des papistes invétérés il y a un an. » Les assistants encourageaient les martyrs, et leur criaient que leur cause était juste. « On dit même, écrivait l'envoyé catholique, que plusieurs se sont voulu volontairement mettre sur le bûcher à côté de ceux que l'on brûlait[1]. » En vain la reine avait défendu, sous peine de mort, toutes les marques d'approbation. « Nous savons qu'ils sont les hommes de Dieu, criait l'un des assistants, c'est pourquoi nous ne pouvons nous empêcher de dire : Que Dieu les fortifie. » Et tout le peuple répondait : « Amen, amen. » Rien d'étonnant si, à l'avènement d'Élisabeth, l'Angleterre entra à pleines voiles dans le protestantisme ; les menaces de l'Armada l'y poussèrent plus avant encore, et la Réforme devint nationale sous la pression de l'hostilité étrangère, comme elle était devenue populaire par l'ascendant de ses martyrs.

1. Dépêche de Renard à Charles-Quint.

IV

Deux branches distinctes reçoivent la séve commune, l'une en haut, l'autre en bas : l'une respectée, florissante, étalée dans l'air libre ; l'autre méprisée, à demi enfouie sous terre, foulée sous les pieds qui veulent l'écraser ; toutes deux vivantes, l'anglicane comme la puritaine, l'une malgré l'effort qu'on fait pour la détruire, l'autre malgré les soins qu'on prend pour la développer.

La cour a sa religion comme la campagne, religion sincère et qui gagne ; parmi les poésies païennes qui jusqu'à la Révolution occupent toujours la scène du monde, insensiblement on voit percer et monter le grave et grand sentiment qui a plongé ses racines jusqu'au fond de l'esprit public. Plusieurs poëtes, Drayton, Davies, Cowley, Giles Fletcher, Quarles, Crashaw, écrivent des récits sacrés, des vers pieux ou moraux, de nobles stances sur la mort et l'immortalité de l'âme, sur la fragilité des choses humaines et sur la suprême providence en qui seule l'homme trouve le soutien de sa faiblesse et la consolation de ses maux. Chez les plus grands prosateurs, Bacon, Burton, sir Thomas Brown, Raleigh, on voit affleurer la vénération, la préoccupation de l'obscur *au delà*, bref la foi et la prière. Plusieurs des prières qu'écrivit Bacon sont entre les plus belles que l'on sache, et le courtisan Raleigh, contant la chute des empires, et comment « une populace de nations barbares avait abattu enfin ce grand et magnifique arbre de la domination romaine, » achevait son livre avec les idées et l'accent d'un Bossuet[1]. Qu'on se représente l'église de Saint-Paul à Londres, et le beau monde qui s'y donne rendez-vous, les gentilshommes qui traînent bruyamment sur le parvis leurs éperons à molettes, qui lorgnent et causent pendant le service, qui jurent par les yeux de Dieu, par les paupières de Dieu, qui, entre les arceaux et les chapelles, étalent leurs souliers garnis de rubans, leurs chaînes, leurs écharpes, leurs pourpoints de satin, leurs manteaux de velours, leurs façons de bravaches et leurs gestes d'acteurs. Tout cela est fort libre, débraillé même, bien éloigné de la décence moderne. Mais laissez passer la fougue juvénile, prenez l'homme aux grands moments, dans la prison, dans le danger, ou même seulement quand l'âge vient, quand il arrive à juger la vie; prenez-le surtout à la campagne, sur son domaine écarté, dans l'église du village dont il est le patron, ou bien seul le soir, à sa table, écoutant la prière que son chapelain récite, et n'ayant d'autres livres que quelque gros in-folio de drames graissé par les doigts de ses pages, son *Prayer Book* et sa Bible; vous comprendrez alors comment la religion nouvelle trouve

---

1. « O éloquente, juste et puissante mort! Celui que personne n'osait avertir, tu l'as persuadé. Ce que personne n'osait faire, tu l'as fait. Celui que tout le monde a flatté, toi seule tu l'as jeté hors du monde et méprisé. Tu as ramassé ensemble toute la grandeur si fort tendue, tout l'orgueil, la cruauté, l'ambition de l'homme, et couvert tout ensemble de ces deux mots étroits : *Hic jacet.* »

prise sur ces esprits imaginatifs et sérieux. Elle ne les choque point par un rigorisme étroit; elle n'entrave point l'essor de leur esprit; elle n'essaye point d'éteindre la flamme voltigeante de leur fantaisie; elle ne proscrit pas le beau; elle conserve plus qu'aucune église réformée les nobles pompes de l'ancien culte, et fait rouler sous les voûtes de ses cathédrales les riches modulations, les majestueuses harmonies d'un chant grave que l'orgue soutient. C'est son caractère propre de n'être point en opposition avec le monde, mais au contraire de le rattacher à soi en se rattachant à lui. Par sa condition civile comme par son culte extérieur, elle en est embrassée et l'embrasse; car elle a pour chef la reine, elle est un membre de la constitution, elle envoie ses dignitaires sur les bancs de la chambre haute; elle marie ses prêtres; ses bénéfices sont à la nomination des grands, ses principaux membres sont les cadets des grandes familles : par tous ces canaux, elle reçoit l'esprit du siècle. Aussi entre ses mains, la réforme ne peut pas devenir hostile à la science, à la poésie, aux larges idées de la Renaissance. Au contraire, chez les nobles d'Élisabeth et de Jacques Ier, comme chez les cavaliers de Charles Ier, elle tolère les goûts de l'artiste, les curiosités du philosophe, les façons mondaines et le sentiment du beau. L'alliance est si forte que, sous Cromwell, les ecclésiastiques en masse se firent destituer pour le prince, et que les cavaliers par bandes se firent tuer pour l'Église. Des deux parts, les deux mondes se touchent et se confondent. Si plusieurs poëtes sont pieux, plusieurs ecclésiastiques sont poëtes; l'évêque Hall, l'évêque Corbet, le recteur Wither, le prédicateur Donne. Si plusieurs laïques s'élèvent aux contemplations religieuses, plusieurs théologiens, Hooker, John Hales, Taylor, Chillingworth, font entrer dans le dogme la philosophie et la raison. On voit alors se former une littérature nouvelle, élevée et originale, éloquente et mesurée, armée à la fois contre les puritains qui sacrifient à la tyrannie du texte la liberté de l'intelligence, et contre les catholiques qui sacrifient à la tyrannie de la tradition l'indépendance de l'examen, également opposée à la servilité de l'interprétation littérale et à la servilité de l'interprétation imposée. En face des premiers paraît le savant et excellent Hooker, un des plus doux et des plus conciliants des hommes, un des plus solides et des plus persuasifs entre les logiciens, esprit compréhensif, qui en toute question remonte aux principes[1], fait entrer dans la controverse les conceptions générales et la connaissance de la nature humaine[2]; outre cela, écrivain méthodique, correct

---

1. *The Ecclesiastical policy*, 1594. In-folio.
2. That which doth assign unto each thing the kinde, that which doth moderate the force and power, that which doth appoint the form and measure of working, the same we term *Law*....
Now, if Nature should intermit her course, and leave altogether, though it were but for a while, the observation of her own laws; if those principal and mother elements of the world, whereof all things in this lower world are made, should lose the qualities which now they have; if the forme of that heavenly arch erected over our heads should losen and dissolve itself; if celestial spheres should forget their wonted motions; if the prince of the Light of Heaven,

CHAPITRE V. LA RENAISSANCE CHRÉTIENNE. 341

et toujours ample, digne d'être regardé non-seulement comme un des pères de l'Église anglaise, mais comme un des fondateurs de la prose anglaise. Avec une gravité et une simplicité soutenues, il montre aux puritains que les lois de la nature, de la raison et de la société sont, comme la loi de l'Écriture, d'institution divine, que toutes également sont dignes de respect et d'obéissance, qu'il ne faut pas sacrifier la parole intérieure, par laquelle Dieu touche notre intelligence, à la parole extérieure, par laquelle Dieu touche nos sens; qu'ainsi la constitution civile de l'Église et l'ordonnance visible des cérémonies peuvent être conformes à la volonté de Dieu, même lorsqu'elles ne sont point justifiées par un texte palpable de la Bible, et que l'autorité des magistrats, comme le raisonnement des hommes, ne dépasse pas ses droits en établissant certaines uniformités et certaines disciplines sur lesquelles l'Écriture s'est tue pour laisser décider la

which now as a giant doth run his unwearied course, should, as it were, through a languishing sickness, begin to stand and to rest himself.... what would become of man himself, whom these things now do all serve? See we not plainly, that obedience of Creature unto the law of Nature is the stay of the whole world?...

Between men and beasts there is no possibility of sociable communion, because the well-spring of that communion is a natural delight which man hath to transfuse from himself into others, and to receive from others into himself, specially those things wherein the excellency of this kinde doth most consist. The chiefest instrument of humane communion therefore is speech, because thereby we impart mutually one to another the conceits of our reasonable understanding. And for that cause, seeing beasts are not hereof capable, for so much as with them we can use no such conference, they being in degree, although above other creatures on earth to whom Nature has denied sense, yet lower than to be sociable com-

raison. « Car si la force naturelle de l'esprit de
« l'homme peut par l'expérience et l'étude atteindre
« à une telle maturité, que dans les choses humaines
« les hommes puissent faire quelque fond sur leur
« jugement, n'avons-nous pas raison de penser que,
« même dans les choses divines, le même esprit
« muni des aides nécessaires, exercé dans l'Écri-
« ture avec une diligence égale, et assisté par la
« grâce du Dieu tout-puissant, pourra acquérir une
« telle perfection de savoir que les hommes auront
« une juste cause, toutes les fois qu'une chose appar-
« tenant à la foi et à la religion sera mise en doute,
« pour incliner volontiers leur esprit vers l'opinion
« que des hommes si graves, si sages, si instruits
« en ces matières, déclareront la plus solide[1]? »
Qu'on ne dédaigne donc pas « cette lumière natu-

---

panions of man to whom Nature has given reason : it is of Adam
said, that among the beasts *he found not for himself any meet companion*. Civil society doth more content the nature of man than any
private kind of solitary living, because in society this good of mutual participation is so much larger than otherwise. Herewith notwithstanding we are not satisfied, but we covet (if it might be) to
have a kind of society and fellowship, even with all mankind.

1. For if the natural thought of man's wit may by experience and
studie attain into such ripeness in the knowledge of things humane,
that men in this respect may presume to build somewhat upon their
judgment, what reason have we to think but that, even in matters
Divine, the like wits furnished with necessary helps, exercised in
Scripture with like diligence, and assisted with the grace of Almighty
God, may grow into a such perfection of knowledge that men shall
have just cause, when any thing pertinent unto faith and religion
is doubted of, the more willingly to incline their minds toward that
which the sentence of so grave, wise, and learned in that faculty
shall judge most sound? (Liv. II, p. 54.)

relle, » mais plutôt servons-nous-en pour accroître l'autre[1], comme on apporte un flambeau à côté d'un flambeau; surtout servons-nous-en pour vivre en harmonie les uns avec les autres. « Car, dit-il, ce « serait un bien plus grand contentement pour nous « (si petit est le plaisir que nous prenons à ces que- « relles), de travailler sous le même joug en hommes « qui aspirent à la même récompense éternelle de « leur labeur, d'être unis à vous par les liens d'un « amour et d'une amitié indissolubles, de vivre « comme si nos personnes étant plusieurs, nos âmes « n'en faisaient qu'une, que de demeurer démembrés « comme nous le sommes, et de dépenser nos courts « et misérables jours dans la poursuite insipide de « ces fatigantes contentions[2]. » — En effet, c'est à l'accord que les plus grands théologiens concluent; par-dessus la pratique oppressive ils saisissent l'esprit libéral. Si par sa structure politique l'Église anglicane est persécutrice, par sa structure doctrinale elle est tolérante; elle a trop besoin de la raison laïque pour tout refuser à la raison laïque; elle vit dans un monde trop cultivé et trop pensant pour

---

1. Voyez les *Dialogues de Galilée*; c'est la même idée qui, en même temps, est poursuivie à Rome par l'Église et défendue en Angleterre par l'Église.

2. For more comfort it were for us (so small is the joy we take in these strifes) to labor under the same yoke, as men that look for the same eternal reward of their labours, to be conjoined with you in bands of indissoluble love and amity, to live as if our persons being many, our souls were but one, rather than in such dismembered sort, to spend our few and wretched days in a tedious prosecuting of wearisome contentions.

proscrire la pensée et la culture. Son plus éminent docteur, John Hales[1], « déclare plusieurs fois qu'il renoncerait demain à la religion de l'Église d'Angleterre, si elle l'obligeait à penser que d'autres chrétiens seront damnés, et qu'on ne croit les autres damnés que lorsqu'on désire qu'ils le soient[2]. » C'est encore lui, un théologien, un prébendiste, qui conseille aux hommes de ne se fier qu'à eux-mêmes en matière religieuse, de ne s'en remettre ni à l'autorité, ni à l'antiquité, ni à la majorité, de se servir de leur propre raison pour croire « comme de leurs propres jambes pour marcher, » d'agir et d'être hommes par l'esprit comme par le reste, et de considérer comme lâches et impies l'emprunt des doctrines et la paresse de penser. A côté de lui, Chillingworth, esprit militant et loyal par excellence, le plus exact, le plus pénétrant, le plus convaincant des controversistes, protestant d'abord, puis catholique, puis de nouveau et pour toujours protestant, ose bien déclarer que ces grands changements opérés en lui-même et par lui-même à force d'études et de recherches « sont de toutes ses actions celles qui le satisfont le plus. » Il soutient que la raison appliquée à l'Écriture doit seule persuader les hommes; que l'autorité n'y peut rien prétendre ; « que rien n'est plus contre la religion que de violenter la religion[3]; » que le grand principe

---

1. Témoignage de Clarendon.
2. Voyez dans J. Taylor (*Liberty of prophesying*) les mêmes doctrines, 1647.
3. « I have learned from the ancient fathers of the Church that

de la réforme est la liberté de conscience, et que si les doctrines des diverses sectes protestantes « ne sont point absolument vraies, du moins elles sont libres de toute impiété et de toute erreur damnable en soi ou destructive du salut. » Ainsi se développe une polémique, une théologie, une apologétique solide et sensée, rigoureuse dans ses raisonnements, capable de progrès, munie de science, et qui, autorisant l'indépendance du jugement personnel en même temps que l'intervention de la raison naturelle, laisse la religion à portée du monde, et les établissements du passé sous les prises de l'avenir.

Au milieu d'eux s'élève un écrivain de génie, poëte en prose, doué d'imagination comme Spenser et comme Shakspeare, Jeremy Taylor, qui, par la pente de son esprit comme par les événements de sa vie, était destiné à présenter aux yeux l'alliance de la Renaissance et de la Réforme, et à transporter dans la chaire le style orné de la cour. Prédicateur à Saint-Paul, goûté et admiré des gens du monde « pour sa beauté juvénile et florissante, pour son air gracieux, » pour sa diction splendide, protégé et placé par l'archevêque Laud, il écrivit pour le roi une défense de l'épiscopat, devint chapelain de l'armée royale, fut pris, ruiné, emprisonné deux fois par les parlementaires, épousa une fille naturelle de Charles Ier, puis, après la Restauration, fut comblé d'honneurs, devint évêque,

---

nothing is more against religion than to force religion.... If protestants did offer violence to other's men conscience and compell them to embrace their Reformation, I excuse them not. »

membre du conseil privé, et chancelier de l'Université d'Irlande : par toutes les parties de sa vie, heureuse et malheureuse, privée et publique, on voit qu'il est anglican, royaliste, imbu de l'esprit des cavaliers et des courtisans ; non qu'il ait leurs vices ; au contraire, il n'y eut point d'homme meilleur ni plus honnête, plus zélé dans ses devoirs, plus tolérant par ses principes, en sorte que, gardant la gravité et la pureté chrétiennes, il n'a pris à la Renaissance que sa riche imagination, son érudition classique et son libre esprit. Mais pour ce qui est de ces dons, il les a tout entiers, tels qu'ils sont chez les plus brillants et les plus inventifs entre les gentilshommes du monde, chez sir Philip Sidney, chez lord Bacon, chez sir Thomas Brown, avec les grâces, les magnificences, les délicatesses qui sont le propre de ces génies si sensitifs et si créateurs, et en même temps avec les redondances, les singularités, les disparates inévitables dans un âge où l'excès de la verve empêchait la sûreté du goût. Comme tous ces écrivains, comme Montaigne, il est imbu de l'antiquité classique ; il cite en chaire des anecdotes grecques et latines, des passages de Sénèque, des vers de Lucrèce et d'Euripide, et cela à côté des textes de la Bible, de l'Évangile et des Pères. Le *cant* n'était point encore établi ; les deux grandes sources d'enseignement, la païenne et la chrétienne, coulaient côte à côte, et on les recueillait dans le même vase, sans croire que la sagesse de la raison et de la nature pût gâter la sagesse de la foi et de la révélation. Figurez-vous donc ces étranges

CHAPITRE V. LA RENAISSANCE CHRÉTIENNE. 347

sermons, où les deux érudition, l'hellénique et l'évangélique, affluent ensemble avec les textes, et chaque texte cité dans sa langue; où, pour prouver que les pères sont souvent malheureux dans leurs enfants, l'auteur allègue coup sur coup Chabrias, Germanicus, Marc-Aurèle, Hortensius, Quintus Fabius Maximus, Scipion l'Africain, Moïse et Samuel; où s'entassent en guise de comparaisons et d'illustrations le fouillis des historiettes et des documents botaniques, astronomiques, zoologiques, que les encyclopédies et les rêveries scientifiques déversent en ce moment dans les esprits. Taylor vous contera l'histoire des ours de Pannonie, qui, blessés, s'enferrent plus avant; celle des pommes de Sodome qui sont belles d'apparence, mais au dedans pleines de pourriture et de vers, et bien d'autres anecdotes encore. Car c'est le trait marquant des hommes de cet âge et de cette école, de n'avoir point l'esprit nettoyé, aplani, cadastré, muni d'allées rectilignes comme les écrivains de notre dix-septième siècle et comme les jardins de Versailles, mais plein et comblé de faits circonstanciés, de scènes complètes et dramatiques, de petits tableaux colorés, tous pêle-mêle et mal époussetés, en sorte que, perdu dans l'encombrement et la poussière, le spectateur moderne crie à la pédanterie et à la grossièreté. Les métaphores pullulent les unes par-dessus les autres, s'embarrassent l'une dans l'autre, et se bouchent l'issue les unes aux autres, comme dans Shakspeare. On croyait en suivre une, en voilà une seconde qui commence, puis

une troisième qui coupe la seconde, et ainsi de suite, fleur sur fleur, girandole sur girandole, si bien que sous les scintillements la clarté se brouille, et que la vue finit par l'éblouissement. En revanche, et justement en vertu de cette même structure d'esprit, Taylor imagine les objets, non pas vaguement et faiblement par quelque indistincte conception générale, mais précisément, tout entiers, tels qu'ils sont, avec leur couleur sensible, avec leur forme propre, avec la multitude de détails *vrais et particuliers* qui les distinguent dans leur espèce. Il ne les connaît point par ouï-dire ; il les a vus. Bien mieux, il les voit en ce moment, et les fait voir. Lisez ce morceau, et dites s'il n'a pas l'air copié dans un hôpital ou sur un champ de bataille : « Comment pouvons-nous nous
« plaindre de la débilité de notre force ou de la pe-
« santeur des maladies, quand nous voyons un pauvre
« soldat debout sur une brèche, presque exténué de
« froid et de faim, sans pouvoir être soulagé de son
« froid que par une chaleur de colère, par une fièvre
« ou par un coup de mousquet, ni allégé de sa faim
« que par une souffrance plus grande ou par quelque
« crainte énorme ? Cet homme se tiendra debout,
« sous les armes et sous les blessures, sous la chaleur
« et le soleil, pâle et épuisé, accablé, et néanmoins
« vigilant. La nuit, on lui extraira une balle de la
« chair, ou des éclats enfoncés dans ses os ; il tendra
« sa bouche violemment fendue pour qu'on la lui re-
« couse : tout cela pour un homme qu'il n'a jamais
« vu, ou par qui, s'il l'a vu, il n'a pas été remarqué,

CHAPITRE V. LA RENAISSANCE CHRÉTIENNE. 349

« un homme qui l'enverra à la potence s'il essaye
« de fuir toutes ces misères[1]. » Voilà l'avantage de
l'imagination complète sur la raison ordinaire. Elle
produit d'un bloc vingt ou trente idées et autant
d'images, épuisant l'objet que l'autre ne fait que dé-
signer et effleurer. Il y a un millier de circonstances
et de nuances dans chaque événement ; et elles sont
toutes enfermées dans des mots vivants comme ceux
que voici : « J'ai vu les gouttelettes d'une source
« suinter à travers le fond d'une digue, et amollir la
« lourde maçonnerie, jusqu'à la rendre assez ployante
« pour garder l'empreinte d'un pied d'enfant; on dé-
« daignait cette petite source, on ne s'en inquiétait
« pas plus que des perles déposées par une matinée
« brumeuse, jusqu'au moment où elle eut frayé sa
« route et fait un courant assez fort pour entraîner
« les ruines de sa rive minée, et envahir les jardins
« voisins ; mais alors les gouttes dédaignées s'étaient
« enflées jusqu'à devenir une rivière factice et une
« calamité intolérable. Telles sont les premières en-

---

1. And what can we complain of the weakness of our strength or the pressure of diseases, when we see a poor soldier stand in a breach, almost starved with cold and hunger, and his cold apt to be relieved only by the heats of anger, a fever, or a fired musket, and his hunger slacked by a greater pain and a huge fear? This man shall stand in his arms and wounds, *patiens luminis atque solis*, pale and faint, weary and watchfull; and at night shall have a bullet pulled out of his flesh, and shivers from his bones, and endure his mouth to be sewed up from a violent rent to its own dimensions; and all this for à man whom he never saw, or, if he did, was not noted by him, but one that shall condemn him to the gallows, if he runs from all this misery. (*Holy dying*, sect. IV, chap. 3.)

« trées du péché; elles peuvent trouver leur barrière
« dans une sincère prière du cœur, et leur frein dans
« le regard d'un homme respectable ou dans les avis
« d'un seul sermon; mais quand de tels commence-
« ments sont négligés...., ils se changent en ulcères
« et en maladies pestilentielles; ils détruisent l'âme
« par leur séjour, tandis qu'à leur première entrée ils
« auraient pu être tués par la pression du petit doigt[1]. »
Tous les extrêmes se rencontrent dans cette imagination-là. Les cavaliers qui l'écoutent y trouvent, comme chez Ford, Beaumont et Flechter, la copie crue de la vérité la plus brutale et la plus immonde, et la musique légère des songes les plus gracieux et les plus aériens, les puanteurs et les horreurs médicales[2], et tout d'un coup les fraîcheurs et les allégresses du plus riant matin; l'exécrable détail de la lèpre, de ses boutons blancs,

---

1. I have seen the little purls of a spring sweat through the bottom of a bank, and intenerate the stubborn pavement, till it hath made it fit for the impression of a child's foot; and it was despised, like the descending pearls of a misty morning, till it had opened its way and made a stream large enough to carry away the ruins of the undermined strand, and to invade the neighbouring gardens: but then the despised drops were grown into an artificial river, and an intolerable mischief. So are the first entrances of sin, stopped with the antidotes of a hearty prayer, and checked into sobriety by the eye of a reverend man, or the counsels of a single sermon: but when such beginnings are neglected, and our religion hath not in it so much philosophy as to think anything evil as long as we can endure it, they grow up to ulcers and pestilential evils; they destroy the soul by their abode, who at their first entry might have been killed with the pressure of a little finger.

2. Apples of Sodom. We have already opened this dung-hill covered with snow, which was indeed on the outside white as the spots of leprosy, but it was not better, etc.

de sa pourriture intérieure, et cette aimable peinture de l'alouette, éveillée parmi les premières senteurs des champs. « Je l'ai vue s'élevant de son lit de gazon, et, « prenant son essor, monter en chantant, tâcher de « gagner le ciel et gravir jusqu'au-dessus des nuages ; « mais le pauvre oiseau était repoussé par le bruyant « souffle d'un vent d'est, et son vol devenait irrégu- « lier et inconstant, rabattu comme il l'était par « chaque nouveau coup de la tempête, sans qu'il pût « regagner le chemin perdu avec tous les balance- « ments et tous les battements de ses ailes, tant « qu'enfin la petite créature fut contrainte de se « poser, haletante, et d'attendre que l'orage fût « passé ; alors elle prit un essor heureux, et se mit « à monter, à chanter, comme si elle eût appris sa « musique et son essor d'un de ces anges qui tra- « versent quelquefois l'air pour venir exercer leur « ministère ici-bas. Telle est la prière d'un homme « de bien[1]. » Et il continue, avec la grâce, quelquefois avec les propres mots de Shakspeare. Chez le prédicateur comme chez le poëte, comme chez tous

---

1. For so have I seen a lark rising from his bed of grass, and soaring upwards, singing as he rises, and hopes to get to heaven, and climb above the clouds; but the poor bird was beaten back with the loud sighings of an eastern wind, and his motion made irregular and inconstant, descending more at every breath of the tempest, than it could recover by the libration and frequent weighing of his wings, till the little creature was forced to sit down and ant, and stay till the storm was over; and then it made a prosperous flight, and did rise and sing, as if it had learned music and motion from an angel, as he passed sometimes through the air, about his ministries here below. So is the prayer of a good man.

les cavaliers et tous les artistes de l'époque, l'imagination est si complète qu'elle atteint le réel jusque dans sa fange, et l'idéal jusque dans son ciel.

Comment le vrai sentiment religieux a-t-il pu s'accommoder d'allures si mondaines et si franches? Il s'en est accommodé pourtant; bien mieux, elles l'ont fait naître : chez Taylor, comme chez les autres, la poésie libre conduit à la foi profonde. Si cette alliance aujourd'hui nous étonne, c'est qu'à cet endroit nous sommes devenus pédants. Nous prenons un homme compassé pour un homme religieux. Nous sommes contents de le voir roide dans un habit noir, serré dans une cravate blanche et un formulaire à la main. Nous mettons la piété dans la décence, dans la correction, dans la régularité permanente et parfaite. Nous interdisons à la foi tout langage franc, tout geste hardi, toute fougue et tout élan d'action ou de parole; nous sommes scandalisés des gros mots de Luther, des éclats de rire qui secouent sa puissante bedaine, de ses colères d'ouvrier, de ses nudités et de ses ordures, de la familiarité audacieuse avec laquelle il manie son Christ et son Dieu[1]. Nous ne

---

1. « Lorsque Jésus-Christ est né, il a pleuré et crié comme un autre enfant. Marie a dû le soigner et veiller sur lui, l'allaiter, lui donner à manger, l'essuyer, le tenir, le porter, le coucher, etc., tout comme une mère fait pour son enfant. Ensuite il a été soumis à ses parents; il leur a souvent porté du pain, de la boisson et autres objets. Marie lui aura dit : « Mon petit Jésus, où as-tu été? Ne « peux-tu donc pas rester tranquille? » Et lorsqu'il aura grandi, il aura aidé Joseph dans son état de charpentier. » (Tischreden.)

Paroles à Carlostad : « Tu crois apparemment que l'ivrogne Christ, ayant trop bu à souper, a étourdi ses disciples de paroles superflues. »

voyons pas que ces libertés et ces abandons sont justement les signes de la croyance entière, que la conviction chaleureuse et immodérée est trop sûre d'elle-même pour s'astreindre à un style irréprochable, que la religion prime-sautière consiste non en bienséances, mais en émotions. Elle est un poëme, le plus grand de tous, un poëme auquel on croit; voilà pourquoi ces gens la trouvent au bout de leur poésie; la façon dont Shakspeare et tous les tragiques considèrent le monde y conduit; encore un pas, et Jacques, Hamlet y vont entrer. Cette énorme obscurité, cette noire mer inexplorée[1] qu'ils aperçoivent au terme de notre triste vie, qui sait si elle n'est pas bordée par un autre rivage? L'anxieuse idée du ténébreux *audelà* est nationale, et c'est pour cela qu'ici la renaissance nationale en ce moment devient chrétienne. Quand Taylor parle de la mort, il ne fait que reprendre et achever une pensée que Shakspeare ébauchait déjà[2]. « Toutes les successions de la durée, tous les
« changements de la nature, les milliers de milliers
« d'accidents de ce monde, et tous les événements
« qui arrivent à chaque homme et à chaque créature
« nous prêchent notre sermon funèbre, et nous avertissent de regarder et de voir comment le Temps,
« ce vieux fossoyeur, jette les pelletées de terre et
« nous creuse la fosse où nous irons enfouir nos joies
« et nos peines, et déposer nos corps comme une

---

1. « The unknown country. »
2. *Holy dying*, chap. 1, sect. 1.

« semence qui lèvera au jour magnifique ou intolé-
« rable de l'éternité. » Car, outre cette mort finale
qui nous engloutit tout entiers, il y a les morts partielles qui nous dévorent pièce à pièce. « Nous sommes
« morts à tous les mois que nous avons déjà vécus,
« et nous ne les revivrons jamais une seconde fois. »
Et voilà comme nous laissons derrière nous, lambeau par lambeau, toute notre vie, d'abord notre
première vie engourdie et obscure « quand nous
« sortons du ventre de notre mère pour sentir la
« chaleur du soleil. Après cela nous dormons et
« nous entrons dans une sorte de mort, où nous gi-
« sons insouciants de tous les changements de l'uni-
« vers..., aussi indifférents que si nos yeux étaient
« clos avec l'argile humide qui pleure dans les en-
« trailles de la terre. Au bout de sept ans, nos
« dents tombent et meurent avant nous : c'est le
« prologue de la tragédie ; et à chaque fois sept ans,
« on peut bien parier que nous jouerons notre der-
« nière scène. Peu à peu la nature, le hasard ou le
« vice viennent nous prendre notre corps par mor-
« ceaux, affaiblissant une portion, en relâchant une
« autre, en sorte que nous goûtons d'avance le tom-
« beau et les solennités de nos propres funérailles,
« d'abord dans les organes qui ont été les minis-
« tres du vice, puis dans ceux qui nous servaient
« pour l'ornement ; et au bout d'un peu de temps,
« même ceux qui ne servaient qu'à nos nécessités
« se trouvent hors d'usage et s'embarrassent comme
« les roues d'une horloge détraquée. Nos cheveux

« tombent; toilette funèbre qui annonce un homme
« entré bien avant dans la région et les domaines
« de la mort. Puis bien d'autres signes : les che-
« veux gris, les dents gâtées, les yeux troubles,
« les articulations tremblantes, l'haleine courte, les
« membres roides, la peau ridée, la mémoire défail-
« lante, l'appétit moindre ; même la faim et la soif de
« chaque journée crient pour que nous remplacions
« cette portion de notre substance que la mort a dé-
« vorée pendant la longue nuit, lorsque nous gisions
« dans son giron et que nous dormions dans son ves-
« tibule. Ainsi chaque repas nous sauve d'une mort
« et prépare à une autre mort la pâture. Bien plus,
« pendant que nous pensons une pensée, nous mou-
« rons, et nous avons moins à vivre à chaque mot
« qui sort de notre bouche. » Par-dessus toutes ces
destructions, d'autres destructions travaillent ; le hasard nous fauche aussi bien que la nature, et nous
sommes la proie de l'accident comme de la nécessité.
« La nature ne nous a donné qu'une moisson chaque
« année, mais la mort en a deux ; l'automne et le
« printemps envoient aux charniers des troupes
« d'hommes et de femmes.... Combien de mères en-
« ceintes se sont réjouies de la fécondité de leurs
« entrailles et se sont complu dans la pensée qu'elles
« allaient devenir un canal de bénédictions pour une
« famille ! Et voilà que la sage-femme, promptement,
« a cousu dans le suaire leurs têtes et leurs pieds, et
« les a emportées dehors pour la sépulture. La mort
« règne dans toutes les parties de notre année, et

« vous ne pouvez aller nulle part sans fouler les os
« d'un mort[1]. »

Ainsi roulent ces puissantes paroles, sublimes comme le motet d'un orgue ; cet universel écrasement des vanités humaines a la grandeur funéraire d'une tragédie ; la piété ici sort de l'éloquence, et le génie conduit à la foi. Toutes les forces et aussi toutes

---

1. All the succession of time, all the changes in nature, all the varieties of light and darkness, the thousand thousands of accidents in the world, and every contingency to every man, and to every creature, doth preach our funeral sermon, and calls us to look and see how the old sexton, Time, throws up the earth, and digs a grave, where we must lay our sins or our sorrows, and sow our bodies till they rise again in a fair or an intolerable eternity. Every revolution which the sun makes about the world divides between life and death ; and death possesses both those portions by the next morrow ; and we are dead to all those months which we have already lived, and we shall never live them over again : and still God makes little periods of our age. First we change our world, when we come from the womb to feel the warmth of the sun. Then we sleep and enter into the image of death in which state we are unconcerned in all the changes of the world : and if our mothers, or our nurses die, or a wild boar destroy our vineyards, or our king be sick, we regard it not, but, during that state, are as disinterested as if our eyes were closed with the clay that weeps in the bowels of the earth. At the end of seven years our teeth fall and die before us, representing a formal prologue to the tragedy; and still, every seven years it is odds but we shall finish the last scene : and when nature, or chance, or vice, takes our body in pieces, weakening some parts and loosening others, we taste the grave and the solemnities of our own funerals, first, in those parts that ministered to vice, and, next, in them that served for ornament; and, in a short time, even they that served for necessity become useless and entangled like the wheels of a broken clock. Baldness is but a dressing to our funerals, the proper ornament of mourning, and of a person entered very far into the regions and possession of death : and we have many more of the same signification — gray hairs, rotten teeth, dim eyes, trembling joints, short breath, stiff

CHAPITRE V. LA RENAISSANCE CHRÉTIENNE.

les tendresses de l'âme sont remuées. Ce n'est pas un froid rigoriste qui parle, c'est un homme, un homme ému qui a des sens, un cœur, qui est devenu chrétien non par la mortification, mais par le développement de tout son être. « Considérez la vivacité « de la jeunesse, les belles joues et les yeux pleins « de l'enfance, la force et la vigoureuse flexibilité

limbs, wrinkled skin, short memory, decayed appetite. Every day's necessity calls for a reparation of that portion which death fed on all night, when we lay in his lap, and slept in his outer chambers. The very spirits of a man pray upon the daily portion of bread and flesh, and every meal is a rescue for one death, and lays up for another, and while we think a thought, we die; and the clock strikes, and reckons on our portion of eternity: we form our words with the breath of our nostrils — we have the less to live upon for every word we speak.

Thus nature calls us to meditate of death by those things which are the instruments of acting it; and God, by all the variety of his providence, makes us see death every where, in all variety of circumstances, and dressed up for all the fancies, and the expectation of every single person. Nature hath given us one harvest every year, but death hath two: and the spring and the autumn send throngs of men and women to charnelhouses; and, all the summer long, men are recovering from their evils of the spring, till the dog-days come, and then the Sirian star makes the summer deadly; and the fruits of autumn are laid up for all the year's provision, and the man that gathers them eats and surfeits, and dies and needs them not, and himself is laid up for eternity; and he that escapes till winter only, stays for another opportunity, which the distempers of that quarter minister to him with great variety. Thus, death reigns in all the portions of our time. The autumn with its fruits provides disorders for us; and the winter's cold turns them into sharp diseases, and the spring brings flowers to strew our hearse, and the summer gives green turf and brambles to bind upon our graves. Calentures and surfeit, cold and agues, are the four quarters of the year, and all minister to death; and you can go no whither, but you tread upon a dead man's bones.

« des membres de vingt-cinq ans, puis en regard le
« visage creux, la pâleur de mort, le dégoût et l'hor-
« reur d'une sépulture de trois jours. J'ai vu de la
« même façon une rose sortir des fentes de son
« chaperon de feuilles; d'abord elle était belle comme
« le matin et pleine de la rosée du ciel; mais quand
« un souffle rude eut brutalement livré au jour sa
« modestie virginale et démantelé sa trop fraîche et
« trop frêle retraite, elle commença à se ternir, puis
« à décliner vers l'abattement et la vieillesse mala-
« dive; elle pencha la tête, sa tige se rompit, et le
« soir, ayant perdu quelques-unes de ses feuilles et
« toute sa beauté, elle tomba dans le sort des mau-
« vaises herbes et des visages flétris. Tel est le sort
« de tout homme et de toute femme : devenir l'héri-
« tage des vers et des serpents dans la froide terre
« immonde, avec notre beauté si changée que bien-
« tôt nos amis ne nous reconnaîtraient plus; et ce
« changement mêlé de tant d'horreur.... que ceux
« qui six heures auparavant nous comblaient de
« leurs charitables ou ambitieux services, ne peuvent
« sans quelque regret rester seuls dans la chambre
« où gît le corps dépouillé de la vie et de ses hon-
« neurs[1]. »

---

[1]. Reckon but from the sprightfulness of youth, and the fair cheeks and full eyes of childhood, from the vigorousness and strong flexure of the joints of five-and-twenty, to the hollowness and dead paleness, to the loathsomeness and horror of a three days' burial, and we shall perceive the distance to be very great and very strange. But so have I seen a rose newly springing from the clefts of its hood, and, at first, it was fair as the morning, and full with the

Amené là, comme Hamlet au cimetière, parmi les crânes qu'il reconnaît et sous l'oppression de la mort qu'il touche, l'homme n'a plus qu'un effort à faire pour voir se lever dans son cœur un nouveau monde. Il cherche le remède de ses tristesses dans l'idée de la justice éternelle, et l'implore avec une ampleur de paroles qui fait de la prière un hymne en prose aussi beau qu'une œuvre d'art.

« Éternel Dieu [1], tout-puissant père des hommes et
« des anges, par le soin et la providence de qui je suis

dew of heaven, as a lamb's fleece; but when a ruder breath had forced upon its virgin modesty, and dismantled its too youthful and unripe retirements, it began to put on darkness, and to decline to softness and the symptoms of a sickly age : it bowed the head, and broke its stalk; and, at night, having lost some of its leaves and all its beauty, it fell into the portion of weeds and outworn faces. The same is the portion of every man and every woman; the heritage of worms and serpents, rottenness and cold dishonour, and our beauty so changed that our acquaintance quickly knew us not; and that change mingled with so much horror, or else meets so with our fears and weak discoursings, that they who, six hours ago, tended upon us, either with charitable or ambitious services, cannot, without some regret, stay in the room alone where the body lies stripped of its life and honour. I have read of a fair young German gentleman, who, living, often refused to be pictured, but put off the importunity of his friends' desire by giving way, that, after a few days' burial, they might send a painter to his vault, and, if they saw cause for it, draw the image of his death unto the life. They did so, and found his face half eaten, and his midriff and backbone full of serpents; and so he stands pictured among his armed ancestors. So does the fairest beauty change, and it will be as bad with you as me; and then what servants shall we have to wait upon us in the grave? what friends to visit us? what officious people to cleanse away the moist and unwholesome cloud reflected upon our faces from the sides of the weeping vaults, which are the longest weepers for our funeral?

1. *Golden grove.*

« conservé et gardé, soutenu et assisté, je te demande
« humblement de pardonner les péchés et les folies
« de cette journée, la faiblesse de mon service et la
« force de mes passions, la témérité de mes paroles,
« la vanité et le mal de mes actions. O juste et bien-
« aimé Dieu, combien de temps encore viendrai-je
« ainsi encore confesser mes péchés, prier contre leur
« séduction, et pourtant retomber sous leur prise !
« Oh ! qu'il n'en soit plus ainsi, et que je ne retourne
« jamais aux folies dont je suis humilié, qui amènent
« le chagrin, et la mort, et ton déplaisir pire que la
« mort ! Donne-moi l'empire sur mes penchants, et
« une parfaite haine du péché, et un amour de toi au-
« dessus de tous les désirs de ce monde. Qu'il te plaise
« de me préserver et de me défendre cette nuit de
« tout péché, de toute violence du hasard, de la ma-
« lice des esprits des ténèbres. Garde-moi dans mon
« sommeil, et, endormi ou éveillé, que je sois ton
« serviteur. Sois le premier et le dernier de mes pen-
« sées, et le guide et l'assistance continuelle de toutes
« mes actions. Préserve mon corps, pardonne le
« péché de mon âme et sanctifie mon cœur. Que je
« vive toujours saintement, justement, sagement ; et
« quand je mourrai, reçois mon âme [1].... »

---

[1]. Eternal God, Almighty Father of thousand angels, by whose care and providence I am preserved and blessed, comforted and assisted, I humbly beg of thee to pardon the sins and follies of this day, the weakness of my services, and the strenght of my passions, the rashness of my words, and the vanity and evil of my actions. O just and dear God, how long shall I confess my sins, and pray against them, and yet fall under them? O let it be so no more;

V

Ce n'était là pourtant qu'une demi-réforme, et la religion officielle était trop liée au monde pour entreprendre de le nettoyer jusqu'au fond; si elle réprimait les débordements du vice, elle n'en attaquait pas la source, et le paganisme de la Renaissance, suivant sa pente, aboutissait déjà, sous Jacques Ier, à la corruption, à l'orgie, aux mœurs de mignons et d'ivrognes, à la sensualité provocante et grossière[1] qui, plus tard, sous la Restauration, étala son égout au soleil. Mais sous le protestantisme établi s'étendait le protestantisme interdit; les yeomen se faisaient leur

---

let me never return to the follies of which I am ashamed, which bring sorrow and death, and thy displeasure, worse than death. Give me a command over my evil inclinations and a perfect hatred of sin, and a love to thee above all the desires of this world. Be pleased to bless and preserve me this night from all sin and violence of chance, and the malice of the spirits of darkness : watch over me in my sleep, and, whether I sleep or wake, let me be thy servant. Be thou first and last in all my thoughts and the guide and continual assistance of all my actions. Preserve my body, pardon the sin of my soul, and sanctify my spirit. Let me always live holily and justly and soberly; and, when I die, receive my soul into thy hands.

1. Voir le théâtre de Beaumont et Fletcher, les personnages de Bawder, Protalyce et Brunehaut dans *Thierry et Théodoret*. — Dans *The custom of the country*, plusieurs scènes représentent l'intérieur d'une maison de prostitution, chose fréquente du reste dans ce théâtre (*Massinger, Shakspeare*). Mais ici les pensionnaires de la maison sont des hommes. — *Voyez* aussi *Rule a wife and have a wife*.

foi comme les gentilshommes, et déjà les puritains perçaient sous les anglicans.

Nulle culture ici, nulle philosophie, nul sentiment de la beauté harmonieuse et païenne. La conscience parlait seule, et son inquiétude était devenue une terreur. Le fils du boutiquier, du fermier, qui lisait la Bible dans la grange ou dans le comptoir, parmi les tonnes ou les sacs de laine, ne prenait pas les choses avec le même tour que le beau cavalier nourri dans la mythologie antique et raffiné par l'élégante éducation italienne. Il les prenait tragiquement, il s'examinait à la rigueur, il s'enfonçait dans le cœur toutes les pointes du scrupule, il s'emplissait l'imagination des vengeances de Dieu et des terreurs bibliques. Une sombre épopée, terrible et grande comme l'Edda, fermentait dans ces imaginations mélancoliques. Ils se pénétraient des textes de saint Paul, des menaces tonnantes des prophètes; ils s'appesantissaient en esprit sur les impitoyables doctrines de Calvin; ils reconnaissaient que la masse des hommes est prédestinée à la damnation éternelle[1]; plusieurs croyaient que cette multitude est criminelle avant de naître, que Dieu a voulu, prévu, ménagé leur perte, que de toute éternité il a médité leur supplice, et qu'il ne les a créés que pour les y livrer[2]. Rien ne peut sauver la misérable créature que la grâce, la grâce gratuite, pure faveur de Dieu, que Dieu n'accorde qu'à un petit nombre et qu'il distribue non d'après les efforts et les œuvres des

---

1. Calvin, cité par Haag, II, 216, *Histoire des dogmes chrétiens*.
2. Ce sont les supralapsaires.

CHAPITRE V. LA RENAISSANCE CHRÉTIENNE.

hommes, mais d'après le choix arbitraire de son absolue et seule volonté. Nous sommes « les fils de la colère, » pestiférés et condamnés de naissance, et quelque part que nous regardions dans le ciel immense, nous n'y trouvons que des foudres qui grondent pour nous écraser. Qu'on se figure, si on peut, les ravages d'une pareille idée en des esprits solitaires et moroses, tels que cette race et ce climat en produisent. Plusieurs se croyaient damnés et allaient gémissant dans les rues; d'autres ne dormaient plus. Ils étaient hors d'eux-mêmes, croyant toujours sentir sur eux la main de Dieu ou la griffe du diable. Une puissance extraordinaire, un gigantesque ressort d'action s'était tout d'un coup tendu dans l'âme, et il n'y avait aucune barrière dans la vie morale, ni aucun établissement dans la société civile que son effort ne pût renverser.

Dès l'abord, la vie privée est transformée. Comment les sentiments ordinaires, les jugements journaliers et naturels sur le bonheur et le plaisir subsisteraient-ils devant une conception pareille? Supposez des hommes condamnés à mort, non pas à la mort simple, mais à la roue, aux tortures, à un supplice infini en horreur, infini en durée, qui attendent la sentence et savent pourtant que sur mille, cent mille chances, ils en ont une de pardon; est-ce qu'ils peuvent encore s'amuser, prendre intérêt aux affaires ou aux plaisirs du siècle? L'azur du ciel ne luit plus pour eux, le soleil ne les réchauffe pas, la beauté et la suavité des choses les laissent insensibles; ils ont désappris le rire, ils s'acharnent intérieurement, tout pâles et silencieux, sur leur angoisse et sur leur attente; ils n'ont plus qu'une pensée : « Le juge va-t-il me faire grâce? » Ils sondent anxieusement les mouvements involontaires de leur cœur qui seul peut répondre et la révélation intérieure qui seule les rend certains de leur pardon ou de leur perte. Ils jugent que tout autre état d'esprit est impie, que l'insouciance et la joie sont monstrueuses, que chaque distraction ou préoccupation mondaine est un acte de paganisme, et que la véritable marque du chrétien est le tremblement dans l'idée du salut. Dès lors la rigidité et le rigorisme entrent dans les mœurs. Le puritain condamne le théâtre, les assemblées et les pompes du monde, la galanterie et l'élégance de la cour, les fêtes poétiques et symboliques des campagnes, les *mai*, les joyeuses bombances, les sonneries de cloches, toutes les issues par lesquelles la nature sensuelle ou instinctive avait cherché à s'échapper. Il s'en retire, il abandonne les divertissements, les ornements, il coupe de près ses cheveux, ne porte plus qu'un habit sombre et uni, parle en nasillant, marche roide, les yeux en l'air, absorbé, indifférent aux choses visibles. Tout l'homme extérieur et naturel est aboli; seul l'homme intérieur et spirituel subsiste; de toute l'âme il ne reste que l'idée de Dieu et la conscience, la conscience alarmée et malade, mais stricte sur chaque devoir, attentive aux moindres manquements, rebelle aux ménagements de la morale mondaine, inépuisable en patience, en courage, en sacrifices, installant la chasteté au foyer conjugal, la véracité devant les tribunaux, la probité au comptoir, le travail à l'atelier, partout la volonté fixe de tout supporter et de tout faire plutôt que de manquer à la plus petite prescription de la justice morale et de la loi biblique. L'énergie stoïque, l'honnêteté foncière de la race se sont éveillées sous l'appel de l'imagination enthousiaste ; et ces caractères tout d'une pièce se lancent sans réserve du côté du renoncement et de la vertu.

Encore un pas, et ce grand mouvement va passer du dedans au dehors, des mœurs privées aux institutions publiques. Considérez-les à leur lecture ; ils prennent pour eux les prescriptions imposées aux Juifs, et les préfaces les y invitent. En tête de la Bible, le traducteur[1] a mis une table des principaux termes de l'Écriture, chacun avec sa définition et les textes à l'appui. Ils lisent et pèsent chacune de ces paroles. — « *Abomination*. L'abomination devant Dieu, ce sont les « idoles et les images devant qui le peuple s'incline. » Le précepte est-il observé ? Sans doute, on a ôté les images, mais la reine garde encore un crucifix dans sa chapelle, et n'est-ce pas un reste d'idolâtrie que de s'agenouiller devant le sacrement ? — « *Abrogation*. « Abroger, c'est abolir ou réduire à néant ; et ainsi la « loi des commandements qui consistaient dans les « décrets et les cérémonies est abolie ; les sacrifices, « repas, fêtes et toutes les cérémonies extérieures sont « abrogés ; tout ordre de clergé est abrogé. » L'est-il,

---

[1]. Traduction de Tyndal, 1549.

et comment se fait-il que les évêques s'arrogent encore le droit de prescrire la foi, le culte, et de tyranniser les consciences chrétiennes? Et n'a-t-on pas conservé dans le chant des orgues, dans le surplis des prêtres, dans le signe de la croix, dans cent autres pratiques, tous ces rites sensibles que Dieu a déclarés profanes? — « *Abus.* Les abus qui sont dans l'Église « doivent être corrigés par le prince; les ministres doi- « vent prêcher contre les abus, et beaucoup de tradi- « tions humaines sont de purs abus. » Que fait donc le prince, et pourquoi laisse-t-il des abus dans l'Église? Il faut que le chrétien se lève et proteste; nous devons purger l'Église de la croûte païenne dont la tradition l'a recouverte[1]. Voilà les idées qui se lèvent dans ces esprits incultes. Représentons-nous ces hommes simples et d'autant plus capables de croyances fortes, ces francs-tenanciers, ces gros marchands qui ont siégé au jury, voté aux élections, délibéré, discuté en commun sur les affaires privées et publiques, qui sont habitués à l'examen de la loi, à la confrontation des précédents, à toute la minutie de la procédure juridique et légale; qui portent ces habitudes de lé-

1. Interrogatoire de M. Axton, 1570. « Je ne puis consentir à porter ce surplis; c'est contre ma conscience. J'espère qu'avec l'aide de Dieu je ne mettrai jamais cette manche, qui est une marque de la bête. » — Interrogatoire de White, gros bourgeois de Londres, accusé de ne pas aller à son église paroissiale (1572) : « Toutes les Écritures sont pour détruire l'idolâtrie et chaque chose qui s'y rapporte. — Quel est l'endroit où est cette défense? — Le Deutéronome et d'autres endroits; et Dieu par Isaïe nous commande de ne point nous souiller avec les vêtements de l'image, mais de les rejeter comme une impureté de femme. »

gistes et de plaideurs dans l'interprétation de l'Écriture, et qui, une fois leur conviction faite, mettent à son service la passion froide, l'obstination intraitable, la roideur héroïque du caractère anglais. L'esprit exact et militant va se mettre à l'œuvre. Chacun se croit « tenu d'être prêt, fort et bien muni pour répondre à tous ceux qui lui demanderont raison de sa foi[1]. » Chacun a ses troubles et ses remords de conscience[2] à propos de quelque portion de la liturgie ou de la hiérarchie officielle; à propos des dignités de chanoine ou d'archidiacre, ou de certains passages à l'office des morts; à propos du pain de la communion ou de la lecture des livres apocryphes dans l'Église; à propos de la pluralité des bénéfices ou du bonnet carré des ecclésiastiques. Ils se butent chacun contre quelque article, tous en masse contre l'établissement épiscopal et la conservation des cérémonies romaines[3]. Et là-dessus on les emprisonne, on les taxe, on les met au pilori, on leur coupe les oreilles, leurs ministres sont destitués, chassés, poursuivis[4]. La loi déclare que « toute personne au-dessus de seize ans qui, pendant un mois, refusera d'assister à l'office établi, sera enfermée jusqu'à ce qu'elle se soumette; que si elle ne se soumet pas au bout de

---

1. Préface de Tyndal.
2. Un mot revient sans cesse : Tenderness of conscience. A squeamish stomach.... Our weaker brethern, etc.
3. La séparation des anglicans et des dissidents peut être datée de 1564.
4. 1592.

trois mois, elle sera bannie du royaume, et si elle revient, mise à mort. » Ils se laissent faire et montrent autant de fermeté pour souffrir que de scrupule pour croire ; sur un iota, pour recevoir la communion assis plutôt qu'à genoux, ou debout plutôt qu'assis, ils abandonnent leurs places, leur bien, leur liberté, leur patrie. Un docteur, Leighton, est emprisonné quinze semaines dans une niche à chien, sans feu, sans toit, sans lit, aux fers ; ses cheveux et sa peau tombent, il est attaché au pilori parmi les frimas de novembre, puis fouetté, marqué au front, les oreilles coupées, le nez fendu, enfermé huit ans à la Flotte, et de là jeté dans la prison commune. Plusieurs se font brûler, et avec joie. La religion pour eux est un *covenant*, c'est-à-dire un traité fait avec Dieu qu'il faut observer en dépit de tout, comme un engagement écrit, à la lettre et jusqu'à la dernière syllabe. Admirable et déplorable rigidité de la conscience méticuleuse, qui fait des ergoteurs en même temps que des fidèles, et qui fera des tyrans après avoir fait des martyrs.

Entre les deux, elle fait des combattants. Ils se sont enrichis et accrus extraordinairement en quatre-vingts ans, comme il arrive toujours aux gens qui travaillent, vivent honnêtement et se tiennent debout à travers la vie, soutenus par un grand ressort intérieur. Ils peuvent résister dorénavant, et, poussés à bout, ils résistent ; ils aiment mieux prendre les armes que de se laisser acculer à l'idolâtrie et au péché. Le Long Parlement s'assemble, défait le roi, épure la religion; l'écluse est lâchée, les indépendants par-dessus les presbytériens, les exaltés par-dessus les fervents, tous se précipitent; la foi irrésistible et envahissante, l'enthousiasme font un torrent, noient, ou troublent les cerveaux les plus sains, les politiques, les juristes, les capitaines. La Chambre emploie un jour entier par semaine à délibérer sur l'avancement de la religion. Sitôt qu'on touche à ses dogmes, elle entre en fureur. Un pauvre homme, Paul Best, étant accusé de nier la Trinité, elle veut qu'on dresse une ordonnance pour le punir de mort; James Naylor ayant cru qu'il était Dieu, elle s'acharne onze jours durant à son procès avec une animosité et une férocité hébraïques : « Je pense qu'il n'y a personne plus possédé du diable que cet homme. — C'est notre Dieu qui est ici supplanté. — Mes oreilles ont tressailli, mon cœur a frémi en entendant ce rapport. — Je ne parlerai pas davantage. Bouchons nos oreilles et lapidons-le[1]. » Devant la Chambre, publiquement, des hommes officiels avaient des extases. Après l'expulsion des presbytériens, le prédicateur Hugh Peters s'écriait au milieu d'un sermon : « Voici, voici maintenant la révélation; je vais vous en faire part. Cette armée extirpera la monarchie, non-seulement ici, mais en France et dans les autres royaumes qui nous entourent. On dit que nous entrons dans une route jusqu'ici sans exemple; que pensez-vous de la vierge Marie?

---

1. *Burton's Diary*, 1, 54, etc.

Y avait-il auparavant quelque exemple qu'une femme pût concevoir sans la société d'un homme? Ceci est un temps qui servira d'exemple aux temps à venir[1]. » Cromwell trouve dans la Bible des prédictions, des conseils pour le temps présent, des justifications positives de sa politique. « Je crois vraiment que le Seigneur a dessein de délivrer son peuple de tout fardeau, et qu'il est près d'accomplir tout ce qui a été prédit au psaume 113. C'est ce psaume qui m'encourage. » Et il récite et commente pendant une heure le psaume 113. Il a beau être calculateur, ambitieux par excellence, il est néanmoins vraiment fanatique et sincère. Son médecin contait qu'il avait été fort mélancolique pendant des années entières, avec des imaginations bizarres, et la persuasion fréquente qu'il allait mourir. Deux ans avant la révolution, il écrivait à son cousin : « Véritablement, aucune pauvre créature n'a plus de causes que moi de se mettre en avant pour la cause de son Dieu. Que le Seigneur m'accepte dans son Fils, et me donne de marcher dans la lumière, et nous donne de marcher dans la lumière, comme il est la lumière. Béni soit son nom pour avoir brillé sur un cœur aussi obscur que le mien! » Certainement il songeait à devenir saint autant qu'à devenir roi, et aspirait au salut comme au trône. Au moment d'entrer en Irlande et d'y massacrer les catholiques, il écrivait à

---

[1]. Guizot, *Portraits politiques*, 63. Voyez Carlyle, *Cromwell's speeches and letters*.

sa belle-fille une lettre de direction que Baxter ou Taylor eussent volontiers signée. Du milieu des affaires, en 1651, il exhortait ainsi sa femme : « Ma très-chère, je ne puis me décider à manquer cette poste, quoique j'aie beaucoup à écrire. Je me réjouis d'apprendre que ton âme prospère. Que le Seigneur augmente encore et encore ses faveurs envers toi. Le plus grand bien que ton âme puisse désirer est que le Seigneur tourne vers toi la lumière de son visage, qui est meilleure que la vie. Que le Seigneur bénisse tous les bons conseils et exemples que tu donnes à ceux qui sont autour de toi, et entende toutes tes prières, et t'accepte toujours. » Il demanda en mourant si la grâce, une fois reçue, pouvait se perdre, et fut rassuré quand il apprit que non, étant certain, dit-il, d'avoir été une fois en état de grâce. Il expira sur cette prière : « Seigneur, quoique je sois une pauvre et misérable créature, je suis en alliance avec toi par la grâce, et je puis, je dois venir à toi pour ton peuple. Tu as fait de moi, quoique très-indigne, un humble instrument pour ton service.... Seigneur, de quelque façon que tu disposes de moi, continue et achève de leur faire du bien. Et achève l'œuvre de réforme, et rends le nom du Christ glorieux dans le monde[1]. » Sous cet esprit pratique, prudent, propre au monde, il y avait un fonds anglais d'imagination trouble et puissante[2], capable d'engendrer le calvinisme passionné et les craintes

---

1. *Cromwell's speeches and letters*, by Carlyle.
2. *Voyez* ses discours. Le style est décousu, obscur, passionné,

mystiques. Les mêmes contrastes se heurtaient et se conciliaient chez les autres indépendants. En 1648, après de fausses manœuvres, ils se trouvèrent en danger, placés entre le roi et le Parlement; là-dessus ils s'assemblèrent plusieurs jours de suite à Windsor pour se confesser devant Dieu et lui demander son aide, et découvrirent que tout le mal venait des conférences qu'ils avaient eu la faiblesse de proposer au roi. « Et dans ce sentier, dit l'adjudant général Allen, le Seigneur nous mena pour nous montrer non-seulement notre péché, mais notre devoir. Et cela s'appesantit si unanimement sur chaque cœur, qu'il y eut à peine un de nous qui fût capable de dire un mot aux autres, à cause des larmes amères qu'il versait, en partie par le sentiment et la honte de nos iniquités, de notre peu de foi, de notre lâche crainte des hommes, des conseils charnels que nous avions tenus avec notre sagesse, et non avec la parole du Seigneur[1]. » Là-dessus, ils résolurent de mettre le roi en jugement et à mort, et firent comme ils avaient résolu.

Autour d'eux, l'exaltation, la folie gagnent : indépendants, millénariens, antinomiens, anabaptistes, libertins, familistes, quakers, enthousiastes, chercheurs, perfectistes, sociniens, ariens, antitrinitairiens, antiscripturistes, sceptiques, la liste des sectes ne finit pas. Des femmes, des troupiers montaient

---

extraordinaire, comme d'un homme qui n'est pas maître de son cerveau, et qui, malgré cela, voit juste par une sorte d'intuition.

1. Carlyle, *ib.*, I, 254.

subitement en chaire et prêchaient. Les cérémonies les plus étranges s'étalaient en public. En 1644, dit le docteur Featly, « les anabaptistes rebaptisèrent cent hommes et femmes ensemble au crépuscule, dans des ruisseaux, dans des bras de la Tamise et ailleurs, les plongeant dans l'eau par-dessus la tête et les oreilles. » Un certain Oates, dans le comté d'Essex, « fut traduit devant le jury pour le meurtre d'Anne Martin, qui était morte, quelques jours après son baptême, d'un froid qui l'avait saisie. » Fox conversait avec le Seigneur, et témoignait à haute voix, dans les rues et dans les marchés, contre les péchés du siècle. « William Simpson[1] (un de ses disciples) reçut l'ordre du Seigneur d'aller à plusieurs reprises, pendant trois ans, nu et sans chaussures devant eux, comme un signe pour eux, dans les marchés, dans les cours, dans les villes, dans les cités, dans les maisons des prêtres, dans les maisons des hommes puissants, leur disant : Vous serez tous dépouillés et mis à nu, comme je suis dépouillé et mis à nu. — Et d'autres fois il reçut l'ordre de mettre un sac sur sa tête, et de barbouiller sa figure, et de leur dire : Le Seigneur barbouillera votre religion, tout comme je suis barbouillé moi-même. » Une femme entra dans la chapelle de White-Hall complétement nue, au milieu du service, le lord Protecteur étant présent. Un quaker vint à la porte du Parlement avec une épée tirée, et blessa plusieurs

---

1. *Fox's Journal*, 511 543.

personnes présentes, disant que le Saint-Esprit lui avait inspiré de tuer tous ceux qui siégeaient à la Chambre. Les hommes de la cinquième monarchie croyaient que le Christ allait descendre pour régner en personne sur la terre, pendant mille ans, avec les saints pour ministres. Les *ranters* reconnaissaient comme signe principal de la foi les vociférations furieuses et les contorsions. Les chercheurs pensaient que la vérité religieuse ne doit être saisie que dans une sorte de brouillard mystique, avec doute et appréhension. Les muggletoniens décidaient que « John Reeve et Ludovick Muggleton étaient les deux derniers prophètes et messagers de Dieu ; » ils déclaraient les quakers possédés du diable, exorcisaient le diable et prophétisaient que William Penn serait damné. J'ai cité tout à l'heure James Naylor, ancien quartier-maître du général Lambert, adoré comme un Dieu par ses sectateurs. Plusieurs femmes conduisaient son cheval, d'autres jetaient devant lui des mouchoirs et des écharpes, chantant : Saint, Saint, Seigneur Dieu. Elles l'appelaient le plus beau des dix mille, le Fils unique de Dieu, le prophète du Dieu très-haut, le Roi d'Israël, le Fils éternel de la justice, le Prince de la paix, Jésus, celui en qui l'espoir d'Israël réside. L'une d'elles, Dorcas Erbury, déclara qu'elle était restée morte deux jours entiers dans sa prison d'Exeter, et que Naylor l'avait ressuscitée en lui imposant les mains. Sarah Blackbury le trouvant prisonnier, le prit par la main, et lui dit : « Lève-toi, mon amour, ma colombe, ma beauté, et viens-t'en.

Pourquoi restes-tu assis parmi les pots ? — » Puis elle lui baisa la main et se prosterna devant lui. Lorsqu'on le mit au pilori, quelques-uns de ses disciples se mirent à chanter, à pleurer, à frapper leur poitrine ; d'autres baisaient ses mains, se couchaient sur son sein et baisaient ses blessures[1]. Bedlam déchaîné n'aurait pas fait mieux.

Au-dessous de ces bouillonnements désordonnés de la surface, les couches saines et profondes de la nation s'étaient prises, et la foi nouvelle y faisait son œuvre, œuvre pratique et positive, politique et morale. Tandis que la réforme allemande, selon l'usage allemand, aboutissait aux gros livres et à une scolastique, la réforme anglaise, selon l'usage anglais, aboutissait à des actions et à des établissements. « Comment sera gouvernée l'Église de Christ : » voilà la grande question qui s'agite entre les sectes. La Chambre des communes demande à l'assemblée des théologiens « si les assemblées locales[2], provinciales et nationales sont de droit divin et instituées par la volonté et le commandement de J. C. ? Si elles le sont toutes? S'il n'y en a que quelques-unes, et lesquelles ? Si les appels portés des anciens d'une congrégation aux assemblées provinciales, départementales et nationales sont de droit divin et par la volonté et le commandement de J. C. ? Si quelques-unes seulement sont de droit divin? Lesquelles? Si le pouvoir des

---

1. *Burton's Diary*, I, 54. — Neal, *History of the Puritans* (supplément, t. III). — *Pictorial History*, III, 813.
2. En anglais, *classical*.

assemblées en de tels appels est de droit divin et par la volonté et le commandement de J. C.? » et cent autres questions du même genre. Le Parlement déclare que[1], d'après l'Écriture, les dignités de prêtre et d'évêque sont égales, règle les ordinations, les convocations, les excommunications, les juridictions, les élections, dépense la moitié de son temps et use toute sa force à fonder l'Église presbytérienne. — Pareillement chez les indépendants, la ferveur engendre le courage et la discipline. Les *côtes de fer* de Cromwell « sont la plupart[2] des fils de francs-tenanciers qui s'engagent dans la guerre par un principe de conscience, et qui, étant bien armés au dedans par la satisfaction de leur conscience et au dehors par de bonnes armes de fer, font ferme ou chargent en désespérés comme un seul homme. » Cette armée où des caporaux inspirés prêchent des colonels tièdes, opère avec la solidité et la précision d'un régiment russe ; c'est un devoir, un devoir envers Dieu que de tirer juste et de marcher en ligne, et le parfait chrétien produit le parfait soldat. Nulle séparation ici entre la spéculation et la pratique, entre la vie privée et la vie publique, entre le spirituel et le temporel. Ils veulent appliquer l'Écriture, établir « le royaume de Dieu sur la terre, » instituer non-seulement une Église chrétienne, mais encore une société chrétienne, changer la loi en gardienne des mœurs, imposer la piété et la vertu ; et pour un temps ils y réussissent.

---

1. Neal, II, 359. — 2. *Whitelocke's memorials*, 1, 68.

CHAPITRE V. LA RENAISSANCE CHRÉTIENNE. 377

« Quoique la discipline de l'Église fût renversée[1], dit Neal, il y avait un esprit extraordinaire de dévotion parmi le peuple dans le parti du Parlement. Le jour du Seigneur était gardé avec une exactitude remarquable, les églises étant remplies d'auditeurs attentifs et nombreux; trois et quatre fois par jour les officiers de paix faisaient des patrouilles dans les rues, et fermaient toutes les maisons publiques. Personne ne voyageait sur les routes et ne se promenait dans les champs, excepté en cas de nécessité absolue. Des exercices religieux étaient établis dans les familles privées, comme lire l'Écriture, prier en famille, répéter des sermons, chanter des psaumes; et cela était si universel que vous auriez pu parcourir toute la ville de Londres, le dimanche soir, sans voir une personne oisive ou sans entendre autre chose que le son des prières ou des cantiques qui sortait des églises et des maisons publiques[2]. Les gens n'hésitaient pas à se lever avant le jour et à franchir une grande distance pour avoir le bonheur d'entendre la parole de Dieu. — Il n'y avait point de maisons de jeu, ni de maisons de filles. On ne voyait et on n'entendait dans les rues ni jurons profanes, ni ivrognerie, ni aucune sorte de débauche.... Les soldats du Parlement accouraient en foule aux sermons, parlaient de religion, priaient et chantaient des

---

1. Neal, II, 155.
2. Comparer à notre Révolution : la Bastille démolie, on y mit l'écriteau suivant : « Ici l'on danse. » Dans ce contraste on voit en abrégé l'opposition des deux doctrines et des deux nations.

psaumes ensemble en montant la garde. » En 1644, le Parlement défendit de vendre des denrées le dimanche, « de voyager, de transporter des fardeaux, de faire aucun travail mondain, sous peine de dix schillings d'amende pour le voyageur, et de cinq schillings pour chaque charge, » de « prendre part ou d'assister à aucune lutte, sonnerie de cloches, tir, marché, buvette, danse, jeu, sous peine d'une amende de cinq schillings pour chaque personne au-dessus de quatorze ans. Si des enfants sont trouvés coupables d'une de ces fautes, les parents ou tuteurs payeront douze pence pour chaque faute. Si les diverses amendes ci-dessus mentionnées ne peuvent être payées, les coupables seront mis dans les *stocks* pendant l'espace de trois heures. » Quand les indépendants furent au pouvoir, la sévérité fut plus âpre encore. Les officiers de l'armée ayant convaincu de blasphème un de leurs quartier-maîtres, « le condamnèrent à avoir la langue percée d'un fer rouge, son épée brisée au-dessus de sa tête, et à être chassé de l'armée. » Pendant l'expédition de Cromwell en Irlande, « on n'entendait pas un blasphème dans tout le camp, les soldats employant leurs heures de loisir à lire leurs Bibles, à chanter des psaumes et à tenir des conférences religieuses[1]. » En 1650, les peines infligées aux profanateurs du dimanche furent doublées. Des lois violentes furent portées contre les paris, la galanterie fut taxée de crime, les théâtres furent démolis,

---

1. Neal, II, 552, 562, 571.

les spectateurs mis à l'amende, les acteurs fouettés à la queue de la charrette, l'adultère puni de mort : pour mieux frapper le vice, ils persécutaient le plaisir. Mais s'ils étaient austères envers autrui, ils l'étaient envers eux-mêmes, et pratiquaient les vertus qu'ils imposaient. Après la Restauration, deux mille ministres, pour ne pas se conformer à la nouvelle liturgie, renoncèrent à leurs cures, sauf à mourir de faim avec leurs familles. « Beaucoup d'entre eux, ne croyant pas avoir le droit de quitter leur ministère après y avoir été destinés par l'ordination, prêchèrent à ceux qui voulurent les entendre dans les champs et dans les maisons particulières, jusqu'à ce qu'ils fussent saisis et jetés dans des prisons où un grand nombre d'entre eux périrent[1]. » Les cinquante mille vétérans de Cromwell, licenciés tout d'un coup et sans ressources, ne fournirent pas une seule recrue aux vagabonds et aux bandits. « Les royalistes eux-mêmes confessèrent que dans toutes les branches d'industrie honnête, ils prospéraient au delà des autres hommes, que nul d'entre eux n'était accusé de larcin ou de brigandage, qu'on n'en voyait pas un demander l'aumône, et que si un boulanger, un maçon ou un charretier se faisait remarquer par sa sobriété et son activité, il était très-probablement un des vieux soldats d'Olivier[2]. » Purifiés par la persécution et ennoblis par la patience, ils finiront par conquérir la tolérance de la loi comme le respect du

---

1. Baxter, 101. — 2. Macaulay, *History of England*, I, 152.

public, et relèveront la morale nationale comme ils ont sauvé la liberté nationale. Cependant les autres, fugitifs en Amérique, poussent jusqu'au bout ce grand esprit religieux et stoïque, avec ses faiblesses et ses forces, avec ses vices et ses vertus. Leur volonté, tendue par une foi fervente, tout employée à la vie politique et pratique, invente l'émigration, supporte l'exil, repousse les Indiens, fertilise le désert, érige la morale rigide en loi civile, institue et arme l'Église, et sur la Bible fonde l'État[1].

Ce n'est pas d'une pareille conception de la vie qu'une véritable littérature peut sortir. L'idée du beau y manque, et qu'est-ce qu'une littérature sans l'idée du beau? L'expression naturelle des mouvements du cœur y est proscrite, et qu'est-ce qu'une littérature sans l'expression naturelle des mouvements du cœur? Ils ont aboli comme impies le libre drame et la riche poésie que la Renaissance avait portés jusqu'à eux. Ils rejettent comme profanes le style orné et l'ample éloquence que l'imitation de l'antiquité et de l'Italie avait établis autour d'eux. Ils se défient de la raison et sont incapables de philosophie. Ils ignorent les divines langueurs de l'Imitation et les tendresses touchantes de l'Évangile. On ne trouve dans leur caractère que virilité, dans leur conduite

---

1. « Le nommé John Denis est fouetté en public pour avoir chanté une chanson profane. La petite Mathias ayant donné des marrons rôtis à Jérémie Boosy, et lui ayant dit avec ironie qu'il les lui rendra en Paradis, criera trois fois *grâce* à l'église, et sera trois jours au pain et à l'eau en prison. » Massachussets, 1660-1670

qu'austérité, dans leur esprit qu'exactitude. On ne voit parmi eux que des théologiens échauffés, des controversistes minutieux, des hommes d'action énergiques, des cerveaux bornés et patients, tous préoccupés de preuves positives et d'œuvres effectives, dépourvus d'idées générales et de goûts délicats, appesantis sur les textes, raisonneurs secs et obstinés qui tourmentent l'Écriture pour en extraire une forme de gouvernement ou un code de doctrine. Rien de plus étroit et de plus laid que ces recherches et ces disputes. Un pamphlet du temps demande la liberté de conscience, et tire ses arguments : « 1º De la parabole du blé et de l'ivraie qui poussent ensemble jusqu'à la moisson; 2º de cette prescription des apôtres : Que chaque homme soit persuadé dans son propre entendement; 3º de ce texte : Partout où manque la foi est le péché; 4º de cette règle divine de notre Sauveur : Faites à autrui ce que vous voudriez qu'on vous fît à vous-mêmes[1]. » Plus tard, quand la Chambre en fureur veut juger James Naylor, le procès s'enfonce dans une interminable discussion juridique et théologique, les uns prétendant que le crime commis est une idolâtrie, d'autres qu'il est une séduction, chacun vidant devant l'assemblée son arsenal de commentaires et de textes[2]. Rarement une génération s'est trouvée plus mutilée de toutes

---

1. Neal, II, 384.
2. « Selon le sens ordinaire de l'Écriture, dit le major Disbrowne, presque tous commettent des blasphèmes, selon ce mot de notre Sauveur dans saint Marc « Péché, blasphème; — si cela est, il n'y

les facultés qui produisent la contemplation et l'ornement, plus réduite aux facultés qui nourrissent la discussion et la morale. Comme un splendide insecte qui s'est transformé et qui a perdu ses ailes, on voit la poétique génération d'Élisabeth disparaître et ne laisser à sa place qu'une lourde chenille, fileuse opiniâtre et utile, armée de pattes industrieuses et de mâchoires redoutables, occupée à ronger de vieilles feuilles et à dévorer ses ennemis. Point de style; ils parlent en hommes d'affaires; tout au plus, çà et là, un pamphlet de Prynne a de la vigueur. Les histoires, celle de May, par exemple, sont plates et lourdes. Les mémoires, même ceux de Ludlow, de mistress Hutchinson, sont longs, ennuyeux, véritables factums dépourvus d'accent personnel, vides d'effusion et d'agrément; tous, « ils semblent s'oublier et ne s'occupent que des destinées générales de leur cause[1]. » De bons ouvrages de piété, des sermons solides et convaincants, des livres sincères, édifiants, exacts, méthodiques, comme ceux de Baxter, de Barclay, de Calamy, de John Owen, des récits personnels comme celui de Baxter, comme le journal de Fox, comme la vie de Bunyan, une grande provision consciencieusement rangée de documents et de raisonnements, voilà tout ce qu'ils offrent; le puritain détruit l'artiste, roidit l'homme, entrave l'écrivain,

à personne sans blasphème. Ainsi furent accusés David et le fils d'Éli, selon le texte : « Tu as blasphémé et fait blasphémer les autres. »

1. Guizot, *Portraits politiques*.

et ne laisse subsister de l'artiste, de l'homme, de l'écrivain, qu'une sorte d'être abstrait, serviteur d'une consigne. S'il se rencontre parmi eux un Milton, c'est que par ses vastes curiosités, ses voyages, son éducation encyclopédique, surtout par son adolescence trempée dans la grande poésie de l'âge précédent, et par son indépendance d'esprit hautainement défendue même contre les sectaires, Milton dépasse la secte. A proprement parler, ils ne pouvaient avoir qu'un poëte, poëte sans le vouloir, un fou, un martyr, héros et victime de la grâce, véritable prédicateur, qui atteint le beau par rencontre en cherchant l'utile par principe, pauvre chaudronnier qui, employant les images pour être compris des manouvriers, des matelots, des servantes, est parvenu, sans y prétendre, à l'éloquence et au grand art.

VI

Après la Bible, le livre le plus répandu en Angleterre est le *Voyage du Pèlerin* par le chaudronnier Bunyan. C'est que le fond du protestantisme est la doctrine du salut opéré par la grâce, et que, pour rendre cette doctrine sensible, nul artiste n'a égalé Bunyan.

Pour bien parler des impressions surnaturelles, il faut être sujet aux impressions surnaturelles. Bunyan eut le genre d'imagination qui les produit. Cette imagination, puissante comme celle des artistes, mais plus violente que celle des artistes, agit dans l'homme sans le concours de l'homme, et l'assiége de spectacles qu'il n'a ni voulus ni prévus. Dès ce moment, il y a en lui comme un second être, souverain du premier, grandiose et terrible, dont les apparitions sont soudaines, dont les démarches sont inconnues, qui double ou brise ses facultés, qui le prosterne ou l'exalte, qui l'inonde de sueurs d'angoisse, qui le ravit de transports de joie, et qui par sa force, sa bizarrerie, son indépendance, lui atteste la présence et l'action d'un maître étranger et supérieur. Dès l'enfance, comme sainte Thérèse, Bunyan eut des visions, « étant grandement troublé par la pensée des tourments horribles du feu de l'enfer, » triste au milieu de ses jeux, se croyant damné, et si désespéré « qu'il souhaitait être un démon, supposant que les démons sont seulement bourreaux, et qu'il vaut mieux encore être tourmenteur que tourmenté[1]. » C'était déjà l'obsession des images

---

1. Also I should, at these years, be greatly troubled with the thoughts of the fearful torments of hell-fire, still fearing that it would be my lot to be found at last among those devils and hlelish fiends, who are there bound down with the chains and bonds of darkness unto the judgment of the great day.

These things, I say, when I was but a child but nine or ten years old, did so distress my soul, that then, in the midst of my many sports and childish vanities, amidst my vain companions, I was often much cast down and afflicted in my mind therewith, yet could I not let go my sins. Yea, I was also then so overcome with despair of life and heaven, that I should often wish either that there had been no hell, or that I had been a devil, supposing they were only tormentors, that if it must needs be that I went thither, I might be rather a tormentor than be tormented myself.

précises et corporelles. Sous leur effort la réflexion cesse, et l'homme est tout d'un coup précipité dans l'action. Le premier mouvement l'emportait les yeux fermés, lancé comme sur une pente roide dans les déterminations folles. Un jour, voyant un serpent passer sur la grand'route, il le frappa de son bâton sur le dos et l'étourdit. « Puis de mon bâton, je le forçai à ouvrir sa gueule, et lui arrachai son aiguillon avec mes doigts, action désespérée qui, si Dieu n'avait pas eu pitié de moi, m'aurait mené à ma fin[1]. » Dès ses premiers essais de conversion, il fut extrême dans ses émotions, et maîtrisé jusqu'au cœur par la vue des objets physiques, « adorant » le prêtre, l'office, l'autel, les vêtements. « Cette pensée était devenue si forte dans mon esprit, qu'à la seule vue d'un prêtre (si sale et débauchée que fût sa vie), je sentais mon cœur défaillir sous lui, et le vénérer, et se lier à lui; oui, et pour l'amour que je leur portais, il me semblait que je me serais couché sous leurs pieds pour être foulé par eux, tant leur nom, leur habit, leur office m'enivraient et m'ensorcelaient[2]. » Déjà les idées s'attachaient à lui de cette prise invincible qui fait la monomanie; absurdes

1. Another time, being in the field with my companions, it chanced that an adder passed over the highway, so I, having a stick, struck her over the back, and having stunned her, I forced open her mouth with my stick, and plucked her sting out with my fingers, by which act, had not God been merciful to me, I might, by my desperateness, have brought myself to my end.

2. But withal I was so overrun with the spirit of superstition, that I adored, and that with great devotion, even all things (both the high-place, priest, clerk, vestment, service, and what else) be-

ou non, il n'importait; elles régnaient en lui, non par leur vérité, mais par leur présence. La pensée d'un danger impossible l'effrayait autant que la vue d'un péril imminent. Comme un homme suspendu au-dessus d'un gouffre par une corde solide, il oubliait que la corde était solide et le vertige l'étreignait. Selon l'usage des ouvriers anglais, il aimait à sonner les cloches; devenu puritain, il trouva l'amusement profane et s'abstint; pourtant, entraîné par son désir, il montait encore au clocher et regardait sonner. « Mais bientôt après je me mis à penser : Et si une des cloches tombait ? — Alors je choisis, pour me tenir, une place sous une grosse poutre qui était en travers du clocher, pensant que je serais là en sûreté. — Mais bientôt je me remis à penser que si la cloche tombait dans son balancement, elle pourrait frapper d'abord le mur, puis rebondir sur moi et me tuer malgré la poutre. — Cela fit que je me tins à la porte du clocher. — Et maintenant, pensé-je, je suis en sûreté; car si une cloche tombait, je m'esquiverais derrière ces gros murs, et je serais sauvé

longing to the church; counting all things holy that were therein contained, and especially the priest and clerk most happy, and, without doubt, greatly blessed, because they were the servants, as I then thought, of God, and were principal in the holy temple, to do his work therein. This conceit grew so strong upon my spirit, that had I but seen a priest (though never so sordid and debauched in his life), I should find my spirit fall under him, reverence him, and knit unto him; yea, I thought for the love I did bear unto them (supposing they were the ministers of God), I could have laid down at their feet, and have been trampled upon by them — their name, their garb, and work did so intoxicate and bewitch me.

malgré tout. — En sorte qu'après cela j'allais encore voir sonner, sans vouloir entrer plus avant que la porte du clocher. Mais alors il me vint dans la tête : Et si le clocher aussi tombait ? Et cette pensée continuelle ébranla si fort mon esprit, que je n'osai pas rester plus longtemps à la porte du clocher, que *je fus forcé* de fuir, par crainte que le clocher ne tombât sur ma tête[1]. » Souvent la simple conception d'un péché devenait pour lui une tentation si involontaire et si forte, qu'il y sentait la griffe aiguë du diable. L'idée fixe grossissait dans sa tête comme un abcès douloureux, chargé de toute la sensibilité et de tout le sang vital. « Si ce péché consistait à prononcer un tel mot, j'ai été comme si ma bouche

---

[1]. Now you must know, that before this I had taken much delight in ringing, but my conscience beginning to be tender, I thought such practice was but vain, and therefore forced myself to leave it; yet my mind hankered; wherefore I would go to the steeple-house and look on, though I durst not ring; but I thought this did not become religion neither; yet I forced myself and would look on still. But quickly after, I began to think, 'How, if one of the bells should fall?' Then I chose to stand under a main beam that lay overthwart the steeple, from side to side, thinking here I might stand sure; but then I thought again, should the bell fall with a swing, it might first hit the wall, and then rebounding upon me, might kill me for all this beam. This made me stand in the steeple-door; and now, thought I, I am safe enough; for if a bell should then fall, I can slip out behind these thick walls, and so be preserved notwithstanding. So after this I would yet go to see them ring, but would not go any farther than the steeple-door; but then it came into my head, 'How, if the steeple itself should fall?' And this thought (it may, for aught I know, when I stood and looked on) did continually so shake my mind, that I durst not stand at the steeple-door any longer, but was forced to flee, for fear the steeple should fall upon my head.

allait prononcer ce mot, que je le voulusse ou non. Et si puissante était la tentation sur moi, que souvent j'ai été prêt à claquer des mains contre mon menton, pour empêcher ma bouche de s'ouvrir; et d'autres fois, de sauter la tête en bas dans quelque trou à fumier, pour empêcher ma bouche de parler[1]. » Plus tard, au milieu d'un sermon qu'il prêchait, il était assailli par des pensées de blasphème; le mot arrivait à ses lèvres, et toute sa résistance parvenait à peine à maintenir en place le muscle soulevé par le cerveau dominateur.

Un jour que le ministre de sa paroisse prêchait contre la danse, les jurons et les jeux, il se frappa de cette idée que le sermon était pour lui, et rentra dans sa maison plein d'angoisse. Mais il mangea; son estomac chargé déchargea son cerveau, et ses remords se dissipèrent. En véritable enfant, uniquement touché de la sensation présente, il fut ravi, sauta dehors et courut au jeu. Il avait lancé sa balle et allait recommencer, quand une voix dardée du ciel entra soudainement dans son âme : « Veux-tu quitter tes

---

1. In these days, when I have heard others talk of what was the sin against the Holy Ghost, then would the tempter so provoke me to desire to sin that sin, that I was as if I could not, must not, neither should be quiet until I had committed it; now no sin would serve but that : if it were to be committed by speaking of such a word, then I have been as if my mouth would have spoken that word whether I would or no; and in so strong a measure was the temptation upon me, that often I have been ready to clap my hands under my chin, to hold my mouth from opening; at other times, to leap with my head downward into some muck-hill hole, to keep my mouth from speaking.

péchés et aller au ciel, ou garder tes péchés et aller en enfer ? » Éperdu, « je regardai le ciel, et je fus comme si, avec les yeux de mon intelligence, j'avais aperçu le Seigneur Jésus, me regardant d'un air très-fâché contre moi, et comme s'il m'avait sévèrement menacé de quelque griève punition pour ces pratiques impies et les autres semblables[1]. » Tout d'un coup, réfléchissant que ses péchés étaient très-grands, et qu'il serait certainement damné quoi qu'il fît, il résolut de se contenter en attendant, et pendant cette vie de pécher tant qu'il pourrait. Il reprit sa balle, se remit à jouer avec fureur, et jura plus haut et plus souvent que jamais. Un mois après, réprimandé par une femme, tout d'un coup « à ce reproche je me tus, et baissant la tête, je souhaitai d'être de nouveau un petit enfant pour que mon père m'apprît à parler sans cette méchante habitude de jurer. Car,

---

1. But hold, it lasted not, for before I had well dined, the trouble began to go off my mind, and my heart returned to its old course; but oh, how glad was I that this trouble was gone from me, and that the fire was put out, that I might sin again without control! Wherefore, when I had satisfied nature with my food, I shook the sermon out of my mind, and to my old custom of sports and gaming I returned with great delight.

But the same day, as I was in the midst of a game of cat, and having struck it one blow from the hole, just as I was about to strike it the second time, a voice did suddenly dart from heaven into my soul, which said, ' Wilt thou leave thy sins and go to heaven, or have thy sins and go to hell?' At this I was put to an exceeding maze; wherefore, leaving my cat upon the ground, I looked up to heaven, and was as if I had, with the eyes of my understanding, seen the Lord Jesus looked down upon me, as being very hotly displeased with me, and as if he did severely threaten me with some grievous punishment for those and other ungodly practices.

pensai-je, j'y suis si accoutumé qu'il serait inutile de penser à me corriger; je ne pourrais jamais le faire. — Mais je ne sais comment cela arriva, à partir de ce temps je quittai mes jurons, tellement que c'était un grand étonnement pour moi de me voir ainsi; et tandis qu'auparavant je ne savais parler sans mettre un juron devant et un derrière pour donner crédit à mes paroles, maintenant sans jurons je parlais mieux et plus aisément que je n'avais fait auparavant[1]. » Ces brusques alternatives, ces résolutions violentes, ce renouvellement imprévu du cœur, sont des œuvres de l'imagination passionnée et involontaire; par ses hallucinations, par sa souveraineté; par ses idées fixes, par ses idées folles, elle prépare un poëte et annonce un inspiré.

Les circonstances en lui développèrent le naturel; son genre de vie aidait son genre d'esprit. Il était né « dans le rang le plus bas et le plus méprisé, » fils d'un chaudronnier, lui-même chaudronnier ambulant; avec une femme aussi pauvre que lui, « telle-

---

1. At this reproof I was silenced, and put to secret shame, and that, too, as I thought, before the God of heaven; wherefore, while I stood there, hanging down my head, I wished that I might be a little child again, that my father might learn me to speak without this wicked way of swearing; for, thought I, I am so accustomed to it, that it is in vain to think of a reformation, for that could never be. But how it came to pass I know not, I did from this time forward so leave my swearing, that it was a great wonder to myself to observe it; and whereas before I knew not how to speak unless I put an oath before, and another behind, to make my words have authority, now I could without it speak better, and with more pleasantness, than ever I could before.

CHAPITRE V. LA RENAISSANCE CHRÉTIENNE. 391

ment qu'entre eux deux ils n'avaient pas une cuiller ni un plat de mobilier. » On lui avait enseigné dans son enfance à lire et à écrire; mais depuis « il avait perdu presque entièrement ce qu'il avait appris. » L'éducation distrait et discipline l'homme; elle le remplit d'idées diverses et raisonnables; elle l'empêche de s'enfoncer dans la monomanie ou de s'échauffer par l'exaltation; elle substitue les pensées approuvées aux inventions excentriques, les opinions mobiles aux convictions roides; elle remplace les images impétueuses par les raisonnements calmes, les volontés improvisées par les décisions réfléchies; elle met en nous la sagesse et les idées d'autrui, elle nous donne la conscience et l'empire de nous-mêmes. Supprimez cette raison et cette discipline, et considérez le pauvre ouvrier ignorant à son ouvrage; la tête travaille pendant que les mains travaillent, non pas sagement, avec des habitudes acquises de logique apprise, mais par de sourdes émotions, sous un flot déréglé d'images confuses. Soir et matin, le marteau machinal berce de ses notes assourdissantes la même pensée incessamment ramenée et reployée sur elle-même. Une vision trouble, obstinée, ondoie devant lui aux lueurs de l'étain froissé qui tressaille. Dans la fournaise rouge où bout le fer, dans le cri du cuivre meurtri, dans les noirs recoins où rampe l'ombre humide, il aperçoit la flamme et les ténèbres d'en bas, et le grincement des chaînes éternelles. Demain il revoit la même image, et après-demain, et toute la semaine, et tout le mois, et toute l'année. Son front se plisse, ses yeux deviennent mornes, et sa femme, la nuit, l'entend gémir. Elle se souvient qu'elle a deux volumes dans un vieux sac : le *Chemin de l'homme simple au ciel* et la *Pratique de la piété;* pour se consoler il les épelle, et la pensée imprimée, déjà auguste par elle-même, devenue plus auguste par la lenteur de la lecture, s'enfonce comme un oracle dans sa croyance subjuguée. Les brasiers des diables, — les harpes d'or du ciel, — le Christ nu sur la croix sanglante, — chacune de ces idées enracinées végète vénéneuse ou salutaire dans son cerveau malade, s'étend, plonge plus avant et fleurit plus haut par une ramification de visions nouvelles, si épaisses, que dans cet esprit obstrué il n'y a plus de place ni d'air pour d'autres conceptions. — Se reposera-t-il quand, l'hiver venu, il partira pour sa tournée? Dans ses longues marches solitaires, sur les landes désertes, dans les fondrières maudites et hantées, toujours livré à lui-même, l'inévitable idée le poursuit. Ces routes défoncées où il s'embourbe, ces lourdes rivières troublées qu'il traverse sur un bac pourri, ces chuchotements menaçants des bois nocturnes, quand, dans les endroits meurtriers, la lune livide dessine des formes embusquées, tout ce qu'il voit et tout ce qu'il entend s'assemble en un poëme involontaire autour de l'idée qui l'absorbe; elle se change ainsi en un vaste corps de légendes sensibles, et multiplie sa force en multipliant ses détails. — Devenu sectaire, on l'enferme pendant douze ans, n'ayant d'autre entretien que le livre des *Martyrs* et la Bible, dans une de ces prisons infectes où sous la Restauration pourrissaient les puritains. Le voilà seul encore, replié sur lui-même par la monotonie du cachot, assiégé par les terreurs de l'Ancien Testament, par le délire vengeur des prophètes, par les dogmes fulminants de saint Paul, par le spectacle des ravissements et des martyres, face à face avec Dieu, tantôt désespéré, tantôt consolé, troublé d'images involontaires et d'émotions inattendues, apercevant tour à tour le démon et les anges, acteur et témoin d'un drame intérieur dont il peut raconter les vicissitudes. Il les écrit : c'est là son livre. Vous voyez désormais l'état de ce cerveau enflammé. Appauvri d'idées, rempli d'images, livré à une pensée fixe et unique, plongé dans cette pensée par son métier machinal, par sa prison et ses lectures, par sa science et son ignorance, les circonstances, comme la nature, le font visionnaire et artiste, lui fournissent les impressions surnaturelles et les images sensibles, lui enseignent l'histoire de la grâce et les moyens de l'exprimer.

Le *Voyage du Pèlerin* est un manuel de dévotion à l'usage des simples, en même temps qu'une épopée allégorique de la grâce. On entend ici un homme du peuple qui parle au peuple, et qui veut rendre sensible à tous la terrible doctrine de la damnation et du salut[1]. Selon Bunyan, nous sommes « les fils de la

---

1. Voici l'abrégé des événements : Du haut du ciel, une voix a crié vengeance contre la cité de la Destruction où vit un pécheur nommé Chrétien. Effrayé, il se lève parmi les railleries de ses voisins et part pour n'être point dévoré par le feu qui consumera les

colère, » condamnés de naissance, criminels par nature, prédestinés justement à la destruction. Sous cette pensée formidable le cœur fléchit. Le malheureux homme raconte qu'il tremblait de tous ses membres, et que dans ses convulsions il lui semblait que les os de sa poitrine allaient se briser. « Un jour, « assis dans la rue, je tombai dans une profonde ré- « flexion sur l'état effroyable où mon péché m'avait « mis, et après une grande rêverie je levai la tête;

criminels. Un homme secourable, Évangéliste, lui montre le droit chemin. Un homme perfide, Sagesse-Mondaine, essaye de l'en détourner. Son camarade Maniable, qui l'avait d'abord suivi, s'embourbe dans le marais du Découragement et le quitte. Pour lui, il avance bravement à travers l'eau trouble et la boue glissante, et parvient à la porte étroite, où un sage interprète l'instruit par des spectacles sensibles et lui indique la voie de la cité céleste. Il passe devant une croix et le lourd fardeau des péchés qu'il portait à ses épaules se détache et tombe. Il grimpe péniblement la colline escarpée de la Difficulté, et parvient dans un superbe château, où Vigilant, le gardien, le remet aux mains de ses sages filles, Piété, Prudence, qui l'avertissent et l'arment contre les monstres d'enfer. Il trouve la route barrée par un de ces démons, Apollyon, qui lui ordonne d'abjurer l'obéissance du roi Céleste. Après un long combat, il le tue. Cependant la route se rétrécit, les ombres tombent plus épaisses, les flammes sulfureuses montent le long du chemin : c'est la vallée de l'Ombre de la Mort. Il la franchit, et arrive dans la ville de la Vanité, foire immense de trafics, de dissimulations et de comédies, où il passe les yeux baissés sans vouloir prendre part aux fêtes ni aux mensonges. Les gens du lieu le chargent de coups, le jettent en prison, le condamnent comme traître et révolté, brûlent son compagnon Fidèle. Échappé de leurs mains, il tombe dans celles d'un Géant, Désespoir, qui le meurtrit, le laisse sans pain dans un cachot infect, et, lui présentant des poignards et des cordes, l'exhorte à se délivrer de tant de malheurs. Il parvient enfin sur les montagnes Heureuses, d'où il aperçoit la divine cité. Pour y entrer, il ne reste à franchir qu'un courant profond où l'on perd pied, où l'eau trouble la vue, et qu'on appelle la rivière de la Mort.

« mais il me sembla voir comme si le soleil qui brille
« dans le ciel répugnait à me donner sa lumière, et
« comme si les pierres mêmes des rues et les tuiles
« des toits se conjuraient contre moi. Il me sembla
« qu'ils se liguaient tous ensemble pour me bannir
« du monde. J'étais abhorré par eux et indigne d'ha-
« biter parmi eux, parce que j'avais péché contre le
« Sauveur. Oh! combien chaque créature était plus
« heureuse que moi! Car elles étaient fermes et se
« tenaient en place; mais moi, j'étais emporté et
« perdu. » Contre le pécheur qui se repent, les démons s'assemblent; ils obscurcissent sa vue, ils l'as-
siégent de fantômes, ils hurlent à côté de lui pour
l'entraîner dans leurs précipices, et la noire vallée où
le pèlerin se plonge égale à peine par l'horreur de
ses symboles l'angoisse des terreurs dont il est assailli. « Aussi loin que cette vallée s'étendait, il y
« avait à main droite une fosse très-profonde, qui
« est celle où les aveugles ont conduit les aveugles
« dans tous les âges, et où les uns et les autres ont
« misérablement péri. Et, voyez, de l'autre côté il
« y avait une très-dangereuse fondrière dans laquelle
« celui qui tombe, fût-il homme de bien, ne trouve
« point de fond pour y poser le pied. — Ce sentier-là
« était extrêmement étroit, et pour cela le pauvre
« Chrétien avait encore plus à se garer; car lors-
« qu'il tâchait dans l'obscurité d'éviter la fosse de
« droite, il était près de rouler dans la fondrière de
« l'autre côté; et aussi, quand il voulait s'écarter
« sans grande précaution de la fondrière, il était près

« de tomber dans la fosse. Ainsi il allait, et je l'en-
« tendis ici soupirer amèrement ; car, outre le danger
« qu'on a dit, le sentier était si obscur que quand il
« levait le pied pour le mettre en avant, il ne savait
« pas où ni sur quoi il le mettrait ensuite. — Vers le
« milieu de la vallée j'aperçus la gueule de l'enfer ; et
« elle était tout près de la route. A présent, pensa
« Chrétien, que ferai-je ? — Et de moment en moment
« la flamme et la fumée sortaient en si grande abon-
« dance avec des étincelles et des bruits hideux, qu'il
« était forcé de relever son épée et de recourir à une
« autre arme appelée *prière*. — Il alla ainsi long-
« temps ; et toujours cependant la flamme arrivait
« jusqu'à lui ; et il entendait aussi des voix lamenta-
« bles et comme des frôlements et des froissements
« deçà et delà, tellement qu'il pensait parfois qu'il
« serait déchiré en pièces ou foulé comme la boue des
« rues[1]. » — Contre ces angoisses, ni ses bonnes
œuvres, ni ses prières, ni sa justice, ni toute la jus-

---

1. I saw then in my dream, so far as this valley reached, there was on the right hand a very deep ditch. That ditch is it into which the blind have led the blind in all ages, and have both there miserably perished. Again, behold on the left hand, there was a very dangerous quagg into which, if even a good man falls, he finds no bottom for his foot to stand on....
The path-way was here also exceedingly narrow, and therefore good Christian was the more put to it : for when he sought in the dark to shun the ditch on the one hand, he was ready to top over into the mire on the other; also, when he sought to escape the mire, without great carefulness he would be ready to fall into the ditch. Then he went on, and I heard him here sigh bitterly : for, besides the danger mentioned above, the pathway was here so dark,

CHAPITRE V. LA RENAISSANCE CHRÉTIENNE.

tice et toutes les prières de toutes les autres créatures ne pourront le défendre. Seule la grâce justifie. Il faut que Dieu lui impute la pureté du Christ et le sauve par un choix gratuit. Rien de plus passionné que la scène où, sous le nom de son pauvre pèlerin, il raconte ses doutes, sa conversion, sa joie et la soudaine transformation de son cœur. « Seigneur, dis-je, un si « grand pécheur que moi peut-il être reçu par toi et « sauvé par toi? — Ici je l'entendis qui disait : Celui « qui vient à moi, je ne le rejetterai jamais. — Et « alors mon cœur fut plein de joie, mes yeux furent « pleins de larmes, et toute mon âme déborda d'a- « mour pour le nom, le peuple et les voies de Jésus- « Christ. Cela me fit voir que tout le monde, malgré « toute la justice qui est en lui, est dans un état de « condamnation. Cela me fit voir que Dieu le père, « quoiqu'il soit juste, peut justement justifier le pé- « cheur qui revient. Cela me fit grandement rougir « de l'infamie de ma première vie. Cela me confondit

---

that often times when he lift up his foot to set forward, he knew not where or upon what he should set it next.

About the midst of this valley, I perceived the mouth of Hell to be; and it stood also hard by the way-side. Now, thought Christian, what shall I do? And ever and anon the flame and smoke would come out in such abondance, with sparks and hideous noises, that he was forced to put up his sword, and betake himself to another weapon called *All-prayer* : so he cried in my hearing : « O Lord, I beseech thee; deliver my soul! » — Thus he went a great while. Yet still the flame would be reaching toward him; also he heard doleful voices, and rushing to and fro, so that sometimes he thought he would be torn in pieces, or trodden down like mire in the street....

« par le sentiment de mon ignorance, parce que jamais
« pensée n'était venue auparavant dans mon cœur
« qui me montrât si bien la beauté de Jésus-Christ.
« Cela me rendit désireux d'une sainte vie et pas-
« sionné pour faire quelque chose en l'honneur et à
« la gloire du nom du Seigneur Jésus. Oui, et je
« pensai que si j'avais maintenant mille pintes de
« sang dans mon corps, je le répandrais tout pour
« l'amour du Seigneur Jésus[1]. »

Une pareille émotion ne calcule point les combinaisons littéraires. L'allégorie, le plus artificiel des genres, est naturelle à Bunyan. S'il l'emploie ici, c'est qu'il l'emploie partout; et s'il l'emploie partout, c'est par nécessité, non par choix. Comme les enfants, les paysans et tous les esprits incultes, il change les raisonnements en paraboles; il ne saisit les vérités qu'habillées d'images; les termes abstraits lui échap-

---

1. Then the water stood in my eyes, and I asked further : But Lord, may such a great sinner as I am be indeed accepted of thee, and be saved by thee? And I heard him say : And him that cometh to me I will in no wise cast out.... And now was my heart full of joy, mine eyes full of tears, and mine affections running over with love to the name, people, and ways of Jesus Christ....
It made me see that all the world, notwithstanding all the righteousness thereof, is in a state of condemnation. It made me see that God the Father, though he be just, can justly justifie the coming sinner. It made me greatly ashamed of the vileness of my former life, and confounded me with the sense of my own ignorance; for there never came thought into my heart before now that shewed me so the beauty of Jesus Christ.• It made me love an holy life, and long to do something for the honour and glory of the name of the Lord Jesus. -Yea, I thought, that had I now a thousand gallons of blood in my body, I could spill it all for the sake of the Lord Jesus.

pent; il veut palper des formes et contempler des couleurs. C'est que les sèches vérités générales sont une sorte d'algèbre, acquise par notre esprit fort tard et après beaucoup de peine, contre notre inclination primitive, qui est de considérer des événements détaillés et des objets sensibles, l'homme n'étant capable de contempler les formules pures qu'après s'être transformé par dix ans de lecture et de réflexion. Nous comprenons du premier coup le mot *purification du cœur;* Bunyan ne l'entend pleinement qu'après l'avoir traduit par cet apologue[1]. « L'interprète prit

---

[1]. Then the interpreter took Christian by the hand, and led him into a very large parlour that was full of dust, because never swept; the which, after he had reviewed a little while, the interpreter called for a man to sweep. Now, when he began to sweep, the dust began so abundantly to fly about, that Christian had almost therewith been choked. Then said the interpreter to a damsel that stood by : Bring hither water and sprinkle the room; the which when she had done, it was swept and cleansed with pleasure.
Then said Christian : What means this?
The interpreter answered : This parlour is the heart of a man that was never sanctified by the sweet grace of the Gospel — the dust is his original sin, and inward corruptions, that have defiled the whole man. He that began to sweep at first is the Law; but she that brought that water, and did sprinkle it, is the Gospel. Now, whereas thou sawest that, so soon as the first began to sweep, the dust did so fly about, that the room by him could not be cleansed; but that thou wast almost choked therewith, — this is to show thee that the Law, instead of cleansing the heart, by its working, from sin, doth revive, put strength into, and increase it in the soul, even as it doth discover and forbid it, for it doth not give power to subdue it.
Again, as thou sawest the damsel sprinkle the room with water, upon which it was cleansed with pleasure, — this is to show thee that when the Gospel comes in and the sweet and precious influences thereof to the heart, then, I say, even as thou sawest the damsel

« Chrétien par la main et le conduisit dans une très-
« grande chambre qui était pleine de poussière,
« parce qu'elle n'avait jamais été balayée. Après
« qu'il l'eut considérée un peu de temps, il appela
« un homme pour la balayer. Mais quand cet homme
« eut commencé à la balayer, la poussière se mit à
« voler si abondamment que Chrétien en fut presque
« étouffé. Alors l'interprète dit à une demoiselle qui
« était là : Apportez ici de l'eau et arrosez la cham-
« bre. Après qu'elle l'eut fait, on la balaya et on la
« nettoya avec plaisir. — Alors Chrétien dit : Que
« veut dire ceci? — L'interprète répondit : Cette
« chambre est le cœur de l'homme qui jamais n'a été
« sanctifié par la douce grâce de l'Évangile. La pous-
« sière est son péché originel et la corruption inté-
« rieure qui a sali tout l'homme. Le premier qui s'est
« mis à balayer est la Loi; mais celle qui a apporté
« l'eau et qui a arrosé la chambre est l'Évangile.
« Maintenant tu as vu que lorsque le premier s'est
« mis à balayer, la poussière a volé tellement que la
« chambre n'a pu être nettoyée et que tu as été
« presque étouffé; c'était pour te montrer que la
« Loi, au lieu de balayer par son opération le péché
« du cœur, le ranime, lui donne de la force, l'accroît
« dans l'âme, en même temps qu'elle le manifeste
« et le condamne, car elle ne donne pas le pouvoir
« de le vaincre. — Au contraire, quand tu as vu la

---

lay the dust by sprinkling the floor with water, so is sin vanquished and subdued, and the soul made clean through the faith of it, and consequently fit for the King of Glory to inhabit.

« demoiselle arroser d'eau la chambre, en sorte
« qu'on a pu la nettoyer avec plaisir, c'était pour te
« montrer que lorsque l'Évangile vient dans le cœur
« avec ses douces et précieuses rosées, comme tu as
« vu la demoiselle abattre la poussière en arrosant
« d'eau le plancher, de même le péché est vaincu
« et subjugué, et l'âme nettoyée par la foi, et par
« conséquent propre à recevoir le roi de gloire[1]. »
Ces répétitions, ces phrases embarrassées, ces comparaisons familières, ce style naïf dont la maladresse rappelle les périodes enfantines d'Hérodote, et dont la bonhomie rappelle les contes de madame Bonne, prouvent que si l'ouvrage est allégorique, c'est pour être intelligible, et que Bunyan est poëte parce qu'il est enfant.

Regardez bien cependant. Sous la simplicité, vous apercevez la puissance, et dans la puérilité la vision.

---

1. Voici une autre de ces allégories, presque spirituelle, tant elle est juste et simple.
Now, I saw in my dream that at the end of this valley lay blood, bones, ashes, and mingled bodies of men, even of pilgrims that had gone this way formerly. And while I was musing what would be the reason, I espied a little before me a cave where two giants, Pope and Pagan, dwelt in old times, by whose power and tyranny the men whose bones, blood, ashes, etc., lay there, were cruelly put to death. But by this place Christian went without much danger, whereat I somewhat wondered. But I have learned since that Pagan has been dead many a day; and as for the other, though he yet be alive, he is, by reason of age, and also of the many shrewd brushes that he has met with in his younger days, grown so crazy and stiff in his joints, that he can now do little more than sit in his cave's mouth, grinning at pilgrims as they go by, and biting his nails, because he cannot come at them.

Ces allégories sont des hallucinations aussi nettes, aussi complètes et aussi saines que les perceptions ordinaires. Personne, sauf Spenser, n'a été si lucide. D'eux-mêmes les objets imaginaires surgissent devant lui. Il n'a point de peine à les appeler ou à les former. Ils s'accommodent dans tous leurs détails à tous les détails du précepte qu'ils représentent, comme un voile souple se modèle sur le corps qu'il revêt. Il distingue et place toutes les parties du paysage, ici la rivière, le château sur la droite, un drapeau sur la tourelle gauche, le soleil couchant trois pieds plus bas, un nuage ovale dans le premier tiers du ciel, avec une précision d'arpenteur. On croit revoir, en le lisant, les vieilles cartes géographiques du siècle où les profils saillants des cités anguleuses sont enfoncés dans le cuivre par un burin aussi sûr qu'un compas[1]. Les dialogues coulent de sa plume comme en un rêve. Il n'a pas l'air d'y penser; on dirait même qu'il n'est pas là. Les événements et les discours semblent naître et s'ordonner en lui sans son concours. Rien de plus froid ordinairement que les personnages allégoriques; les siens sont vivants. Au spectacle de ces détails si petits et si familiers, l'illusion vous prend. Le géant Désespoir, simple abstraction, devient aussi réel entre ses mains qu'un geôlier ou un fermier d'Angleterre. On l'entend causer la nuit, dans son lit, avec sa femme mistress Défiance, qui lui donne de bons conseils, parce que, dans ce ménage

---

[1]. Par exemple, l'œuvre de Hollar, *Cités d'Allemagne*.

comme dans les autres, l'animal fort et brutal est le moins avisé des deux : « Elle lui conseilla de prendre « les prisonniers, quand il se lèverait le matin, et de « les battre sans merci. En sorte que lorsqu'il se « leva, il prit un bâton pesant de pommier sauvage, « et descendit vers eux dans le cachot, et là se mit « d'abord à les injurier comme s'ils étaient des chiens, « quoiqu'ils ne lui eussent jamais dit un mot déplai- « sant; puis il tombe sur eux et il les bat terrible- « ment, de façon qu'ils n'avaient plus la force de « s'assister ni de se retourner par terre[1]. » Ce bâton choisi avec l'expérience d'un forestier, cet instinct d'injurier d'abord et de tempêter pour se mettre en train d'assommer, voilà des traits de mœurs qui attestent la sincérité du conteur et font la persuasion du lecteur. Bunyan a l'abondance, le naturel, l'aisance, la netteté d'Homère; il est aussi proche d'Homère qu'un chaudronnier anabaptiste peut l'être d'un chantre héroïque, créateur de dieux.

Je me trompe, il en est plus proche. Devant le sen-

1. Now, Giant Despair had a wife, and her name was Diffidence: so when he was gone to bed, he told his wife what he had done, to wit, that he had taken a couple of prisoners and cast them into his dungeon, for trespassing on his grounds. Then he asked her also what he had best to do further to them. So she asked him what they were, whence they came, and whither they were bound, and be told her. Then she counselled him, that when he arose in the morning, he should beat them without mercy. So when he arose, he getteth him a grievous crab-tree cudgel, and goes down into the dungeon to them, and there first falls to rating them as if they were dogs, although they never gave him a word of distaste: then he falls upon them, and beats them fearfully, in such sort that they were not able to help themselves, or turn upon the floor.

timent du sublime, les inégalités se nivellent. La grandeur des émotions élève aux mêmes sommets le paysan et le poëte, et ici l'allégorie sert encore le paysan. Elle seule, au défaut de l'extase, peut peindre le ciel; car elle ne prétend pas le peindre; en l'exprimant par une figure, elle le déclare invisible, comme un soleil ardent que nous ne pouvons contempler en face et dont nous regardons l'image dans un miroir ou dans un ruisseau. Le monde ineffable garde ainsi tout son mystère; avertis par l'allégorie, nous supposons des splendeurs au delà de toutes les splendeurs qu'on nous offre; nous sentons derrière les beautés qu'on nous ouvre l'infini qu'on nous cache, et la cité idéale, évanouie aussitôt qu'apparue, cesse de ressembler au White-Hall grossier, édifié pour Dieu par Milton. Lisez cette arrivée des pèlerins dans la terre céleste; sainte Thérèse n'a rien de plus beau : « Ils
« entendaient continuellement le chant des oiseaux,
« et voyaient chaque jour les fleurs paraître sur le sol,
« et ils entendaient la voix de la tourterelle dans les
« champs. En cette terre le soleil brille nuit et jour.
« Et déjà ils étaient en vue de la cité où ils allaient,
« et aussi quelques-uns des habitants venaient à leur
« rencontre. Car les bienheureux resplendissants se
« promenaient souvent en cette contrée, parce qu'elle
« était sur la frontière du ciel. Ils entendaient des
« voix de la cité, des voix éclatantes qui disaient :
« *Dites à la fille de Sion : Regarde, ton salut vient; re-*
« *garde, sa récompense est avec lui.* Et tous les habitants
« de la cité les appelaient les saints, les rachetés du

CHAPITRE V. LA RENAISSANCE CHRÉTIENNE.

« Seigneur. — Et s'approchant de la cité, ils en eu-
« rent une vue encore plus parfaite. Elle était bâtie
« de perles et de pierres précieuses, et aussi les rues
« étaient pavées d'or, tellement que par l'éclat natu-
« rel de la cité, et à cause de la splendeur que les
« rayons du soleil y faisaient en se réfléchissant,
« Chrétien tomba malade de désir. Plein-d'Espoir eut
« aussi un accès ou deux du même mal. C'est pour-
« quoi ils demeurèrent couchés pendant un temps,
« criant à cause de leurs angoisses : *Si vous voyez*
« *mon bien-aimé, dites-lui que je suis malade d'amour*[1] !

« Ils traversèrent enfin la rivière de la Mort, et
« commencèrent à monter ayant quitté leurs vête-
« ments mortels. Et je vis, comme ils avançaient,

---

1. Yea, here they heard continually the singing of birds, and saw every day the flowers appear in the earth, and heard the voice of the turtle in the land. In this country the sun shineth night and day.... Here they were within sight of the city they were going to; also here met them some of the inhabitants thereof : for in this land the shining ones commonly walked, because it was upon the borders of Heaven.... Here they heard voices from out of the city, loud voices, saying, 'Say ye to the daughter of Zion, behold thy salvation cometh! Behold, his reward is with him!' Here all the inhabitants of the country called them 'The holy people, the redeemed of the Lord, sought out.'
Now, as they walked in this land, they had more rejoicing than in parts more remote from the kingdom to which they were bound; and drawing nearer to the city yet, they had a more perfect view thereof : it was built of pearls and precious stones, also the streets thereof were paved with gold; so that, by reason of the natural glory of the city, and the reflexion of the sunbeams upon it, Christian with desire fell sick; Hopeful also had a fit or two of the same disease : wherefore here they lay by it awhile, crying out, because of their pangs, 'If you see my Belóved, tell him that I am sick of love.'

« que deux hommes vinrent à leur rencontre avec
« des vêtements qui brillaient comme de l'or; leurs
« visages aussi brillaient comme la lumière. Alors
« ils avancèrent avec beaucoup d'agilité et de vitesse,
« quoique la base sur laquelle la cité était bâtie fût
« plus haute que les nuages. Ils montèrent donc à
« travers les régions de l'air, se parlant doucement
« à mesure qu'ils allaient, étant réconfortés parce
« qu'ils avaient traversé sans accident la rivière et
« parce qu'ils avaient de si glorieux compagnons
« pour les conduire.

« L'entretien qu'ils avaient avec les bienheureux
« resplendissants était sur la gloire de la cité. Et
« ceux-ci leur disaient que sa gloire et sa beauté
« étaient inexprimables. Là, disaient-ils, est le mont
« Sion, la Jérusalem céleste et l'innombrable assem-
« blée des anges et des esprits des hommes justes
« devenus parfaits. Vous allez entrer dans le paradis
« de Dieu, où vous verrez l'arbre de la vie, et vous
« mangerez ses fruits, qui ne se flétrissent jamais.
« Et quand vous y serez, vous aurez des robes blan-
« ches qu'on vous donnera, et vous irez et vous par-
« lerez tous les jours avec le roi, oui, tous les jours
« de l'éternité[1].

---

1. They therefore went up here with much agility and speed, though the foundation upon which the city was framed was higher than the clouds; they therefore went up through the region of the air, sweetly talking as they went, being comforted because they got safely over the river, and had such glorious companions to attend them.
The talk that they had with the shining ones was about the glory

CHAPITRE V. LA RENAISSANCE CHRÉTIENNE.

« Puis ils vinrent à rencontrer plusieurs des
« trompettes du roi habillés de vêtements blancs et
« resplendissants, qui de leurs sons hauts et mélo-
« dieux faisaient retentir même le ciel. Ceux-ci les
« entourèrent de chaque côté ; quelques-uns allaient
« devant, quelques-uns derrière, quelques-uns à
« main droite, quelques-uns à main gauche, conti-
« nuellement sonnant, à mesure qu'ils montaient,
« avec de hautes notes mélodieuses, en sorte que la
« vue, pour ceux qui pouvaient l'avoir, était comme
« si le ciel lui-même fût descendu à leur rencon-
« tre[1].... Et à ce moment ces deux hommes étaient,
« pour ainsi dire, déjà dans le ciel avant d'y être
« entrés, étant comme engloutis par la contempla-
« tion des anges et par le ravissement de leurs

of the place; who told them, that the beauty and glory of it was inexpressible. There, said they, is 'Mount Zion, the heavenly Jerusalem, the innumerable company of angels, and the spirits of just men made perfect.' You are going now, said they, to the Paradise of God, wherein you shall see the tree of life, and eat of the neverfading fruits thereof; and when you come there, you shall have white robes given you, and your walk and talk shall be every day with the King, even all the days of eternity.

1. There came also out at this time to meet them several of the king's trumpeters, clothed in white and shining raiment, who, with melodious and loud noises, made even the heavens to echo with their sound. These trumpeters saluted Christian and his fellow with ten thousand welcomes from the world; and this they did with shouting and sound of trumpet.

This done, they compassed them round about on every side; some went before, some behind, and some on the right hand, some on the left (as it were to guard them through the upper regions), continually sounding as they went, with melodious noise, in notes on high; so that the very sight was to them that could behold it as if Heaven itself was come down to meet them.

« notes mélodieuses. Là aussi ils avaient devant les
« yeux la cité elle-même, et pensaient que toutes les
« cloches se fussent mises à sonner pour leur donner
« la bienvenue. Mais au-dessus de tout étaient les ar-
« dentes et joyeuses pensées qui leur venaient, sachant
« qu'ils allaient habiter là en telle compagnie, et cela
« pour toujours. O quelle langue ou quelle plume
« peut exprimer leur glorieuse joie[1]! — Et je vis
« dans mon rêve que ces deux hommes arrivaient à
« la porte. Et voici, comme ils entraient, ils furent
« transfigurés; et on leur mit un vêtement qui bril-
« lait comme l'or. Et plusieurs vinrent à leur ren-
« contre avec des harpes et des couronnes, et leur
« donnèrent les harpes pour chanter les louanges et
« les couronnes en signe d'honneur. Et j'entendis
« dans mon rêve qu'il leur fut dit : Entrez dans la
« joie de votre Seigneur. — A ce moment, comme
« les portes s'ouvraient pour laisser entrer ces hom-
« mes, je regardai après eux et je vis la cité briller
« comme le soleil. Les rues aussi étaient pavées d'or,
« et beaucoup d'hommes y marchaient avec des cou-
« ronnes sur leurs têtes, des palmes dans les mains,
« des harpes d'or pour chanter des louanges. Il y en

1. And now were these two men, as it were, in Heaven, before they came at it, being swallowed up with the sight of angels, and with hearing their melodious notes. Here, also, they had the city itself in view, and thought they heard all the bells therein to ring, to welcome them thereto. But, above all, the warm and joyful thoughts that they had about their own dwelling there with such company, and that for ever and ever. Oh! by what tongue or pen can their glorious joy be expressed!

« avait aussi qui avaient des ailes, et se répondaient
« l'un à l'autre sans interruption, disant : Saint,
« Saint, Saint est le Seigneur. — Et ensuite ils fer-
« mèrent les portes. Quand j'eus vu cela, je souhaitai
« d'être avec eux[1]. »

Il fut emprisonné douze ans et demi; dans son cachot, il fabriquait des lacets ferrés pour se nourrir lui et sa famille; il mourut à soixante ans en 1688. A côté de lui Milton durait obscur et aveugle. Les deux derniers poëtes de la Réforme survivaient ainsi, au milieu de la froideur classique qui séchait alors la littérature anglaise, et de la débauche mondaine qui corrompait alors la morale anglaise. « Hypocrites tondus, chanteurs de psaumes, bigots moroses, » voilà les noms dont on outrageait les hommes

---

1. Now, I saw in my dream that these two men went in at the gate; and lo, as they entered, they were transfigured, and they had raiment put on that shone like gold. There were also that met them with harps and crowns, and gave to them the harps to praise withal, and the crowns in token of honour. Then I heard in my dream that all the bells in the city rang again for joy, and that it was said unto them, 'Enter ye into the joy of your Lord.' I also heard the men themselves, that they sang with a loud voice, saying, 'Blessing, honour, and glory, and power be to Him that sitteth upon the throne, and to the Lamb, for ever and ever.'

Now, just as the gates were opened to let in the men, I looked in after them, and behold the city shone like the sun; the streets, also, were paved with gold, and in them walked many men with crowns on their heads, palms in their hands, and golden harps, to sing praises withal.

There were also of them that had wings, and they answered one another without intermission, saying, 'Holy, holy, holy, is the Lord.' And after that they shut up the gates; which when I had seen, I wished myself among them.

qui avaient réformé les mœurs et reforgé la constitution de l'Angleterre. Mais tout opprimés et insultés qu'ils étaient, leur œuvre se continuait d'elle-même et sans bruit sous terre ; car le modèle idéal qu'ils avaient érigé était, après tout, celui que suggérait le climat et que réclamait la race. Par degrés le puritanisme allait se rapprocher du monde, et le monde se rapprocher du puritanisme. La Restauration allait se discréditer, la Révolution allait se faire, et sous le progrès insensible de la sympathie nationale, comme sous l'essor incessant de la réflexion publique, les partis et les doctrines allaient se rallier autour du protestantisme libre et moral.

CHAPITRE VI.

Milton.

I. Idée générale de son esprit et de son caractère. — Sa famille. — Son éducation. — Ses études. — Ses voyages. — Son retour en Angleterre.
II. Effets du caractère concentré et solitaire. — Son austérité. — Son inexpérience. — Son mariage. — Ses enfants. — Ses chagrins domestiques.
III. Son énergie militante. — Sa polémique contre les évêques. — — Sa polémique contre le roi. — Son enthousiasme et sa roideur. — Ses théories sur le gouvernement, l'Église et l'éducation. — Son stoïcisme et sa vertu. — Sa vieillesse, ses occupations, sa personne.
IV. Le prosateur. — Changements survenus depuis trois siècles dans les physionomies et les idées. — Lourdeur de sa logique. — *Traité du Divorce*. — Pesanteur de sa plaisanterie. — *Animadversions upon the remonstrant*. — Rudesse de sa discussion. — *Defensio populi anglicani*. — Violences de ses animosités. — *Reasons of church Government. Iconoclastes*. — Libéralisme de ses doctrines. *Of Reformation. Areopagitica*. — Son style. — Ampleur de son éloquence. — Richesse de ses images. — Lyrisme et sublimité de sa diction.
V. Le poëte. — En quoi il se rapproche et se sépare des poëtes de la Renaissance. — Comment il impose à la poésie un but moral. — Ses poëmes profanes. — L'*Allegro* et le *Penseroso*. — Le *Comus*. — *Lycidas*. — Ses poëmes religieux. Le *Paradis perdu*. — Conditions d'une véritable épopée. — Elles ne se rencontrent ni dans le siècle ni dans le poëte. — Comparaison d'Ève et d'Adam avec un ménage anglais. — Comparaison de Dieu et des anges avec une cour monarchique. — Ce qui subsiste du poëme. — Comparaison

entre les sentiments de Satan et les passions républicaines. — Caractère lyrique et moral des paysages. — Élévation et bon sens des idées morales. — Situation du poëte et du poëme entre deux âges. — Construction de son génie et de son œuvre.

Aux confins de la Renaissance effrénée qui finit et de la poésie régulière qui commence, entre les concetti monotones de Cowley et les galanteries correctes de Waller, paraît un esprit puissant et superbe, préparé par la logique et l'enthousiasme pour l'épopée et l'éloquence ; libéral, protestant, moraliste et poëte ; qui célèbre la cause d'Algernon Sidney et de Locke, avec l'inspiration de Spenser et de Shakspeare ; héritier d'un âge poétique, précurseur d'un âge austère, debout entre le siècle du rêve désintéressé et le siècle de l'action pratique ; pareil à son Adam qui, entrant sur la terre hostile, écoutait derrière lui, dans l'Éden fermé, les concerts expirants du ciel.

John Milton n'est point une de ces âmes fiévreuses, impuissantes contre elles-mêmes, que la verve saisit par secousses, que la sensibilité maladive précipite incessamment au fond de la douleur ou de la joie, que leur flexibilité prépare à représenter la diversité des caractères, que leur tumulte condamne à peindre le délire et les contrariétés des passions. La science immense, la logique serrée et la passion grandiose, voilà son fond. Il a l'esprit lucide et l'imagination limitée. Il est incapable de trouble et il est incapable de métamorphoses. Il conçoit la plus haute des beautés idéales, mais il n'en conçoit qu'une. Il n'est pas né pour le drame, mais pour l'ode. Il ne crée pas des âmes, mais il construit des raisonnements et ressent des émotions. Émotions et raisonnements, toutes les forces et toutes les actions de son âme se rassemblent et s'ordonnent sous un sentiment unique, celui du sublime, et l'ample fleuve de la poésie lyrique coule hors de lui, impétueux, uni, splendide comme une nappe d'or.

I

Cette sensation dominante fit la grandeur et la fermeté de son caractère. Contre les fluctuations du dehors, il trouvait son refuge en lui-même; et la cité idéale qu'il avait bâtie dans son âme demeurait inexpugnable à tous les assauts. Elle était trop belle, cette cité intérieure, pour qu'il voulût en sortir; elle était trop solide pour qu'on pût la détruire. Il croyait au sublime de tout l'élan de sa nature et de toute l'autorité de sa logique; et, chez lui, la raison cultivée fortifiait de ses preuves les suggestions de l'instinct primitif. Sous cette double armure, l'homme peut avancer d'un pas ferme à travers la vie. Celui qui se nourrit incessamment de démonstrations est capable de croire, de vouloir, et de persévérer dans sa croyance et dans sa volonté; il ne tourne pas à tout événement et à toute passion, comme cet être changeant et maniable qu'on appelle un poëte; il demeure assis dans des principes fixes. Il est capable d'embrasser une cause, et d'y rester attaché, quoi qu'il arrive, malgré tout, jusqu'au bout. Nulle séduction, nulle émotion, nul accident, nul changement n'altère la stabilité de sa conviction, ou la lucidité de sa connaissance. Au premier jour, au dernier jour, dans tout l'intervalle, il garde intact le système entier de ses idées claires, et la vigueur logique de son cerveau soutient la vigueur virile de son cœur. Lorsque enfin cette logique serrée s'emploie, comme ici, au service d'idées nobles, l'enthousiasme s'ajoute à la constance. L'homme juge ses opinions non-seulement vraies, mais sacrées. Il combat pour elles, non-seulement en soldat, mais en prêtre. Il est passionné, dévoué, religieux, héroïque. On a vu rarement un tel mélange : on l'a vu pleinement dans Milton.

Il était né d'une famille où le courage, la noblesse morale, le sentiment des arts s'étaient assemblés pour murmurer les plus belles et les plus éloquentes paroles autour de son berceau. Sa mère était « une personne exemplaire, célèbre dans tout le voisinage par ses aumônes[1]. » Son père, étudiant à Christ-Church et déshérité comme protestant, avait fait seul sa fortune, et, parmi ses occupations d'homme de loi, avait gardé le goût des lettres, n'ayant point voulu « quitter ses libérales et intelligentes inclinations jusqu'à se faire tout à fait esclave du monde; » il écrivait des

---

1. Life by Keightley. « Matre probatissima et eleemosynis per « viciniam potissimum nota. » (*Defensio secunda*.)

vers, était excellent musicien, l'un des meilleurs compositeurs de son temps ; il choisissait Cornélius Jansen pour faire le portrait de son fils qui n'avait encore que dix ans, et donnait à son enfant la plus large et la plus complète des éducations littéraires [1]. Que le lecteur essaye de se figurer cet enfant dans cette rue de commerçants, au milieu de cette famille bourgeoise et lettrée, religieuse et poétique, où les mœurs sont régulières et les aspirations sont élevées, où l'on met les psaumes en musique, et où l'on écrit des madrigaux en l'honneur d'Oriana la reine [2], où le chant, les lettres, la peinture, tous les ornements de la belle Renaissance viennent parer la gravité soutenue, l'honnêteté laborieuse, le christianisme profond de la Réforme. Tout le génie de Milton sort de là : il a porté l'éclat de la Renaissance dans le sérieux de la Réforme, les magnificences de Spenser dans les sévérités de Calvin, et s'est trouvé avec sa famille au confluent de deux civilisations qu'il a réunies. Avant dix ans, il avait un précepteur savant « et puritain, qui lui coupa les cheveux court; » outre cela, il alla à l'école de Saint-Paul, puis à l'université de Cambridge, afin de s'instruire dans « la littérature polie, » et dès l'âge de douze ans il travailla, en dépit de ses mauvais yeux et de ses maux de tête, jusqu'à minuit et au delà. « Quand j'étais encore enfant, dit un de ses person-
« nages qui lui ressemble [3], aucun jeu enfantin ne me

---

1. Life by Masson. « My father destined me while yet a child to the study of polite literature. »
2. La reine Élisabeth. — 3. *Paradise Regained.*

« plaisait. Toute mon âme s'employait, sérieuse, à
« apprendre et à savoir pour travailler par là au bien
« commun ; je me croyais né pour cette fin, pour être
« le promoteur de toute vérité et de toute droiture. »
En effet, à l'école, puis à Cambridge, puis chez son
père, il se munissait et se préparait de toute sa force,
« libre de tout reproche, et approuvé par tous les
hommes de bien, » parcourant l'immense champ des
littératures grecque et latine, non-seulement les
grands écrivains, mais tous les écrivains, et jusqu'au
milieu du moyen âge ; en même temps l'hébreu ancien, le syriaque et l'hébreu des rabbins, le français
et l'espagnol, l'ancienne littérature anglaise, toute la
littérature italienne, avec tant de profit et de zèle,
qu'il écrivait en vers et en prose italienne et latine
comme un Italien et un Latin ; par-dessus tout cela,
la musique, les mathématiques, la théologie, et d'autres choses encore. Une grave pensée gouvernait ce
grand labeur. « Par l'intention de mes parents et de
« mes amis, j'avais été destiné dès l'enfance au ser-
« vice de l'Église, et mes propres résolutions y con-
« couraient. Mais étant parvenu à quelque maturité
« d'années, et voyant quelle tyrannie avait envahi
« l'Église, une tyrannie si grande que quiconque vou-
« lait prendre les ordres devait se déclarer *esclave* par
« serment et sous son seing, en sorte qu'à moins de
« trouver sa promesse au goût de sa conscience, il
« fallait se parjurer ou souffrir le naufrage de sa foi,
« je crus meilleur de choisir un silence sans reproche
« plutôt que l'office sacré de la parole acheté et com-

« mencé avec la servitude et le parjure. » Il refusait d'être prêtre de la même façon qu'il avait voulu être prêtre; espérances et renoncement, tout chez lui partait de la même source, la volonté fixe d'agir noblement. Retombé dans la vie laïque, il continua à se cultiver et se perfectionner lui-même, étudiant avec passion et avec méthode, mais sans pédanterie ni rigorisme; au contraire, à l'exemple de Spenser son maître, dans l'*Allegro*, le *Penseroso*, le *Comus*, il arrangeait en broderies éclatantes et nuancées les richesses de la mythologie, de la nature et du rêve; puis, partant pour le pays de la science et du beau, il visitait l'Italie, connaissait Grotius, Galilée, fréquentait les savants, les lettrés, les gens du monde, écoutait les musiciens, se pénétrait de toutes les beautés entassées par la Renaissance à Florence et à Rome. Partout son érudition, son beau style italien et latin lui conciliaient l'amitié et les empressements des humanistes, tellement que, revenant à Florence, « il s'y trouvait aussi bien que dans sa propre patrie. » Il faisait provision de livres et de musique qu'il envoyait en Angleterre, et songeait à parcourir la Sicile et la Grèce, ces deux patries des lettres et des arts antiques. De toutes les fleurs écloses au soleil du Midi sous la main des deux grands paganismes, il cueillait librement les plus parfumées et les plus exquises, mais sans se tacher à la boue qui les entourait. « Je prends Dieu à
« témoin, écrivait-il plus tard, que dans tous ces en-
« droits où il y a tant de licence, j'ai vécu pur et
« exempt de toute espèce de vice et d'infamie, por-

« tant continuellement dans mon esprit cette pensée,
« que si je pouvais échapper aux regards des hommes,
« je ne pouvais pas échapper à ceux de Dieu[1]. » Au
milieu des galanteries licencieuses et des sonnets
vides, tels que les sigisbés et les académiciens les prodiguaient, il avait gardé sa sublime idée de la poésie;
il songeait à choisir un sujet héroïque dans l'ancienne
histoire d'Angleterre, et se confirmait dans l'opinion[2]
« que celui qui veut bien écrire sur des choses louables,
« doit, pour ne pas être frustré de son espérance, être
« lui-même un vrai poëme, c'est-à-dire un ensemble
« et un modèle des choses les plus honorables et les
« meilleures; n'ayant pas la présomption de chanter
« les hautes louanges des hommes héroïques ou des
« cités fameuses, sans avoir en lui-même l'expérience
« et la pratique de tout ce qui est digne de louange[3]. »
Entre tous il aimait Dante et Pétrarque à cause de

---

1. Voyez aussi les sonnets italiens et leur sentiment si religieux.
2. Apology for Smectymnus.
3. Above them all, (I) preferred the two famous renowners of Beatrice and Laura, who never write but honour of them to whom they devote their verse, displaying sublime and pure thoughts without transgression. And long it was not after, that I was confirmed in this opinion that he who would not be frustrate of his hope to write well hereafter in laudable things ought himself to be a true poem; that is a composition and pattern of the best and honourablest things, not presuming to sing high praises of heroic men or famous cities, unless he have in himself the experience and practice of all that which is praiseworthy. (*Apology for Smectymnus.*)

These reasonings, together with a certain niceness of nature, an honest haughtiness and self-esteem.... kept me still above those low descents of mind, beneath which he must deject and plunge himself that can agree to saleable and unlawful prostitution. (*Ibid.*)

leur pureté, se disant à lui-même « que si l'impudicité
« dans la femme que saint Paul appelle la gloire de
« l'homme est un si grand scandale et un si grand
« déshonneur, certainement dans l'homme, qui est à
« la fois l'image et la gloire de Dieu, elle doit être,
« quoique communément on ne pense pas ainsi, un
« vice bien plus déshonorant et bien plus infâme [1]. »
Il pensa « que toute âme noble et libre doit être de
« naissance et sans serment un chevalier, » pour la
pratique et la défense de la chasteté, et garda sa virginité jusqu'à son mariage [2]. Quelle que fût la tentation, attrait ou crainte, elle le trouvait aussi résistant
et aussi ferme. Par gravité et convenance, il évitait les
disputes de religion ; mais si on attaquait la sienne,
il la défendait âprement, jusque dans Rome, en face
des jésuites qui complotaient contre lui, à deux pas
de l'Inquisition et du Vatican. Le devoir dangereux,
au lieu de l'écarter, l'attirait. Quand la révolution
commença à gronder, il revint, par conscience, comme
un soldat qui au bruit des armes court au péril,
« persuadé qu'il était honteux pour lui de passer oi-
« sivement son temps à l'étranger et pour son plai-
« sir, quand ses compatriotes luttaient pour leur

---

1. I argued to myself that, if unchastity in a woman, whom St. Paul terms the glory of man, be such a scandal and dishonour, then certainly in a man, who is both the image and glory of God, it must, though commonly not so thought, be much more deflouring and dishonourable. (*Ibid.*)
Only this my mind gave me that every free and gentle spirit, without that oath, ought to be born a knight. (*Ibid.*)
2. Voyez *passim* son *Traité du Divorce*, qui est transparent.

« liberté. » La lutte engagée, il parut aux premiers rangs, en volontaire, appelant sur lui les coups les plus rudes. Dans toute son éducation et dans toute sa jeunesse, dans ses lectures profanes et dans ses études sacrées, dans ses actions et dans ses maximes, perce déjà sa pensée dominante et permanente, la résolution de développer et dégager en lui-même l'homme idéal.

II

Deux puissances principales conduisent les hommes : l'impulsion et l'idée ; l'une, qui mène les âmes sensitives, abandonnées, poétiques, capables de métamorphoses, comme Shakspeare ; l'autre, qui gouverne les âmes actives, résistantes, héroïques, capables d'immutabilité, comme Milton. Les premières sont sympathiques et fécondes en effusions ; les secondes sont concentrées et disposées à la réserve[1]. Les unes se livrent, les autres se gardent. Ceux-là, par confiance et par sociabilité, avec un instinct d'artiste et une subite compréhension imitative, prennent involontairement le ton et la disposition des hommes et des choses qui les environnent, et leur dedans se met tout de suite en équilibre avec le dehors. Ceux-ci, par

---

[1]. « Quand même je n'aurais eu qu'une faible teinture du christianisme, une certaine réserve naturelle d'humeur et la discipline morale enseignée par la plus noble philosophie eussent suffi pour m'inspirer le dédain des incontinences. » (*Apologie* pour Smectymnus.)

défiance, par rigidité, avec un instinct de combattants et un prompt regard jeté sur la règle, se replient naturellement sur eux-mêmes, et dans l'enceinte close où ils s'enferment, ils ne sentent plus les sollicitations ni les contradictions de leurs alentours. Ils se sont formé un modèle, et, dorénavant, comme une consigne, ce modèle les retient ou les pousse. Comme toutes les puissances destinées à prendre l'empire, l'idée intérieure végète et absorbe à son profit le reste de leur être. Ils l'enfoncent en eux par des méditations, ils la nourrissent de raisonnements, ils y attachent le réseau de toutes leurs doctrines et de toutes leurs expériences, en sorte que lorsqu'une tentation les assaille, ce n'est pas un principe isolé qu'elle attaque, c'est l'écheveau entier de leurs croyances qu'elle rencontre, écheveau infiniment ramifié et trop tenace pour qu'une séduction sensible puisse l'arracher. En même temps l'homme, par habitude, s'est mis en défense ; l'attitude militante lui est naturelle, et il se tient debout, affermi dans l'orgueil de son courage et dans l'ancienneté de sa réflexion.

Une âme ainsi munie est comme un plongeur dans sa cloche[1] ; elle traverse la vie comme il traverse la mer, pure, mais isolée. De retour en Angleterre, il retomba parmi ses livres, et admit chez lui quelques élèves auxquels il imposa comme à lui-même un travail continu, des lectures sérieuses, un régime frugal,

---

1. Mot de Jean-Paul Richter. Voir un excellent article sur Milton, National Review, July, 1859.

une conduite sévère : vie de solitaire, presque d'ecclésiastique. Tout d'un coup, en un mois, après un voyage à la campagne, il se maria[1]. Quelques semaines après, sa femme retourna au logis paternel, ne voulut plus revenir, ne tint compte de ses lettres, et renvoya son messager avec dédain. Les deux caractères s'étaient choqués. Rien ne plaît moins aux femmes que le naturel austère et renfermé. Elles voient qu'elles n'ont point prise sur lui; sa dignité les effarouche, son orgueil les repousse, ses préoccupations les laissent à l'écart; elles se sentent subordonnées, négligées pour des intérêts généraux ou pour des curiosités spéculatives, jugées de plus, et d'après une règle inflexible, tout au plus regardées avec condescendance, comme une sorte d'être moins raisonnable et inférieur, exclues de l'égalité qu'elles réclament et de l'amour qui seul pour elles peut compenser la perte de l'égalité. Le caractère *prêtre* est fait pour la solitude; les ménagements, les abandons et les grâces, l'agrément et la douceur nécessaires à toute société lui font défaut; on l'admire, mais on le plante là, surtout quand on est comme la femme de Milton un peu bornée et vulgaire[2], et que la médiocrité de l'intelligence

---

1. 1643, à trente-cinq ans.
2. Mute and spiritless mate.

« The bashful muteness of the virgin may oftentimes hide all the unloveliness and natural sloth which is really unfit for conversation.

« A man shall find himself bound fast to an image of earth and phlegm, with whom he looked to be the copartner of a sweet and delightsome society. » (Milton, *Doctrine and Discipline of Divorce*.)

Une jolie femme dira en revanche : « Je n'aime pas un homme qui porte sa tête comme un saint sacrement. »

vient s'ajouter aux répugnances du cœur. « Il avait, disent les biographes, une certaine gravité de nature..., une sévérité d'esprit qui ne condescendait point aux petites choses, » et le maintenait dans les hauteurs, dans une région qui n'est pas celle du ménage. On l'accusait d'être « âpre, colérique, » et certainement il tenait à sa dignité d'homme, à son autorité d'époux, et ne se trouvait pas estimé, respecté, prévenu autant qu'il croyait mériter de l'être. Enfin, il passait le jour parmi ses livres, et le reste du temps il habitait de cœur dans un monde abstrait et sublime dont peu de femmes ont eu la clef, sa femme moins que toute autre. En effet, il l'avait choisie en homme de cabinet, d'autant plus inexpérimenté, que sa vie antérieure avait été « mieux gouvernée et plus tempérante. » Pareillement il ressentit sa fuite en homme de cabinet, d'autant plus irrité que les façons du monde lui étaient plus inconnues. Sans craindre le ridicule, et avec la roideur d'un spéculatif tout d'un coup heurté par la vie réelle, il écrivit des traités en faveur du divorce, les signa de son nom, les dédia au Parlement, se crut divorcé, de fait, puisque sa femme refusait de revenir, de droit, parce qu'il avait pour lui quatre passages de l'Écriture; là-dessus il fit la cour à une jeune fille, et tout d'un coup, voyant sa femme à ses genoux et pleurante, il lui pardonna, la reprit, recommença son sec et triste mariage, sans se laisser rebuter par l'expérience, au contraire destiné à contracter deux autres unions encore, la dernière avec une femme plus jeune que lui de trente ans.

D'autres portions de sa vie domestique ne furent point mieux ménagées ni plus heureuses. Il avait pris ses filles pour secrétaires, et leur faisait lire des langues qu'elles n'entendaient pas, tâche rebutante dont elles se plaignaient amèrement. En retour, il les accusait de n'être « ni respectueuses ni bonnes pour lui [1], de le négliger, de ne pas se soucier si elles le laissaient là, de comploter avec la servante pour le voler dans leurs achats, de lui dérober ses livres, tellement qu'elles auraient voulu vendre tout le reste aux chiffonniers. » Mary, la seconde, dit un jour en apprenant qu'il allait se marier : « Ce n'est pas une nouvelle que son mariage; une vraie nouvelle, ce serait sa mort. » Parole énorme et qui jette un étrange jour sur les misères de ce ménage. Ni les circonstances ni la nature ne l'avaient fait pour le bonheur.

III

Elles l'avaient fait pour la lutte, et dès son retour en Angleterre, il s'y était engagé tout entier, armé de logique, de colère et d'érudition, cuirassé par la conviction et par la conscience. « Aussitôt que la
« liberté, au moins de parole, fut accordée, dit-il,
« toutes les bouches s'ouvrirent contre les évêques....
« Réveillé par tout cela, et voyant qu'on prenait le
« vrai chemin de la liberté, et que les hommes partis

---

[1]. Undutiful and unkind.

« de ce commencement se disposaient à délivrer de
« la servitude toute la vie humaine,... comme dès
« ma jeunesse je m'étais préparé avant tout à ne de-
« meurer ignorant d'aucune des choses qui ont rap-
« port aux lois divines et humaines..., je résolus,
« quoique occupé alors à méditer sur d'autres sujets,
« de porter de ce côté toute la force et toute l'activité
« de mon esprit, » et là-dessus il écrivait son traité
De la Réforme en Angleterre[1], raillant et combattant
avec hauteur et mépris l'épiscopat et ses défenseurs.
Réfuté et attaqué, il redoubla d'amertume et brisa
ceux qu'il avait renversés. Emporté jusqu'au bout de
sa croyance, et comme un cavalier lancé qui perce
d'un élan toute la ligne de bataille, il alla jusqu'au
prince, conclut à l'abolition de la royauté comme au
renversement de l'épiscopat, et un mois après la
mort de Charles Ier, justifia l'exécution, répondit à
l'*Eicon Basilice*, puis à la *Défense du Roi* par Saumaise,
avec une grandeur de style et un dédain incomparables; en combattant, en apôtre, en homme qui partout sent la supériorité de sa science et de sa logique,
qui veut la faire sentir, qui foule et écrase superbe-
ment ses adversaires à titre d'ignorants, d'esprits in-
férieurs et de cœurs bas[2]. « Les rois, » dit-il au com-

1. 1641. Of Reformation in England and the Causes that hitherto
have hindered it.
A treatise of Prelatical Episcopacy.
The Reasons of church Government urged against Episcopacy.
Apology for Smectymnus.
2. The tenure of Kings and Magistrates.
Iconoclastes :
Defensio Populi Anglicani ;

mencement de l'*Iconoclaste*, « quoique forts en légions,
« sont faibles en arguments, étant accoutumés dès le
« berceau à se servir de leur volonté comme de
« leur main droite, et de leur raison comme de leur
« main gauche. Quand, par un accident inattendu,
« ils sont réduits à ce genre de combat, ils n'offrent
« qu'un débile et petit adversaire. » Néanmoins, pour
l'amour de ceux qui se laissent accabler par ce nom
éblouissant de majesté, il consentit « à ramasser le
gant du roi Charles, » et l'en souffleta de manière à
faire repentir les imprudents qui l'avaient jeté. Bien
loin de fléchir sous l'accusation de meurtre, il la releva et s'en para. Il étala le régicide, l'établit sur un
char de triomphe, et le fit jouir de toute la lumière
du ciel. Il raconta, avec un ton de juge, « comment
« ce roi persécuteur de la religion, oppresseur des
« lois, après une longue tyrannie, avait été vaincu
« les armes à la main par son peuple ; puis mené
« en prison, et, comme il n'offrait ni par ses actions
« ni par ses paroles aucune raison pour faire mieux
« espérer de sa conduite, condamné par le souverain
« conseil du royaume à la peine capitale ; enfin,
« frappé de la hache devant les portes mêmes de son
« palais.... Jamais monarque assis sur le plus haut
« trône fit-il briller une majesté plus grande que
« celle dont éclata le peuple anglais, lorsque, se« couant la superstition antique, il prit ce roi ou

Defensio secunda.
Authoris pro se defensio.
Responsio.

« plutôt cet ennemi, qui, seul de tous les mortels,
« revendiquait pour lui, de droit divin, l'impunité,
« l'enlaça dans ses propres lois, l'accabla d'un juge-
« ment, et, le trouvant coupable, ne craignit point
« de le livrer au supplice auquel il eût livré les au-
« tres? » Après avoir justifié l'exécution, il la sanctifia; il la consacra par les décrets du ciel, après l'avoir autorisée par les lois de la terre; de l'abri du Droit, il la porta sous l'abri de Dieu. C'est ce Dieu qui abat « les rois effrénés et superbes, et qui les déra-
« cine avec toute leur race. » « Relevés tout d'un
« coup par sa main visible vers le salut et la liberté
« presque perdus, guidés par lui, vénérateurs de ses
« divins vestiges imprimés partout devant nos yeux,
« nous sommes entrés dans une voie non obscure,
« mais illustre, ouverte et manifestée par ses aus-
« pices[1]. » Le raisonnement finit ici par un chant de

---

1. Cette défense est écrite en latin :

« Les deux plus grandes pestes de la vie humaine et les plus hostiles à la vertu, la tyrannie et la superstition, Dieu vous en a affranchis les premiers des hommes; il vous a inspiré assez de grandeur d'âme pour juger d'un jugement illustre votre roi prisonnier vaincu par vos armes, pour le condamner et le punir, vous les premiers, des mortels. Après une action si glorieuse, vous ne devez penser ni faire rien de bas ni de petit, rien qui ne soit grand et élevé. Pour atteindre cette gloire, la seule voie est de montrer que, comme vous avez vaincu vos ennemis par la guerre, de même vous pouvez dans la paix, plus courageusement que tous les autres hommes, abattre l'ambition, l'avarice, le luxe, tous les vices qui corrompent la fortune prospère et tiennent subjugués le reste des mortels, — et que vous avez pour conserver la liberté autant de modération, de tempérance et de justice que vous avez eu de valeur pour repousser la servitude. »

victoire, et l'enthousiaste perce sous le combattant.
Tel il parut dans toutes ses actions et dans toutes ses
doctrines. Les solides files d'arguments hérissés et
disciplinés qu'il rangeait en bataille se changeaient
dans son cœur, au moment du triomphe, en glorieuses processions d'hymnes couronnés et resplendissants. Il en était transporté, il se faisait illusion à
lui-même, et vivait ainsi seul à seul avec le sublime,
comme un guerrier pontife qui, dans son armure
rigide, ou dans sa chape étincelante, se tient debout
face à face avec la Vérité. Ainsi absorbé dans sa lutte
et dans son sacerdoce, il demeurait en dehors du
monde, aussi aveuglé contre les faits palpables que
défendu contre les séductions sensibles, placé au-dessus des souillures et des leçons de l'expérience, aussi
incapable de conduire les hommes que de leur céder.
Rien de semblable chez lui aux habiletés, ni aux
atermoiements de l'homme d'État, calculateur avisé,
qui s'arrête à mi-chemin, qui tâtonne, les yeux
appliqués sur les événements, qui mesure le possible
et use de la logique pour la pratique. Il est spéculatif
et chimérique. Enfermé dans ses idées, il ne voit
qu'elles, et s'éprend d'elles. Quand il plaide contre
les évêques, il veut qu'on les extirpe à l'instant, sans
réserve; il exige qu'on établisse à l'instant le culte
presbytérien, sans précaution, sans ménagements,
sans réserve. C'est le commandement de Dieu, c'est
le devoir de tout fidèle ; prenez garde de badiner avec
Dieu ou de temporiser avec la foi. Concorde, douceur,
liberté, piété, il voit sortir du culte nouveau tout un

essaim de vertus. Que le roi ne craigne rien, son pouvoir en sera plus ferme. Vingt mille assemblées démocratiques prendront garde d'attenter contre son droit[1]. Ces idées font sourire. On reconnaît l'homme de parti qui, sur l'extrême penchant de la restauration, quand « toute la multitude était folle du désir d'avoir un roi, » publiait « le moyen aisé et tout prêt d'établir une libre république[2], » et en décrivait le plan tout au long. On reconnaît le théoricien qui, pour faire instituer le divorce, n'avait recours qu'à l'Écriture et prétendait changer la constitution civile d'un peuple, en changeant le sens accepté d'un verset. Les yeux fermés, le texte sacré dans la main, il marche de conséquence en conséquence, foulant les préjugés, les inclinations, les habitudes, les besoins des hommes, comme si le raisonnement ou l'esprit religieux étaient tout l'homme, comme si l'évidence produisait toujours la croyance, comme si la croyance aboutissait toujours à la pratique, comme si, dans le combat des doctrines, la vérité ou la justice donnaient aux doctrines la victoire et la royauté. Pour comble, il esquissa un traité de l'éducation, où il proposa d'enseigner à tous les élèves toutes les sciences, tous les arts, et, qui plus est, toutes les vertus. « Le maître qui aura le talent et l'éloquence convenables pourra, en un court espace, les gagner à un courage et à une diligence incroyables, versant dans leurs

---

1. The Reformation, 272.
2. A ready and easy way to establish a free commonwealth.

jeunes poitrines une si libérale et si noble ardeur que beaucoup d'entre eux ne pourront manquer d'être des hommes renommés et sans égaux[2]. » Milton avait enseigné plusieurs années et à plusieurs reprises. Pour garder de pareilles illusions après de pareilles expériences, il fallait être insensible à l'expérience et prédestiné aux illusions.

Mais sa roideur faisait sa force, et la structure intérieure qui fermait son esprit aux enseignements, armait son cœur contre les défaillances. Ordinairement chez les hommes la source du dévouement tarit au contact de la vie. Peu à peu, à force de pratiquer le monde, on en prend le train. On ne veut pas être dupe et se refuser les licences que les autres s'accordent ; on se relâche de sa sévérité juvénile ; même on en sourit, on l'attribue à la chaleur du sang ; on a percé ses propres motifs, on cesse de se trouver sublime. On finit par se tenir tranquille, et l'on regarde le monde aller, en tâchant d'éviter les heurts, en ramassant çà et là quelques petits plaisirs commodes. Rien de pareil chez Milton. Il demeura entier et intact jusqu'au bout, sans découragement ni faiblesse ; ni l'expérience ne put l'instruire, ni les revers ne purent l'abattre ; il supporta tout et ne se repentit de rien. Il avait perdu la vue, volontairement, en écrivant, quoique malade, et malgré la défense des médecins,

---

1. He who had the art and proper eloquence.... might in a short space gain them to an incredible diligence and courage.... infusing into their young breasts such an ingenuous and noble ardor, as would not fail to make many of them renowned and matchless men.

pour justifier le peuple anglais contre les invectives de Saumaise. Il assistait aux funérailles de sa république, à la proscription de ses doctrines, à la diffamation de son honneur. Autour de lui éclataient le dégoût de la liberté, et l'enthousiasme de la servitude. Un peuple entier se précipitait aux genoux d'un jeune libertin incapable et traître. Les glorieux chefs de la foi puritaine étaient condamnés, exécutés, détachés vivants de la potence, éventrés parmi les insultes; d'autres que la mort avait sauvés du bourreau étaient déterrés et exposés au gibet; d'autres, réfugiés à l'étranger, vivaient sous la menace et les attentats des épées royalistes; d'autres enfin, plus malheureux que le reste, avaient vendu leur cause pour de l'argent et des titres, et siégeaient parmi les exécuteurs de leurs anciens amis. Les plus pieux et les plus austères citoyens de l'Angleterre remplissaient les prisons, ou erraient dans l'indigence et dans l'opprobre, et le vice grossier, assis effrontément sur le trône, ralliait autour de lui la plèbe des convoitises et des sensualités débordées. Lui-même avait été contraint de se cacher; ses livres avaient été brûlés par la main du bourreau; même après l'acte général de grâce, il fut emprisonné; relâché, il vivait dans l'attente « de l'assassinat; » car le fanatisme privé pouvait reprendre l'arme abandonnée par la vindicte publique. D'autres malheurs moindres venaient, par leurs piqûres, aigrir les grandes plaies dont il souffrait. Les confiscations, une banqueroute, enfin le grand incendie de Londres lui avaient ôté les trois quarts de sa fortune[1], ses filles n'avaient pour lui ni égards ni respect; il vendait ses livres, sachant que sa famille ne serait pas capable d'en profiter après lui; et parmi tant de misères privées et publiques, il restait calme. Au lieu de renier ce qu'il avait fait, il s'en glorifia; au lieu de s'abattre, il se raffermit; au lieu de défaillir, il se fortifia. « Cyriac, disait-il déjà sous la République, voilà trois ans[2] aujourd'hui que ces yeux, quoique purs au dehors de toute tache et de toute souillure, privés de leur lumière, ont cessé de voir. Soleil, lune, étoiles durant toute l'année, l'homme, la femme, rien n'apparaît plus à leurs globes inutiles. Pourtant je ne murmure pas contre la main ou la volonté du ciel, et je ne rabats rien de mon courage ou de mon espérance; debout et ferme je vogue droit en avant. Qui me soutient, demandes-tu? La conscience, ami, de les avoir perdus, usés pour la défense de la liberté, ma noble tâche, dont l'Europe parle d'un bord à l'autre. Cette seule pensée me conduirait à travers la vaine mascarade du monde, content quoique aveugle, quand je n'aurais pas de meilleur guide[3]. » Elle le conduisit en effet; « il s'armait

---

1. Un scrivener lui fit perdre une somme de 2000 liv. sterl.

La Restauration refusa de lui payer 2000 liv. sterl. qu'il avait placées sur l'Excise-Office, et lui reprit une terre de 50 liv. par an, achetée par lui sur les biens du chapitre de Westminster.

Sa maison fut brûlée dans le grand feu de Londres.

Quand il mourut, il ne laissa en tout que 1500 liv., y compris le produit de sa bibliothèque.

2. 1554, 22e sonnet.

3.   Cyriac, this three years day, those eyes, tho' clear

de lui-même, » et « la cuirasse de diamant[1] » qui avait protégé l'homme fait contre des blessures de la bataille, protégeait le vieillard contre les tentations et les doutes de la défaite et de l'adversité.

IV

Il vivait dans une petite maison à Londres, ou à la campagne dans le comté de Buckingham, en face d'une haute colline verte, publiait son *Histoire d'Angleterre*, sa *Logique*, un *Traité de la vraie religion et de l'hérésie*, méditait son grand *Traité de la doctrine chrétienne*; de toutes les consolations, le travail est la plus fortifiante et la plus saine, parce qu'il soulage

> To outward view of blemish or of spot,
> Bereft of sight, their seeing have forgot,
> Nor to their idle orbs does day appear,
> Or sun, or moon, or stars throughout the year,
> Or man, or woman.   Yet I argue not
> Against Heaven's hand or will; nor bate one jot
> Of heart or hope; but still bear up, and steer
> Right onwards.   What supports me, dost thou ask?
> The conscience, friend, t'have lost them overply'd
> In Liberty's defence, my noble task,
> Whereof all Europe rings from side to side.
> This thought might lead me through this world's vain mask
> Content, though blind, had I no other guide.
> (Sonnet XIX.)

> But patience, to prevent
> That murmur, soon replies : God doth not need
> Either man's work or his own gifts....
> Thousands at his bidding speed,
> And post o'er land and ocean without rest.
> They also serve who only stand and wait.
> (Sonnet XX.)

---

1. Sonnets italiens, VI, 4.

l'homme, non en lui apportant des douceurs, mais en lui demandant des efforts. Tous les matins il se faisait lire en hébreu un chapitre de la Bible, et demeurait quelque temps en silence, grave, afin de méditer sur ce qu'il avait entendu. Jamais il n'allait à aucun temple. Indépendant dans la religion comme dans tout le reste, il se suffisait à lui-même ; ne trouvant dans aucune secte les marques de la véritable Église, il priait Dieu solitairement sans avoir besoin du secours d'autrui. Il étudiait jusqu'au milieu du jour; puis, après un exercice d'une heure, il jouait de l'orgue ou de la basse de viole. Ensuite il reprenait ses études jusqu'à six heures, et le soir s'entretenait avec ses amis. Quand on venait le visiter, on le trouvait ordinairement « dans une chambre tendue d'une vieille tapisserie verte, assis dans un fauteuil, et habillé proprement de noir; » « son teint était pâle, dit un visiteur, mais non cadavéreux; ses mains, ses pieds avaient la goutte; » « ses cheveux, d'un brun clair, étaient divisés sur le milieu du front et retombaient en longues boucles; ses yeux, gris et purs, ne marquaient point qu'il fût aveugle. » Il avait été extrêmement beau dans sa jeunesse, et ses joues anglaises, délicates jadis comme celles d'une jeune fille, restèrent colorées presque jusqu'au bout. « Sa contenance était affable; sa démarche droite et virile témoignait de l'intrépidité et du courage. » Quelque chose de grand et de fier respire encore dans tous ses portraits; et certainement peu d'hommes ont fait autant d'honneur à l'homme. Ainsi s'éteignit cette noble vie, comme un soleil couchant, éclatante et calme. Au milieu de tant d'épreuves, une joie haute et pure, véritablement digne de lui, lui avait été accordée; le poëte enfoui sous le puritain avait reparu, plus sublime que jamais, pour donner au christianisme son second Homère. Les rêves éblouissants de sa jeunesse et les souvenirs de son âge mûr se rassemblaient en lui, autour des dogmes calvinistes et des visions de saint Jean, pour former l'épopée protestante de la Damnation et de la Grâce, et l'immensité des horizons primitifs, les flamboiements du donjon infernal, les magnificences du parvis céleste ouvraient à « l'œil intérieur » de l'âme des régions inconnues par delà les spectacles que les yeux de chair avaient perdus.

V

J'ai sous les yeux le redoutable volume où, quelque temps après la mort de Milton, on a rassemblé sa prose[1]. Quel livre ! Les chaises craquent quand on le pose, et celui qui l'a manié une heure en a moins mal à la tête qu'au bras. Tel livre, tels hommes : sur les simples dehors, on a quelque idée des controver-

---

1. Voici les titres des principaux écrits en prose de Milton : *History of Reformation,* — *the Reason of Church government urged against prelacy,* — *Animadversions upon the remonstrant,* — *Doctrine and discipline of Divorce,* — *Tetrachordon,* — *Tractate of Education,* — *Areopagitica,* — *Tenure of Kings and Magistrates,* — *Iconoclastes,* — *History of Britain,* — *Thesaurus linguæ latinæ,* — *History of Moscovy,* — *de Logicæ Arte,* etc.

sistes et des théologiens dont les doctrines sont enfermées là. Encore faut-il songer que l'auteur fut singulièrement lettré, élégant, voyageur, philosophe, homme du monde pour son temps. On pense involontairement aux portraits des théologiens du siècle, âpres figures enfoncées dans l'acier par le dur burin des maîtres, et dont le front géométrique, les yeux fixes se détachent avec un relief violent hors d'un panneau de chêne noir. On les compare aux visages modernes, où les traits fins et complexes semblent frissonner sous le contact changeant de sensations ébauchées et d'idées innombrables. On essaye de se figurer la lourde éducation latine, les exercices physiques, les rudes traitements, les idées rares, les dogmes imposés, qui occupaient, opprimaient, fortifiaient, endurcissaient autrefois la jeunesse, et l'on croit voir un ossuaire de mégatheriums et de mastodontes reconstruits par Cuvier.

La race des vivants a changé. Notre esprit fléchit aujourd'hui sous l'idée de cette grandeur et de cette barbarie ; mais nous découvrons que la barbarie fut alors la cause de la grandeur. Comme autrefois, dans la vase primitive et sous le dôme des fougères colossales, on vit les monstres pesants tordre péniblement leurs croupes écailleuses et de leurs crocs informes s'arracher des pans de chair, nous apercevons aujourd'hui à distance, du haut de la civilisation sereine, les batailles des théologiens qui, cuirassés de syllogismes, hérissés de textes, se couvraient d'ordures et travaillaient à se dévorer.

Au premier rang combattit Milton, prédestiné à la barbarie et à la grandeur par sa nature personnelle et par les mœurs environnantes, capable de manifester en haut relief la logique, le style et l'esprit du siècle. C'est la vie des salons qui a dégrossi les hommes : il a fallu la société des dames, le manque d'intérêts sérieux, l'oisiveté, la vanité, la sécurité, pour mettre en honneur l'élégance, l'urbanité, la plaisanterie fine et légère, pour enseigner le désir de plaire, la crainte d'ennuyer, la parfaite clarté, la correction achevée, l'art des transitions insensibles et des ménagements délicats, le goût des images convenables, de l'aisance continue et de la diversité choisie. Ne cherchez dans Milton rien de pareil. La scolastique n'est pas loin ; elle pèse encore sur ceux qui la détruisent. Sous cette armure séculaire, la discussion marche pédantesquement, à pas comptés. On commence par poser sa thèse, et Milton écrit en grosses lettres, en tête de son *Traité du Divorce*, la proposition qu'il va démontrer : « Qu'une mauvaise disposition, incapacité ou contrariété d'esprit, provenant d'une cause non variable en nature, empêchant et devant probablement empêcher toujours les bienfaits principaux de la société conjugale, lesquels sont la consolation et la paix, est une plus grande raison de divorce que la frigidité naturelle, spécialement s'il n'y a point d'enfants et s'il y a consentement mutuel. » Là-dessus arrive, légion par légion, l'armée disciplinée des arguments. Bataillons par bataillons, ils passent numérotés avec des étiquettes visibles. Il y en a une douzaine à la file, chacun avec son titre en caractères tranchés et la petite brigade de subdivisions qu'il commande. Les textes sacrés y tiennent la grande place. On les discute mot à mot, le substantif après l'adjectif, le verbe après le substantif, la préposition après le verbe ; on cite des interprétations, des autorités, des exemples, qu'on range entre des palissades de divisions nouvelles. Et cependant l'ordre manque, la question n'est point ramenée à une idée unique ; on ne voit point sa route ; les preuves se succèdent sans se suivre ; on est plutôt fatigué que convaincu. On reconnaît que l'auteur parle à des gens d'Oxford, laïques ou prêtres, élevés dans les disputes d'apparat, capables d'attention obstinée, habitués à digérer les livres indigestes. Ils se trouvent bien dans ce fourré épineux de broussailles scolastiques : ils s'y frayent leur route, un peu à l'aveugle, endurcis contre les meurtrissures qui nous rebutent et n'ayant point l'idée du jour que nous demandons partout.

Chez de si massifs raisonneurs, on ne cherchera point l'esprit. L'esprit est l'agilité de la raison victorieuse : ici, parce que tout est puissant, tout est lourd. Quand Milton veut plaisanter, il a l'air d'un piquier de Cromwell qui, entrant dans un salon pour danser, tomberait sur son nez de tout son poids et de tout le poids de son armure. Il y a peu de choses aussi stupides que ses *Remarques sur un Contradicteur*. Au bout d'une réfutation, son adversaire concluait par ce trait d'esprit théologique : «Voyez, mon frère, vous avez pêché toute la nuit sans rien prendre. » Et

Milton réplique glorieusement : « Si, en pêchant avec Simon l'apôtre, nous ne pouvons rien prendre, regardez ce que vous prenez, vous, avec Simon le magicien, car il vous a légué tous ses hameçons et tous ses instruments de pêche. » Un gros rire sauvage éclatait. Les assistants apercevaient de la grâce dans cette façon d'insinuer que l'adversaire était simoniaque. Un peu plus haut, celui-ci posait ce dilemme : « Dites-moi, cette liturgie est-elle bonne ou mauvaise ? — Elle est mauvaise. Réparez la corne de votre dilemme achéloien, comme vous pourrez, pour la première charge. » Les savants s'émerveillaient de la belle comparaison mythologique, et l'on se réjouissait de voir l'adversaire finement comparé à un bœuf, à un bœuf vaincu, à un bœuf païen. A la page suivante, l'adversaire disait, en façon de reproche spirituel et railleur : « Vraiment, mes frères, vous n'avez pas bien pris la hauteur du pôle. — Rien d'étonnant, répond Milton, il y en a beaucoup d'autres qui ne prennent pas bien la hauteur de votre pôle, mais qui prendront mieux le déclin de votre élévation. » Il y a de suite trois calembours du même goût ; cela paraissait gai. Ailleurs, Saumaise criant que le soleil n'avait jamais vu de crime comparable au meurtre du roi, Milton lui conseillait ingénieusement de s'adresser encore au soleil, non pour éclairer les forfaits de l'Angleterre, mais pour réchauffer la froideur de son style. La lourdeur extraordinaire de ces gentillesses annonce des esprits encore empêtrés dans l'érudition naissante. La réforme est le commencement de la libre pensée, mais elle n'en est que le commencement. La critique n'est point née; l'autorité pèse encore par toute la moitié de son poids sur les esprits les mieux affranchis et les plus téméraires. Milton, pour prouver qu'on peut faire mourir un roi, cite Oreste, les lois de Publicola et la mort de Néron. Son histoire d'Angleterre est l'amas de toutes les traditions et de toutes les fables. En toute circonstance, il offre pour preuve un texte de l'Écriture; son audace est de se montrer grammairien hardi, commentateur héroïque. Il est aveuglément protestant comme d'autres sont aveuglément catholiques. Il laisse à la chaîne la haute raison, mère des principes; il n'a délivré que la raison subordonnée, interprète des textes. Pareil aux créatures énormes demi-formées, enfants des premiers âges, il est encore à moitié homme et à moitié limon.

Est-ce ici que nous rencontrerons la politesse? C'est la dignité élégante qui répond à l'injure par l'ironie calme, et respecte l'homme en transperçant la doctrine. Milton assomme grossièrement son adversaire. Un pédant hérissé, né de l'accouplement d'un lexique grec et d'une grammaire syriaque, Saumaise avait dégorgé contre le peuple anglais un vocabulaire d'injures et un in-folio de citations. Milton lui répondit du même style : il l'appela « histrion, charlatan, professeur d'un sou[1], cuistre payé, homme de rien, coquin, être sans cœur, scélérat, imbécile, sacrilége,

---

1. Professor triobolaris.

esclave digne des verges et de la fourche. » Le dictionnaire des gros mots latins y passa. « Toi qui sais tant de langues, qui parcours tant de volumes, qui en écris tant, tu n'es pourtant qu'un âne. » Trouvant l'épithète jolie, il la répéta et la sanctifia : « O le plus bavard des ânes, tu arrives monté par une femme, assiégé par les têtes guéries des évêques que tu avais blessés, petite image de la grande bête de l'Apocalypse ! » Il finit par l'appeler bête féroce, apostat et Diable : « Ne doute pas que tu ne sois réservé à la même fin que Judas, et que, poussé par le désespoir plutôt que par le repentir, dégoûté de toi-même, tu ne doives un jour te pendre, et, comme ton émule, crever par le milieu du ventre[1]. » On croit entendre les mugissements de deux taureaux.

Ils en avaient la férocité. Milton haïssait à plein cœur. Il combattit de la plume, comme les *côtes-de-fer* de l'épée, pied à pied, avec une rancune concentrée et une obstination farouche. Les évêques et le roi payaient alors onze années de despotisme. Chacun se rappelait les bannissements, les confiscations, les supplices, la loi violée systématiquement et sans relâche, la liberté du sujet assiégée par un complot

---

1. Saumaise disait de la mort du roi : « Horribilis nuntius aures « nostras atroci vulnere, sed magis mentes perculit. » — Milton répond : « Profecto nuntius iste horribilis aut gladium multo lon- « giorem eo quem strinxit Petrus habuerit oportet, aut aures istæ « auritissimæ fuerint, quas tam longinquo vulnere perculerit. »

— « Oratorem tam insipidum et insulsum ut ne ex lacrymis quidem ejus mica salis exiguissima possit exprimi. »

« Salmasius nova quadam metamorphosi salmacis factus est. »

soutenu, l'idolâtrie épiscopale imposée aux consciences chrétiennes, les prédicateurs fidèles chassés dans les déserts de l'Amérique ou livrés au bourreau et au pilori[1]. De tels souvenirs, tombant sur des âmes

---

1. Je transcris un de ces griefs et une de ces plaintes. Le lecteur jugera par la grandeur des outrages de la grandeur des ressentiments :

« L'humble pétition du docteur Alexandre Leighton, prisonnier dans la Flotte.

« Il remontre humblement :

« Que le 17 février 1630 il fut appréhendé, revenant du sermon, par un mandat de la haute commission, et traîné le long des rues avec des haches et des bâtons jusqu'à la prison de Londres. — Que le geôlier de Newgate, étant appelé, lui mit les fers et l'emmena de haute force dans un trou à chien, infect et tombant en ruine, plein de rats et de souris, n'ayant de jour que par un petit grillage, le toit étant effondré, de sorte que la pluie et la neige battaient sur lui ; n'ayant point de lit, ni de place pour faire du feu, hormis les ruines d'une vieille cheminée qui fumait : dans ce lamentable endroit, il fut enfermé environ quinze semaines, personne n'ayant permission de venir le voir, jusqu'à ce qu'enfin sa femme seule fut admise. — Que le quatrième jour après son emprisonnement, le poursuivant, avec une grande multitude, vint dans sa maison pour chercher des livres de jésuites, et traita sa femme d'une façon si barbare et si inhumaine qu'il a honte de la raconter, qu'ils dépouillèrent toutes les chambres et toutes les personnes, portant un pistolet sur la poitrine d'un enfant de cinq ans et le menaçant de le tuer s'il ne découvrait les livres.... — Que pour lui il fut malade, et, dans l'opinion de quatre médecins, empoisonné, parce que tous ses cheveux et sa peau tombèrent. — Qu'au plus fort de cette maladie la cruelle sentence fut prononcée contre lui et exécutée le 26 novembre, où il reçut sur son dos nu trente-six coups d'une corde à trois brins, ses mains étant liées à un poteau. — Qu'il fut debout près de deux heures au pilori par le froid et par la neige, puis marqué d'un fer rouge au visage, le nez fendu et les oreilles coupées. Qu'après cela il fut emmené par eau à la Flotte et enfermé dans une chambre telle qu'il y fut toujours malade et au bout de huit ans jeté dans la prison commune. » Il avait soixante-douze ans. (Neal, *History of the Puritans*, II, 19.)

puissantes, imprimèrent en elles des haines inexpiables, et les écrits de Milton témoignent d'un acharnement que nous ne connaissons plus. L'impression que laisse son *Iconoclaste*[1] est accablante. Phrase par phrase, durement, amèrement, le roi est réfuté et accusé jusqu'au bout, sans que l'accusation fléchisse une seule minute, sans qu'on accorde à l'accusé la moindre bonne intention, la moindre excuse, la moindre apparence de justice, sans que l'accusateur s'écarte et se repose un instant dans des idées générales. C'est un combat corps à corps, où tout mot porte coup, prolongé, obstiné, sans élan, sans faiblesse, d'une inimitié âpre et fixe, où l'on ne songe qu'à blesser fort et à tuer sûrement. Contre les évêques, qui étaient vivants et puissants, sa haine s'épancha plus violemment encore, et l'âcreté des métaphores venimeuses suffit à peine à l'exprimer. Milton les montra « étalés et se chauffant au soleil de la richesse et de l'avancement » comme une couvée de reptiles impurs. « La lie empoisonnée de leur hypocrisie, mêlée en une masse pourrie avec le levain aigri des traditions humaines, est l'œuf de serpent d'où éclora quelque part un antechrist aussi difforme que la tumeur qui le nourrit[2]. »

Tant de grossièretés et de balourdises étaient comme

---

1. Réponse au *Portrait royal*, ouvrage attribué au roi, en faveur du roi.
2. The sour leaven of human traditions mixed in one putrified mass with the poisonous dregs of hypocrisie in the heart of Prelates that lie basking in the sunny warmth of wealth and promotion, is

une cuirasse extérieure, indice et défense de la force et de la vie surabondantes qui remplissaient ces membres et ces poitrines de lutteurs. Aujourd'hui l'esprit, plus délié, est devenu plus débile; les convictions, moins roides, sont devenues moins fortes. L'attention, délivrée de la scolastique pesante et de la Bible tyrannique, s'est trouvée plus molle. Les croyances et les volontés, dissoutes par la tolérance universelle et par les mille chocs contraires des idées multipliées, ont engendré le style exact et fin, instrument de conversation et de plaisir, et chassé le style poétique et rude, arme de guerre et d'enthousiasme. Si nous avons effacé chez nous la férocité et la sottise, nous avons diminué chez nous la force et la grandeur.

La force et la grandeur éclatent chez Milton, étalées dans ses opinions et dans son style, sources de sa croyance et de son talent. Cette superbe raison aspirait à se déployer sans entraves; elle demanda que la raison pût se déployer sans entraves. Elle réclama pour l'humanité ce qu'elle souhaitait pour elle-même, et revendiqua dans tous ses écrits toutes les libertés. Dès l'abord il attaqua les prélats ventrus[1], « parvenus scolastiques, » persécuteurs de la discussion libre, tyrans gagés des consciences chrétiennes. Par-dessus la clameur de la révolution pro-

---

the serpent's egg that will hatch an antechrist wheresoever, and ingender the same monster as big or little as the lump is which breeds him (p. 268).

1. *Of Reformation in England.*

testante, on entendit sa voix qui tonnait contre la tradition et l'obéissance. Il railla durement les théologiens pédants, adorateurs dévots des vieux textes, qui prennent un martyrologe moisi pour un argument solide et répondent à une démonstration par une citation. Il déclara que la plupart des Pères furent des intrigants turbulents et bavards, qu'assemblés, ils ne valaient pas mieux qu'isolés, que leurs conciles sont des amas de menées sourdes et de disputes vaines; il répudia leur autorité[1] et leur exemple, et pour seul interprète de l'Écriture institua la logique. Puritain contre les évêques, indépendant contre les presbytériens, il fut toujours le maître de sa pensée et l'inventeur de sa croyance. Nul n'a plus aimé, pratiqué et loué l'usage libre et hardi de la raison. Il l'exerça jusqu'à la témérité et jusqu'au scandale. Il se révolta contre la coutume[2], reine illégitime de la croyance humaine, ennemie née et acharnée de la vérité, porta la main sur le mariage, et demanda le divorce en cas de contrariété d'humeurs. Il déclara « que l'Erreur soutient la Coutume,
« que la Coutume accrédite l'Erreur, que les deux
« réunies, soutenues par le vulgaire et nombreux
« cortége de leurs sectateurs, accablent de leurs cris
« et de leur envie, sous le nom de fantaisie et d'inno-
« vation, les découvertes du raisonnement libre. » Il montra que « lorsqu'une vérité arrive au monde,

---

1. The loss of Cicero's works alone, or those of Livy could not be repaired by all the fathers of the church. (*Areopagitica*.)
2. *The Doctrine and Discipline of Divorce.*

« c'est toujours à titre de bâtarde, à la honte de celui
« qui l'engendre, jusqu'à ce que le Temps, qui n'est
« point le père, mais l'accoucheur de la Connais-
« sance, déclare l'enfant légitime et verse sur sa tête
« le sel et l'eau. » Il tint ferme par trois ou quatre
écrits contre le débordement des injures et des ana-
thèmes, et au même moment osa plus encore : il attaqua devant le Parlement la censure, œuvre du Parlement[1]; il parla en homme qu'on blesse et qu'on
opprime, pour qui l'interdiction publique est un outrage personnel, qu'on enchaîne en enchaînant la nation. Il ne veut point que la plume d'un censeur gagé
insulte de son approbation la première page de son
livre. Il hait cette main ignorante et commandante,
et réclame la liberté d'écrire au même titre que la
liberté de penser. « Quel avantage un homme a-t-il
« sur un enfant à l'école, si nous n'avons échappé
« à la férule que pour tomber sous la baguette d'un
« *imprimatur*, si des écrits sérieux et élaborés, pa-
« reils au thème d'un petit garçon de grammaire
« sous son pédagogue, ne peuvent être articulés sans
« l'autorisation tardive et improvisée d'un censeur
« distrait? Quand un homme écrit pour le public, il
« appelle à son aide toute sa raison et toute sa ré-
« flexion; il cherche, il médite, il s'enquiert, ordi-
« nairement il consulte et confère avec les plus
« judicieux de ses amis. Tout cela achevé, il a soin
« de s'instruire dans son sujet aussi pleinement

---

1. Dans son *Areopagitica*.

« qu'aucun de ceux qui ont écrit avant lui. Si dans
« cet acte, le plus consommé de son zèle et de sa ma-
« turité, nul âge, nulle diligence, nulle preuve anté-
« rieure de capacité ne peut l'exempter de soupçon
« et de défiance, à moins qu'il ne porte toutes ses
« recherches méditées, toutes ses veilles prolongées,
« toute sa dépense d'huile et de labeur sous la vue
« hâtive d'un censeur sans loisir, peut-être de beau-
« coup plus jeune que lui, peut-être de beaucoup son
« inférieur en jugement, peut-être n'ayant jamais
« connu la peine d'écrire un livre, — en sorte que,
« s'il n'est pas repoussé ou négligé, il doive pa-
« raître à l'impression comme un novice sous son
« précepteur, avec la main de son censeur sur le dos
« de son titre, comme preuve et caution qu'il n'est
« pas un idiot ou un corrupteur, — ce ne peut être
« qu'un déshonneur et une dégradation pour l'au-
« teur, pour le livre, pour les privilèges et la dignité
« de la science[1]. »

---

1. What advantage is it to be a man, over it is to be a boy at school, if we have only escaped the ferula, to come under the fescue of an imprimatur? if serious and elaborate writings, as if they were no more than the theme of a grammar-lad under his pedagogue, must not be uttered without the cursory eyes of a temporizing and extemporizing licenser? He who is not trusted with his own actions, his drift not being known to be evil, and standing to the hazard of law and penalty, has no great arguments to think himself reputed in the commonwealth wherein he was born for other than a fool or a foreigner. When a man writes to the world, he summons up all his reason and deliberation to assist him; he searches, meditates, is industrious, and likely consults and confers with his judicious friends; after all which done, he takes himself to be informed in what he writes, as well as any that wrote before him; if in this,

Ouvrez donc toutes les portes ; que le jour se fasse, que chacun pense et jette sa pensée à la lumière ! Ne vous effrayez pas des divergences, réjouissez-vous de ce grand labeur ; pourquoi insulter les travailleurs du nom de schismatiques et de sectaires ? « Quand on « bâtissait le temple du Seigneur, et que les uns fen-« daient les cèdres, les autres coupaient et équarris-« saient le marbre, y avait-il des hommes assez dé-« raisonnables pour oublier que les pierres et les « poutres devaient subir mille séparations et divi-« sions avant que la maison de Dieu fût bâtie ? Et « quand les pierres sont industrieusement assemblées, « elles ne peuvent être continues, mais seulement « contiguës, du moins en ce monde. Bien plus, la per-« fection consiste en ce que de ces mille diversités « limitées, de ces mille différences fraternelles sans « disproportion notable, naisse l'heureuse et gra-« cieuse symétrie qui embellit tout l'ensemble et tout « l'édifice [1]. » Milton triomphe ici par sympathie ; il

---

the most consummate act of his fidelity and ripeness, no years, no industry, no former proof of his abilities, can bring him to that state of maturity, as not to be still mistrusted and suspected, unless he carry all his considerate diligence, all his midnight watchings, and expense of Palladian oil, to the hasty view of an unleisured licenser, perhaps much his younger, perhaps far his inferior in judgment, perhaps one who never knew the labour of book-writing; and if he be not repulsed, or slighted, must appear in print like a puny with his guardian, and his censor's hand on the back of his title to be his bail and surety, that he is no idiot or seducer; it cannot be but a dishonour and derogation to the author, to the book, to the privilege and dignity of learning.

1. Yet these are the men cryed out against for schismatick and sectaries, as if while the temple of the Lord was building, some

éclate en images magnifiques, il déploie dans son style la force qu'il aperçoit autour de lui et en lui-même. Il loue la révolution, et sa louange semble un chant de trompette sorti d'une poitrine d'airain. « Regardez maintenant cette vaste cité, une cité de refuge, la maison patrimoniale de la liberté, ceinte et entourée par la protection de Dieu. Les arsenaux de la guerre n'y ont point plus d'enclumes et de marteaux travaillant à fabriquer la cuirasse et l'épée de la justice qui s'arme pour la défense de la vérité assiégée, qu'il n'y a de plumes et de têtes veillant auprès de leurs lampes studieuses, méditant, cherchant, roulant de nouvelles inventions et de nouvelles idées, pour les présenter en tribut d'hommage et de foi à la réforme qui approche. Que peut-on demander de plus à une nation si maniable et si ardente à chercher la connaissance ? Que manque-t-il à un sol si plantureux et engrossé de telles semences, sinon de sages et fidèles laboureurs pour faire un peuple éclairé, une nation de sages, de prophètes et de grands hommes[1] ?... Il me semble

---

cutting, some squaring the marble, others hewing the cedars, there should be a sort of irrational men, who could not consider there must be many schisms and many dissections made in the quarry and the timber, ere the house of God can be built. And when every stone is laid artfully together, it cannot be united in a continuity, it can be but contiguous in this world; nay, rather, the perfection consists in this, that out of many moderate varieties and brotherly dissimilitudes that are not vastly disproportionnal, arises the goodly and graceful symmetry that commends the whole pile and structure.

1. Behold now this vast city, a city of refuge, the mansionhouse of liberty, encompassed and surrounded with his protection; the

« voir une noble et puissante nation se levant comme
« un homme fort après le sommeil et secouant les
« boucles de sa chevelure invincible. Il me semble la
« voir comme un aigle qui revêt son héroïque jeu-
« nesse, qui allume ses yeux inéblouis dans le plein
« rayon du soleil, qui arrache les écailles de ses pau-
« pières, qui baigne sa vue longtemps abusée à la
« source même de la splendeur céleste, pendant que
« tout le ramas des oiseaux craintifs et criards, et
« aussi ceux qui aiment le crépuscule, voltigent à
« l'entour, étonnés de ce qu'il veut faire, et, dans leurs
« croassements envieux, tâchent de prédire une année
« de sectes et de schismes [1]. » C'est Milton qui parle,
et, sans le savoir, c'est Milton qu'il décrit.

Chez un écrivain sincère, les doctrines annoncent le

---

shop of war has not there more anvils and hammers waking, to fashion out the plates and instruments of armed justice in defence of beleaguered Truth, than there be pens and heads there, sitting by their studious lamps, musing, searching, revolving new notions and ideas, wherewith to present with their homage and fealty the approaching Reformation. What could a man require more from a nation so pliant and so prone to seek after knowledge? What wants there to such a towardly and pregnant soil, but wise and faithful labourers, to make a knowing people, a nation of prophets, of sages, and of worthies?

1. Methinks I see in my mind a noble and puissant nation rousing herself like a strong man after sleep, and shaking her invincible locks; methinks I see her as an eagle mewing her mighty youth, and kindling her undazzled eyes at the full midday beam; purging and unscaling her long-abused sight at the fountain itself of heavenly radiance; while the whole noise of timorous and flocking birds, with those also that love the twilight, flutter about, amazed at what she means, and in their envious gabble would prognosticate a year of sects and schisms.

style. Les sentiments et les besoins qui forment et règlent ses croyances construisent et colorent ses phrases. Le même génie laisse deux fois la même empreinte, dans la pensée, puis dans la forme. La puissance de logique et d'enthousiasme qui explique les opinions de Milton explique son génie. Le sectaire et l'écrivain sont un seul homme, et on va retrouver les facultés du sectaire dans le talent de l'écrivain.

Quand une idée s'enfonce dans un esprit logicien, elle y végète et fructifie par une multitude d'idées accessoires et explicatives qui l'entourent, s'attachent entre elles, et forment comme un fourré et une forêt. Les phrases sont immenses : il lui faut des périodes d'une page pour enfermer le cortége de tant de raisons enchaînées et de tant de métaphores accumulées autour de la pensée commandante. Dans ce grand enfantement, le cœur et l'imagination s'ébranlent : en raisonnant, Milton s'exalte, et la phrase part comme une catapulte, doublant la force de son élan par l'énormité de son poids. Je n'oserais traduire devant un lecteur moderne les gigantesques périodes qui ouvrent le *Traité de la Réforme*. Nous n'avons plus ce souffle; nous n'entendons que de petites phrases courtes; nous ne savons pas maintenir notre attention sur un même point pendant toute une page. Nous voulons des idées maniables; nous avons quitté la grande épée à deux mains de nos pères, et nous ne portons plus qu'un léger fleuret. Je doute pourtant que la perçante phrase de Voltaire soit plus mortelle que le tranchant de cette masse de fer. « Si, dans des

« arts moins nobles et presque mécaniques, celui-là
« n'est pas estimé digne du nom d'architecte accompli
« ou d'excellent peintre qui ne porte une âme géné-
« reuse au-dessus du souci servile [1] des gages et du
« salaire, à bien plus forte raison devons-nous traiter
« d'imparfait et indigne prêtre celui qui est si loin
« d'être un contempteur du lucre ignoble, que toute
« sa théologie est façonnée et nourrie par l'espérance
« mendiante et bestiale d'un évêché ou d'une pré-
« bende grasse [2]. » Si les prophètes de Michel-Ange
parlaient, ce serait de ce style, et vingt fois en lisant
l'écrivain on aperçoit le sculpteur.

La puissante logique qui étend les périodes soutient
les images. Que Shakspeare et les poëtes nerveux
rassemblent un tableau dans le raccourci d'une expression fuyante, brisent leurs métaphores par de
nouvelles métaphores, et fassent apparaître coup sur
coup dans la même phrase la même idée sous cinq
ou six vêtements ; la brusque allure de leur imagination ailée autorise ou explique ces couleurs chan-
geantes et ces entre-croisements d'éclairs. Plus conséquent et plus maître de lui-même, Milton développe

---

1. Le mot anglais est plus vrai et plus frappant : *peasantly regard*.
2. If in less noble and almost mechanick arts he is not esteemed to deserve the name of a compleat architect, an excellent painter, or the like, that bears not a generous mind above the peasantly regard of wages and hire, much more must we think him a most imperfect and incompleat Divine, who is so far from being a contemner of filthy lucre, that his whole Divinity is moulded and bred up in the beggarly and brutish hopes of a fat prebendary, deanery, or bishoprick.

jusqu'au bout les fils qu'ils rompent. Chacune de ses images s'étale en un petit poëme, sorte d'allégorie solide, dont toutes les parties attachées entre elles concentrent leurs lumières sur l'idée unique qu'elles doivent embellir ou éclairer. « Les prélats, dit-il [1], « sortis d'une vie basse et plébéienne, et devenant tout « d'un coup seigneurs de palais somptueux, d'ameu-
« blements splendides, de tables délicieuses, de cor-
« téges princiers, ont jugé la simple et grossière vérité « de l'Évangile indigne d'être plus longtemps dans la « compagnie de leurs seigneuries, à moins que la « pauvre et indigente madone ne fût mise en de meil-
« leurs habits : ils chargèrent de tresses indécentes « son chaste et modeste voile qu'entouraient les « rayons célestes, et, dans un attirail éblouissant, la « parèrent de toutes les fastueuses séductions d'une « prostituée. » Les politiques répondent que cette fastueuse Église soutient la royauté : « Quelle plus « grande humiliation peut-il y avoir pour la dignité « royale, dont la hauteur solide et sublime s'appuie « sur les fondements immuables de la justice et de la « vertu héroïque, que de s'enchaîner pour subsister « ou périr ensemble aux créneaux peints et à la pour-

---

1. In this manner the Prelats coming from a mean and plebeian life, on a sudden, to be lords of stately palaces, rich furniture, delicious fare, and princely attendance, thought the plain and home-spun verity of Christ's gospel unfit any longer to hold their Lordship's acquaintance, unless the poor thread-bare matron were put into better clothes; her chast and modest veil surrounded with celestial beams, they overlaid with wanton tresses, and in a flaring attire bespeckled her with all the gaudy allurements of a whore.

« riture splendide d'un épiscopat qui n'a besoin que
« du souffle du roi pour s'écrouler comme un château
« de cartes[1] ! » Les métaphores ainsi soutenues prennent une ampleur, une pompe et une majesté singulières. Elles se déploient sans se froisser, comme les larges plis d'un manteau d'écarlate baigné de lumière et frangé d'or.

Ne prenez point ces métaphores pour un accident. Milton les prodigue, comme un pontife qui dans son culte étale les magnificences et gagne les yeux pour gagner les cœurs. Il a été nourri dans la lecture de Spenser, de Drayton, de Shakspeare, de Beaumont, de tous les plus éclatants poëtes, et le flot d'or de l'âge précédent, quoique appauvri tout à l'entour et ralenti en lui-même, s'est élargi comme un lac en s'arrêtant dans son cœur. Comme Shakspeare, il imagine à tous propos, hors de propos même, et scandalise les classiques et les Français. « Les cor-
« rupteurs de la foi, dit-il, ne pouvant se rendre
« eux-mêmes célestes et spirituels, ont rendu Dieu
« terrestre et charnel ; ils ont changé son essence
« sacrée et divine en une forme extérieure et corpo-
« relle ; ils l'ont consacrée, encensée, aspergée ; ils

---

1. What greater debasement can there be to Royal dignity, whose towering and stedfast heights rest upon the immovable foundations of justice and heroic virtue, than to chain it, in a dependance of subsistaing or ruining, to the painted battlements and gaudy rottenness of prelatry, which wants but one puff of the king to blow them down like a paste-board house built of *court cards*.

C'est au commencement de la guerre civile que Milton écrivait cela : il n'était pas encore républicain.

« l'ont revêtue non des robes de la pure innocence,
« mais de surplis et d'autres habillements déformés
« et fantastiques, de palliums, de mitres, d'or, de
« clinquant, ramassés dans la vieille garde-robe
« d'Aaron ou dans le vestiaire des flamines. Alors
« le prêtre fut obligé d'étudier ses gestes, ses pos-
« tures, ses liturgies, ses simagrées, jusqu'à ce que
« l'âme, s'ensevelissant ainsi dans le corps et se li-
« vrant aux délices sensuelles, eût bientôt abaissé
« son aile vers la terre. Là, voyant les commodités
« qu'elle recevait du corps, son visible et sensuel
« collègue, et trouvant ses ailes brisées et pendantes,
« elle s'affranchit de la peine de monter dorénavant
« au haut de l'air, oublia son vol céleste, et laissa
« l'inerte et languissante carcasse se traîner sur la
« vieille route dans le rebutant métier d'une méca-
« nique conformité[1]. » Si l'on ne découvrait pas ici

[1]. .... As if they could make God earthly and fleshy, because they could not make themselves heavenly and spiritual, they began to draw down all the divine intercourse betwixt God and the soul, yea the very shape of God himself, into an exterior and bodily form.... They hallowed it, they fumed it, they sprinkled it, they bedecked it, not in robes of pure innocence, but of pure linnen, with other deformed and fantastick dresses, in palls and mitres, and guegaws fetched from Aaron's old wardrobe, or the Flamin's vestry. Then was the priest set to con his motions and his postures, his Liturgies and his Lurries, till the soul by these means of overbodying herself, given up justly to fleshy delights, bated her wing apace downward; and finding the ease she had from her visible and sensuous collegue the body, in performance of religious duties, her pinions now broken and flagging, shifted off from herself the labour of high-soaring any more, forgot her heavenly flight, and left the dull and drailing carcase to plod on the old road, and drudging trade of outward conformity. (*Of Reformation in England.*)

des traces de brutalité théologique, on croirait lire un imitateur de *Phèdre*, et sous la colère fanatique on reconnaît les images de Platon. Il y a telle phrase qui, par la beauté virile et l'enthousiasme, rappelle le ton de la *République*. « Je ne puis louer, dit-il, une « vertu fugitive et cloîtrée, inexercée et inanimée, « qui ne sort jamais de sa retraite, ni ne regarde « en face son adversaire, mais s'esquive de la car- « rière où, dans la chaleur et la poussière, les cou- « reurs se disputent la guirlande immortelle [1]. » Mais il n'est platonicien que par la richesse et l'exalta- tion. Pour le reste, il est homme de la Renaissance, pédant et âpre; il outrage le pape, qui, après la donation de Pépin le Bref, « nè cessa de mordre et « d'ensanglanter les successeurs de son cher sei- « gneur Constantin par ses malédictions et ses ex- « communications aboyantes [2]; » il est mythologue dans la défense de la presse, montrant que jadis « nulle Junon envieuse ne s'asseyait les jambes croi- « sées à l'accouchement d'une intelligence [3]. » Peu importe : ces images savantes, familières, grandioses, quelles qu'elles soient, sont puissantes et naturelles [4].

1. I cannot praise a fugitive and cloistered, unexercised and un- breathed virtue, that never sallies out and sees her adversary, but slinks out of the race where that immortal garland is to be run for, not without dust and heat. (P. 429.)
2. He never left baiting and goring the successor of his best Lord Constantine by his barking curses and excommunications. (P. 264.)
3. No envious Juno sat cross-legged over the nativity of any man's intellectual offspring. (P. 427.)
4. Whatsoever either time or the heedless hand of blind chance has drawn down to this present in her huge draguet, whether fish

La surabondance comme la rudesse ne fait que manifester ici la vigueur et l'élan lyrique que le caractère de Milton avait prédits.

D'elle-même la passion suit; l'exaltation l'apporte avec les images. Les audacieuses expressions, les excès de style, font entendre la voix vibrante de l'homme qui souffre, qui s'indigne et qui veut. « Les « livres, dit-il dans son *Aréopagitique*, ne sont pas « absolument des choses mortes; ils contiennent en « eux une puissance de vie pour être aussi actifs que « l'âme dont ils sont les enfants. Bien plus, ils con- « servent comme dans une fiole l'efficacité et l'es- « sence la plus pure de cette vivante intelligence « qui les a engendrés. J'ose dire qu'ils sont aussi ani- « més et aussi vigoureusement productifs que les « dents du dragon fabuleux, et qu'étant semés ici « ou là, ils peuvent faire pousser des hommes ar- « més. D'autre part encore, il vaut presque autant « tuer un homme qu'un bon livre. Celui qui tue un « homme tue une créature raisonnable, image de « Dieu ; mais celui qui détruit un bon livre tue la « raison elle-même, tue l'image de Dieu dans l'œil « où elle habite. Beaucoup d'hommes vivent, far- « deaux inutiles de la terre; mais un bon livre est « le précieux sang vital d'un esprit supérieur, em- « baumé et conservé religieusement comme un tré- « sor pour une vie au delà de sa vie.... Prenons donc

---

or sea-weed, shells, or shrubs, unpick'd, unchosen, those are the Fathers. (*On Prelatical Episcopacy.*)

« garde à la persécution que nous élevons contre
« les vivants travaux des hommes publics; ne ré-
« pandons pas cette vie incorruptible, gardée et
« amassée dans les livres, puisque nous voyons que
« cette destruction peut être une sorte d'homicide,
« quelquefois un martyre, et, si elle s'étend à toute
« la presse, une espèce de massacre dont les ra-
« vages ne s'arrêtent pas au meurtre d'une simple
« vie, mais frappent la quintescence éthérée qui est
« le souffle de la raison même, en sorte que ce n'est
« point une vie qu'ils égorgent, mais une immor-
« talité [1]. »

[1]. For books are not absolutely dead things, but do contain a potency of life in them, to be as active as that soul whose progeny they are; nay, they do preserve, as in a vial, the purest efficacy and extraction of that living intellect that bred them. I know they are as lively, and as vigorously productive, as those fabulous dragon's teeth; and being sown up and down, may chance to spring up armed men. And yet, on the other hand, unless wariness be used, as good almost kill a man as kill a good book: who kills a man kills a reasonable creature, God's image; but he who destroys a good book, kills reason itself, kills the image of God, as it were, in the eye. Many a man lives a burden to the earth; but a good book is the precious life-blood of a master-spirit, embalmed and treasured up on purpose to a life beyond life. 'Tis true no age can restore a life, whereof perhaps there is no great loss; and revolutions of ages do not oft recover the loss of a rejected truth, for the want of which whole nations fare the worse. We should be wary, therefore, what persecution we raise against the living labours of public men, how we spill that seasoned life of man, preserved and stored up in books; since we see a kind of homicide may be thus committed, sometimes a kind of martyrdom; and if it extend to the whole impression, a kind of massacre, whereof the execution ends not in the slaying of an elemental life, but strikes at the ethereal and soft essence, the breath of reason itself, slays an immortality rather than a life.

Cette énergie est sublime ; l'homme vaut la cause, et jamais une plus haute éloquence n'égala une plus haute vérité. Des expressions terribles viennent accabler les oppresseurs des livres, les profanateurs de la pensée, les assassins de la liberté, « le concile de
« Trente et l'inquisition, dont l'accouplement a en-
« gendré et parfait ces catalogues et ces index ex-
« purgatoires, qui fouillent à travers les entrailles
« de tant de vieux et bons auteurs par une violation
« pire que tous les attentats contre leurs tombes[1]. »
Des expressions égales flagellent les esprits charnels qui croient sans penser et font de leur servilité leur religion. Il y a tel passage qui, par sa familiarité amère, rappelle Swift, et le dépasse de toute la hauteur de l'imagination et du génie. « Un homme dont
« la foi est vraie peut être hérétique, s'il croit les
« choses seulement parce que son pasteur les dit.
« La vérité même qu'il tient devient son hérésie. Un
« homme riche adonné à son plaisir et à ses profits
« trouve que la religion est une affaire si embar-
« rassée et encombrée de tant de comptes obscurs
« qu'il ne sait comment lui ouvrir un crédit parmi
« ses livres. Que peut-il donc faire, sinon prendre la
« résolution de quitter ce tracas, et de se déterrer
« quelque agent, au soin et au crédit duquel il confie

---

1. The Council of Trent and the Spanish Inquisition engendering together brought forth or perfected those catalogues, and expurging Indexes that rake through the entrails of many an old good author with a violation worse than any that could be offered to his tomb. (P. 426.)

« toutes ses affaires religieuses? Cet agent sera quel-
« que ecclésiastique estimé et notable. C'est à lui
« qu'il s'attache ; c'est à lui qu'il abandonne tout son
« magasin de denrées religieuses, avec toutes les
« clefs et serrures. Et à parler vrai, il fait de cet
« homme sa religion. De sorte qu'on peut dire que
« sa religion maintenant n'est plus lui, qu'elle est
« un être séparé et mobile, qu'elle va et vient près
« de lui selon que ce brave docteur fréquente la mai-
« son. Il le traite, lui fait des présents, le régale, le
« loge. Sa religion vient chez lui le soir, prie, soupe
« largement, est conduite à un lit somptueux, se
« lève, est saluée ; après un coup de malvoisie ou de
« quelque breuvage bien épicé, sa religion fait un
« bon déjeuner, sort à huit heures, et laisse son ex-
« cellent hôte dans la boutique, trafiquant tout le
« jour, sans sa religion[1]. » Il a daigné railler un in-

[1]. A man may be an heretic in the truth if he believes things only because his pastor says so.... The very truth he holds becomes his heresie.... A wealthy man addicted to his pleasure and to his profits, finds religion to be a traffic so entangled and of so many piddling accounts, that of all mysteries he cannot skill to keep a stock going upon his trade.... What does he therefore, but resolves to give over toyling and to find himself out some factor to whose care and credit he may commit the whole managing of his religious affairs? Some Divine of note, and estimation that must be. To him he adheres, resigns the whole warehouse of his religion, with all the locks and keys, in his custody; and indeed makes the person of this man his religion. So that a man may say his religion is now no more within himself, but is become a dividual moveable, and goes and comes near him, according as that good man frequents the house. He entertains him, gives him gifts, feasts him, lodges him; his religion comes home at night, prays, is liberally supt, and sumptuously laid to sleep; rises, is saluted, and, after the

stant, avec quelle poignante ironie vous venez de le voir. Mais l'ironie, si poignante qu'elle soit, lui semble faible[1]. Écoutez-le, quand il revient à lui-même, quand il rentre dans l'invective ouverte et sérieuse, quand après le fidèle charnel il accable le prélat charnel. « La table de la communion, changée en « une table de séparation, est debout comme une « plate-forme, exhaussée sur le front du chœur, « fortifiée d'un boulevard et d'une palissade pour « écarter l'attouchement profane des laïques, pen- « dant que le prêtre obscène et repu n'a pas scru- « pulé de tortiller et de mâcher le pain sacramentel « aussi familièrement qu'un massepain de sa ta- « verne[2]. » Il triomphe en songeant que toutes ces profanations seront payées. L'atroce doctrine de Calvin a fixé de nouveau les yeux des hommes sur le dogme de la malédiction et de la damnation éternelle. L'enfer à la main, Milton menace; il s'enivre de jus-

---

malmsey, or some well-spiced beverage, and better breakfasted, his religion walks abroad at night, and leaves his kind entertainer in the shop trading all day without his religion.

1. Quand il est simplement comique, il arrive comme Swift et Hogarth à la bizarrerie rude et drolatique : « A bishop's foot that has all his toes (maugre the gout) and a linen sock over it, is the aptest emblem of the prelat himself; who being a pluralist may, under one surplice, hide four benefices, besides that great metropolitan toe. »

2. The table of communion now become a table of separation, stands like an exalted platform upon the brow of the quire, fortified with a bulwark and barricado, to keep off the profane touch of the laics, whilst the obscene and surfeited priest scruples not to paw and mammock the sacramental bread, as familiar as his tavern bisket.

tice et de vengeance parmi les abîmes qu'il ouvre et les flammes qu'il brandit. « Ils seront jetés éternelle-
« ment dans le plus noir et le plus profond gouffre
« de l'enfer, sous le règne outrageux, sous les pieds,
« sous les dédains de tous les autres damnés, qui,
« dans l'angoisse de leurs tortures, n'auront pas
« d'autre plaisir que d'exercer une frénétique et
« bestiale tyrannie sur eux, leurs serfs et leurs
« nègres, et ils resteront dans cette condition pour
« toujours, les plus vils, les plus profondément
« abîmés, les plus dégradés, les plus foulés et les
« plus écrasés de tous les esclaves de la perdi-
« tion[1]. » La fureur ici monte au sublime, et le Christ de Michel-Ange n'est pas plus inexorable et plus vengeur

Comblons la mesure ; joignons, comme il le fait, les perspectives du ciel aux visions des ténèbres : le pamphlet devient un hymne. « Quand je rappelle à mon
« esprit, dit-il, comment enfin, après tant de siècles
« pendant lesquels le large et sombre cortége de l'Er-
« reur avait presque balayé toutes les étoiles hors du
« firmament de l'Église, la brillante et bienheureuse
« Réforme lança son rayon à travers la noire nuit
« épaissie de l'ignorance et de la tyrannie antichré-

---

1. They shall be thrown eternally into the darkest and deepest gulf of hell, where, under the despiteful controul, the trample and spurn of all the other damned, that in the anguish of their torture shall have no other ease than to exercice a raving and bestial tyranny over them as their slaves and negroes, they shall remain in that plight for ever the basest, the lowermost, the most dejected, most underfoot, and down-trodden vassals of perdition.

« tiennes, il me semble qu'une joie souveraine et vivi-
« fiante doit entrer à flots dans la poitrine de celui qui
« lit ou qui écoute, et que la suave odeur de l'Évan-
« gile ramené baigne son âme de tous les parfums
« du ciel[1]. » Surchargées d'ornements, prolongées à
l'infini, ces périodes sont des chœurs triomphants
d'*alleluias* angéliques chantés par des voix profondes
au son de dix mille harpes d'or. Au milieu de ses syllogismes, Milton prie, soutenu par l'accent des prophètes, entouré par les souvenirs de la Bible, ravi des splendeurs de l'Apocalypse, mais retenu à la porte de l'hallucination par la science et la logique, au plus haut de l'air serein et sublime, sans monter dans la région brûlante où l'extase fond la raison, avec une majesté d'éloquence et une grandeur solennelle que rien ne surpasse, dont la perfection prouve qu'il est entré dans son domaine, et au delà du prosateur promet le poëte[2] : « Toi qui siéges dans une gloire et dans

---

1. When I recall to mind; at last, after so many dark ages, wherein the huge overshadowing train of Error had almost swept all the stars out of the firmament of the church; how the bright and blissful Reformation, by Divine power, strook through the black and settled night of ignorance and Anti-Christian tyranny, methinks a sovereign and reviving joy must needs rush into the bosom of him that reads or hears, and the sweet odour of the returning Gospel imbathe his soul with the fragrancy of heaven.
2. Thou, therefore, that sitst in light and glory inapprochable, Parent of Angels and Men! Next, Thee I implore, Omnipotent King, redeemer of that lost remnant whose nature Thou didst assume, ineffable and everlasting Love! and Thou, the third substance of Divine infinitude, illuminating Spirit; the joy and solace of created thing! look upon this Thy poor and almost spent, and expiring Church.... O let them not bring about their damned designs,... to

« une lumière inaccessibles, père des anges et des
« hommes! et toi aussi, roi tout-puissant, rédempteur
« de ce reste perdu dont tu as pris la nature, inef-
« fable et immortel amour! toi enfin, troisième sub-
« stance de la divine infinitude, esprit illuminateur,
« la joie et la consolation de toute chose créée! regarde
« cette pauvre Église épuisée et presque expirante!
« Oh! ne leur laisse pas achever leurs pernicieux des-
« seins. Ne permets pas qu'ils nous enveloppent en-
« core une fois dans ce nuage obscur de ténèbres
« infernales où nous n'apercevrons plus le soleil de
« ta vérité, où jamais nous n'espérerons l'aurore con-
« solatrice, où jamais nous n'entendrons plus chanter
« l'oiseau de ton matin!... Qui ne t'aperçoit aujour-
« d'hui dans ta marche éclatante, au milieu de ton
« sanctuaire, entre ces candélabres d'or longtemps
« obscurcis chez nous par la violence de ceux qui les
« avaient saisis, attirés plutôt par le désir de leur or
« que par l'amour de leur rayonnante clarté? Viens
« donc, ô toi qui as les sept étoiles dans ta main
« droite; établis tes prêtres choisis, selon leur ordre
« et leurs rites antiques, pour accomplir devant tes
« yeux leur office et verser religieusement l'huile con-
« sacrée dans tes lampes saintes toujours brûlantes.
« Tu as envoyé pour cette œuvre, par toute la con-
« trée, un esprit de prière sur tes serviteurs, et tu as
« éveillé leurs vœux, comme le bruit d'une multitude

---

reinvolve us in that pitchy cloud of infernal darkness, where we
shall never more see the sun of Thy truth again, never hope for the
cheerful dawn, never more hear the bird of the morning sing....

« d'eaux autour de ton trône. Oh! achève, et accom-
« plis tes glorieux actes. Sors de tes chambres royales,
« ô prince de tous les rois de la terre; revêts les robes
« visibles de ta majesté impériale, prends en main le
« sceptre universel que ton père t'a transmis, car
« maintenant la voix de ta fiancée t'appelle, et toutes
« les créatures soupirent pour être renouvelées[1]. »
Ce cantique de supplications et d'allégresse est une
effusion de magnificences, et, en sondant toutes les
littératures, vous ne rencontrerez guère de poëtes
égaux à ce prosateur.

Est-il vraiment prosateur? La dialectique empêtrée,
l'esprit pesant et maladroit, la rusticité fanatique et
féroce, la grandeur épique des images soutenues et
surabondantes, le souffle et les témérités de la passion
implacable et toute-puissante, la sublimité de l'exal-

---

1. O Thou the ever-begotten light, and perfect image of thy Father,... who is there that cannot trace Thee now in Thy beamy walke through the midst of Thy sanctuary, amidst those golden candlesticks, which have long suffered a dimness among us, through the violence of those that had seized them, and were more taken with the mention of their gold than of their starry light? Come, therefore, O Thou that hast the seven starres in Thy right hand, appoint Thy chosen priests, according to their orders and courses of old, to minister before Thee, and duely to dresse and poure out the consecrated oil into Thy holy and everburning lamps. Thou hast sent out the spirit of prayer upon Thy servants over all the land to this effect, and stirred up their vowes as the sound of many waters about Thy throne.... O perfect and accomplish Thy glorious acts.... Come forth out of Thy royal chambers, O Prince of all the kings of the Earth; put on the visible robes of Thy imperial majesty; take up that unlimited scepter which Thy Almighty Father hath bequeathed Thee; for now the voice of Thy bride calls Thee, and all creatures sigh to be renewed.

tation religieuse et lyrique : on ne reconnaît point à ces traits un homme né pour expliquer, persuader et prouver. La scolastique et la grossièreté du temps ont émoussé ou rouillé sa logique. L'imagination et l'enthousiasme l'ont emporté et enchaîné dans les métaphores. Ainsi égaré ou gâté, il n'a pu produire d'œuvre parfaite : il n'a écrit que des pamphlets utiles, commandés par l'intérêt pratique et la haine présente, et de beaux morceaux isolés, inspirés par la rencontre d'une grande idée et par l'essor momentané du génie. Pourtant, dans ces débris abandonnés, l'homme apparaît tout entier. L'esprit systématique et lyrique se peint dans le pamphlet comme dans le poëme ; la faculté d'embrasser des ensembles et d'en être ébranlé reste égale en Milton dans ses deux carrières, et vous allez voir dans *le Paradis* et dans le *Comus* ce que vous avez rencontré dans le *Traité de la Réforme* et dans les *Remarques sur l'Opposant*.

VI

« Il m'a avoué, écrit Dryden, que Spenser avait été son modèle[1]. » En effet, par la pureté et l'élévation de la morale, par l'abondance et la liaison du style, par les nobles sentiments chevaleresques et la belle ordonnance classique, tous deux étaient frères. Mais il avait encore d'autres maîtres, Beaumont, Fletcher,

---

1. Milton has acknowledged to me that Spenser was his original.

Burton, Drummond, Ben Jonson, Shakspeare, toute la splendide Renaissance anglaise, et par derrière elle la poésie italienne, l'antiquité latine, la belle littérature grecque, et toutes les sources d'où la Renaissance anglaise avait jailli. Il continuait le grand courant, mais à sa manière. Il prenait leur mythologie, leurs allégories, parfois leurs concetti[1], et retrouvait leur riche coloris, leur magnifique sentiment de la nature vivante, leur inépuisable admiration des formes et des couleurs. Mais en même temps il transformait leur diction et employait la poésie à un nouvel usage. Il écrivait, non par impulsion, et sous le seul contact des choses, mais en lettré, en humaniste, savamment, avec l'aide des livres, apercevant les objets autant à travers les écrits précédents qu'en eux-mêmes, ajoutant à ses images les images des autres, reprenant et refondant leurs inventions, comme un artiste qui resserre et multiplie les bosselures et les orfévreries entrelacées déjà sur un diadème par la main de vingt ciseleurs. Il se formait ainsi un style composite et éclatant, moins naturel que celui de ses précurseurs, moins propre aux effusions, moins voisin de la vive sensation prime-sautière, mais plus solide, plus régulier, plus capable de concentrer en une large nappe de clarté tous leurs scintillements et toutes leurs lueurs. Il assemblait comme Eschyle des mots « de six coudées, » « empanachés et habillés de robes de

---

1. Voyez l'hymne sur la Nativité, entre autres les premières strophes. Voyez aussi Lycidas.

pourpre, » et les faisait marcher comme un cortége royal devant son idée pour la rehausser et l'annoncer. Il montrait les belles nymphes, « roses vivantes des « bois, aux brodequins d'argent, aux robes de fleurs[1], » « et le soir, encapuchonné de gris, qui, semblable à un « triste pèlerin sous sa robe monastique, se lève der- « rière les roues fuyantes du soleil, — les îles à la « ceinture de vagues, qui, comme de riches diamants « bigarrés, parsèment la poitrine nue de l'abîme, — « les brûlants séraphins aux éblouissantes rangées « dressant vers le ciel leurs angéliques trompettes « tonnantes[2]. » Il amoncelait en buissons touffus les fleurs éparses chez les autres poëtes[3], « la primevère « hâtive qui meurt délaissée, l'hyacinthe aigretée, le « pâle jasmin, la pensée bigarrée de jais, l'œillet « blanc, l'ardente violette, la rose musquée, le chèvre-

---

1. And ye, the breathing roses of the wood,
Fair silver-buskin'd nymphs....
They left us, when the grey-hooded Even,
Like a sad votarist in a palmer's weed,
Rose from the hindmost wheels of Phœbus's wain....
.... In the violet-embroidered vales....
.... Flowery-kirtled naiades....

All the sea-girt isles,
That like to rich and various gems, inlay
The unadorned bosom of the deep....

2. At a solemn music. Lycidas.

That undisturbed song of pure concent,
Ay sung before the saphir-color'd throne,
To him that sit thereon,
With saintly shout and solemn jubilee,
Where the bright seraphim, in burning row,
Their loud-uplifted angel-trumpets blow.

3. Lycidas.

« feuille à la gracieuse parure, avec le coucou alangui
« qui penche sa tête pensive, et toutes les fleurs qui
« portent une broderie mélancolique¹. » Il les appelait autour du tombeau de son ami, et disait « à l'amarante d'y verser toute sa beauté, aux narcisses de
« remplir leurs coupes de pleurs. » Il parlait aux
« creuses vallées où de doux chuchotements habitent
« dans les ombrages, dans les vents folâtres, dans les
« sources jaillissantes, et dont Sirius brûlant épargne
« le frais giron. » Il leur disait « d'empourprer tout le
« sol de fleurs printanières, de jeter sur cette tombe
« tous les émaux de leurs yeux rayonnants qui sur le
« gazon vert boivent les rosées parfumées. » Tout jeune encore et au sortir de Cambridge, il se portait vers le magnifique et le grandiose ; il avait besoin du grand vers roulant, de la strophe ample et sonnante, des périodes immenses de quatorze et de vingt-quatre vers. Il ne considérait point les objets face à face, et de plain-pied, en mortel, mais de haut comme ces ar-

---

1. Ye valleys low, where the mild whispers use
Of shades, and wanton winds, and gushing brooks,
On whose fresh lap the swart star sparely looks,
Throw hither all your quaint enamel'd eyes,
That on the green turf suck the honey'd show'rs,
And purple all the ground with vernal flow'rs.
Bring the rath primrose that forsaken dies,
The tufted crow-toe, and pale jessamine,
The white-pink, and the pansy freak'd with jet,
The glowing violet,
The musk-rose, and the well-attir'd wood-bine,
With cowslips wan that hang the pensive head,
And ev'ry flow'r that sad embroid'ry wears :
Bid amaranthus all his beauty shed,
And daffodillies fill their cups with tears,
To strew the laureate hearse where Lycid lies.

changes de Gœthe[1] qui embrassent d'un coup d'œil l'Océan entier heurté contre ses côtes, et la terre qui roule enveloppée dans l'harmonie des astres fraternels. Ce n'était point la *vie* qu'il sentait, comme les maîtres de la Renaissance, mais la *grandeur*, à la façon d'Eschyle et des prophètes hébreux[2], esprits virils et lyriques comme le sien, qui, nourris comme lui dans les émotions religieuses et dans l'enthousiasme continu, ont étalé comme lui la pompe et la majesté sacerdotales. Pour exprimer un pareil sentiment, ce n'était pas assez des images, et de la poésie qui ne s'adresse qu'aux yeux; il fallait encore des sons, et cette poésie plus intime qui, purgée de représentations corporelles, va toucher l'âme : il était musicien; ses hymnes roulaient avec la lenteur d'une mélopée et la gravité d'une déclamation; et lui-même semblait peindre son art en ces vers incomparables qui se développent comme l'harmonie solennelle d'un motet :

Dans la profondeur des nuits, quand l'assoupissement[3] — a enchaîné les sens des mortels, j'écoute — l'harmonie des sirènes célestes — qui, assises sur les neuf sphères enroulées, — chantent pour celles qui tiennent les ciseaux de la vie, — et font tourner les fuseaux de diamant — où s'enroule la destinée des dieux et des hommes. — Telle est la douce contrainte de l'harmonie sacrée — pour charmer les filles de la Néces-

---

1. Faust, Prolog im Himmel.
2. Voyez dans Lycidas la prophétie contre l'archevêque Laud :
> But that two-handed engin at the door,
> Stands ready to smite once and smite no more.

3. *Arcades.*

sité, — pour maintenir la Nature chancelante dans sa loi, — et pour conduire la danse mesurée de ce bas monde — aux accents célestes que nul ne peut entendre, — nul formé de terre humaine; tant que son oreille grossière n'est point purifiée [1].

En même temps que le style, les sujets se trouvaient changés; il resserrait et ennoblissait le domaine comme le langage du poëte, et consacrait ses pensées comme ses paroles. Celui, disait-il un peu plus tard, qui connaît la vraie nature de la poésie, « découvre
« bientôt quelles méprisables créatures sont les
« rimeurs vulgaires, et quel religieux, quel glorieux,
« quel magnifique usage on peut faire de la poésie
« dans les choses divines et humaines »…. « Elle est
« un don inspiré de Dieu, rarement accordé, et ce-
« pendant accordé à quelques-uns dans chaque na-
« tion, pouvoir placé à côté de la chaire, pour planter
« et nourrir dans un grand peuple les semences de la
« vertu et de l'honnêteté publique, pour apaiser les
« troubles de l'âme et remettre l'équilibre dans les
« émotions, pour célébrer en hautes et glorieuses

---

1. But else in deep of night, when drowsiness
 Hath locked up mortal sense, then listen I
 To the celestial Sirens' harmony;
 That sit upon the nine infolded spheres,
 And sing to those that hold the vital shears,
 And turn the adamantin spindle round,
 On which the fate of gods and man is wound;
 Such sweet compulsion doth in music lie,
 To lull the daughters of Necessity;
 And keep unsteady Nature to her law,
 And the low world in measured motion draw
 After the heavenly tune, which none can hear
 Of human mold with gross unpurged ear.

« hymnes le trône et le cortége de la toute-puissance
« de Dieu : pour chanter les victorieuses agonies des
« martyrs et des saints, les actions et les triomphes
« des justes et pieuses nations qui combattent vail-
« lamment pour la foi contre les ennemis du Christ[1]. »
En effet, dès l'abord, à l'école de Saint-Paul et à Cambridge, il avait paraphrasé des psaumes, puis composé
des odes pour la Nativité, la Circoncision et la Passion. Bientôt paraissent des chants tristes sur la mort
d'un jeune enfant, sur la fin d'une noble dame ; puis
de graves et nobles vers sur le Temps, à propos d'une
musique solennelle, sur sa vingt-troisième année,
« printemps tardif qui n'a point encore montré de bou-
« tons ni de fleurs. » Enfin le voici à la campagne chez
son père, et les attentes, les rêveries, les premiers
enchantements de la jeunesse s'exhalent de son cœur,
comme en un jour d'été un parfum matinal. Mais
quelle distance entre ces contemplations souriantes
et sereines, et la chaude adolescence, le voluptueux
Adonis de Shakspeare ! Il se promène, regarde, écoute,
à cela se bornent ses joies ; ce ne sont que les joies

---

1. These abilities, wheresoever they be found, are the inspired gift of God, rarely bestowed, but yet to some (though most abuse) in every nation; and are of power, beside the office of a pulpit, to imbreed and cherish in a great people the seeds of virtue and public civility, to allay the perturbations of the mind, and set the affections in right tune; to celebrate in glorious and lofty hymns the throne and equipage of God's almightiness, and what he works, and what he suffers to be wrought with high providence in his church; to sing victorious agonies of martyrs and saints, the deeds and triumphs of just and pious nations, doing valiantly through faith against the enemies of Christ. (*Reason of Church government.*)

poétiques de l'âme. Entendre « l'alouette qui prend
« son essor et de son chant éveille la nuit morne jus-
« qu'à ce que se lève l'aube tachetée; le laboureur
« qui siffle sur son sillon; la laitière qui chante de
« tout son cœur; le faucheur qui aiguise sa faux dans
« le vallon sous l'aubépine; » voir les danses et les
gaietés de mai au village; contempler les pompeuses
processions et « le bourdonnement affairé de la foule
« dans les cités garnies de tours; » surtout s'abandonner à la mélodie, aux enroulements divins des vers
suaves, et aux songes charmants qu'ils font passer
devant nous dans une lumière d'or, voilà tout[1]; et

---

1. And in thy right-hand lead with thee
    The mountain-nymph, sweet Liberty :
    And, if I give thee honour due,
    Mirth, admit me of thy crew,
    To live with her, and live with thee,
    In unreproved pleasures free....
    To hear the lark begin his flight,
    And singing startle the dull night,
    From his watch-tower in the skies,
    Till the dappled dawn doth rise;
    Then to come, in spite of sorrow,
    And at my window bid good-morrow,
    Through the sweet-brier, or the vine,
    Or the twisted eglantine :
    While the ploughman near at hand
    Whistles o'er the furrow'd land,
    And the milk-maid singeth blithe,
    And the mower whets his scythe,
    And ev'ry shepherd tells his tale,
    Under the hawthorn in the dale....
       Sometimes, with secure delight,
    The upland hamlets will invite,
    When the merry bells ring round,
    And the jocund rebecks sound
    To many a youth and many a maid,
    Dancing in the chequer'd shade;
    And young and old come forth to play
    On a sunshine holiday....
       Towered cities please us then,

aussitôt, comme s'il était allé trop loin, pour contrebalancer cet éloge des joies sensibles, il appelle à lui la Mélancolie[1], « la nonne pensive, pieuse et pure, « enveloppée dans sa robe sombre, aux plis majes- « tueusement étalés, qui, d'un pas égal, avec une « contenance contemplative, s'avance, les yeux sur le « ciel qui lui répond, et son âme dans les yeux. » Avec elle il erre parmi les graves pensées et les graves spectacles qui rappellent l'homme à sa condition, et le préparent à ses devoirs, tantôt parmi les hautes colonnades d'arbres séculaires dont les dômes entretiennent sous leur arbri le silence et le crépuscule, tantôt dans « ces pâles cloîtres studieux, où, sous les « arches massives, les vitraux, les riches rosaces his- « toriées jettent une obscure clarté religieuse, » tantôt enfin dans le recueillement du cabinet d'étude, où chante le grillon, où luit la lampe laborieuse, où l'esprit, seul à seul avec les nobles esprits des temps passés, évoque Platon pour apprendre de lui « quels « mondes, quelles vastes régions possèdent l'âme

> And the busy hum of men,
> Where throngs of knights and barons bold,
> In weeds of peace high triumphs hold....
>   And ever against eating cares,
> Lap me in soft Lydian airs,
> Married to immortal verse,
> Such as the meeting soul may pierce,
> In notes, with many a winding bout
> Of linked sweetness long drawn out,
> With wanton heed, and giddy cunning,
> The melting voice through mazes running;
> Untwisting all the chains that tie
> The hidden soul of harmony.

1. *Il Penseroso.*

« immortelle, après qu'elle a quitté sa maison de
« chair et le petit coin où nous gisons[1]. » Il était

1.
  Come, pensive nun, devout and pure,
  Sober, steadfast, and demure,
  All in a robe of darkest grain,
  Flowing with majestic train,
  And sable stole of cypress-lawn,
  Over thy decent shoulders drawn.
  Come, but keep thy wonted state,
  With even step, and musing gait,
  And looks commercing with the skies,
  Thy rapt soul sitting in thine eyes....
  Some still removed place will fit,
  Where glowing embers through the room
  Teach light to counterfeit a gloom;
  Far from all resort of mirth,
  Save the cricket on the earth;
  Or the bellman's drowsy charm,
  To bless the doors from nightly harm.
  Or let my lamp, at midnight hour,
  Be seen in some high lonely tow'r,
  Where I may oft out-watch the Bear,
  With thrice-great Hermes; or unsphere
  The spirit of Plato, to unfold
  What worlds, or what vast regions, hold
  The immortal mind that hath forsook
  Her mansion in this fleshly nook.
      Me, Goddess, bring
  To arched walks of twilight groves,
  And shadows brown, that Sylvan loves,
  Of pine, or monumental oak,
  Where the rude axe, with heaved stroke,
  Was never heard the nymphs to daunt,
  Or fright them from their hallow'd haunt.
  There in close covert by some brook,
  Where no profaner eye may look,
  Hide me from the day garish light.
   But let my due feet never fail
  To walk the studious cloisters pale;
  And love the high embowed roof,
  With antic pillars massy proof,
  And storied windows richly dight,
  Casting a dim religious light.
  There let the pealing organ blow
  To the full-voic'd quire below,
  In service high, and anthems clear,
  As may with sweetness, through mine ear,
  Dissolve me into ecstacies,
  And bring all heav'n before mine eyes.

rempli de cette haute philosophie. Quelle que fût la langue où il écrivît, anglaise, italienne ou latine, quel que fût le genre qu'il touchât, sonnets, hymnes, stances, tragédies ou épopées, il y revenait toujours. Il louait partout l'amour chaste, la piété, la générosité, la force héroïque. Ce n'était point par scrupule, mais par nature ; son besoin et sa faculté dominante le portaient aux conceptions nobles. Il se donnait la joie d'admirer, comme Shakspeare la joie de créer, comme Swift celle de détruire, comme Byron celle de combattre, comme Spenser celle de rêver. Même en des poëmes décoratifs qu'on n'employait que pour étaler des costumes et déployer des féeries, dans des *Masques* comme ceux de Ben Jonson, il imprimait son caractère propre. C'étaient des amusements de château ; il en faisait des enseignements de magnanimité et de constance : l'un d'eux, le *Comus*, largement développé, avec une originalité entière et une élévation de style extraordinaire, est peut-être son chef-d'œuvre, et n'est que l'éloge de la vertu.

Ici du premier élan, nous sommes dans les cieux. Un esprit, descendu au milieu des bois sauvages, prononce cette ode :

Devant le seuil étoilé du palais de Jupiter — est ma demeure, parmi ces formes immortelles, — esprits éthérés, qui vivent lumineux — dans des sphères sereines d'air paisible et pur, — au-dessus de la fumée et du tumulte de ce coin obscur — que les hommes appellent la terre, étable vile — où, encombrés et confinés dans leurs basses pensées, — ils luttent pour conserver une frêle et fiévreuse vie, — oubliant la couronne que la vertu donne, — après les vicissitudes mortelles, à ses vrais serviteurs, — au milieu des dieux trônant sur leurs siéges sacrés [1].

De tels personnages ne peuvent point parler; ils chantent. Le drame est un opéra antique, composé, comme le *Prométhée*, d'hymnes solennelles. Le spectateur est transporté hors du monde réel. Ce ne sont point des hommes qu'il écoute, mais des sentiments. Il assiste à un concert comme dans Shakspeare; le *Comus* continue *le Songe d'une nuit d'été*, comme un chœur viril de voix profondes continue la symphonie ardente et douloureuse des instruments.

« Dans les sentiers embrouillés de cette forêt sour-
« cilleuse, où l'ombre frissonnante menace les pas du
« voyageur perdu, » erre une noble dame, séparée de ses deux frères, troublée par les cris sauvages et par la turbulente joie qu'elle entend dans le lointain. Là-bas, le fils de Circé l'enchanteresse, le sensuel Comus danse et secoue des torches parmi les clameurs des hommes changés en brutes; c'est l'heure[2] « où les

---

[1]. Before the starry threshold of Jove's court
My mansion is, where those immortal shapes
Of bright 'aereal spirits live insphered
In regions mild of calm and serene air,
Above the smoke and stir of this dim spot,
Which men call Earth, and with low-thoughted care
Confin'd, and pestered in this pin-fold here,
Strive to keep up a frail and feverish being,
Unmindful of the crown that Virtue gives
After this mortal change, to her true servants
Amongst the enthron'd gods on sainted seats.

The sounds and seas, with all their finny drove,
Now to the moon in wavering morrice move;
And on the tawny sands and shelves
Trip the pert fairies and the dapper elves.

« lacs et les mers avec leurs troupeaux écailleux
« mènent autour de la lune leurs rondes ondoyantes,
« pendant que sur les sables et les pentes brunies
« sautillent les prestes fées et les nains pétulants. »
Elle s'effraye, elle s'agenouille; et dans les formes
nuageuses qui ondulent là-haut sous la clarté pâle,
elle aperçoit l'Espérance aux blanches mains, la Foi
aux regards purs et la Chasteté, gardiennes mystérieuses et célestes qui veillent sur sa vie et sur son
honneur.

O soyez les bienvenues, Foi aux regards purs, Espérance
aux blanches mains, — ange, qui voles au-dessus de ma tête,
ceint de tes ailes d'or, — et toi, Chasteté sainte, forme sans
tache, — je vous vois clairement, et maintenant je crois —
que lui, le Bien suprême, qui ne souffre les êtres mauvais —
que pour faire d'eux les serviles ministres de sa vengeance, —
enverrait un ange lumineux, s'il le fallait — pour garder ma
vie et mon honneur contre tout assaut. — Me trompé-je? ou
bien est-ce qu'un noir nuage — a tourné sa bordure d'argent
sur la nuit? — Je ne me trompe pas, un noir nuage — a
tourné sa bordure d'argent sur la nuit, — et jette une lueur
entre l'ombre touffue des feuilles [1].

1. At last a soft and solemn breathing sound
    Rose like a steam of rich distilled perfumes,
    And stole upon the air.

    O welcome pure-eyed Faith, white-handed Hope,
    Thou hov'ring angel, girt with golden wings,
    And thou, unblemish'd form of Chastity!
    I see ye visibly, and now believe
    That He, the Supreme Good, to whom all things ill
    Are but as slavish officers of vengeance,
    Would send a glist'ring guardian, if need were,
    To keep my life and honour unassail'd.
    Was I deceiv'd, or did a sable cloud
    Turn forth her silver lining on the night?
    I did not err; there does a sable cloud

Elle appelle ses frères ; « le doux et solennel accent « de sa voix vibrante s'élève comme une vapeur de « riches parfums distillés, et glisse sur l'air dans la « nuit, » au-dessus des vallées « brodées de violettes » jusqu'au Dieu débauché qu'elle transporte d'amour. Il accourt déguisé en prêtre :

Se peut-il qu'un mélange mortel d'argile terrestre — exhale l'enchantement divin de pareils accents ? — Sûrement quelque chose de divin habite dans cette poitrine. — Comme ils flottaient doucement sur les ailes — du silence, à travers la voûte vide de la nuit !... — Souvent j'ai entendu ma mère Circé avec les trois sirènes — au milieu des naïades aux robes de fleurs, — cueillant leurs herbes puissantes et leurs poisons mortels, — emporter par leurs chants l'âme captive — dans le bienheureux Élysée ; Scylla pleurait, — les vagues aboyantes se taisaient attentives, — et la cruelle Charybde murmurait un doux applaudissement.... — Mais un ravissement si sacré et si profond, — une telle volupté de bonheur sans ivresse, — je ne l'ai jamais ressentie ¹.

Ce sont déjà les chants célestes. Milton les décrit, et tout à la fois, il les imite ; il fait comprendre ce mot

        Turn forth her silver lining on the night,
        And casts a gleam over this tufted grove:

1.   Can any mortal mixture of earth's mould
        Breathe such divine enchanting ravishment?
        Sure something holy lodges in that breast,
        And with these raptures moves the vocal air
        To testify his hidden residence :
        How sweetly did they float upon the wings
        Of silence, through the empty vaulted night,
        At every fall smoothing the raven down
        Of darkness, till it smil'd! I have oft heard
        My mother Circe, with the Syrens three,
        Amidst the flowery-kirtled Naïades,
        Culling their potent herbs and baleful drugs,
        Who, as they sung, would take the prison'd soul

de Platon son maître, que les mélodies vertueuses enseignent la vertu.

Le fils de Circé a emmené la noble dame trompée, et l'assied immobile dans un palais somptueux, devant une table exquise ; elle l'accuse, elle résiste, elle l'insulte, et le style prend un accent d'indignation héroïque, pour flétrir l'offre du tentateur.

Quand la débauche, — par des regards impurs, des gestes immodestes et un langage souillé, — mais surtout par l'acte ignoble et prodigue du péché, — laisse entrer l'infamie au plus profond de l'homme, — l'âme cadavéreuse s'infecte par contagion, — ensevelie dans la chair et abrutie, jusqu'à ce qu'elle perde entièrement — le divin caractère de son premier être. — Telles sont les lourdes et humides ombres funèbres — que l'on voit souvent sous les voûtes des charniers et dans les sépulcres, — attardées et assises auprès d'une tombe nouvelle, — comme par regret de quitter le corps qu'elles aimaient[1].

Confondu, il s'arrête, et au même instant les frères

1.
>   And lap it in Elysium : Scylla wept,
>   And chid her barking waves into attention.
>   And fell Charybdis murmur'd soft applause.
>   Yet they in pleasing slumber lull'd the sense,
>   And in sweet madness robb'd it of itself;
>   But such a sacred and home-felt delight,
>   Such sober certainty of waking bliss,
>   I never heard till now.
>
>   But when lust,
>   By unchaste looks, loose gestures, and foul talk,
>   But most by lewd and lavish act of sin,
>   Lets in defilement to the inward parts,
>   The soul grows clotted by contagion,
>   Imbodies and imbrutes till she quite lose
>   The divine property of her first being;
>   Such are these thick and gloomy shadows damp
>   Oft seen in charnel-vaults and sepulchres,
>   Lingering and sitting by a new-made grave,
>   As loathe to leave the body that it loved.

conduits par l'Esprit protecteur se jettent sur lui l'épée nue. Il fuit, emportant sa baguette magique. Pour délivrer la dame enchantée, on appelle Sabrina, la naïade bienfaisante, qui, « assise sous la froide « vague cristalline, noue avec des tresses de lis les « boucles de sa chevelure d'ambre. » Elle s'élève légèrement de son lit de corail, et son char de turquoise et d'émeraude « la pose sur les joncs de la rive, entre « les osiers humides et les roseaux. » Touchée par cette main froide et chaste, la dame sort du siége maudit qui la tenait enchaînée ; les frères avec la sœur règnent paisiblement dans le palais de leur père, et l'Esprit qui a tout conduit prononce cette ode où la poésie conduit à la philosophie, où la voluptueuse lumière d'une légende orientale vient baigner l'Élysée des sages, où toutes les magnificences de la nature s'assemblent pour ajouter une séduction à la vertu :

Je revole maintenant vers l'Océan — et les climats heureux qui s'étendent — là où le jour ne ferme jamais les yeux, — là-haut, dans les larges champs du ciel. — Là je respire l'air limpide — au milieu des riches jardins — d'Hespérus et de ses trois filles — qui chantent autour de l'arbre d'or. — Parmi les ombrages frissonnants et les bois, — folâtre le Printemps joyeux et paré ; — les Grâces et les Heures au sein rose — apportent ici toutes leurs largesses ; — l'Été immortel y habite, — et les vents d'ouest, de leur aile parfumée, — jettent le long des allées de cèdres — la senteur odorante du nard et de la myrrhe. — Là Iris de son arc humide — arrose les rives embaumées où germent — des fleurs de teintes plus mêlées — que n'en peut montrer son écharpe brodée, — et humecte d'une rosée élyséenne — les lits d'hyacinthes et de roses où souvent repose le jeune Adonis — guéri de sa profonde blessure — dans un doux sommeil, pendant qu'à terre — reste assise et triste la reine assyrienne. — Bien au-dessus d'eux, dans une lumière rayonnante, — le divin Amour, son glorieux fils, s'élève — tenant sa chère Psyché ravie en une douce extase. — Mortels qui voulez me suivre, — aimez la vertu, elle seule est libre, — elle seule peut vous apprendre à monter — plus haut que l'harmonie des sphères. — Ou si la vertu était faible, — le ciel lui-même s'inclinerait pour l'aider [1].

Devais-je marquer des maladresses, des bizarreries, des expressions chargées, héritage de la Renaissance,

1.
To the ocean now I fly,
And those happy climes that lie
Where day never shuts his eye,
Up in the broad fields of the sky :
There I suck the liquid air
All amidst the gardens fair
Of Hesperus and his daughters three
That sing about the golden tree :
Along the crisped shades and bowers
Revels the spruce and jocund spring;
The Graces, and the rosy-bosom'd Hours
Thither all their bounties bring;
There eternal summer dwells,
And west-winds, with musky wing,
About the cedar'n alleys fling
Nard and cassia's balmy smells.
Iris there with humid bow
Waters the odorous banks, that blow
Flowers of more mingled hue
Than her purfled scarf can shew;
And drenches with Elysian dew
(List, mortals, if your ears be true)
Beds of hyacinth and roses,
Where young Adonis oft reposes,
Waxing well of his deep wound
In slumber soft, and on the ground
Sadly sits the Assyrian queen :
But far above in spangled sheen
Celestial Cupid, her fam'd son, advanc'd,
Holds his dear Psyche sweet entranc'd
After her wandering labours long,
Till free consent the gods among
Make her his eternal bride,

une dispute philosophique, œuvre du raisonneur et du Platonicien? Je n'ai point senti ces fautes. Tout s'effaçait devant le spectacle de la Renaissance riante, transformée par la philosophie austère, et du sublime adoré sur un autel de fleurs.

Ce fut là, je crois, son dernier poëme profane. Déjà, dans celui qui suit, Lycidas, en célébrant, à la façon de Virgile, la mort d'un ami bien-aimé[1], il laisse percer les colères et les préoccupations puritaines, invective contre la mauvaise doctrine et la tyrannie des évêques, et parle déjà « du glaive à deux mains qui attend à la porte prêt à frapper un coup pour ne frapper qu'un coup. » Dès son retour d'Italie la controverse et l'action l'emportent; la prose commence, la poésie s'arrête. De loin en loin un sonnet patriotique ou religieux vient rompre ce long silence; tantôt pour louer les chefs puritains, Cromwell, Vane, Fairfax, tantôt pour honorer la mort d'une pieuse amie, ou la vie « d'une vertueuse jeune dame; » une fois pour

> And from her fair unspotted side
> Two blissful twins are to be born,
> Youth and Joy; so Jove hath sworn.
>   But now my task is smoothly done,
> I can fly, or I can run,
> Quickly to the green earth's end,
> Where the bow'd welkin slow doth bend;
> And from thence can soar as soon
> To the corners of the moon.
>   Mortals, that would follow me,
> Love Virtue; she alone is free:
> She can teach ye how to climb
> Higher than the sphery chime;
> Or if Virtue feeble were,
> Heaven itself would stoop to her.

1. Edward King, 1637.

demander à Dieu « la vengeance de ses saints égorgés, » des malheureux protestants du Piémont, « dont les os gisent épars sur les froids versants des Alpes ; » une autre fois sur sa seconde femme, morte au bout d'un an de mariage, « sa sainte » bien-aimée, qui lui est apparue en songe « comme Alceste ramenée du tombeau, avec un long vêtement blanc, pur comme son âme : » loyales amitiés, douleurs acceptées ou domptées, aspirations généreuses ou stoïques, que les revers ne firent qu'épurer. L'âge est venu ; exclu du pouvoir, de l'action, même de l'espérance, il revient aux grands rêves de sa jeunesse. Comme autrefois, il va chercher le sublime hors de ce bas monde, parce que ce qui est réel est petit et que ce qui est familier paraît plat. Il recule ses nouveaux personnages jusqu'à l'extrémité de l'antiquité sacrée, comme il a reculé ses anciens personnages jusqu'à l'extrémité de l'antiquité fabuleuse, parce que la distance ajoute à leur taille, et que l'habitude cessant de les mesurer cesse de les avilir. Tout à l'heure apparaissaient les êtres fantastiques, la Joie fille du Zéphir et de l'Aurore, la Mélancolie fille de Vesta et de Saturne, le fils de Circé, Comus, couronné de lierre, dieu des bois retentissants et de l'orgie tumultueuse. Maintenant Samson, le contempteur des géants, l'élu du Dieu fort, l'exterminateur des idolâtres, Satan et ses pairs, le Christ et ses anges, vont se lever devant nos yeux comme des statues surhumaines, et l'éloignement frustrant nos mains curieuses préservera notre admiration et leur majesté. Montons plus loin et plus haut, à l'origine des choses, parmi les êtres éternels, jusqu'aux commencements de la pensée et de la vie, jusqu'aux combats de Dieu, dans ce monde inconnu où les sentiments et les êtres, élevés au-dessus de la portée de l'homme, échappent à son jugement et à sa critique pour commander sa vénération et sa terreur; que le chant soutenu des vers solennels déploie les actions de ces vagues figures, nous éprouverons la même émotion que dans une cathédrale quand l'orgue prolonge ses roulements sous les arches, et qu'à travers l'illumination des cierges les nuages d'encens brouillent les formes colossales des piliers.

Mais si le cœur est resté le même, le génie s'est transformé. La virilité a pris la place de la jeunesse. La richesse est devenue moindre, et la sévérité plus grande. Dix-sept années de combats et de malheurs ont enfoncé cette âme dans les idées religieuses. La mythologie a fait place à la théologie; l'habitude de la dissertation a fini par abaisser l'essor lyrique; l'érudition accrue a fini par surcharger le génie original. Le poëte ne chante plus en vers sublimes, il raconte ou harangue en vers graves. Il n'invente plus un genre personnel, il imite la tragédie ou l'épopée antique. Il rencontre dans *Samson* une tragédie froide et haute, dans *le Paradis regagné* une épopée froide et noble, et compose un poëme imparfait et sublime, *le Paradis perdu*.

Plût à Dieu qu'il eût pu l'écrire, comme il l'essaya, en façon de drame, ou mieux, comme le *Prométhée* d'Eschyle, en forme d'opéra lyrique! Il y a tel sujet qui commande tel style : si vous résistez, vous détruisez votre œuvre, trop heureux quand, dans l'ensemble déformé, le hasard produit et conserve de beaux morceaux. Pour mettre en scène le surnaturel, il ne faut point rester dans son assiette ordinaire; vous avez l'air de ne point croire, si vous y restez. C'est la vision qui le révèle, et c'est le style de la vision qui doit l'exprimer. Quand Spenser écrit, il rêve. Nous écoutons les concerts bienheureux de sa musique aérienne, et le cortége changeant de ses apparitions fantastiques se déroule comme une vapeur devant nos yeux complaisants et éblouis. Quand Dante écrit, il est halluciné, et ses cris d'angoisse, ses ravissements, l'incohérente succession de ses fantômes infernaux ou mystiques, nous transportent avec lui dans le monde invisible qu'il décrit. L'extase seule rend visibles et croyables les objets de l'extase. Si vous nous racontez les exploits de Dieu comme ceux de Cromwell, d'un ton soutenu et grave, nous n'apercevons point Dieu, et comme il fait toute votre œuvre, nous n'apercevons rien du tout. Nous jugeons que vous avez accepté une tradition, que vous l'ornez de fictions réfléchies, que vous êtes un prédicateur, non un prophète, un décorateur, non un poëte. Nous découvrons que vous chantez Dieu comme le vulgaire le prie, suivant une formule apprise, non par un tressaillement spontané. Changez de style, ou plutôt, si vous le pouvez, changez d'émotion. Tâchez de retrouver en vous-même l'antique exaltation des psalmistes et des apôtres, de recréer la divine légende, de ressentir l'ébranlement sublime par lequel l'esprit inspiré et désorganisé aperçoit Dieu; au même instant, le grand vers lyrique roulera chargé de magnificences; ainsi troublés, nous n'examinerons point si c'est Adam ou le Messie qui parle; nous n'exigerons point qu'ils soient réels et construits par une main de psychologue, nous ne nous soucierons point de leurs actions puériles ou étranges; nous serons jetés hors de nous-mêmes, nous participerons à votre déraison créatrice; nous serons entraînés par le flot des images téméraires ou soulevés par l'entassement des métaphores gigantesques; nous serons troublés comme Eschyle, lorsque son Prométhée foudroyé entend l'universel concert des fleuves, des mers, des forêts et des créatures qui le pleurent, comme David devant Jéhovah, « qui emporte mille ans ainsi qu'un torrent d'eau, pour qui les âges sont une herbe fleurie le matin et séchée le soir. »

Mais le siècle de l'inspiration métaphysique, écoulé depuis longtemps, n'avait point reparu encore. Bien loin dans le passé disparaissait Dante; bien loin dans l'avenir s'enfonçait Goethe. On n'apercevait point encore le Faust panthéiste et la vague Nature qui engloutit les êtres changeants dans son sein profond; on n'apercevait plus le paradis mystique et l'immortel Amour dont la lumière idéale baigne les âmes rachetées. Le protestantisme n'avait ni altéré ni renouvelé la nature divine; conservateur du symbole accepté et de l'ancienne légende, il n'avait transformé que là discipline ecclésiastique et le dogme de la grâce. Il n'avait appelé le chrétien qu'au salut personnel et à la liberté laïque. Il n'avait que refondu l'homme, il n'avait point recréé Dieu. Ce n'était point une épopée divine qu'il pouvait produire, mais une épopée humaine. Ce n'était point les combats et les œuvres du Seigneur qu'il pouvait chanter, mais les tentations et le salut de l'âme. Au temps du Christ jaillissaient les poëmes cosmogoniques; au temps de Milton jaillissaient les confessions psychologiques. Au temps du Christ, chaque imagination produisait une hiérarchie d'êtres surnaturels et une histoire du monde; au temps de Milton, chaque cœur racontait la suite de ses tressaillements et l'histoire de la grâce. L'érudition et la réflexion jetèrent Milton dans un poëme métaphysique qui n'était point de son siècle, pendant que l'inspiration et l'ignorance révélaient à Bunyan le récit psychologique qui convenait à son siècle, et le génie du grand homme se trouva plus faible que la naïveté du chaudronnier.

C'est que son poëme, ayant supprimé l'illusion lyrique, laisse entrer l'examen critique. Libres d'enthousiasme, nous jugeons ses personnages; nous exigeons qu'ils soient vivants, réels, complets, d'accord avec eux-mêmes, comme ceux d'un roman ou d'un drame. N'écoutant plus des odes, nous voulons voir des objets et des âmes : nous demandons qu'Ève et Adam agissent et sentent conformément à leur nature primitive, que Dieu, Satan et le Messie agissent et sentent conformément à leur nature surhumaine. A cette tâche, Shakspeare suffirait à peine ; Milton, logicien et raisonneur, y succombe. Il fait des discours corrects, solennels, et ne fait rien de plus ; ses personnages sont des harangues, et dans leurs sentiments on ne trouve que des monceaux de puérilités et de contradictions.

Ève et Adam, le premier couple ! J'approche, et je crois trouver l'Ève et l'Adam de Raphaël, imités par Milton, disent les biographes, superbes enfants, vigoureux et voluptueux, nus sous la lumière, immobiles et occupés devant les grands paysages, l'œil luisant et vague, sans plus de pensée que le taureau ou la cavale couchés sur l'herbe auprès d'eux. J'écoute, et j'entends un ménage anglais, deux raisonneurs du temps, le colonel Hutchinson et sa femme. Bon Dieu ! habillez-les bien vite. Des gens si cultivés auraient inventé avant toute chose les culottes et la pudeur. Quels dialogues ! Des dissertations achevées par des gracieusetés, des sermons réciproques terminés par des révérences. Quelles révérences ! Des compliments philosophiques et des sourires moraux. « Je cédai, dit Ève, et depuis ce temps-là
« je sens combien la beauté est surpassée par la
« grâce virile et par la sagesse, qui seule est véri-
« tablement belle ! » Cher et savant poëte, vous eussiez été satisfait si quelqu'une de vos trois femmes, bonne écolière, vous eût débité en manière de conclusion cette solide maxime théorique. Elles vous l'ont débitée ; voici une scène de votre ménage :

« Ainsi parla la mère du genre humain, et avec
« des regards pleins d'un charme conjugal non re-
« poussé, dans un doux abandon, elle s'appuie,
« embrassant à demi notre premier père; lui, ravi
« de sa beauté et de ses charmes soumis, sourit avec
« un amour digne, et presse sa lèvre matronale d'un
« pur baiser[1]. » Cet Adam a passé par l'Angleterre
avant d'entrer dans le paradis terrestre. Il y a appris la *respectability* et il y a étudié la tirade morale. Écoutons cet homme qui n'a pas encore goûté à l'arbre de la science. Un bachelier, dans son discours de réception, ne prononcerait pas mieux et plus noblement un plus grand nombre de sentences vides. « Ma belle compagne, l'heure de la nuit et
« toutes les créatures retirées à présent dans le som-
« meil nous avertissent d'aller prendre un repos
« pareil, puisque Dieu a établi pour les hommes le
« retour alternatif du repos et du travail, comme de
« la nuit et du jour, et que la rosée opportune du
« sommeil, par sa douce et assoupissante pesanteur,

---

[1]
```
            " And from that time see,
How beauty is excell'd by manly grace,
And wisdom, which alone is truly fair."
So spoke our general mother, and with eyes
Of conjugal attraction unreproved,
And meek surrender, half-embracing lean'd
On our first father; half her swelling breast
Naked met his, under the flowing gold
Of his loose tresses hid; he in delight
Both of her beauty and submissive charms
Smiled with superior love....
            And press'd her matron lip
With kisses pure.
                                    (Liv. IV.)
```

« abaisse maintenant nos paupières. Les autres créa-
« tures, tout le long du jour, vivent oisives, sans
« emploi, et ont moins besoin de repos. L'homme a
« son travail journalier de corps et de pensée, insti-
« tué d'en haut, qui déclare sa dignité et le souci
« du ciel sur toutes ses voies, pendant que les autres
« êtres vaguent inoccupés sans que Dieu leur de-
« mande aucun compte de leurs actions[1]. » Très-
utile et très-excellente exhortation puritaine! Voilà
de la vertu et de la morale anglaises, et chaque famille, le soir, pourra la lire en guise de Bible à ses
enfants. Adam est le vrai chef de famille, électeur,
député à la chambre des communes, ancien étudiant
d'Oxford, consulté au besoin par sa femme, et lui
versant d'une main prudente les solutions scientifiques dont elle a besoin. Cette nuit, par exemple, la
pauvrette a fait un mauvais rêve, et Adam, en bonnet
carré, lui administre cette docte potion psychologique[2] : « Sache que dans l'âme il y a beaucoup de

---

1.   Fair consort, the hour
Of night and all things now retired to rest
Mind us of like repose; since God hath set
Labour and rest, as day and night, to men
Successive; and the timely dew of sleep,
Now falling with soft slumbrous weight, inclines
Our eyelids. Other creatures all day long
Rove idle, unemployed, and less need rest.
Man hath his daily work of body or mind
Appointed, which declares his dignity
And the regard of Heaven on all his ways,
While other animals inactive range,
And of their doings God takes no account.
                                    (*Ibid.*)

2. Impossible qu'un homme si docte, si raisonneur, s'emploie pour toute occupation à jardiner, à arranger des bouquets.

« facultés inférieures qui servent la Raison comme
« leur souveraine. Parmi celles-ci, l'Imagination
« tient le principal office ; avec toutes les choses
« extérieures que les sens représentent, elle crée des
« formes aériennes que la Raison assemble ou sé-
« pare, et dont elle compose tout ce que nous affir-
« mons ou nions. Souvent en son absence l'Imagi-
« nation, qui tâche de la contrefaire, veille pour
« l'imiter ; mais, assemblant mal ces formes, elle ne
« produit souvent qu'une œuvre incohérente, prin-
« cipalement en songe, par un mélange bizarre de
« paroles et d'actions présentes ou passées[1]. » —
Il y a de quoi rendormir la pauvre Ève. Son mari,
voyant cet effet, ajoute en casuiste accrédité : « Ne
« sois pas triste ; le mal peut entrer et passer dans
« l'esprit de Dieu et de l'homme sans leur aveu, et
« sans laisser aucune tache ou faute derrière lui. »
On reconnaît l'époux protestant confesseur de sa
femme. Le lendemain arrive un ange en visite. Adam

---

[1]   Know that in the soul
Are many lesser faculties, that serve
Reason as chief ; among these Fancy next
Her office holds ; of all external things,
Which the five watchful senses represent,
She forms imaginations, aery shapes,
Which Reason joining or disjoining, frames
All what we affirm or we deny, and call
Our knowledge and opinion....
Oft in her absence, mimic Fancy wakes
To imitate her ; but, misjoining shapes,
Wild work produces oft, and most in dreams,
Ill matching words and deeds long past or late.
                  Yet be not sad.
Evil into the mind of God or man
May come and go, so unapproved, and leave
No spot or blame behind.
                          (Liv. V.)

CHAPITRE VI. MILTON.

dit à Ève d'aller à la provision[1] : elle discute un instant le menu en bonne ménagère, un peu fière de son potager. « Il confessera que sur la terre Dieu a « répandu ses largesses autant que dans le ciel[2]. » Voyez ce joli zèle d'une lady hospitalière. « Elle part « avec des regards empressés, en toute hâte. Comment « faire le choix le plus délicat? Avec quel ordre in- « dustrieux, pour éviter la confusion des goûts, pour « ne pas les mal assortir, pour qu'une saveur suive « une saveur relevée par le plus heureux contraste? » Elle fabrique du vin doux, du poiré, des crèmes, répand des fleurs et des feuilles sous la table. La bonne ménagère! Et comme elle gagnera des voix parmi les squires de campagne, quand Adam se présentera pour le Parlement! Adam est de l'opposition, whig, puritain. « Il va au-devant de l'ange sans autre cor- « tége que ses propres perfections, portant en lui- « même toute sa cour, plus solennelle que l'en- « nuyeuse pompe des princes, avec la longue file de « leurs chevaux superbes et de leurs valets chamar-

1. Go with speed,
And what thy stores contain bring forth and pour
Abundance, fit to honour and receive
Our heavenly stranger.

2. He
Beholding shall confess, that here on Earth
God has dispensed his bounties as in Heaven....
What choice to choose for delicacy best,
What order so contrived as not to mix
Tastes not well join'd, inelegant, but bring
Taste after taste upheld with kindliest change?
.... For drink the grape
She crushes, inoffensive must, and meaths
From many a berry, and from sweet kernels press'd
She tempers dulcet creams.

« rés d'or[1]. » Le poëme épique se trouve changé en un poëme politique, et nous venons d'écouter une épigramme contre le pouvoir. Les salutations sont un peu longues ; heureusement, les mets étant crus, « il n'y a point de danger que le dîner refroidisse. » L'ange, quoique éthéré, mange comme un fermier du Lincolnshire, « non pas en apparence, ni en fu-
« mée, selon la vulgaire glose des théologiens, mais
« avec la vive hâte d'une faim réelle et une chaleur
« concoctive pour assimiler la nourriture, le sur-
« plus transpirant aisément à travers sa substance
« spirituelle[2]. » A table, Ève écoute les histoires de l'ange, puis discrètement elle s'en va au dessert, quand on va parler politique. Les dames anglaises apprendront par son exemple à reconnaître sur le visage de leur mari « quand il va aborder d'ab-
struses pensées studieuses. » Leur sexe ne monte pas si haut. Une femme sage, aux explications d'un étranger, « préfère les explications de son mari. » Cependant Adam écoute un petit cours d'astrono-
mie : il finit par conclure, en Anglais pratique, « que la première sagesse est de connaître les objets

---

1.   Adam.... walks forth, without more train
Accompanied than with his own complete
Perfection, in himself was all his state....

2.   No fear lest dinner cool.,...
So down they sat,
And to their viands fell; not seemingly
The Angel, nor in mist, the common glose
Of theologians, but with keen dispatch
Of real hunger, and concoctive heat
To transsubstantiate. What redounds transpires
Through spirits, with ease....

« qui nous environnent dans la vie journalière, que
« le reste est fumée vide, pure extravagance, et nous
« rend, dans les choses qui nous importent le
« plus, inexpérimentés, inhabiles et toujours in-
« certains[1]. »

L'ange parti, Ève, mécontente de son jardin, veut y faire des réformes, et propose à son mari d'y travailler, elle d'un côté, lui d'un autre. « Ève, dit-il
« avec un sourire d'approbation, rien ne pare mieux
« une femme que de songer aux biens de la maison,
« et de pousser son mari à un bon travail[2]. » Mais il craint pour elle, et voudrait la garder à son côté. Elle se mutine avec une petite pique de vanité fière, comme une jeune miss qu'on ne voudrait pas laisser sortir seule. Elle l'emporte, part et mange la pomme.

1. So spake our Sire, and by his countenance seem'd
Entering on studious thought abstruse; which Eve
Perceiving, where she sat retired in sight,
With lowliness majestic from her seat,
And grace that won who saw to wish her stay,
Rose, and went forth among her fruits and flowers....
Her nursery....
Her husband the relater she preferr'd....
« But apt the mind or fancy is to rove
Unchecked, and of her roving is no end,
Till warn'd or by experience taught, she learn
That, not to know at large of things remote
From us, obscure and subtle, but to know
That which before us lies in daily life,
Is the prime wisdom. What is more is fume,
Or emptiness, or fond impertinence,
And renders us, in things that most concern,
Unpractised, unprepared, and still to seek. »
(Liv. VIII.)

2. Nothing lovelier can be found,
In woman, as to study household good,
And good works in her husband to promote.
(Liv. IX.)

C'est à ce moment que les discours interminables fondent sur le lecteur, aussi nombreux et aussi froids que des douches de pluie en hiver. Les harangues du Parlement *purgé* par Cromwell ne sont guère plus lourdes. Le serpent séduit Ève par une collection d'enthymèmes dignes du scrupuleux Chillingworth, et là-dessus la fumée syllogistique monte dans cette pauvre tête. « La défense de Dieu, se dit-elle, recom-
« mande encore ce fruit, puisqu'elle infère le bien
« qu'il communique et notre besoin ; car un bien
« inconnu certes n'est pas possédé, ou s'il est pos-
« sédé et encore inconnu, c'est comme s'il n'était
« point possédé du tout. *De telles prohibitions ne lient
« point*[1]. » Ève sort d'Oxford, elle a appris la loi dans les auberges du Temple, et porte, aussi bien que son mari, le bonnet de docteur.

Le flot des dissertations ne s'arrête pas ; du paradis, il monte dans l'empyrée : ni le ciel ni la terre, ni l'enfer lui-même ne suffiront à le réprimer.

De tous les personnages que l'homme puisse mettre en scène, Dieu est le plus beau. Les cosmogonies des peuples sont de sublimes poëmes, et le génie des artistes n'atteint son comble que lorsqu'il est soutenu par de telles conceptions. Les poëmes sacrés des Hindous, les prophéties de la Bible, l'Edda, l'Olympe

---

1.   His forbidding
Commends thee more, while it infers the good
By thee communicated and our want;
For good unknown is sure not had ; or, had,
And yet unknown, is as not had at all....
Such prohibitions bind not.
                                    (Liv. IX.)

d'Hésiode et d'Homère, les visions de Dante sont des fleurs rayonnantes où brille concentrée une civilisation entière, et toute émotion disparaît devant la sensation foudroyante par laquelle elles ont jailli du plus profond de notre cœur. Aussi rien de plus triste que la dégradation de ces nobles idées, tombées dans la régularité des formules et sous la discipline du culte populaire. Rien de plus petit qu'un Dieu rabaissé jusqu'à n'être qu'un roi et qu'un homme; rien de plus laid que le Jéhovah hébraïque, défini par la pédanterie théologique, réglé dans ses actions d'après le dernier manuel du dogme, pétrifié par l'interprétation littérale, étiqueté comme une pièce vénérable dans un musée d'antiquités.

Le Jéhovah de Milton est un roi grave qui représente convenablement, à peu près comme Charles Ier. La première fois qu'on le rencontre, au troisième livre, il est au conseil, et expose une affaire. Au style, on aperçoit sa belle robe fourrée, sa barbe en pointe par Van-Dyck, son fauteuil de velours et son dais doré. Il s'agit d'une loi qui a de mauvais effets, et sur laquelle il veut justifier son gouvernement. Adam va manger la pomme; pourquoi avoir exposé Adam à la tentation? Le royal orateur disserte et démontre. « Adam est capable de se soutenir, quoique libre de tomber. Tels j'ai créé tous les pouvoirs éthéréens, tous les esprits, ceux qui se sont soutenus et ceux qui sont tombés. Librement les uns se sont soutenus, librement les autres sont tombés. Sans cette liberté, quelle preuve sincère eussent-ils pu donner de leur vraie obéissance, de leur constante foi, de leur amour, si l'on n'avait vu d'eux que des actions forcées et point d'actions voulues? Quel éloge auraient-ils pu recevoir? Quel plaisir aurais-je retiré d'une obéissance ainsi payée, si la volonté et la raison (la raison aussi est choix), inutiles et vaines, toutes deux dépouillées de liberté, toutes deux rendues passives, eussent servi la nécessité et non pas moi? Ils ont donc été créés dans l'état que demandait l'équité, et ne peuvent justement accuser leur créateur, ni leur nature, ni leur destinée, comme si la prédestination maîtrisait leur volonté fixée par un décret absolu ou par une prescience supérieure; ils ont eux-mêmes décrété leur propre révolte; je n'y ai point part. Si je l'ai prévue, la prescience n'a point d'influence sur leur faute, qui, non prévue, n'eût pas été moins certaine.... Ainsi, sans la moindre impulsion, sans la moindre apparence de fatalité, sans qu'il y ait rien de prévu par moi immuablement, ils pèchent, auteurs en toutes choses, soit qu'ils jugent, soit qu'ils choisissent[1]. » Le lecteur moderne n'est pas si patient que les Trônes, les Séraphins et les Dominations;

---

1. I made him just and right,
Sufficient to have stood, though free to fall.
Such I created all the etherial powers
And spirits, both them who stood and them who fail'd....
Not free, what proof would had they given sincere
Of true allegiance, constant faith, or love,
Where only what they needs must do appeared,
Not what they would? What praise could they receive?
What pleasure I from such obedience paid,
When will and reason (reason also is choice)

c'est pourquoi j'arrête à moitié la harangue royale. On voit que le Jéhovah de Milton est fils du théologien Jacques Ier, très-versé dans les disputes des arminiens et des gomaristes, très-habile sur le *distinguo*, et par-dessus tout incomparablement ennuyeux. Pour faire écouter de telles tirades, il doit donner de gros traitements à ses conseillers d'État. Son fils, le prince de Galles, lui répond respectueusement du même style. Combien le Dieu de Goethe, demi-abstraction, demi-légende, source d'oracles sereins, vision entrevue sur une pyramide de strophes extatiques[1], rabaisse ce Dieu homme d'affaires, homme d'école et homme d'apparat! Je lui fais trop d'honneur en lui accordant ces titres. Il en mérite un pire quand il envoie Raphaël avertir Adam que Satan lui veut du mal. « Qu'il sache cela, dit-il, de peur que, transgressant volontairement, il ne prenne pour prétexte la surprise, n'ayant

> Useless and vain, of freedom both despoil'd,
> Made passive both, had served necessity,
> Not me? They therefore, as to right belong'd,
> So were created, nor can justly accuse
> Their Maker, or their making, or their fate,
> As if predestination over-ruled
> Their will disposed by absolute decree
> Or high foreknowledge. They themselves decreed
> Their own revolt, not I. If I foreknew,
> Foreknowledge had no influence on their fault,
> Who had no less proved certain unforeknown.
> So without least impulse or shadow of fate,
> Or aught by me immutably foreseen,
> They trespass, authors to themselves in all
> Both what they judge and choose.
>   (Liv. III.)

1. Fin du deuxième Faust. — Prologue dans le ciel.

été ni éclairé, ni prévenu¹ ! » Ce Dieu n'est qu'un maître d'école qui, prévoyant le solécisme de son élève, lui rappelle d'avance la règle de la grammaire, pour avoir le plaisir de le gronder sans discussion. Du reste, en bon politique, il avait un second motif, le même que pour ses anges : c'était « par pompe, à « titre de roi suprême, pour accompagner ses hauts « décrets et façonner notre prompte obéissance². » Le mot est lâché. On voit ce qu'est le ciel de Milton : un Whitehall de valets brodés. Les anges sont des musiciens de chapelle, ayant pour métier de chanter des cantates sur le roi et devant le roi, « gardant leur place tant que dure leur obéissance, » se relayant pour faire de la musique toute la nuit autour de son alcôve³. Quelle vie pour ce pauvre roi ! et quelle cruelle condition que de subir pendant toute l'éternité ses propres louanges⁴ ! Pour se distraire, le Dieu de Milton se décide à couronner roi, *king-partner*, si l'on veut, son fils. Relisez le passage, et dites s'il

---

1. This let him know,
Lest, wilfully transgressing, he pretend
Surprisal, unadmonish'd, unforewarn'd.
(Liv. V.)

2. But us he sends upon his high behests
For state, as sovran king; and to inure
Our prompt obedience....
Glad we return'd up to the coasts of light
Ere Sabbath-evening. So we had in charge.
(Liv. VIII.)

3. Those who
Melodious hymns, about the sovran throne,
Alternate all night long.

4. Cela fait penser à l'histoire d'Irax, dans Voltaire, condamné à

ne s'agit pas d'une cérémonie du temps. Toutes les troupes sont sous les armes, chacun à son rang, « portant blasonnés sur leurs étendards des actes de zèle et de fidélité, » sans doute la prise d'un vaisseau hollandais, la défaite des Espagnols aux Dunes. Le roi présente son fils, « l'oint, » le déclare « son vice-gérant. » « Que tous les genoux plient devant lui; quiconque lui désobéit me désobéit, » et ce jour-là même est chassé du palais. — « Tout le monde parut satisfait, mais tout le monde ne l'était pas[1]. » Néanmoins « ils passèrent le jour en chants, en danses, puis de la danse passèrent à un doux repas. » Milton décrit les tables, les mets, le vin, les coupes. C'est une fête populaire; je regrette de n'y point trouver les feux de joie, les cloches qui sonnent comme à Lon-

---

souffrir sans trêve et sans fin les éloges de quatre chambellans, et cette cantate :

> Que son mérite est extrême !
> Que de grâces, que de grandeur !
> Ah! combien monseigneur
> Doit être content de lui-même !

1. Ten thousand thousand ensigns high advanced,...
                    And for distinction serve
Of hierarchies, of order, and degree,
Or in their glittering tissues bear emblazed
Holy memorials, acts of zeal and love
Recorded eminent....
                    To him shall bow
All knees in Heaven; him who disobeys
Me disobeys....
All seem'd well pleased; all seem'd, but were not all.
That day, as other solemn days, they spent
In song and dance about the sacred hill....
Forthwith from dance to sweet repast they turn
Desirous; all in circles as they stood
Tables are set.
                                        (Liv. V.)

dres, et j'imagine qu'on y but à la santé du nouveau roi. Là-dessus Satan fait défection : il emmène ses troupes à l'autre bout du pays, comme Lambert ou Monk, « dans les quartiers du nord, » probablement en Écosse, traversant des régions bien administrées, « des empires » avec leurs shérifs et leurs lords lieutenants. Le ciel est divisé comme une bonne carte de géographie. Satan disserte devant ses officiers contre la royauté, lutte dans un tournoi de harangues contre Abdiel, bon royaliste qui réfute « ses arguments blasphématoires, » et s'en va rejoindre son prince à Oxford. Bien armé, le rebelle se met en marche avec ses piquiers et ses artilleurs pour attaquer la place forte de Dieu[1]. Les deux partis se taillent à coups d'épée, se jettent par terre à coups de canon, s'assomment de raisonnements politiques[2]. Ces tristes anges ont l'esprit aussi discipliné que les membres ; ils ont passé leur jeunesse à l'école du syllogisme et à l'école de peloton. Satan a des paroles de prédicant : « Dieu a failli, dit-il ; donc, quoique nous l'ayons jusqu'ici jugé omniscient, il n'est pas infaillible dans la connaissance de l'avenir. » Il a des paroles de caporal in-

---

1. Dieu est si bien rabaissé jusqu'à la condition de roi et d'homme, qu'il dit (à la vérité ironiquement) des vers comme ceux-ci :

« Lest unawary we lose
This place, our sanctuary, our hill. »

Son fils, un jeune chevalier qui va faire ses premières armes, lui répond :

If I be found the worst in heaven, etc.

2. O argument blasphemous, and proud.

structeur : « Avant-garde, ouvrez votre front à droite et à gauche! » Il fait des calembours aussi lourds que ceux d'un Harrison, ancien boucher devenu officier[1]. Quel ciel! Il y a de quoi dégoûter du paradis; autant vaudrait entrer dans le corps des laquais de Charles Ier ou dans le corps des cuirassiers de Cromwell. On y trouve des ordres du jour, une hiérarchie, une soumission exacte, des corvées[2], des disputes, des cérémonies réglées, des prosternements, une étiquette, des armes fourbies, des arsenaux, des dépôts de chariots et de munitions. Était-ce la peine de quitter la terre pour retrouver là-haut la charronnerie, la maçonnerie, l'artillerie, le manuel administratif, l'art de saluer et l'almanach royal? Sont-ce là « les choses que l'œil n'a point vues, que l'oreille n'a point entendues, que le cœur n'a point rêvées? » Qu'il y a loin de cette friperie monarchique[3] aux apparitions

---

1. Vanguard, to right and left the front unfold....
Leader, the terms we sent were terms of weight,
Of hard contents, and full of force urged home....
Who receives them right
Has need from head to foot well understand.
(Liv. VI.)

2. Par exemple celle de Raphaël aux portes de l'enfer. Il s'ennuya fort, et fut « très-joyeux » de revenir au ciel.

3. Quand Raphaël descend sur la terre, les anges qui montent la garde autour du paradis lui présentent les armes.

Le trait désagréable et marquant de ce paradis, c'est que le moteur universel y est l'obéissance, tandis que chez Dante c'est l'amour.

Lowly reverent
They bow....
Our happy state
Hold, like yours, while our obedience holds.

de Dante, aux âmes qui flottent parmi des chants comme des étoiles, aux lueurs qui se confondent, aux roses mystiques qui rayonnent et disparaissent dans l'azur, au monde impalpable où toutes les lois de la vie terrestre s'anéantissent, insondable abîme traversé de visions fugitives, pareilles aux abeilles dorées qui glissent dans la gerbe du profond soleil! N'est-ce pas un signe de l'imagination éteinte, de la prose commencée, du génie pratique qui naît et remplace la métaphysique par la morale? Quelle chute! Pour la mesurer, relisez un vrai poëme chrétien, l'Apocalypse. J'en copie dix lignes; jugez de ce qu'il est devenu dans l'imitateur :

Alors je me tournai pour voir d'où venait la voix qui me parlait, et m'étant tourné, je vis sept chandeliers d'or;

Et au milieu des sept chandeliers quelqu'un qui ressemblait au Fils de l'homme, vêtu d'une longue robe et ceint sur la poitrine d'une ceinture d'or.

Sa tête et ses cheveux étaient blancs comme de la laine blanche et comme la neige, et ses yeux étaient comme une flamme de feu.

Ses pieds étaient semblables à l'airain le plus fin qui serait dans une fournaise ardente, et sa voix était comme le bruit des grandes eaux.

Il avait dans sa main droite sept étoiles; une épée aiguë à deux tranchants sortait de sa bouche, et son visage resplendissait comme le soleil quand il luit dans sa force.

Dès que je l'eus vu, je tombai à ses pieds comme mort.

Quand Milton arrangeait sa parade céleste, il n'est pas tombé mort.

Mais si les habitudes innées et invétérées d'argumentation logique, jointes à la théologie littérale du temps, l'ont empêché d'atteindre à l'illusion lyrique ou de créer des âmes vivantes, la magnificence de son imagination grandiose, jointe aux passions puritaines, lui a fourni un personnage héroïque, plusieurs hymnes sublimes et des paysages que personne n'a surpassés. Ce qu'il y a de plus beau dans ce paradis, c'est l'enfer, et dans cette histoire de Dieu le premier rôle est au diable. Ce diable ridicule au moyen âge, enchanteur cornu, sale farceur, singe trivial et méchant, chef d'orchestre dans un sabbat de vieilles femmes, est devenu un géant et un héros. Comme un Cromwell vaincu et banni, il reste admiré et obéi par ceux qu'il a précipités dans l'abîme. S'il demeure maître, c'est qu'il en est digne ; plus ferme, plus entreprenant, plus politique que les autres, c'est toujours de lui que partent les conseils profonds, les ressources inattendues, les actions courageuses. C'est lui qui dans le ciel a inventé les armes foudroyantes et gagné la victoire du second jour ; c'est lui qui dans l'enfer a relevé ses troupes prosternées et conçu la perdition de l'homme ; c'est lui qui, franchissant les portes gardées et le chaos infini parmi tant de dangers et à travers tant d'obstacles, a révolté l'homme contre Dieu et gagné à l'enfer le peuple entier des nouveaux vivants. Quoique défait, il l'emporte, puisqu'il a ravi au monarque d'en haut le tiers de ses anges et presque tous les fils de son Adam. Quoique blessé, il triomphe, puisque le tonnerre, qui a brisé sa tête, a laissé son cœur invincible. Quoique plus faible en force, il reste supérieur en noblesse, puisqu'il préfère l'indépendance souffrante à la servilité heureuse, et qu'il embrasse sa défaite et ses tortures comme une gloire, comme une liberté et comme un bonheur. Ce sont là les fières et sombres passions politiques des puritains constants et abattus; Milton les avait ressenties dans les vicissitudes de la guerre, et les émigrants réfugiés parmi les panthères et les sauvages de l'Amérique les trouvaient vivantes et dressées au plus profond de leur cœur.

Est-ce la région, le sol, le climat — que nous devons échanger contre le ciel? cette obscurité morne — contre cette splendeur céleste? Soit fait! puisque celui — qui maintenant est souverain peut faire et ordonner à son gré — ce qui sera juste. Le plus loin de lui est le mieux; — la raison l'a fait notre égal, c'est la force — qui nous a faits ses vaincus. Adieu, champs heureux, — où la joie pour toujours habite! Salut, horreurs! salut, — monde infernal! Et toi, profond enfer, — reçois ton nouveau possesseur! une âme — qui ne sera changée ni par le lieu, ni par le temps! — L'âme est à elle-même sa propre demeure, et peut faire en soi — du ciel un enfer et de l'enfer un ciel. — Qu'importe où je suis, si je suis toujours le même, — et ce que je dois être, tout, hors l'égal de celui — que le tonnerre a fait plus grand? Ici du moins — nous serons libres; le maître absolu n'a pas bâti ceci — pour nous l'envier, ne nous chassera pas d'ici. — Ici nous pouvons régner tranquilles, et à mon choix; — régner est digne d'ambition, fût-ce dans l'enfer. — Mieux vaut régner dans l'enfer que servir dans le ciel [1].

Cet héroïsme sombre, cette dure obstination, cette poignante ironie, ces bras orgueilleux et roidis qui

---

1.   In this the region, this the soil, the clime,
      Said then the lost Archangel, this the seat

serrent la douleur comme une maîtresse, cette concentration du courage invaincu qui, replié en lui-même, trouve tout en lui-même, cette puissance de passion et cet empire sur la passion [1] sont des traits propres du caractère anglais comme de la littérature anglaise, et vous les retrouverez plus tard dans le Lara et dans le Conrad de lord Byron.

Autour de lui comme en lui, tout est grand. L'enfer de Dante n'est qu'un atelier de tortures, où les chambres superposées descendent par étages réguliers jusqu'au dernier puits. L'enfer de Milton est immense et vague, « donjon horrible, flamboyant comme une

> That we must change for Heav'n? this mournful gloom
> For that celestial light? Be it so, since he
> Who now is sov'reign can dispose and bid
> What shall be right; farthest from him is best;
> Whom reason has equall'd, force has made supreme
> Above his equals. — Farewell, happy fields,
> Where joy for ever dwells! Hail, horrors, hail!
> Infernal world, and thou, profoundest hell,
> Receive thy new possessor! one who brings
> A mind not to be chang'd by place or time :
> The mind is its own place; and in itself
> Can make a Heav'n of Hell, a Hell of Heav'n.
> What matter where, if I be still the same?
> And what I should be, all but less than He
> Whom thunder has made greater? Here, at least,
> We shall be free; th'Almighty hath not built
> Here for his envy; will not drive us hence :
> Here we may reign secure; and, in my choice,
> To reign is worth ambition, though in Hell :
> Better to reign in Hell than serve in Heaven.

1. > The inconquerable will
> And study of revenge, immortal hate,
> And courage never to submit or yield,
> And what is else not to be overcome :
> That glory never shall his wrath or might
> Extort from me.
> (Liv. I.)

« fournaise; point de lumière dans ces flammes, mais
« plutôt des ténèbres visibles qui découvraient des
« aspects de désolation, régions de deuil, ombres lu-
« gubres, » mers de feu, « continents glacés, qui s'al-
« longent noirs et sauvages, battus de tourbillons
« éternels de grêle âpre, qui ne fond jamais, et dont
« les monceaux semblent les ruines d'un ancien édi-
« fice. » Les anges s'assemblent, légions innombrables, pareils à « des forêts de pins sur les montagnes,
« la tête excoriée par la foudre, qui, imposants, quoi-
« que dépouillés, restent debout sur la lande brûlée[1]. »
Milton a besoin du grandiose et de l'infini; il le prodigue. Ses yeux ne sont à l'aise que dans l'espace sans
limites, et il n'enfante que des colosses pour le peu-

---

[1].   He views
The dismal situation waste and wild :
A dungeon terrible on all sides round,
As one great furnace flamed : yet from those flames
No light, but rather darkness visible
Served only to discover sights of woe,
Regions of sorrow, doleful shades....
« Seest thou yon dreary plain, forlorn and wild,
The seat of desolation, void of light,
Save what the glimmering of these livid flames
Cast pale and dreadful? »
(Liv. I.)

Beyond this flood a frozen continent
Lies dark and wild, beat with perpetual storms,
Of whirlwind and dire hail, which on firm land
Thaws not, but gathers heap, and ruin seems
Of ancient pile.
(Liv. II.)

As when Heaven's fire
Hath scathed the forest oaks or mountain pines,
With singed top their stately growth, though bare,
Stands on the blasted heath.
(Liv. I.)

pler. Tel est Satan vautré sur la houle de la mer livide.

Aussi grand que cette créature de l'Océan, — Léviathan, que Dieu entre toutes ses œuvres — créa la plus énorme parmi tout ce qui nage dans les courants de la mer.... — Parfois, lorsqu'il sommeille sur l'écume de Norvége, — le pilote de quelque petit esquif perdu dans la nuit, — le prenant pour une île, au dire des matelots, — enfonce l'ancre dans son écorce écailleuse, — et s'amarre à son côté sous le vent, pendant que la nuit — assiége la mer et retarde le matin désiré[1].

Spenser a trouvé des figures aussi grandes, mais il n'a pas le sérieux tragique qu'imprime dans un protestant l'idée de l'enfer. Nulle création poétique n'égale pour l'horreur et le grandiose le spectacle que rencontre Satan au sortir de son cachot.

Enfin apparaissent — les bornes de l'enfer, hautes murailles qui montent jusqu'à l'horrible toit, — et les portes trois fois triples, palissadées de feu circulaire, — et pourtant non consumées. Devant les portes était assise — de chaque côté une formidable figure. — L'une semblait une femme jusqu'à la ceinture et belle, — mais finissait ignoblement en replis écailleux, — volumineux et vastes, serpent armé — d'un mortel aiguillon. A sa ceinture, — une meute de chiens d'enfer éternellement aboyaient — de leurs larges gueules cerbéréennes béantes, et sonnaient — une hideuse volée, et cependant,

---

1.
>   In bulk as huge....
>   As that sea-beast
> Leviathan, which God of all his works
> Created hugest that swim the ocean stream.
> Him, haply, slumbering on the Norway foam
> The pilot of some small night-founder'd skiff,
> Deeming some island, oft, as seamen tell,
> With fixed anchor in his scaly rind,
> Moors by his side under the lee, while night
> Invests the sea, and wished morn delays.
>   (Liv. I.)

quand ils voulaient, ils rentraient rampants, — si quelque chose troublait leur bruit, dans son ventre, — leur chenil, et de là encore aboyaient et hurlaient, — au dedans, invisibles.

L'autre forme, — si l'on peut appeler forme ce qui n'avait point de forme distincte — dans les membres, dans les articulations, dans la stature, — ou substance, ce qui paraissait une ombre....

Elle était debout, noire comme la nuit, — farouche comme dix furies, terrible comme l'enfer, — et secouait un dard formidable. Ce qui semblait sa tête — portait l'apparence d'une couronne royale. — Satan approchait maintenant, et de son siége, — le monstre, avançant sur lui, vint aussi vite — avec d'horribles enjambées. L'enfer trembla comme il marchait. — L'ennemi, intrépide, admira ce que ceci pouvait être, — admira, ne craignit pas [1].

Le souffle héroïque du vieux combattant des guerres civiles anime la bataille infernale, et si l'on deman-

---

1.   — At least appear
Hell bounds, high reaching to the horrid roof,
And thrice threefold the gates : three folds were brass,
Three iron, three of adamantine rock -
Impenetrable, impaled with circling fire,
Yet unconsumed. — Before the gates there sat
On either side a formidable shape.
The one seem'd a woman to the waist, and fair,
But ended foul in many a scaly fold
Voluminous and vast : a serpent arm'd
With mortal sting. About her middle round
A cry of Hell-hounds never ceasing bark'd
With wide Cerberean mouths full loud, and rung
A hideous peal; yet, when they list, would creep,
If aught disturb'd their noise, into her womb,
And kennel there : yet there still bark'd and howl'd,
Within, unseen....
                The other shape,
If shape it might be call'd that shape had none
Distinguishable in member, joint or limb;
Or substance might be call'd that shadow seem'd,
For each seem'd either; black it stood as night,
Fierce as ten Furies, terrible as Hell,
And shook a dreadful dart; what seem'd his head

dait pourquoi Milton crée de plus grandes choses que les autres, je répondrais que c'est parce qu'il a un plus grand cœur.

De là le sublime de ses paysages. Si l'on ne craignait le paradoxe, on dirait qu'ils sont une école de vertu. Spenser est une glace unie qui nous remplit d'images calmes. Shakspeare est un miroir brûlant qui nous blesse coup sur coup de visions multipliées et aveuglantes. L'un nous distrait, l'autre nous trouble. Milton nous élève. La force des objets qu'il décrit passe en nous ; nous devenons grands par sympathie pour leur grandeur. Tel est l'effet de sa peinture de la Création. Le commandement efficace et serein du Messie laisse sa trace dans le cœur qui l'écoute ; et l'on se sent plus de vigueur et plus de santé morale à l'aspect de cette grande œuvre de la sagesse et de la volonté.

Ils étaient debout, sur le sol céleste, et du rivage — ils contemplaient le vaste incommensurable abîme, — tumultueux comme la mer, noir, dévasté, sauvage, — du haut jusqu'au fond retourné par des vents furieux — et par des vagues soulevées comme des montagnes, pour assaillir — la hauteur du ciel, et avec le centre confondre les pôles. — « Silence, vous, vagues troublées, et toi, abîme, paix ! — dit la parole créatrice ; que votre discorde cesse. »

— « Que la lumière soit ! » dit Dieu ; et soudain la lumière

<pre>
The likeness of a kingly crown had on.
Satan was now at hand, and from his seat
The monster moving onward came as fast
With horrid strides; Hell trembled as he strode.
The undaunted Fiend what this might be admired,
Admired, not fear'd.
</pre>

(Liv. II.)

— éthérée, première des choses, quintessence pure, — s'élança de l'abîme, et de son orient natal — commença à voyager à travers l'obscurité aérienne, — enfermée dans un nuage rayonnant.

— La terre était formée, mais dans les entrailles des eaux — encore enclose, embryon inachevé, — elle n'apparaissait pas. Sur toutes les faces de la terre, — le large Océan coulait, non oisif, mais d'une chaude — humeur fécondante, il adoucissait tout son globe, — et la grande mère fermentait pour concevoir, — rassasiée d'une moiteur vivante, quand Dieu dit : — « Rassemblez-vous, maintenant, eaux qui êtes sous le ciel, — en une seule place, et que la terre sèche apparaisse ! » — Au même moment, les montagnes énormes apparaissent — surgissantes, et soulèvent leurs larges dos nus — jusqu'aux nuages ; leurs cimes montent dans le ciel. — Aussi haut que se levaient les collines gonflées, aussi bas — s'enfoncé un fond creux, large et profond, — ample lit des eaux. Elles y roulent — avec une précipitation joyeuse, hâtives — comme des gouttes qui courent, s'agglomérant sur la poussière [1].

Ce sont là les paysages primitifs, mers et montagnes immenses et nues, comme Raphaël en trace

---

[1]. On heavenly ground they stood; and from the shore
They view'd the vast immeasurable abyss
Outrageous as a sea, dark, wasteful, wild,
Up from the bottom turn'd by tempestuous winds
And surging waves, as mountains, to assault
Heaven's heigth and with the centre mix the pole.
" Silence, ye troubled waves, and thou, Deep, peace, "
Said then the omnific word; " your discord end! "....
....Let there be light, said God, and forthwith Light
Etherial, first of things, quintessence pure,
Sprung from the deep; and from her native East
To journey through the very gloom began,
Sphered in a radiant cloud....
The Earth was form'd; but in the womb as yet
Of waters, embryon immature involved,
Appear'd not : over all the faces of Earth
Main Ocean flow'd, not idle; but, with warm

dans le fond de ses tableaux bibliques. Milton embrasse les ensembles et manie les masses aussi aisément que son Jéhovah.

Quittons ces spectacles surhumains ou fantastiques. Un simple coucher de soleil les égale. Milton le peuple d'allégories solennelles et de figures royales, et le sublime naît du poëte comme tout à l'heure il naissait du sujet.

Le soleil tombait, revêtant d'or et de pourpre reflétés — les nuages qui font le cortége de son trône occidental. — Alors se leva le soir tranquille, et le crépuscule gris — habilla toutes les choses de sa grave livrée. — Le silence le suivit, car, oiseaux et bêtes, — les uns sur leurs lits de gazon, les autres dans leurs nids, — s'étaient retirés, tous, excepté le rossignol qui veille. — Tout le long de la nuit, il chanta sa mélodie amoureuse. — Le silence était charmé. Bientôt le firmament brilla — de vivants saphirs. Hespérus, qui conduisait — l'armée étoilée, s'avançait le plus éclatant, jusqu'à ce que la lune — se leva dans sa majesté entre les nuages, puis enfin, — reine visible, dévoila sa clarté sans rivale, — et sur l'obscurité jeta son manteau d'argent[1].

Les changements de la lumière sont devenus ici une

> Prolific humour softening all her globe,
> Fermented the great mother to conceive,
> Satiate with genial moisture; when God said:
> "Be gather'd now, ye water under Heaven,
> "Into one place, and let dry land appear."
> Immediately the mountains huge appear
> Emergent, and their broad bare backs upheave
> Into the clouds; their tops ascend the sky.
>   So high as heaved the tumid hills, so low
> Down sunk a hollow bottom broad and deep
> Capacious bed of waters.   Thither they
> Hasted with glad precipitance, unroll'd,
> As drops on dust conglobing from the dry.

1.   The sun now fallen....
Arraying with reflected purple and gold

procession religieuse d'êtres vagues qui remplissent l'âme de vénération. Ainsi sanctifié, le poëte prie. Debout auprès du berceau nuptial d'Ève et d'Adam, il salue « l'amour conjugal, loi mystérieuse, vraie « source de la race humaine, par qui la débauche « adultère fut chassée loin des hommes pour s'abattre « sur les troupeaux des brutes, qui fonde en raison « loyale, juste et pure, les chères parentés et toutes « les tendresses du père, du fils, du frère. » Il le justifie par l'exemple des saints et des patriarches. Il immole devant lui l'amour acheté et la galanterie folâtre, les femmes désordonnées et les filles de cour. Nous sommes à mille lieues de Shakspeare, et dans cette louange protestante de la famille, de l'amour légal, « des douceurs domestiques, » de la piété réglée et du *home*, nous apercevons une nouvelle littérature et un autre temps.

Étrange grand homme et spectacle étrange ! Il est né avec l'instinct des choses nobles, et cet instinct fortifié en lui par la méditation solitaire, par l'accumulation du savoir, par la rigidité de la logique, s'est

> The clouds that on his western throne attend.
> Now came still Evening on, and Twilight gray
> Had in her sober livery all things clad;
> Silence accompanied : for beast and bird,
> They to their grassy couch, these to their nests,
> Were slunk, all but the wakeful nightingale;
> She all night long her amorous descant sung;
> Silence was pleas'd : now glow'd the firmament
> With living sapphires; Hesperus that led
> The starry host, rode brightest, till the moon,
> Rising in clouded majesty, at length
> Apparent queen, unveil'd her peerless light,
> And o'er the dark her silver mantle threw.

changé en un corps de maximes et de croyances que nulle tentation ne pourra dissoudre et que nul revers ne pourra ébranler. Ainsi muni, il traverse la vie en combattant, en poëte, avec des actions courageuses et des rêves splendides, héroïque et rude, chimérique et passionné, généreux et serein, comme tout raisonneur retiré en lui-même, comme tout enthousiaste insensible à l'expérience et épris du beau. Jeté par le hasard d'une révolution dans la politique et dans la théologie, il réclame pour les autres la liberté dont a besoin sa raison puissante, et heurte les entraves publiques qui enchaînent son élan personnel. Par sa force d'intelligence, il est plus capable que personne d'entasser la science ; par sa force d'enthousiasme, il est capable plus que personne de sentir la haine. Ainsi armé, il se lance dans la controverse avec toute la lourdeur et toute la barbarie du temps ; mais cette superbe logique étale son raisonnement avec une ampleur merveilleuse, et soutient ses images avec une majesté inouïe ; cette imagination exaltée, après avoir versé sur sa prose un flot de figures magnifiques, l'emporte dans un torrent de passion jusqu'à l'ode furieuse ou sublime, sorte de chant d'archange adorateur ou vengeur. Le hasard d'un trône conservé, puis rétabli, le porte avant la révolution dans la poésie païenne et morale, après la révolution dans la poésie chrétienne et morale. Dans l'une et dans l'autre, il cherche le sublime et inspire l'admiration, parce que le sublime est l'œuvre de la raison enthousiaste, et que l'admiration est l'enthousiasme de la raison. Dans l'une et dans l'autre, il y atteint par l'entassement des magnificences, par l'ampleur soutenue du chant poétique, par la grandeur des allégories, par la hauteur des sentiments, par la peinture des objets infinis et des émotions héroïques. Dans la première, lyrique et philosophe, possesseur d'une liberté poétique plus large et créateur d'une illusion poétique plus forte, il produit des odes et des chœurs presque parfaits. Dans la seconde, épique et protestant, enchaîné par une théologie stricte, privé du style qui rend le surnaturel visible, dépourvu de la sensibilité dramatique qui crée des âmes variées et vivantes, il accumule des dissertations froides, change l'homme et Dieu en machines orthodoxes et vulgaires, et ne retrouve son génie qu'en prêtant à Satan son âme républicaine, en multipliant les paysages grandioses et les apparitions colossales, en consacrant sa poésie à la louange de la religion et du devoir.

Placé par le hasard entre deux âges, il participe à leurs deux natures, comme un fleuve qui, coulant entre deux terres différentes, se teint de leurs deux couleurs. Poëte et protestant, il reçut de l'âge qui finissait le libre souffle poétique, et de l'âge qui commençait la sévère religion politique. Il employa l'un au service de l'autre, et déploya l'inspiration ancienne en des sujets nouveaux. Dans son œuvre, on reconnaît deux Angleterres : l'une passionnée pour le beau, livrée aux émotions de la sensibilité effrénée et aux fantasmagories de l'imagination pure, sans autre règle que les sentiments naturels, sans autre religion que les croyances naturelles; volontiers païenne, souvent immorale; telle que la montrent Ben Jonson, Beaumont, Fletcher, Shakspeare, Spenser, et toute la superbe moisson de poëtes qui couvrit le sol pendant cinquante ans; l'autre munie d'une religion pratique, dépourvue d'invention métaphysique, toute politique, ayant le culte de la règle, attachée aux opinions mesurées, sensées, utiles, étroites, louant les vertus de famille, armée et roidie par une moralité rigide, précipitée dans la prose, élevée jusqu'au plus haut degré de puissance, de richesse et de liberté. A ce titre, ce style et ces idées sont des monuments d'histoire; ils concentrent, rappellent ou devancent le passé et l'avenir, et dans l'enceinte d'une seule œuvre, on découvre les événements et les sentiments de plusieurs siècles et d'une nation.

FIN DU DEUXIÈME VOLUME.

TABLE DES MATIÈRES

CONTENUES DANS LE DEUXIÈME VOLUME.

LIVRE II.

LA RENAISSANCE.

(Suite.)

Chapitre II. — Le théâtre.

I. Le public. — La scène............................... 3
II. Les mœurs du seizième siècle. — Expansion violente et complète de la nature................................ 7
III. Les mœurs anglaises. — Expansion du naturel énergique et triste.................................... 18
IV. Les poëtes. — Harmonie générale entre le caractère d'un poëte et le caractère de son siècle. — Nash, Decker, Kyd, Peel, Lodge, Greene. — Leur condition et leur vie. — Marlowe. — Sa vie. — Ses œuvres. — *Tamerlan*. — *Le Juif de Malte*. — *Edward II*. — *Faust*. — Sa conception de l'homme...................... 27
V. Formation de ce théâtre. — Procédés et caractère de cet art. — Sympathie imitative qui peint par des spécimens expressifs. — Opposition de l'art classique et de l'art germanique. — Construction psychologique et domaine propre de ces deux arts..... 49
VI. Les personnages virils. — Les passions furieuses. — Les événements tragiques. — Les caractères excessifs. — *Le duc de Milan*,

de Massinger. — *L'Annabella*, de Ford. — *La duchesse de Malfi* et *la Vittoria*, de Webster. — Les personnages féminins. — Conception germanique de l'amour et du mariage. — Euphrasia, Bianca, Arethusa, Ordella, Aspasia, Amoret, dans Beaumont et Fletcher. — Penthea, dans Ford. — Concordance du type moral et du type physique.................................... 57

Chapitre III. — Ben Jonson.

I. Les chefs d'école dans leur école et dans leur siècle. — Jonson. — Son tempérament. — Son caractère. — Son éducation. — Ses débuts. — Ses luttes. — Sa pauvreté. — Ses maladies. — Sa fin... 98

II. Son érudition. — Ses goûts classiques. — Ses personnages didactiques. — Belle ordonnance de ses plans. — Franchise et précision de son style. — Vigueur de sa volonté et de sa passion.. 103

III. Ses drames. — *Catilina* et *Séjan*. — Pourquoi il a pu peindre les personnages et les passions de la corruption romaine..... 113

IV. Ses comédies. — Sa réforme et sa théorie du théâtre. — Ses comédies satiriques. — *Volpone*. — Pourquoi ces comédies sont sérieuses et militantes. — Comment elles peignent les passions de la Renaissance. — Ses comédies bouffonnes. — *La Femme silencieuse*. — Pourquoi ces comédies sont énergiques et rudes. — Comment elles sont conformes aux goûts de la Renaissance. 124

V. Limites de son talent. — En quoi il reste au-dessous de Molière. — Manque de philosophie supérieure et de gaieté comique. — Son imagination et sa fantaisie. — *L'Entrepôt de nouvelles* et *la Fête de Cynthia*. — Comment il traite la comédie de société et la comédie lyrique. — Ses petits poëmes. — Ses *Masques*. — Mœurs théâtrales et pittoresques de la cour. — *Le Berger inconsolable*. — Comment Jonson reste poëte jusque sur son lit de mort.. 147

VI. Idée générale de Shakspeare. — Quelle est dans Shakspeare la conception fondamentale. — Conditions de la raison humaine. — Quelle est dans Shakspeare la faculté maîtresse. — Conditions de la représentation exacte......................... 156

Chapitre IV. — Shakspeare.

I. Vie et caractère de Shakspeare. — Sa famille. — Sa jeunesse. — Son mariage. — Il devient acteur. — Son *Adonis*. — Ses sonnets. — Ses amours. — Son humeur. — Sa conversation. — Ses tristesses. — En quoi consiste le naturel producteur et sympathique. — Sa prudence. — Sa fortune. — Sa retraite.............. 164

II. Son style. — Ses images. — Ses excès. — Ses disparates. — Son abondance. — Différence entre la conception créatrice et la conception analytique..................................... 185

III. Les mœurs. — Les familiarités. — Les violences. — Les crudités. — La conversation et les actions. — Concordance des mœurs et du style.. 193

IV. Les personnages. — Comment ils sont tous de la même famille. — Les brutes et les imbéciles. — Caliban, Ajax, Cloten, Polonius, la nourrice. — Comment l'imagination machinale peut précéder la raison ou lui survivre.................................. 206

V. Les gens d'esprit. — Différence entre l'esprit des raisonneurs et l'esprit des artistes. — Mercutio, Béatrice, Rosalinde, Bénédict, les clowns. — Falstaff....................................... 215

VI. Les femmes. — Desdémone, Virginia, Juliette, Miranda, Imogène, Cordelia, Ophélie, Volumnia. — Comment Shakspeare représente l'amour. — Pourquoi Shakspeare fonde la vertu sur l'instinct ou la passion.. 223

VII. Les scélérats. — Iago, Richard III. — Comment les convoitises extrêmes et le manque de conscience sont le domaine naturel de l'imagination passionnée..................................... 230

VIII. Les grands personnages. — Les excès et les maladies de l'imagination. — Lear, Othello, Cléopatre, Coriolan, Macbeth, Hamlet. — Comparaison de la psychologie de Shakspeare et de celle des tragiques français.................................. 233

IX. La fantaisie. — Concordance de l'imagination et de l'observation chez Shakspeare. — Intérêt de la comédie sentimentale et romanesque. — *As you like it.* — Idée de la vie. — *Midsummer night's dream*. — Idée de l'amour. — Harmonie de toutes les parties de l'œuvre. — Harmonie de l'œuvre et de l'artiste............ 259

Chapitre v. — La Renaissance chrétienne.

I. Les vices de la Renaissance païenne. — Décadence des civilisations du Midi.. 282
II. La réforme. — Aptitude des races germaniques et convenance des climats du Nord. — Les corps et les âmes chez Albert Dürer. — Ses Martyres et ses Jugements derniers. — Luther. — Sa conception de la justice. — Construction du protestantisme. — La crise de la conscience. — La rénovation du cœur. — La suppression des pratiques. — La transformation du clergé......... 289
III. La réforme en Angleterre. — La tyrannie des cours ecclésiastiques. — Les désordres du clergé. — L'irritation du peuple. — Intérieur d'un diocèse. — Persécutions et conversions. — La traduction de la Bible. — Comment les événements bibliques et les sentiments hébraïques sont d'accord avec les mœurs contemporaines et le caractère anglais. — Le *Prayer Book*. — Poésie morale et virile des prières et des offices. — La prédication. — Latimer. — Son éducation. — Son caractère. — Son éloquence familière et persuasive. — Sa mort. — Les martyrs sous Marie. — L'Angleterre est désormais protestante.................. 301
IV. Les anglicans. — Proximité de la religion et du monde. — Comment le sentiment religieux pénètre dans la littérature. — Comment le sentiment du beau subsiste dans la religion. — Hooker. — Sa largeur d'esprit et son ampleur de style. — Hales et Chillingworth. — Éloge de la raison et de la tolérance. — Jeremy Taylor. — Son érudition, son imagination, sa poésie...... 337
V. Les puritains. — Opposition de la religion et du monde. — Leurs dogmes. — Leur morale. — Leurs scrupules. — Leur triomphe et leur enthousiasme. — Leur œuvre et leur sens pratique. — Bunyan. — Sa vie, son esprit et son poëme. — Avenir du protestantisme en Angleterre.............................. 361

Chapitre VI. — Milton.

I. Idée générale de son esprit et de son caractère. — Sa famille. — Son éducation. — Ses études. — Ses voyages. — Son retour en Angleterre... 413
II. Effets du caractère concentré et solitaire. — Son austérité. —

Son inexpérience. — Son mariage. — Ses enfants. — Ses chagrins domestiques.. 420

III. Son énergie militante. — Sa polémique contre les évêques. — Sa polémique contre le roi. — Son enthousiasme et sa roideur. — Ses théories sur le gouvernement, l'Église et l'éducation. — Son stoïcisme et sa vertu. — Sa vieillesse, ses occupations, sa personne 424

IV. Le prosateur. — Changements survenus depuis trois siècles dans les physionomies et les idées. — Lourdeur de sa logique. — *Traité du Divorce*. — Pesanteur de sa plaisanterie. — *Animadversions upon the remonstrant*. — Rudesse de sa discussion. — *Defensio populi anglicani*. — Violences de ses animosités. — *Reasons of church Government. Iconoclastes*. — Libéralisme de ses doctrines. — *Of Reformation. Areopagitica*. — Son style. — Ampleur de son éloquence. — Richesse de ses images. — Lyrisme et sublimité de sa diction.............................. 433

V. Le poëte. — En quoi il se rapproche et se sépare des poëtes de la Renaissance. — Comment il impose à la poésie un but moral. — Ses poëmes profanes. — L'*Allegro* et le *Penseroso*. — Le *Comus*. *Lycidas*. — Ses poëmes religieux. — Le *Paradis perdu*. — Conditions d'une véritable épopée. — Elles ne se rencontrent ni dans le siècle ni dans le poëte. — Comparaison d'Ève et d'Adam avec un ménage anglais. — Comparaison de Dieu et des anges avec une cour monarchique. — Ce qui subsiste du poëme. — Comparaison entre les sentiments de Satan et les passions républicaines. — Caractère lyrique et moral des paysages. — Élévation et bon sens des idées morales. — Situation du poëte et du poëme entre deux âges. — Construction de son génie et de son œuvre... 435

FIN DE LA TABLE.

IMPRIMERIE GÉNÉRALE DE CH. LAHURE
Rue de Fleurus, 9, à Paris

www.ingramcontent.com/pod-product-compliance
Lightning Source LLC
Chambersburg PA
CBHW070946240426
43669CB00036B/1875